本书为 国家社会科学基金项目（11CXW007）
教育部人文社会科学研究项目（10YJC86005） 成果
承蒙浙江大学董氏文史哲奖励基金资助出版

陈 洁 ◎ 著

数字出版商业模式研究

钱江新潮文丛

中国社会科学出版社

图书在版编目（CIP）数据

数字出版商业模式研究／陈洁著．—北京：中国社会科学出版社，2017.5

ISBN 978-7-5203-0136-7

Ⅰ.①数… Ⅱ.①陈… Ⅲ.①电子出版物—出版发行—商业模式—研究 Ⅳ.①G237.6

中国版本图书馆 CIP 数据核字（2017）第 074669 号

出 版 人	赵剑英
责任编辑	郭晓鸿
特约编辑	席建海
责任校对	张依婧
责任印制	戴　宽

出　　版	中国社会科学出版社
社　　址	北京鼓楼西大街甲 158 号
邮　　编	100720
网　　址	http://www.csspw.cn
发 行 部	010-84083685
门 市 部	010-84029450
经　　销	新华书店及其他书店
印刷装订	北京君升印刷有限公司
版　　次	2017 年 5 月第 1 版
印　　次	2017 年 5 月第 1 次印刷
开　　本	710×1000　1/16
印　　张	25.75
插　　页	2
字　　数	401 千字
定　　价	108.00 元

凡购买中国社会科学出版社图书，如有质量问题请与本社营销中心联系调换
电话：010-84083683
版权所有　侵权必究

丛书总序

浙江大学是一所人文璀璨、名师荟萃的全国重点大学，其前身是1897年创办的求是书院。百年浙大，一路风雨，一路辉煌。在这块深厚的土地上，它不仅哺育了马叙伦、马一浮、沈尹默、苏步青、王淦昌、贝时璋、张其昀、谈家桢、卢鹤绂等众多的文化名人和科学大师，而且在长期的办学中形成了堪称典范的求是精神。尤其是在竺可桢主政期间，于极其艰难的西迁办学中更是把这种"求是"精神发挥到极致，使浙大声名远播，成为"当时中国最好的四所大学之一"。

浙大中文系办学历史悠久。往远说，可追溯到林启主持的求是书院。办学伊始，书院即开设国文课程，先后延请宋恕、陈去病、马叙伦、沈尹默、张相等著名学者授业讲学——以此算起，中文系已历春秋百有十载；往近说，则源于1920年的之江大学国文系和1928年的国立浙江大学国文系——就此而言，中文系悠然已有九十余年历史。它前后历经西迁时期、龙泉分校时期，后又融合之江大学国文系、浙江大学国文系两大主脉。1952年全国高校院系调整，中文系被划归由浙大"母体"孵化出来的新的分支——新成立的浙江师范学院。嗣后1958年，浙江师范学院与新组建的杭州大学合并，称杭州大学；从这时开始，浙大中文系便进入了"杭大中文系"时代，迎来了一个新的发展阶段。"杭大中文系"的系名，一叫便是整整四十年，并已在社会和学界赢得良好的声誉。直到1998年，原浙江大学、杭州大学、浙江医科大学、浙江农业大学四校合并成立新的浙江大学，中文系在经历了一番分分合合之后又返回到了它的母体怀抱。

现在的浙大中文系是以原杭大中文系为主体的，自然，它也整合了其他相关的师资力量。

浙大中文系建系以来，人才辈出，具有深厚的学术积累。祝文白、缪钺、刘大白、丰子恺、许钦文、夏承焘、姜亮夫、钱南扬、胡士莹、徐声越、陆维钊、任铭善、王季思、郑奠、王驾吾、孙席珍、王西彦、蒋礼鸿、徐朔方等一大批在国内外学界享有盛誉的杏坛名师、学术名流都曾于此任教。他们实践的"传承创造"的学术精神和追求的"卓然独立"的学术境界，为中文系的发展，包括有特色、有影响的学科的创建，也包括有特色、有发展后劲的梯队的形成，奠定了坚实的基础。百年沧桑，艰难困苦，玉汝于成。"近代科学的目标是什么？就是探求真理。科学方法可以随时随地而改变，这科学的目标，祈求真理，也就是科学的精神，是永远不会改变的。"回顾往昔，我们更加真切地体会到了竺可桢老校长在20世纪40年代所讲的这句话的深刻含意，也愈发怀念为中文系发展作出贡献的诸多前辈和老师，并由然萌生了在前人基础上进一步拓宽和发展中文系的一种强烈的责任感、使命感。

我们高兴地看到，经过几代人共同不懈的努力，浙大中文系已发展成一个实力雄厚，在国内很具声誉和影响的系科。特别是自1995年被批准为国家基础学科研究与人才培养基地以来，更是在各个方面都有长足的发展，在全国同类专业的高校排名中一直居于前列。中文系也由原先单一的汉语言文学专业，发展成为由汉语言文学、中国古典文献学、编辑出版学三个本科专业和一个影视与动漫编导方向的立体多元、结构合理的"大中文"专业。目前，中文系已有中国语言文学一级学科博士点以及中国语言文学学科博士后流动站，汉语言文字学、语言学及应用语言学、文艺学、中国古代文学、中国古典文献学、中国现当代文学、比较文学与世界文学七个二级学科具有博士学位授予权。中国古典文献学为国家重点学科，中国古代文学、中国古典文献学、汉语言文字学、文艺学四个学科为浙江省省级重点学科。汉语史研究中心成为教育部人文社会科学重点研究基地。现有在编教师50人，其中教授26人（博士生导师25人），副教授14人。他们不仅在各个学科发挥重要的带头和骨干作用，而且在国内学界也具有举足轻重的地位和影响。正是在这批以四五十岁的中青年学者为主体的学

丛书总序

术核心的努力和引领下,由夏承焘、姜亮夫等前辈学者所开创的,吴熊和、王元骧等名师宿儒所光大的中文系学脉,方能做到承传有自、薪火绵延。

这次我们编辑出版的这套《钱江新潮文丛》,所收的是工作在教学和科研第一线的在职教师的系列学术论著。他们中有三十多岁的学术新锐,也有五六十岁的年长或较年长一代学者。涉及的范围,包括汉语言文字学、语言学及应用语言学、文艺学、中国古代文学、中国古典文献学、中国现当代文学、比较文学与世界文学以及影视文学等不同学科。在这里,学科与学科之间,个体与个体之间,彼此是有差异的,思维理念也不尽一致,但有一点似乎是共同的,那就是都在努力追求和体现中文系传统的"求是博雅"学风。章学诚评价古代两浙学风时曾谓:"浙西尚博雅,浙东贵专家。"浙大中文系以"求是博雅"为系训,正是因为非求是则无以成专家,非博雅则无以成通儒。所谓"求是",就是求真、求实;所谓"博雅",就是求善、求美。这反映了我们力图贯通浙东西、融合古与今的学术视野与意识,以及从传统的学脉中创造新的浙江学派的愿望,也是我们的世界观、人生观、学术观的一个投影和富有理性的特殊呈现。尽管面对浙大中文系的百年历史和悠久传统,本丛书中的这些成果尚远不能说是"雏凤清于老凤声",在这方面,我们深知与前辈相比还有一定的差距。但中文系数十位教师用心血和智慧浇灌出来的这些学术之果,毕竟从各个不同的角度对"求是博雅"作了新的诠释,这是很可欣喜的。它不妨可看作是对中文系近十年学术研究的一次检验,一次富有意味的"集体亮相"。

这些年,由于种种原因,学术浮躁和浮夸之风盛行,违反学术道德和学术规范的不端行为也屡有发生。在这样的情况下,中文系老师"守正创新",一方面既继承百年来的优良学术传统,不盲从、不浮躁,以"板凳坐得十年冷,文章不写半句空"的严谨求实学风,孜孜不倦地潜心从事学术研究,坚守着学术正道;另一方面又不囿陈说,锐意创新,力求在前人基础上有新的发现,为学术研究作出属于自己的创造性贡献,这就十分难能可贵。而这一点,在这套丛书中也都表现得十分明显。

不尚空谈,不发虚词,以追求真理为目标,以崇尚事实为基础,强调学术研究的"实事求是"与"实事求是"的学术研究。我想,这就是浙大中文系生生不息的学术传统，它贯穿百年而又存活于当下，已内化为我们的一种精神生命，一种支撑当下中文系存在和发展、坚守学术家园的"阿基米德点"。我们出版这套丛书，目的就是弘扬浙大中文系这一学术传统，继往开来，进一步加强中国语言文学学科的建设，为提升和扩大其学术水平及影响尽一份绵薄之力。

本丛书的出版得到了中文系1984届校友、浙江通策集团董事局主席吕建明先生的鼎力相助。2007年5月，在浙江大学110周年校庆期间，他慷慨捐资百万元支持中文学科建设。他的善举和情意令人感佩，也催发了我们策划并编纂此书的积极性。源于此，我不仅对本丛书所反映的教师学术才华和追求感到欣慰，同时更对百年浙大中文学科未来的发展前景抱持一份坚定的信心。

钱潮天下奇观，故孙中山先生有"猛进如潮"之赞，学术创新，贵如潮水之猛进荡决；钱潮及期而信，故吴越王钱镠有"日夜波涛不暂息"之感，学脉传承，当如潮水之永不止息。"求是博雅"，就意味着学者既要有弄潮儿那般"溯迎而上，出没于鲸波万仞中"的锐气，也要有"晚来波静，海门飞上明月"的心境。本丛书以"钱江新潮"为名，其微意实在于此。

吴秀明

2009年4月15日于浙江大学

数字出版理论研究的新探索

——为陈洁《数字出版商业模式研究》序

柳斌杰

面对全球新一轮科学技术和产业革命的巨大浪潮冲击,从事物质生产和精神生产的所有门类,都遇到了新的发展机会和历史性的挑战。记录和传承人类历史、思想、文化、知识、创造、发明的出版业,也处在这个大变革的前沿,进入了数字出版的时代。这个时代实际在上世纪七十年代就已开始,当时西方一些学者着手探讨数字传播公约;九十年代美国学者著书论述了数字传播改变出版业态和阅读方式。此时,计算机、互联网、电子技术等也已进入我国人民的生产、生活领域。在新世纪之交,我开始关注这方面的问题,先后研究了大学生与互联网、新闻出版与互联网、电子出版与数字出版等一些问题。由此发现,这是一次颠覆性的革命,也是不可抗拒的历史潮流,唯一可取的态度是积极发展、充分利用、科学规范、造福人类。于是,我在领导制定十一五新闻出版规划时,就把数字出版列入了重点内容,经过论证确定了9个国家数字出版的重点工程项目,规划建设一批数字出版高新技术园区,以后发优势追赶世界科学技术的革命。

陈洁就是在这个时候在我的指导下读博士学位的,盲然进入了数字出版这个研究领域。说"盲然",就是说对于数字出版这类技术变革中的新问题,我国当时在理论上尚不十分清楚,只是星星点点的"洋理论";实践上大家还在争先恐后地引进西方光盘生产线,数字产业还没有"大气候";其他方面知识甚少,系统研究更是谈不上。我在推动、谋划数字出版的技术工程项目时,大家共识不多,一些部门的质疑多于支持。就此而言,可以说陈洁就是我国数字出版领域相关理论最早的研究者之一,她的学术活动当时在内地、港澳台的学术会议上备受关注,崭露头角。后来凭着她刻苦钻研的劲头、坚定执着的学术理想和不怕困难的精神,一直奋斗了十几年。无论在中国传媒大学,还是英国的剑桥;无论在浙大的课堂,还是西湖的家园,即使在挫折、失望、无助、痛苦的处境下,也没有动摇她学术追求的决心,终于挺过来了,开辟了一片学术的新天地。我对她的意志品质极为赞赏,为她取得的学术成果由衷高兴。

中国数字出版发展的势头很猛,十多年都是每年以30%以上的速度增加营业收入,据2016年统计,数字出版年收入已达4500亿元人民币,居世界第一位。而且,随着数字出版产品的丰富、互联网和移动互联网的发展,以及手机阅读用户攀上10亿级的水平,数字出版的潜力和市场空间巨大,发展前途无量。从目前的情况看,主要是产业快速发展和理论指导的滞后形成突出的矛盾,亟需在理论研究上有所前进、有所突破。

数字出版亟需研究的理论问题有四个方面:一是数字出版产业政策体系;二是数字出版流程构建和融合发展;三是数字出版商业模式问题;四是数字出版的专业技术创新问题。应该说陈洁的研究正是数字出版的前沿问题,在理论上实践上都有重要意义。

从理论上说,一般而言,在市场经济条件下,任何产业、产品的生产经营,都有特定的商业模式,以确保生产目的实现和市场价值的回报,前者追求的是社会效益,后者追求的是经济效益。在有些物质产品的生产经营中二者是统一的,而在精神产品生产经营中二者有时是分离的,二者统一是一个大问题。比如说互联网出版,常常有背离现象,点击率、收益率高的内容产品有时往往是负能量的甚至是文化垃圾,而正能量、主旋律的产品却是亏本的经营,难以为继。这就带来了数字出版商业模式设计和实际构建上的难点,也就是不能套用一般的商业模式。正因为如此,陈洁在研究这一课题方面,应用多学科的知识,不仅分析了内容生产、信息传播、出版链条、阅读方式变革等数字出版特定的重要环节,也联系文化特性、外在环境、市场规则、商业服务等与数字出版有紧密联系的问题,在多个维度上考察数字出版模式的结构和体系，以此构建自己的理论框架和表达逻辑。不管结论如何，这种研究都是值得肯定。理论研究是探索真理和基本规律的，绝对需要的是科学态度和负责的专业精神，这是我对学生培养必备的一种学术修养。

从实践方面讲，在这一课题研究过程中，正值我国数字出版快速发展，实践催生了许多新的东西。她先后考察了中外许多数字出版企业，调查了许多的案例，获得了对内容创造、加工制作、推送平台、盈利方式的新认识，了解了数字出版机构、渠道平台运作和数字出版基地发展中的一些问题，因而才提出了数字出版产业结构、数字出版商业要素、数字出版盈利模式等核心问题，有针对性地提出了产业融合、终端重视、模式重构、版权管理、业态创新、管理引导等富有建设性的建议。这些建议无疑会引起企业、市场、政府和专家学者的关注，对深化理论和指导实践都有现实意义。

实践之树常青，理论总是灰色的。对数字出版而言，这是人类新近创造的新事物，许多理论问题还没有深入展开，许多实践又因技术而向前跨越了。我希望有更多的专家学者参与到数字出版研究中来，亲近它、深入它、研究它、发展它，使我们在传统出版发展中为人类作出巨大贡献的中华民族，在当今数字出版产业发展上再创辉煌，引领世界文化传播新潮流。

2017 年 3 月 5 日于北京

前　言

随着第四代移动通信技术在我国大规模商用，数字出版在移动阅读时代迎来了新的机遇和发展空间，一个新的命题——数字出版商业模式开始走到专业研究、行业发展的前沿并占据重要地位。当前随着移动通信设备、手持阅读器的广泛普及，切实可行的商业模式建构不仅为数字出版转变传统增长方式实现稳定盈利提供了突破口，而且也将为我国出版业的长足发展提供不竭动力。当人们获取信息的方式和阅读方式越发被移动互联所颠覆时，这种改变使出版业呈现全新的业态，而当前此研究较少，没有形成完整的理论体系，更缺乏适于面向移动阅读的数字出版可行商业模式。正源于此，本书着手对阅读、生活及出版产业发展进行研究和探讨。

数字出版给出版业带来了新的理念和发展机遇，本研究尝试以面向移动阅读的数字出版商业模式为突破口进行分析，提出可行的数字出版商业模式和发展建议，并以此概括与描述我国数字出版商业模式构建的"路线图"。本书主要比较分析面向移动阅读的数字出版商业模式，通过定量研究和定性研究相结合，寻求可行的商业模式，重点以出版社为例，探讨我国数字出版的发展之路。

在具体研究中首先从消费端、生产端、产业形态三方面分析面向移动阅读的数字出版发展特点与变革，再分析内容提供商、销售商、服务商在发展主体、标准规范、管制引导等方面探求数字出版盈利运行的基础产业链结构。并对移动阅读领域数字出版商业模式要素从模式分类、盈利对象、核心战略等层面进行深入探讨。在梳理、分析、探讨的基础之上，重点剖析面向移动阅读的数字出版可行商业模式，提出交叉补贴免费共享模式、产业融合互动模式和终端需求带动重组模式。

从移动阅读时代数字出版变革、产业链结构分析、商业模式要素，到可行性商业模式探讨，从理论层面的剖析到具体实践应用，丰富而立体地勾勒出我国数字出版商业模式的发展之道，从出版社、出版行业、出版管理部门等不同层面提出数字出版转型之路。

在从消费端、生产端、生产形态方面对面向移动阅读的数字出版发展特点进行梳理，提出泛在阅读、媒介融合、用户创造、个性定制等前沿话题，值得一提的是本书还将新发展的社群O2O与出版新业态同时纳入视野之中。

本书提出四个方面的尝试。第一，提出面向移动阅读领域的数字出版商业模式，如用户创造内容的开放创作模式、基于群组信任的数字内容在线销售模式等；第二，探索教育出版、专业出版、大众出版等不同数字内容领域在移动阅读领域可研发的数字出版商业模式；第三，在此基础上进一步分析面向移动阅读的数字出版可行商业模式，从消费的交叉补贴免费共享模式到生产的产业融合模式，再到体制的终端需求带动重组模式；第四，随着多个领域、多种形态的内容逐渐融合，着力推动发展拥有版权管理、内容制作和财务支付等系统的管理平台。

移动阅读时代数字出版盈利的核心在于数字内容的经营与挖掘，主要包括用户增值互动、移动通信网络的销售与订阅、基于群组信任的内容在线支付等模式。

落实到具体领域的实践上，教育出版适合发展信息服务模式，专业出版则是适合知识结构的定制模式，大众出版适合研发与相应市场互动的模式。在移动阅读时代，消费的交叉补贴免费共享模式需要培养为关键内容付费的VIP用户，需要整合新型阅读终端的数字内容资源；在生产上发展产业互动融合模式；在体制上实现以终端带动重组的模式。我国数字出版发展需要从三个层面齐头并进，出版社、出版行业和政府相关管理机构须有效实现数字内容管理。

作者尝试不囿于技术本身的分析，而是重在联系出版与环境、市场、文化等各方面来分析。在检验新技术的使用时联系特定种类的内容和特定

前　言

的出版领域，避免在一种内容、一个出版领域总结归纳通用经验。

在研究和写作过程中，秉着以传播学的调查研究法和个案研究法为主，在研究过程中坚持规范研究与实证分析互补，从解释性研究角度入手，力图深入研究，得出科学结论。利用深度访谈挖掘较为全面的行业资讯和前沿动态，以比较研究法、文化分析法，将不同领域、不同国家的数字出版情况进行比对。此应用研究进行了三大领域的调研，一为国内面向移动阅读的数字出版发展现状与特点，调研对象有高等教育出版社、中国移动阅读基地、中国出版集团数字传媒有限公司、方正阿帕比等不同领域的具有典型意义的各类出版机构，通过调研获取第一手材料；二为国外面向移动阅读的数字出版模式的探索，案例以麦格劳·希尔（McGraw-Hill）、培生教育（Pearson Education）等知名出版集团为主；三为管理部门、出版行业的移动阅读数字出版内容管理平台的可行性调研，调研对象包括国家新闻出版广电总局、中国新闻出版研究院、上海张江国家级数字出版基地等机构。

由于数字出版产业发展日新月异，研究需要根据不断变化发展的产业发展实际，用前瞻性的眼光预测研究结论。这为本研究的结项带来不小的心理压力，于是在成书过程中数次更新资料。同时按照项目研究计划，将前期阶段数据成果通过著作、论文等方式出版，取得了丰硕的阶段成果（11种），已在北京大学出版社、国际知名专业期刊、CSSCI入选刊物和其他专业期刊上出版。主要研究成果在最终成果之上，以基础研究和关键领域研究为重点，分为三大类。一为对本研究的前期基础工作进行铺垫，用数字化视角审视出版学，关注出版的生产、管理、营销、版权等各环节的数字化转变，搭建了数字出版商业模式研究的前期学科理论领域相对完整的体系。二为系列研究论文，主要从三个角度对项目执行的重点领域数字出版新模式、文学出版数字化、出版人才培养等三方面进行深入探讨，如《数字化视角下文学阅读的变迁》《阅读的嬗变：对象、未来及其缺憾——重塑阅读未来的两种力量》、*Research on the Status and Operating Model of the Original Net Literary Websites in China*、《数字时代自助出版现状与困境探究》《全媒体出版时代数字版权的三点要义》《使有声书成为数字出版的中流砥柱》《数字出版关键词阅读》等。这些研究对数字出版的新模式进行了论证和探讨，尤其针对自助出版、有声书等领域，同时还对全媒体出版时代的数字版权进行了关键技术分析。三为研究报告，中期阶段成果中关于数字出版机构现状调查与分析的调研报告已被《中国数字出版年度报告》出版。紧密结合项目选题前沿发展，将自助出版、数字版权、文学出版等各关键点逐一攻克，对最终成果的梳理具有重要拓展意义。

尽管欧美国家出版业在数字出版领域的探索已长达十余年，但是由于近三年面向移动阅读领域的数字出版丰富案例集中于中国，国家新闻出版广电总局十分重视该领域的发展，分别出台了《关于推动新闻出版业数字化转型升级的指导意见》《关于推动传统出版和新兴出版融合发展的指导意见》等扶持政策。适逢研究期间作者漂洋过海，在具有悠久纸质阅读传统、古朴醇厚的英国剑桥大学访学，回国之后对总体数据和案例进行了更新和梳理。剑桥大学相关合作教授对数字时代的出版业、文化产业有独到的见地，笔者聆听了其相关社会学理论课程，参与了其传媒领域的探讨，学习如何用前瞻性的眼光研究日新月异的产业。更值得一提的是，在与合作教授交流期间，体会到其作为出版社社长对当下的关注，感悟到出版学的研究更应关注生动鲜活的社会。

目 录

导论 …………………………………………………………………………（1）
  一　数字出版研究缘起与界定 ……………………………………（1）
    1. 时代、产业、政策的研究背景 ………………………………（1）
    2. 数字出版与数字出版产业范围 ………………………………（5）
    3. 移动阅读与商业模式界定 ……………………………………（10）
  二　数字出版研究现状与意义 ……………………………………（12）
    1. 国内外数字出版研究处于起步阶段 …………………………（12）
    2. 理论基础及研究方法 …………………………………………（16）
    3. 重点、创新点、难点 …………………………………………（18）
  三　我国移动阅读与数字出版发展 ………………………………（19）
    1. 数字出版已成为出版业拓展新空间 …………………………（19）
    2. 数字出版产业链亟待进一步贯通 ……………………………（21）
    3. 数字出版商业模式亟待创新 …………………………………（21）

第一章　面向移动阅读的数字出版发展特点与变革 …………………（24）
  一　消费端：泛在阅读与媒介融合 ………………………………（25）
    1. 移动阅读时代的超阅读 ………………………………………（26）
    2. 移动阅读与文化传递模式的改变 ……………………………（31）
    3. 文化传递模式引发出版方式改变 ……………………………（35）
  二　生产端：用户创造与创意多元 ………………………………（39）
    1. 内容创意是出版价值的决定因素 ……………………………（39）

2. 超写作：文本变革与用户创造内容 ……………………………… (45)
　　3. 数字内容应是出版业的主要增长点 …………………………… (50)
　三　产业形态：共享融合与个性定制 ……………………………… (55)
　　1. 出版模式的数字化转变 ………………………………………… (56)
　　2. 出版业的数字化改造 …………………………………………… (61)
　　3. 数字内容的增值效应 …………………………………………… (64)
　　4. 社群效应与出版新业态 ………………………………………… (66)

第二章　数字出版产业链结构分析 …………………………………… (75)
　一　数字出版发展主体 ………………………………………………… (75)
　　1. 作为上游的内容提供商 ………………………………………… (76)
　　2. 作为中游的信息服务商 ………………………………………… (82)
　　3. 作为下游的分销商 ……………………………………………… (88)
　　4. 数字出版各主体业务的多样化和多元性 ……………………… (95)
　二　数字出版标准规范 ………………………………………………… (98)
　　1. 行业标准尚未统一，产业格局依然混乱 ……………………… (100)
　　2. 行业标准规范体系的建设与完善 ……………………………… (105)
　　3. 标准制定过程中的问题与对策 ………………………………… (112)
　三　数字出版管制引导 ………………………………………………… (119)
　　1. 设立内容管制，激发数字内容活力与创造力 ………………… (120)
　　2. 倡导有序竞争，以竞争促合作，以竞争促发展 ……………… (125)
　　3. 强化政策扶持，创造良好发展环境 …………………………… (132)
　　4. 完善法律法规，建立法制健全的数字出版产业 ……………… (138)

第三章　移动阅读领域数字出版商业模式要素分析 ………………… (145)
　一　数字出版商业模式分类 ………………………………………… (146)
　　1. 产业互动增值模式 ……………………………………………… (146)
　　2. 基于移动通信网络的微信出版模式 …………………………… (146)
　　3. 基于群组信任的数字内容在线支付模式 ……………………… (148)
　　4. 网站移动阅读器及其他阅读收费模式 ………………………… (149)

目　录

　　二　数字出版盈利对象分析…………………………………………（150）
　　　　1. 教育出版：数字信息服务模式 ……………………………（151）
　　　　2. 大众出版：与内容相应的市场互动模式 …………………（154）
　　　　3. 专业出版：基于知识机构的定制模式 ……………………（163）
　　三　数字出版发展核心战略…………………………………………（166）
　　　　1. 发掘移动出版领域原创内容的活力与生产力 ……………（166）
　　　　2. 以内容资源为核心，孵化出版产业链 ……………………（173）
　　　　3. 促进新型出版形式的发展与成熟 …………………………（179）
　　　　4. 积极试水新媒体，构建数字阅读生态 ……………………（184）

第四章　面向移动阅读的数字出版的可行盈利模式 …………………（191）
　　一　消费：交叉补贴免费共享模式…………………………………（191）
　　　　1. 付费墙模式 …………………………………………………（194）
　　　　2. 关键内容付费 VIP 模式 ……………………………………（199）
　　　　3. 内容＋新兴阅读终端模式 …………………………………（204）
　　　　4. 纸质书＋电子书捆绑模式 …………………………………（206）
　　二　生产：产业融合互动模式………………………………………（209）
　　　　1. 技术引发的数字出版产业变动 ……………………………（209）
　　　　2. 相关文化产业互动模式 ……………………………………（212）
　　　　3. 自助出版模式 ………………………………………………（220）
　　三　体制：终端需求带动重组模式…………………………………（227）
　　　　1. 移动终端衍生的数字出版需求及提供商重组 ……………（229）
　　　　2. 移动终端需求带动内容提供商重组模式 …………………（235）
　　　　3. 移动终端需求的产业重组模式 ……………………………（240）

第五章　中国数字出版商业模式构建建议 ……………………………（252）
　　一　出版社数字内容管理平台的架构与实施………………………（253）
　　　　1. 出版社数字内容管理平台的构想 …………………………（253）
　　　　2. 国内外数字内容管理平台实施现状 ………………………（255）
　　　　3. 数字内容管理平台实施过程中的关键点 …………………（258）

二 出版行业的内容整合与版权管理……………………(260)
　　1. 出版业数字内容亟待进一步整合 ………………(261)
　　2. 行业性数字版权管理平台的建立设想 …………(262)
　　3. 统一标准的数字内容管理平台建设 ……………(275)
三 政府应对内容融合的管理融合……………………(279)
　　1. 内容融合引发管理融合 …………………………(279)
　　2. 管理融合在立法、行政等方面的具体实施 ……(282)
　　3. 数字内容管理和服务结合模式 …………………(287)
　　4. 守正创新构建我国数字出版产业新业态 ………(292)

结语　移动阅读颠覆出版业未来……………………………(296)
附录　中国数字出版发展对策研究报告……………………(308)
参考文献………………………………………………………(366)
后记……………………………………………………………(389)

导 论

一 数字出版研究缘起与界定

1. 时代、产业、政策的研究背景

(1) 时代背景:互联网兴起与数字化时代的到来

20世纪90年代初,欧洲粒子物理实验室科学家蒂姆·伯纳斯·李提出万维网(WWW)的设想,通过超文本传输协议及超媒体信息组织方式,为用户提供面向互联网,包括文字、声音、图片等多媒体信息在内的浏览系统。万维网让互联网走入寻常百姓家,加强了世界范围内不同群体及个人之间的有效联系,为全球化发展战略、"地球村"建设提供了平台支撑和技术保障。

万维网技术颠覆了传统上借助有形媒介,如竹帛、纸张等储存内容的方式,实现了信息保存方式的数字化、虚拟化、智能化和多媒体化,启发人们重新认识和定义出版产业,推动了出版产业的创新升级。1993年美国政府发布的《电子出版业评估报告》显示,当年美国电子出版物销售同比增长149%,在美国年出版总产值中占比28%。在全球3000家电子出

版商和开发商中,美国以 940 家的优势居于首位。① 1995 年,美国麻省理工学院尼葛洛庞蒂教授在《数字化生存》一书中精练地阐释"数字化"——"比特的时代、人性化界面和数字化生活",预言未来信息将会简化为 0 和 1 的形式进行传播,人们的生活方式、思维方式都会发生很大的改变。1997 年,尼葛洛庞蒂来到中国并发起了投资搜狐网建设,对中国互联网浪潮的涌现产生了强大的助推力。我国数字出版产业逐渐浮出水面。

当出版内容、出版载体、出版方式日渐数字化,当新生代阅读群体在数字化时代中成长成熟,传统出版业如何面对挑战求得技术变革下的数字出版转型,已经成为一个迫切需要解决的理论和现实问题。国外出版集团很早就开始试水数字出版,并获得了较大发展,如施普林格出版集团于 1996 年启动 SpringerLink 网络出版项目,之后不断完善其功能和数据库,如推出在线优先出版,将在线期刊、图书、参考书统一到一个平台上发布;2000 年兰登书屋成立"兰登数字风投有限公司",开始面向数字出版开展按需印刷业务,并逐步渗透有声图书、数据库建设、网上书店等新型领域,充分而全面地介入电子图书市场的运营。

2005 年以来,数字出版在全球范围内获得广泛关注和较快发展,各类社交网站纷起,各种数字阅读终端问世,互联网思维应运而生,大大延伸了数字出版产业链。在我国,2010 年被诸多学者称为数字出版元年,不仅是指数字出版总产出达到一个峰值,更是意味着数字出版不再是技术商的一头热,整条产业链,甚至整个社会广泛参与数字出版的浪潮中,传统出版单位也在积极寻求着数字化转型之路。根据最新发布的《2014—2015 年中国数字出版产业年度报告》,2014 年我国数字出版产业收入为 3387.7 亿元,同比增长 33.36%;数字出版产业收入与新闻出版产业收入相比 2013 年显著上升,由 13.9% 提升至 17.1%。② 在信息化时代中,数字出版作为一项创新型的产业活动和文化行为,既顺应了全球发展趋势,也为我国文化事业的繁荣、文化走出去战略的实现提供了动力。

---

① 杨贵山:《美国电子出版现状》,《出版发行研究》1995 年第 2 期。
② 魏玉山:《2014—2015 年中国数字出版产业年度报告》,http://www.chuban.cc/cbsd/201507/t20150715_168554.html,访问日期:2015 年 7 月 31 日。

导 论

（2）产业背景：阅读需求、数字化引发出版变革

数字技术的发展同样在引领着阅读潮流的演变。数字化阅读的形式多种多样，如手机阅读、电子阅读器阅读、网络阅读、光盘阅读等，在纷繁的选择面前，人们阅读纸书的时间不断被挤压，一个"无纸化"的阅读时代逐步开启。阅读过程中纸张带给人们的独特的书香、质感渐渐被放逐，电子屏幕成为新的阅读媒介。

阅读载体变化的背后是阅读思维、阅读方式和阅读需求的转变。在传统阅读中，纸张的平面化、文字排列的线性指引着人们逐字逐句、从上至下、跟随着作者的写作意图进行阅读，人们既可以在某段内容上驻足停留、深入思考，也可以随时打断阅读进程，翻到之前的书页重新回顾。纸书的阅读是相对封闭和独立的，读者直接面对作者进行文字的把玩与沉潜。而在互联网中，人们处于一个被无数无形的线条缠绕的虚拟环境中，每一线条两端连接着未知的群体或个体，整个阅读环境喧嚣而嘈杂，人们很难不受他人影响或干扰。此外，海量信息充斥在网络中令人应接不暇，读者需要筛选内容，迅速找到适合自己阅读的信息并高效率地完成点击并进入下一界面。深度阅读抛之脑后，转而呈现出浅阅读、轻阅读的变化趋势。浅阅读更加强调思维的跳跃性、阅读的浏览化和思考的表层化，因为采用电子屏幕阅读，很容易造成注意力不集中等问题，所以人们在阅读过程中只需要把握关键词、找准关键信息即可。但同时，互联网的超链接功能极大地整合了阅读资源，为读者提供了更多的内容选择，读者的自主性增强，在一定程度上弥补了在线阅读的弊端。

另外一个阅读趋势是碎片化阅读和移动阅读。阅读终端，特别是智能手机的不断升级和移动互联网的迅猛发展，极大地解放了阅读时空，让阅读变得方便快捷。都市中的快节奏生活切割了人们的阅读时间，让享受大段的、完整的阅读时间成为一种奢侈。更多的人选择利用候车、乘车、排队等零散的时间进行阅读，内容大多篇幅短小、简单易懂。手机阅读APP软件很好地适应了人们阅读方式和需求的变化，手机运营商介入数字出版领域，成为不可忽视的新生力量。

互联网的交互性是对传统意义上大众传播单向度信息输入理念的颠

覆、博客、微博、微信以及其他社交网站聚合而成许多社群圈,一定程度上对大众进行了分流,使大众传播向小众、分众传播过渡,"圈子"现象明显。为找准市场定位,实现信息的快速、对口传播,拓展图书宣传销售渠道,传统出版机构开始进行跨界融合,与新媒体、技术商、服务商、分销商等产业链各个环节展开合作,最大限度地开发内容资源,逐渐完善"一种信息、多种载体、复合出版"的商业模式,提升产业附加价值。

此外,国际出版集团之间的兼并重组是出版业变革的另一大缩影。全球各大传媒巨鳄采用收购、合作等方式向数字出版转型,开拓数字出版市场,数字出版收益在集团收入中的份额不断扩大。出版集团的实践摸索也为创新出版商业模式提供了有益的借鉴。

(3) 战略背景:数字出版是国内外出版业发展的重点

我国政府高度重视数字出版产业的发展,并将其列为"十一五""十二五"规划中的重点项目,在政策上给予相应的支持,例如《中华人民共和国经济和社会发展第十二个五年规划纲要》《国家中长期科学和技术发展规划纲要》和《国家"十二五"时期文化发展规划纲要》等政策文件,从国家战略的角度鼓励推动数字出版相关文化产业的发展。2010年8月6日,新闻出版总署出台《关于加快发展我国数字出版产业发展的若干意见》,从产业发展的总体目标、主要任务、保障措施等方面进行了具体阐释,特别对传统出版单位数字化转型、网游动漫出版产品研发、民营新技术公司支持等作了重点说明,倡导企业联合重组,鼓励企业自主创新,为我国数字出版产业的发展提供方向和系统指导。在数字出版政策扶持中,作为一项重要战略部署,国家级的数字出版基地建设如火如荼,目前已组建如上海张江国家数字出版基地、北京国家数字出版基地、天津国家数字出版基地等9个国家级数字出版基地。基地建设对拉动周边文化产业发展、提升数字出版产业的整合发展具有积极作用。

2015年3月5日的十二届全国人大三次会议上,"互联网+"行动计划被写入政府工作报告。报告中指出:"制定'互联网+'行动计划,推动移动互联网、云计算、大数据、物联网等与现代制造业结合,促进电子商务、工业互联网和互联网金融健康发展，引导互联网企业拓展国际市场。"① 作为一种创新型产业发展思维，"互联网＋"运用在出版领域，将互联网与传统出版相结合，通过"内容＋技术"的方式，弥补了传统出版业在技术制造、工作效率、产业融合等方面的不足，激发出传统出版业的创新活力，促进全社会资源的优化重组，加强与国际相关产业的交流与对接，形成产业发展的新形态。

积极开展数字出版业务已经成为全球出版界的共识。美国的数字出版业一直走在世界前列，这不仅得益于其完善的市场经济体系，也与健全的法律制度密不可分。从《1995年知识产权与国家信息基础设施》白皮书、《1997年在线版权责任限制法》《澄清数字化版权与技术教育法》，到《1998年千禧年数字版权法》《2009年数字消费者知情权法》等，在社会推动和政府支持下，逐渐形成了比较完善的数字出版法律体系。② 英国政府对数字出版物的版权保护与监管十分重视。2008年正式启动"数字英国"计划，之后相继颁布了《数字英国报告》和《数字经济法案》等文件，其中很大一部分内容是解决网络内容版权侵权问题，以保证数字出版产业发展的健康环境。此外，以日本、韩国为代表，近年来也将数字内容发展作为推动国家经济增长的重要领域，纷纷启动国家数字内容项目。如日本2012年成立"出版数据机构"，斥巨资将100万种纸质出版物作数字化处理。数字出版已成为世界各国出版业发展的重点。

2. 数字出版与数字出版产业范围

（1）数字出版

在诸多数字出版相关文章中，大多谈数字出版发展难题、困境及出

---

① 《十二届全国人大三次会议开幕，李克强作政府工作报告》，http://www.chinanews.com/gn/2015/03－05/7103283.shtml，访问时间：2015年7月31日。
② 黄先蓉、李魏娟：《美国数字出版法律制度的现状与趋势》，《中国出版》2012年第17期。

路，却很少有涉及数字出版本身的界定。其中，很多作者往往将数字出版等同于网络出版、电子书出版，认为数字出版是以互联网为传播平台，以数字化技术为基础的出版过程。学术界普遍将用数字化，即二进制技术从事的出版活动统称为数字出版。从广义上来说，凡是二进制技术参与并操作出版任何环节的出版活动都属于数字出版的一部分，主要包括原创作品、编辑加工、印刷复制、发行销售和阅读消费等作者出版商—读者的整个流程的数字化。而狭义概念则界定为新兴的数字媒体出版。但是此定义的局限之处在于只解释了数字出版技术，而没有进一步阐明这种技术承载的出版活动。广义的概念试图模糊人们普遍认为的数字出版与传统出版的对立关系，把纸质出版纳入数字出版之中。而狭义的概念则是强调数字媒体出版的特殊性，并将电子图书、互联网期刊、手机读物等归为数字媒体一类。

是否将纸介质作为划分的标准，并不能作为数字出版概念广狭义区分的所在。即使需要如此区分，也并非广义狭义的区别，而是整个概念的颠覆。另外，数字媒体的外延亦不能以互联网期刊、电子图书等涵盖。

数字出版与电子出版、网络出版的内涵界定并不明晰，既存在交叉又有所区别。而数字出版这一名词逐渐为人所熟知后，在媒体上几乎成了以往电子出版和网络出版的代名词。按照国家新闻出版广电总局发布的《电子出版物管理规定》中的相关定义，电子出版是以磁、光、电等介质为储存载体，将图文声像等信息用数字代码的方式编辑加工，借助计算机或具有类似功能的设备读取使用的出版形式。而网络出版则强调这种信息的传输过程是以计算机通信网络传播。电子出版、网络出版这两个概念是以出版物最终表现载体来划分，而数字出版是以出版技术手段来命名，其外延可涵盖网络出版，其名称更接近电子出版的实质。邱炯友认为电子出版界定存在分歧，原因在于电子出版涵盖的种类，不同时期有不同的理解，"当电子出版定义为将文字、图像、声音、动画数字化后，按还原展现时使用机器的不同而产生不同的媒体时，则电子出版物与传统印刷图书最大的差别便在于电子出版可按照需求有不同的输出形态。如果更深一层则解释为电子出版物的制作过程即是数字化的电子信号的编辑、储存、流通与

导　论

传播，绝非传统的编辑复制工作"。① 为更准确地定义数字出版，Richard Curtis 和 William Thomas Quick 认为必须将电子出版（e-publishing）转变成（d-publishing）。② 如表 1 中所示，电子出版这一概念强调的是最终呈现形态为将信息编辑加工后存储的磁、光、电等介质，而数字出版则强调的是采用数字技术手段，后者更能揭示本意。

表 1　　　　　　　　　数字出版相关概念③

名称		概念侧重点
电子出版	Electronic Publishing	强调最终呈现形态是将信息编辑加工后存储在磁、光、电等介质上
网络出版	Net Pulishing/Network Publishing	强调网络上的信息发布，宽泛的网络概念还包括局域网
跨媒体出版	Cross Media Publishing	强调横跨多媒体、多渠道平台的出版形态，如平面媒体、磁介质、光介质媒体、网络媒体和移动媒体等
互联网出版	Internet Publishing	强调将信息发布于互联网或者通过互联网传送到客户端，方便用户进行阅读、浏览、使用、下载的出版传播行为，包括在线和离线部分
手机出版	Mobile Publishing	互联网出版的组成及延伸，强调信息在移动终端上的登载
在线出版	Publishing Online	与离线出版相对应，强调以互联网在线的方式向公众传播信息
定制出版	Custom Publishing	强调面向用户、满足个性化需求
数字出版	Digital Publishing	强调采用数字技术的手段出版

---

　①　邱炯友：《资讯价值体系中的电子出版》，《资讯传播与图书馆学报》第 3 卷第 2 期（1996 年 12 月）。

　②　Richard Curtis, William Thomas Quick, *How to Get Your E-Book Published: An Insider's Guide to the World of Electronic Publishing*, Cincinnati: F&W Publications, 2002, p. 6.

　③　郝振省主编：《2005—2006 中国数字出版产业年度报告》，中国书籍出版社 2007 年版，第 6—9 页。

在出版学领域，借助以计算机技术、通信技术为核心的信息技术使出版载体、出版方式发生了翻天覆地的变化，使得传统的出版与学科中原有的"出版""图书"等内涵和外延须重新界定。贝利在《图书出版的艺术和科学》中强调出版是所谓"公之于众"，[①] 一般指采用印刷和其他复制方式制作出版物并在社会上传播。如果参照以往出版相关定义制定标准，那么互联网上的诸多信息均可称为出版。而当前可谓印刷文明和电子文明相互融合的时代，目前我们仍深受印刷文明的影响，在我国出版仍是特定机构的传播活动。数字出版的界定同样须考虑现实因素，对各界制定政策、研究问题、制定实施策略均能有所指向，而不会泛泛而谈。

鉴于此，笔者认为数字出版是指借助光电技术和数字代码编辑加工信息并存储在磁、光、电等介质上，再由计算机或其他相关信息处理设备把数字信息复制、储存、传播的出版方式。数字出版实则是出版社数字技术与传统出版技术相结合的现代出版方式。数字出版这一称谓本身是出版业的习惯沿袭，用"数字内容复制"或许更能揭示其内涵。电子书出版只是数字出版的一种形式，对数字内容的整合传播是数字出版的要义。另外需要说明的是港台地区关于计算机网络方面的用语习惯与内地有所不同，将数字出版称为"数位"出版。另外，与数字出版相关的概念还有跨媒体出版、互联网出版、手机出版、在线出版、定制出版。表1对数字出版相关概念进行了分析。

1971年《世界版权公约》第六条如此定义出版：系指对某一作品以一定形式进行复制，并在公众中发行，以供阅读或观赏。在日本学者盐泽实信看来，出版是将包括文字、绘画、设计、摄影等在内的出版物进行印刷、装订，以书籍或杂志的形态，通过发行的方式呈现在读者面前的一系列行为的总称。[②] 而笔者以为，出版是以商品生产的方式，将经过加工的知识信息产品大量复制并广泛传播的过程。

---

① ［美］小郝伯特·S. 贝利：《图书出版的艺术和科学》，王益译，中国书籍出版社1995年版，第13页。

② ［日］盐泽实信：《日本的出版界》，林真美译，台北东贩1990年版，第6页。

(2) 数字出版产业

和数字内容产业相关的术语有文化产业、内容产业、创意产业,各定义的侧重点和产业涵盖事物稍有差别,如表2中创意产业的定义是按照投入劳动的性质来界定的,涉及广告、设计、交互软件、影视、音乐、出版和表演艺术等;版权产业是按照产业产出的性质来界定的,外延包括商业艺术、创意艺术、影视、音乐、出版、数据处理和软件等;文化产业则强调公共政策功能,涵盖博物馆展览、视觉艺术、艺术教育、广播、音乐、表演艺术、图书馆和文学等相关事物。① 1995年西方七国信息会议最先正式提出"内容产业"(Content Industry)一词,1996年欧盟《信息社会2000计划》进一步界定其概念,将涉及开发、制造、包装和销售信息产品及服务的行业称为"内容产业"。数字内容产业强调技术整合和产业生产,包括商业美术、影视、摄影、电子游戏、信息存储和修改等。

表2　　　　　　　　数字内容产业及相关术语

产业	定义依据	相关事物
创意产业	投入劳动的性质	广告、设计、交互软件、影视、音乐、出版、表演艺术
版权产业	产业产出的性质	商业艺术、创意艺术、影视、音乐、出版、数据处理、软件
文化产业	公共政策功能	博物馆展览、视觉艺术、艺术教育、广播、电影、音乐、表演艺术、图书馆、文学
数字内容产业	技术整合和产业生产	商业美术、影视、摄影、电子游戏、信息存储和修改

如表3所示,数字内容产业由影视制作、影视前期制作,付费电视前期、后期制作,宽带内容,交互数字电视应用和内容制作,在线和交互式游戏,基于互联网的市场营销、设计和广告,基于互联网的数字内容出版和发行,在线教育内容研发,移动内容研发和出版,内容创作和画图软件,

---

① Centre for International Economics, *Australian Digital Content Industry Futures*, 11 May 2005.

版权和内容管理及其他软件应用相关的创意产业等组成。与图书出版业相关的称为数字出版产业，直接相关的部分有基于互联网的数字内容出版和发行、在线教育内容研发和移动内容研发和出版。数字出版产业的范畴包括电子报、电子杂志、电子书、数据库及各种在线出版内容的授权及增值应用。数据库的功能是提供数字内容在线查询，并具有动态更新功能，为使用者提供专业信息服务。

数字内容：将图像、语音、文字等资料以数字化技术记录并整合运用，也包括处理或使用数字内容的产品。

表3　　　　　　　　　　数字内容产业各组成部分①

组成部分	案例
影视制作、影视前期制作	Trout Films, RB Films Porchlight Films, Hilton Cordel
付费电视前期、后期制作	Southern Star, Grundy, Imagination, Hilton Cordel
宽带内容	ABC, Chief Entertainment, Brainwaave, ITV World
交互数字电视应用和内容制作	ITVWorld, ABC, Massive, Brainwaavee
在线和交互式游戏	Auran, Krome, Bullant, Microforte, Ratbag, Torus, Blue
基于互联网的市场营销、设计和广告	Massive, Hothouse, Brainwaave, Swish, Morpheum
基于互联网的数字内容出版和发行	EBooks.com, Commonground Publishing, Looksmart
在线教育内容研发	Qantm, Ryebuck Media, Crank Media, Cadre Design
移动内容研发和出版	Mobilesoft, Legion Interactive, BigWorld, Imagination
内容创作和画图软件	MediaWare, AnimalLogic, Proximity
版权和内容管理及其他软件应用相关的创意产业	Harvest Road, Catalyst Interactive, Rumble Group, Aptrix

3. 移动阅读与商业模式界定

（1）移动阅读

阅读是信息的处理过程，在阅读的互动过程中，读者运用自己已掌握

---

① Centre for International Economics, *Australian Digital Content Industry Futures*, 11 May 2005.

的语言、内容方面的知识来理解所读的符号。在移动阅读这种阅读方式中，符号承载的载体一般为移动的手持阅读器，由于阅读载体的移动性，信息处理的过程显现出新特点。

（2）模式

模式的概念最早于20世纪70年代由建筑大师克里斯托弗·亚历山大（Christopher Alexandar）提出，主要应用于建筑领域。发展到今天，"模式"已成为诸多行业领域的热门关键词。每个模式都致力于描述在某个特定环境中不断出现的问题，并阐明该问题的核心解决方案。这是一种可以无数次使用的、可复制性的解决方案，避免了重复工作。pattern、model均可译为模式，可在英文之中二者有所区别。具有哲学高度与意义的模式一般还是用pattern，而不用model。模式的概念和思想广泛运用于各个领域。模式的好坏和优劣与否已成为各个领域中的一个核心竞争要素，而新模式的提出和构建正是由于在现实中以及原有模式面临着危机和挑战。

库恩、波普等哲学家将模式作为一种描述科学发现与发展的过程与形式，认为模式就是一种看待世界的观点，是认识与实践的"取景框"，它将决定你会发现什么和你会做什么。在他们看来不同的模式之间具有"不可通约性"，这意味着只有"新模式"才能引导人们发现并开辟新的天地，走向创新。模式作为一种现实过程的抽象和再现，是理论性的、简化的形式，它是从复杂多样的现象中概括出来的过程所具有的一般特性。因此它具有概括性、简明性和一般性。而传播学家认为，模式简单地说就是传播过程的一种概括，使其简明化。在经济学家看来，模式就是关于做什么、如何做、如何实现盈利，其实质是一种创新形式。创新应该在企业发展的整个过程中一以贯之，在开发资源、研发模式、生产制造、营销推广、市场流通等各个环节中实现，也就是说企业经营中每一个环节上的创新都具有成为一种成功的商业模式的潜能，如戴尔模式、耐克模式等。

（3）商业模式

在各种报刊上，商业模式、盈利模式、营销模式等词语频繁出现，其内涵和外延也五花八门。商业模式的界定是："为了实现客户价值最大化，把能使企业运行的内外各要素整合起来，形成一个完整的、高效率的、具有独特核心竞争力的运行系统，并通过提供产品和服务使系统持续达成盈利目标的整体解决方案。"① 李振勇在商业模式相关专著中继而把"如何获得资本"的方法称为融资模式；把"做什么""给谁做""做了卖给谁"，即如何赚钱的方法称作盈利模式；把"怎么做"称为生产模式；把"做什么"（产品）、（产品）"卖给谁"、如何卖的方法称为营销模式。② 关于盈利模式，更加详尽的解释为："企业在市场竞争中逐步形成的企业特有的赖以盈利的商务结构及其对应的业务结构。构成企业盈利模式的商务结构主要指企业外部所选择的交易对象、交易内容、交易规模、交易方式、交易渠道、交易环境、交易对手等商务内容及其时空结构；构成企业盈利模式的业务结构主要指满足商务结构需要的企业内部从事的包括科研、采购、生产、储运、营销等业务内容及其时空结构。"③

二 数字出版研究现状与意义

1. 国内外数字出版研究处于起步阶段

当前移动阅读时代数字出版商业模式研究较少，之前的研究成果主要关注数字出版宏观层面的分析。只有对数字出版的界定和数字出版的前景有一定宏观把握，才能进一步研究数字出版商业模式，才能深入探讨面向移动阅读领域的数字出版商业模式。西方国家的一些专业研究杂志，如《出版研究季刊》《电子媒介专业工作者》《大学图书馆学杂志》《出版商周刊》《学术出版》等，对数字出版的概念界定、发展趋势等问题给予了较多关注和探讨。其主要内容集中在以下五个方面：①以电子书等终端产品

---

① 李振勇：《商业模式——企业竞争的最高形态》，新华出版社2006年版，第23页。
② 同上书，第31页。
③ 同上书，第45页。

为例分析发展趋势；②不同类别领域模式；③数字出版技术；④编辑、出版商、作者等关系颠覆；⑤数字出版版权问题。

当前在各国出版界中，真正在拓展数字出版领域并相对取得成效的，主要是美国和中国，相比之下，我国的出版研究界在对数字出版研究的深入程度和涉及范围上，位于世界前列，但从其细部来看，关于移动阅读时代数字出版商业模式的研究则相对较少，主要侧重点依旧在宏观层面的分析上。

在国内，多数学者认为须用数字化带动出版业现代化，在发展过程中首先要解决商业模式问题。截至2015年第一季度，有关数字出版的文章多达4881篇，爆发式增长始于2005年。近十年的研究发展之后，从最初随笔式的呼吁性、体验式的文章发展到具有一定学术性的文论，研究对象也开始触及国内外数字出版的各个方面，研究方法也逐渐拓展到传播学、管理学等各个角度。代表性的研究者如张立、匡文波、方卿、徐丽芳、张志强、穆青、陈昕、陈生明、张增顺、金更达等，均在不同的领域做出了自己的贡献。但在这些研究当中，直接以数字出版的商业模式为研究对象的文论较少，尽管数字出版研究初现端倪，但面向移动阅读、数字出版商业模式的研究尚存在缺憾。①多数著述停留在从不同立场对发展数字出版的重要性、具体领域如何发展等经验的探讨层面，深层次学术梳理较少。②尽管有成果涉及数字出版商业模式研究，但较少从知识创新、阅读媒介形态变化、社会变革大背景下突破行业限制观念，从多维度视角探寻移动阅读时代的商业模式。③对模式、商业模式、运营模式几乎没有深入的辨析，对数字内容、跨媒体出版、手机出版等相关概念也少有全面、明确的界定和论述。

数字内容与移动阅读终端的紧密结合是数字出版实现商业价值、可持续发展的重要途径。无论是门户网站、技术提供商还是出版商，移动阅读的应用都甚为关键。将研究深入数字出版商业模式，正是当前数字出版发展的关键性问题，面向移动阅读的数字出版商业模式研究更是突破数字出版发展瓶颈的重要途径。移动通信设备、手持阅读器等载体飞速发展和3G、4G移动通信广泛普及，为数字出版发展带来全新的机遇和挑战。研究面向移动阅读的数字出版商业模式，有助于出版界及时调整方向，发挥特色和优势，从而构建起中国特色的数字出版商业模式与发展对策。

因此，本课题的研究对象乃是发展数字出版不可回避的基础性问题，在时代发展、产业转型和政策扶持方面具有强烈的实践意义和应用空间。本研究能为数字出版进一步发展提供理论指导和经验梳理，是出版产业亟待创新转型的突破口所在。在理论和学科建设方面，本研究同样有助于数字出版研究进一步深入完善，同时也为传播学的媒介形态研究领域提供更为丰富的社会实践内容，对扭转轻视媒介存在意义的价值观有所助益。

本课题研究将紧密结合移动阅读领域的数字出版实践，兼顾学理研究及实证分析，以期对传统出版的数字化转型提供参考对策与指导。涉及的研究内容可分为三个方面。

首先，有关移动阅读时代的文化变迁研究，相关的著作有未来学家阿尔温·托夫勒（Alvin Toffler）的《第三次浪潮》，给中国带来关于农耕社会、工业社会再到信息社会的三次文明发展浪潮分析。而他在其《权力的转移》和《财富的革命》中明确提出"知识即权力"，知识已经成为改变财富体系的最核心的驱动力。尼葛洛庞蒂的《数字化生存》则预言数字化时代的来临。同样描述数字化变革的著作有比尔·盖茨的《未来之路》《未来时速：数字神经系统与商务新思维》、埃瑟·戴森的《2.0版数字化时代的生活设计》、保罗·莱文森的《数字麦克卢汉——信息化新纪元指南》、史蒂文·罗杰·费希尔的《阅读的历史》和卡里埃尔、让-菲力浦·德·托纳克的《别想摆脱书》。

传播方式的快速变化和飞速发展引起了国内外传播学界的广泛关注。国内外主要的传播学教材和研究著作对数字传播非常重视，且出现了一些专门的研究著作，如明安香的《信息高速公路与大众传播》、黄鸣奋的《网络媒体与艺术发展》、周荣庭的《网络出版》等，与此同时也有学者翻译了一批著作，如桂敬一的《多媒体时代与大众传播》、鲍德温的《大汇流：整合媒介信息与传播》、菲德勒的《媒介形态变化：认识新媒体》、斯特劳巴哈的《信息时代的传播媒介》等。

其次，关于数字出版商业模式的研究，来自业界的总结和经验凤毛麟角，仅图书馆学和其他学科有少数文章涉及。目前相关学术界倾向于认同五种数字出版商业模式的归类：一是个人作为在线出版商的自助出版模式，目前流行于国内外；二是网络公司为出版并销售电子图书，向出版商

导 论

寻求服务或者代理权，承诺给出版商以版税提成；三是出版商自助出版发行电子图书；四是 POD（Print-on-demand），也就是按需印刷，在美国一般用于出版发行小批量书或者绝版书，当下发展较为成熟；五是比较典型的微软研发的 Ebook 电子书模式。这种分类方法并没有以数字内容为核心参照统一的发展方式分类，其中个人出版只是数字内容出版方式之一，电子书出版也只是数字内容产品中的一小部分，微软开发的软件则是技术平台。

已有成果也有着重从某一方面的发展模式来探寻的研究，这些研究一般都来自业界经验的总结，研究者往往是出版社从业人员。陈昕在《美国数字出版考察报告》中把欧美出版商的数字出版商业模式概括为三类：一是网络营销；二是网络运营；三是网络营销加网络运营。在其报告中，网络营销指通过使用网络和数据库，推动传统出版业转型发展，使纸质图书市场扩容，以实现业绩上涨、服务改进、顾客满意度提升之目的。特别是在大众出版领域，出版公司主要以这种数字化业务实现传统出版营销升级。第二类网络运营方式主要是指在专业出版领域，通过网络平台经营内容资源，而不是说纸质产品的销售推广。第三类网络营销加网络运营模式中，网络既作为传统出版商营销升级的一种工具，也作为内容产业的生产经营平台。大多数美国教育出版集团介入了在线教育领域，然而问题在于，在线产品的商业模式很大程度上离不开纸质产品，所以很难将纸质产品和数字产品在该模式中的地位进行明确的区别。

关于这些发展模式更多的研究则集中于专业出版领域。约翰·汤普森（John B. Thompson）将内容划分为数据、信息、知识和叙述四大类，其中知识又分为不连续的结论、综合知识、教育知识和不变的观点，叙述分为小说类和非小说类。针对不同的内容，数字化发展模式会有相应的区别。在出版实践之中，以学术交流为目的的数字出版所占比例不断增长，并在现代学术传播系统中占有举足轻重的地位，日益成为学术界、出版界和图书馆界密切关注的重要选题。由美国休斯敦大学图书馆的查尔斯·W. 贝利（Charles W. Bailey）教授有选择地收录了有代表性的、重要的英文论文、专著和网络资源整理而成的第 61 版《网络学术出版研究书目》，收录的相关著作和论文多达3000多部（篇）。①

2. 理论基础及研究方法

（1）理论基础

本书从出版学、传播学、人类学等多学科的有关理论和视角，具体运用技术控制论学派理论和变迁理论等内容，研究不囿于技术本身的分析，而是重在联系图书与媒介使用环境、市场、文化等各方面来分析数字出版。在检验新技术的使用时联系特定种类的内容和特定的出版领域，避免在一种内容、一个领域总结归纳通用经验。例如技术控制论，媒介形态对社会影响的观点为其提供了理论假设，信息通信理论为其提供了直接理论来源。1948年申农的《通信的数字理论》被称为信息论的奠基之作。而维纳提出的控制论思想，将传播看成社会的神经系统，小到一个人、大到一个社会都是一个系统，维系和保证系统存在的节点是信息的流动。贝塔朗菲最早提出系统论，正是系统论给予控制论和信息论以整体大于各部分之和的思想。科技的长足发展让作为一种方法论学派的技术控制论思想不断获得充实和完善，逐步在传播学中拓展出"媒介形态变革对社会与人的影响"这一重要的研究领域。这种从媒介技术形态的角度切入传播学的研究也被称为技术主义范式。媒介形态研究的代表人物有英尼斯、麦克卢汉、梅罗维茨和保罗·莱文森，他们强调媒介本身含有无形的信息，直至保罗·莱文森的著作《软边缘》提出技术在有限的层面上对生存造成深远的影响。《文化与承诺》是玛格丽特·米德以人类文化模式变迁为视角来阐释文化的经典著作，在书中她将人类文化划分为前喻文化、并喻文化和后喻文化三种基本类型。这三种文化类型是米德创设其代沟思想的理论基础。另外文中还涉及管理学的长尾理论及边际效应理论。

---

① Charles W. Bailey, Jr., *Scholarly Electronic Publishing Bibliography*, http://epress.lib.ub.edu/sepb/sepb.pdf, 12 February 2006.

（2）研究思路

鉴于涉及概念的庞杂性，本研究通过提炼数字出版、数字出版产业、移动阅读、商业模式等关键词并对其作界定、阐释、梳理，在文献分析、深度调研的基础上考察移动阅读时代的数字出版商业模式，画出我国数字出版"路线图"，对可行的数字出版商业模式和发展对策提供建议。

具体来看，实现广泛商用的移动阅读终端，是对信息接收和发布过程与人类物理移动的结合，带来阅读载体的移动以及信息处理和接收的全新面貌。从消费端的泛阅读、浅阅读与媒介融合，到生产端的用户创造与创意多元，再至产业形态的共享融合与个性化定制，移动阅读时代的数字出版产生了深刻的变革，这是本课题研究对象所处的基本社会背景。

本研究课题的具体内容将主要包括：①宏观层面上把握移动阅读时代的数字出版商业模式，如用户创造内容的开放模式、基于群组信任的数字内容在线销售模式等。②探索教育出版、专业出版、大众出版等不同数字内容在移动阅读领域可研发的数字出版商业模式。大致而言，与其相对应的是数字信息服务模式、与内容相应市场的互动模式及基于知识结构的定制模式。③由此进一步深入分析移动阅读时代数字出版的可行商业模式，主要有面向消费端的交叉补贴免费共享模式：移动终端的在线微支付、为关键内容付费的 VIP 和为新型阅读终端整合内容资源模式；面向生产的产业融合互动模式：通信业强势拓展、出版业突围尝试以及相关文化产业互动模式；面向体制的终端需求带动重组模式：售卖内容、技术拓展、一体化研发等。④随着多个领域、多种形态的内容逐渐融合，着力推动发展拥有版权管理、内容制作和财务支付等系统的管理平台。

通过分析变革特点、产业链结构、商业模式要素，最后落实到具体应用层面，勾勒我国数字出版商业模式格局。拟从出版社、出版行业等不同层面提出数字出版发展对策。另外本研究不囿于技术分析，而重在出版与市场、文化的联系，检验新技术使用时联系特定的出版领域，避免以一个领域总结归纳通用经验。

(3) 研究方法

以传播学的调查研究法、个案研究法为主，在研究过程中将坚持规范研究与实证分析互补、定量研究与定性研究互补的原则，拟从解释性研究角度入手，力图深入研究，得出科学结论。同时拟采用深度访谈、比较研究和文化分析等方法。本课题属应用研究，进行一定的调研活动，调研计划和调研对象主要包括：①国内移动阅读领域数字出版产业发展现状与特点：中国出版集团数字传媒有限公司、中国移动阅读基地、淘宝图书频道、方正阿帕比等不同领域的典型机构（获第一手材料）；②国外移动阅读领域数字出版商业模式的探索：McGraw-Hill、Pearson Education等知名出版集团在移动阅读领域的探索，考虑到国际化与中外比较，以在北京设立分公司的为主；③管理部门、出版行业的移动阅读数字出版内容管理平台的可行性调研：新闻出版总署科技与数字出版社、上海张江国家级数字出版基地、中国新闻出版研究院等机构。

3. 重点、创新点、难点

本课题研究的重点在于：(1) 分析数字出版产业链结构；(2) 移动阅读时代数字出版商业模式个案研究；(3) 提出适用于我国的数字出版商业模式构建及发展对策建议。

具体研究的创新之处，同时也是难点，有四个方面：

(1) 在资料的选取上，广泛吸收和借鉴国内外一些最新相关文献资料的基础上，特别搜集并研究了相关出版集团数字出版实践的最新资料，视野较为开阔。

(2) 在研究的方法与视角上，本书从传播学、人类学、管理学等多学科的视角，对数字出版商业模式，做了比较系统的梳理与深入的阐释。

(3) 在体系架构上，本书从纵向和横向两个角度阐述移动阅读时代数字出版变革，做了比较全面的考察和深入的论述。在此基础上提出面向移动的数字阅读可行商业模式，并从出版社、出版业及政府管理部门三种立场出发就商业模式的运营管理基础提出结论和建议，首次构建了一个比较完整的阐释和研究数字出版的体系。

（4）对诸多概念进行了梳理，对数字出版、数字内容产业、数字出版产业等定义进行了比较详细的界定和比较。明确提出了定制出版模式、在线网络学习平台模式等生产模式，以专业营销网站模式、数字内容直接销售模式等为代表的营销模式，手机内容销售与订阅模式、产业互动增值模式等商业模式。针对不同内容领域需采取不同定位，如教育出版领域常见的数字信息服务模式、大众出版领域发展较为迅速的市场互动模式以及专业出版方面的定制模式等。另外还根据笔者的研究与理解绘制了相关的表格和图示。综上所述，本书对数字出版商业模式的研究具有一定的前沿性、前瞻性、现实性、针对性和实践价值。

三 我国移动阅读与数字出版发展

1. 数字出版已成为出版业拓展新空间

传统出版社对数字出版的认知直到近些年才趋于成熟，从懵懂到主动转型、开拓数字出版延伸空间，可以说实现了思想认识与具体行动上的巨大飞跃。业界对数字出版逐渐达成共识，出版产业的转型实践方兴未艾。

面对经济危机，书业可能出现的萎缩成为出版人们的一致担忧。特别是我国，供求矛盾一直困扰着出版业，读者想要的书难以满足，出版的图书又很难被大众接受，供与求未能获得有效对接。而这份担忧在数字出版领域则被大大削弱了，点对点的内容服务为出版业带来无限商机。传统出版社纷纷迈出了转型发展的第一步。早在 2005 年柳斌杰就提出"用数字化带动出版业的现代化，用数字技术改造和提升传统出版业"，积极关注数字出版、投身数字出版，成为在行业站稳脚跟的必不可少的条件。① 而到 2015 年，纵然是后知后觉的出版人也逐渐认识到发展数字出版的重要

---

① 新闻广电总局数字出版司司长张毅君在"中国版权年会"上发表的演讲实录。

性，纷纷在各自领域寻找切入和突破点。原先较早涉足数字出版的传统出版社则进一步调整发展定位，探求可行的商业模式。例如高等教育出版社基于内容服务完成从传统出版到向数字出版的转型；知识产权出版社则将眼光投入按需印刷行业，浙江出版联合集团逐渐从为传统出版的数字化服务到直接做数字内容选题……一位知名的出版人说："我承认自己是个老派的人，我对数字出版本身不感兴趣，我所感兴趣的是，数字出版能给传统图书领域带来的另外空间。"相对于纸书销售空间的有限性而言，数字出版在虚拟空间中为图书的阅读销售带来难以估量的可能。统计显示，2012 年中国移动阅读市场的营业性收入为 68.9 亿元，累计用户数量突破 6 亿。①

在英文中，publishing industry 总是连接着 business，也就是说出版业与商业的关系密不可分。我国出版业在经济效益与社会效益相结合的同时发展绿色科技，在具体运营过程中让天平往数字出版一方倾斜，探索出适合自己的商业模式创造好的盈利前景。

如今，在屏幕前成长起来的受众日益成为图书阅读主体。他们对屏幕的依赖日益淡漠了人们长久以来对于传统图书的情感，从电视屏幕、计算机屏幕到阅读器屏幕、手机屏幕，一方面反映了纸书的落寞，另一方面昭示着新的商业模式的诞生。如何找到最契合自身利益的数字出版商业模式，是各大出版社不得不面对的难题。有的出版社大胆试水，实现从传统到数字的跨越发展；有的先走访国外出版集团借鉴经验再亲自实践。上海世纪出版集团分别走访了尼尔森国际传媒集团公司、约翰·威立－布莱克维尔出版集团公司、麦格劳·希尔教育出版集团公司、培生教育出版集团公司等知名出版集团，并将其数字出版实践总结成书。这些国外出版商的数字出版业务主要围绕以 E-learning（在线学习）出版、期刊在线出版、数据库在线出版和电子书出版四种模式开展。研究表明，数字出版盈利需要海量的信息内容支持，创建手机平台发布数字内容是值得尝试的商业模式。

---

① 《2013 年移动互联网蓝皮书》，http://www.ccf.org.cn/sites/ccf/nry.jsp?contentID=2741618950538，访问时间：2014 年 2 月 1 日。

2. 数字出版产业链亟待进一步贯通

数字内容的生产、流通和版权保护共同组成了数字内容提供链，其生产、流通和消费流程的贯通是数字出版商业模式运作的基础。从市场需求到流通，各环节均以数字内容为核心。版权、标准、在线支付、数据库的积累等问题，依然是数字出版发展的瓶颈所在。尽管众多厂商和出版单位都在大力推广数字内容，但愿意为此埋单的用户却并不多。在访谈中经常听到这样的比喻："就好比我们修建了高速公路，但高速路的入口处却只有一个收费口，结果大量的车都堵在收费口外上不了高速。数字内容传播就像一条高速公路，而版权授权就是收费口。"可见，遏制产业健康发展的很大原因就是版权制度的滞后。

数字出版商业模式的盈利离不开数字内容在线流动渠道的畅通，而在线支付的发展不完善、不健全一定程度上为内容流通带来诸多障碍。此外，数字内容提供链的断层现象、数字内容管理平台和电子商务平台尚未有效对接等问题，也是对如火如荼的数字出版业提出的挑战。困惑在所难免，这就需要建立一种整合性思维模式，实现产业链的大贯通、产业发展的大融合、开拓数字内容产业的大视野。

3. 数字出版商业模式亟待创新

关于数字出版商业模式的研究是出版学术的前沿选题，也是当前业界所急需解决的问题，此选题在理论层面的研究具有创新性，实践层面也具有重要意义。本研究的理论意义在于：

（1）本书尝试从数字化发展所面临的问题深入探讨，扭转长期轻视媒介存在意义的价值观，强调媒介本身含有无形的信息和丰富的意义。近年来，随着科技的发展，媒介形态的研究已引起了各方的关注。用技术控制论的视角分析图书形态数字化的发展，是对传播学理论的探讨和验证。

（2）本研究对出版学理论的建构有着深远的影响。无论是出版的定义、出版工作的规律还是编辑、发行、管理等方面，均受数字化不同程度的影响和冲击。

移动阅读时代数字出版的变革使得学科原有的概念和范畴须重新解释和定义。在媒介形态变化史上，人类信息的传播从语言到文字符号，继而随着纸张和印刷术的诞生实现量和质的飞跃。自诞生以来，纸张的位置便一直无法取代，过去无数次的技术发展都难以撼动纸张的地位。纸张、印刷、出版之间关系密不可分，相生相伴。而伴随着数字信息技术发展突飞猛进，数字出版的出现却让纸张面临着尴尬处境，被沿用数千年的纸张似乎在电子介质、电子媒介的冲击下式微。数字出版为内容产业提供了全新的载体，也为内容生产对象带来全新的媒介使用体验。

（3）出版作为一门新兴的学科，须汲取其他学科的精华，数字出版商业模式研究涉及传播学、人类学、管理学等学科，进一步分析和研究有助于出版学发展的进一步完善与成熟，同时也为传播学的媒介形态研究领域提供更为丰富的新的社会实践内容。信息科学和传播学的纽结点是媒介，而数字出版发展正是体现了印刷媒介、电子媒介的转型和过渡。

实践意义在于：（1）现代出版产业进一步发展需要研究的重要问题。本研究具有重大的实践意义，是目前出版业普遍面临的不可回避的问题。数字化变革具有改变出版产业结构的潜力，生产过程去中介化，改变了传统图书出版商业模式。为数字出版发展提供理论指导和经验梳理，探求传统出版生存状态的转型与发展趋势问题，是当前出版产业寻求进一步发展的重点所在。

（2）传统出版社应对数字出版转型发展的必然需求。数字出版对出版社发展提出了更新、更高的要求，而当今不论是国内还是国外，出版社的发展普遍跟不上社会的数字化进程，不能适应数字化所带来的社会环境、行业环境的变化。出版社必须作相应的调整和变革。面对 Google、方正、书生之家、超星等技术开发商拥有自身独立的内容时，出版社该如何面对这场竞争？在这场竞争中，基于数字内容的商业模式探寻是重中之重。而切实做好数字内容的生产、控制与管理，是出版社制胜的关键。

（3）为出版相关管理部门制定有关政策提供参考。尽管近年来数字出版的意义和重要性引起了管理部门足够的重视，但其对数字出版发展的趋势、内涵、特征缺乏深刻了解。例如针对出版内容类型的不同，数字化商业模式也应有所区别。只有对数字出版有更深层面的了解，管理部门才能因时制宜地制定政策。

（4）作为媒介变革的缩影，为社会信息化提供助力。媒介变革助推社会信息化，数字出版又是媒介变革的缩影。社会信息化并不是凭空产生的，必须有一定的技术、经济和文化为基础。数字出版是媒介技术发展和传播的一部分，不仅需要政府自上而下推动，而且依赖于社会、产业对数字出版的需求给予自下而上的推动。

综上所述，本选题具有较强的理论和实践意义，因为其所涉及的领域，是国内外出版业当今所普遍面临和亟待解决的问题。而且目前研究的对象本身和对这个问题的研究在国内外均处于起步阶段，因此更具有前沿性。尤其在目前我国出版业面临变革时期，出版数字化发展为当前的改革注入了新的活力，使得本研究更具有现实性和针对性。

第 一 章

面向移动阅读的数字出版发展特点与变革

新兴的科学技术总是与文化相伴相生,技术的发展促成文化的新飞跃,文化的每一次创新又推动了科技的革命性变化。出版业本身便是文化与技术不断融合的产物。① 本章主要从消费端、生产端和产业形态三方面来阐释面向移动阅读时代的数字出版的发展特点及其变革。

在传统出版业中,创作、生产、流通和消费等各环节具有明晰的界限。图书创作和传播的分离,使作者和读者之间无论相距千山万水还是远隔千年岁月都能实现互动和交流。在农业社会,纸广泛用于图书生产,手抄、刻印等复制方式也开始广泛应用,在工业社会图书出版逐渐形成一套拥有机构、人员等要素的相对独立的体系。谷登堡革新了印刷术,将机器放进传播进程,实现无限制复制信息,充分扩大一个人分享信息的能力。并由此真正带来了书价的降低和书的相对平凡化,使图书不再是贵族、教会的专有物。由传教士带到中国的印刷机和现代印刷技术,也促使中国逐步出现了工业化的制造业。历史的车轮行进到移动阅读时代,数字内容的创作、生产和传播过程也趋于融合。传统出版业必须要作出改变适应时代

---

① 柳斌杰:《创新文化呼唤文化创新》,《出版发行研究》2006年第6期。

第一章 面向移动阅读的数字出版发展特点与变革

发展,用数字化推动出版业现代化转型,用数字技术改造和提升传统出版业整体水平。①

一 消费端:泛在阅读与媒介融合

在人类传播史上,新媒介的诞生对旧媒介及当时社会产生了深远的影响,而在这历史的长河之中,印刷术的发明和互联网的应用是最为突出的。② 印刷媒介发展的历史,实际上也是技术发展和文化发展。文字、纸张、印刷术是图书出版模式形成不可或缺的因素。相对于数字化时代的各类图书形式,传统图书出版的代表物可称为纸书,若强调印刷,则称为印刷书。因为只有印刷术使书的批量复制成为可能时,才形成了真正意义上的出版和图书出版模式。

图书出版是人类文明传承的重要方式,全民阅读习惯的培养和知识的传播是出版人应尽的社会责任。然而应当看到,每种介质所对应的阅读习惯有所区别,文字的发明,使耳朵的阅读衍生到眼睛的阅读,在数字时代则是眼睛、耳朵等多种感官的阅读。阅读在数字时代的新特点体现为非线性、浅层次和个性化。新技术对人们的诸多影响与人类学家玛格丽特·米德提出的社会文化模式转变十分相似。本节用较多的文字阐释米德文化传递模式理论,是因为其所揭示的文化接受与传递现象正是人们今天看待和理解出版媒介数字化变革以及数字时代阅读群体变化的一个重要视角。阅读群体的变化体现出新技术发展带来的文化传递模式的变迁。如何紧跟时代潮流,运用新技术解放文化生产力,为新时期的人类文明尽绵薄之力,这是出版业必须深思的。

---

① 柳斌杰:《用数字化带动我国出版业的现代化》,《出版发行研究》2006年第11期。

② 在传播史研究中,印刷书的出版这一领域逐渐为学者所重视。新加坡南洋理工大学的Eddie C. Y. Kuo教授在参加北京论坛时作了题为"New Media and Nationalism: Globalization of the Imagined Community"的报告,在追溯人类传播史时,在诸多媒介之中强调印刷术和互联网对于传播的重要意义。

数字化时代阅读方式的变化便是由文化传递模式和媒介融合环境变迁共同影响导致的。在数字内容的消费端泛在阅读和媒介融合是基础所在。泛在阅读的形成，是有其渊源的。在新兴科技发展的带动下，泛在网络及其对应的各个终端在人群当中渐渐流行起来。泛在网络也就是广泛存在的网络，其基本特性是无所不在、无所不包、无所不能，以实现任何人、任何物在任何时间、任何地点都能顺畅地通信为目标。随之而来的是，曾经的纸质阅读物出版商迅速把握了兴盛起来的泛在网络这一机遇，将"阅读"这一元素引入了泛在网络之中，推出了泛在阅读这一全新的阅读平台。

1. 移动阅读时代的超阅读

（1）阅读是出版的原动力

阅读源自对原始图腾的崇拜仪式，其历史比出版更为悠久。人们对自然神秘现象的理性认识得益于科学文化的发展，阅读也褪去仪式化的外衣走下神坛回到日常。阿尔维托·曼古埃尔认为阅读书页上的字母只是它的诸多面向之一，"天文学家阅读一张不复存在的星星图、动物学家阅读森林中动物的臭迹、玩纸牌者阅读伙伴的手势、舞者阅读编舞者的记号法、弹奏管风琴的乐手阅读谱上编成管弦乐的各种同时性的串串音符……这一切阅读都和书本的读者共享辨读与翻译符号的技巧。在这种广义的阅读基础上，曼古埃尔继而提出，阅读如同呼吸一般是人的基本功能"。[①]

阅读是出版产生的历史前提，出版在发展过程中逐渐具备了教育、娱乐等社会功能。对于出版者而言，似乎阅读只是顺理成章的事，而不再是人们的需求，出版的书肯定会被阅读。文字、纸和印刷术是图书出版形成的基础，这些也正是人类阅读活动的产物，而如今出版日渐成为阅读的前提。阅读的意义不局限于出版，但出版的命运却深深扎根于阅读。出版业

---

① ［加拿大］阿尔维托·曼古埃尔：《阅读史》，吴昌杰译，商务印书馆2002年版，第7页。

只有研究阅读趋势,不断培育、拓展市场,方能在竞争中积极主动。

书于竹帛、镂于金石、琢于盘盂,无论载体如何变化,传播知识、传承文明、培养阅读始终是出版的责任所在,也是动力所在。"书籍和阅读是人类文明传承的主要载体。用闲暇时间来阅读是一种享受,也是拥有财富,将终身受益。"① 书籍和阅读一定程度上也是引领社会文明发展方向的标杆。出版业肩负着引导全民阅读的使命,这关系着整个社会的文明程度、文化品位和可持续发展的潜力。也反映着一个民族之创造力、发展力。"全民阅读带来的书香氛围,将为和谐文化建设提供丰润的营养和良好的人文环境,对于维护社会稳定、创建和谐社会来说,是巨大的推动力。"② 全民阅读与出版繁荣是和谐文化建设的重要主题。

(2) 浅阅读和个性化需求成为移动阅读时代的新特点

阅读方式发生变化,人们有所得也有所失,信息传播的快捷和多感官的接受带来前所未有的舒适感,而面对阅读结束之后空空如也的屏幕,人们的脑子可能也会空空如也。美国著名批评家斯文·伯克茨曾在《读书的挽歌》中写道:"我们的文化瞬间突变为一种电子文化,这种历史性的突变使我们陷入了一种无知的境地,不仅被剥夺了熟稔的习惯和方式,而且也被剥夺了熟稔的道德观念和心理参照。"③ 在信息的汪洋大海之中,人们不知何去何从,而与消费主义、娱乐主义吻合的吸引眼球的、快餐式的文化产品在当前大行其道。由于图书出版业的流水线作业产业形式日益明显,阅读也呈现出随大流的迹象,大众阅读总是紧跟着世界流行文化风向标。亚马逊上居销售排行榜首位的书,总会风靡各个国家。小说人物哈利·波特在短时间内便俘获遍布世界各地儿童的心。

---

① 刘旭、蒋涛:《李克强:希望全民阅读形成氛围,无处不在》,中国新闻网,2015 年 3 月 15 日:http://www.chinanews.com/gn/2015/03-15/7129946.shtml,访问时间:2015 年 5 月 20 日。

② 柳斌杰:《引导阅读新趋势推动出版大发展》,《中国新闻出版报》2007 年 8 月 30 日。

③ [美] 斯文·伯克茨:《读书的挽歌——从纸质书到电子书》,吕世生、杨翠英、高红玲译,中国对外翻译出版公司 2001 年版,第 22 页。

如今的年轻人十分依赖互联网提供的获取信息的便利快捷，甚至有人感言如有一日不现身 MSN 或 QQ，仿佛不能证明自己还在这个世界上。而像手机、阅读器等移动终端也正带来阅读革命的加速和深化。Facebook、Twitter 等社交媒体带来全球网民的迅速聚集，我国的微博用户数量也在不断上升，在 2012 年 12 月底达到 3.09 亿人。人们获取信息的方式被迅速改变，这种信息传播更贴近受众阅读兴趣。智能手机、移动平板电脑及移动互联技术进一步推动移动阅读，并将这种社会化阅读的新思路运用于阅读之中。Flipboard 作为阅读应用的代表之一，首创了社交杂志的推广模式，即将受众感兴趣的新闻、新鲜事、照片等聚合到统一平台上发布，并通过杂志的形式呈现，利用转发、评论等互动行为带动网络社交。这款应用综合了兴趣和社交，兼顾受众对内容的个性化需求，又满足用户交流分享的意愿。① 这是一种对印刷书线性阅读方式及其所对应的系统性、线性思维方式的解构。跳跃性、碎片化、非线性乃至快餐式的阅读，不仅是人们接受互联网信息的方式，而且直接影响着年轻一代接受其他介质的文化心理。尽管浅阅读在一定程度上有它存在的合理性，能使人享受轻松阅读的乐趣，但是在人们生活之中充斥着浅尝辄止的眼球经济，在带来一片浮华景象的同时，却使阅读品位下降。

正是由于互联网这一元素的介入，使泛在阅读发展过程中，人们在各时、各地、各终端之间对于信息的共享、交流更为频繁，思想之间的距离也就此被拉近了。泛在阅读的发展还具备一种"同化性"。所谓同化性，针对的是"很多'本不是为移动阅读而生'的'移动阅读终端'随着泛在阅读产业的发展而生成"的现象，社交网络就是很典型的例子。具体来说，泛在阅读的同化性，即是它能够将各种具备成为泛在阅读物的潜质的东西，最终变成真正的泛在阅读物。这也是为移动阅读时代阅读终端所积极研发的 APP 应用提供基础和可能。在数字出版时代，个性化需求越发凸显，分众化传播特性日益突出。如盛大文学占据国内网络文学半壁江山，吸引诸多用户。通过对用户的行为分析掌握庞大的用户数据资源，为

---

① 毕秋敏、曾志勇、李明：《移动阅读新模式：基于兴趣与社交的社会化阅读》，《出版发行研究》2013 年第 4 期。

第一章　面向移动阅读的数字出版发展特点与变革

移动数字内容的精准传播和个性化营销奠定基础。

面对这种阅读的浅化和泛化，各国均采取积极措施来促进阅读。最近几年，新闻出版总局为打造全民阅读的国家品牌，相继创办了"书香中国"全民阅读电视晚会、"书香之家"推荐活动、向全国青少年推荐百种优秀图书活动和"大众喜爱的50种图书"评选等，农家书屋、城乡阅报栏（屏）等工程项目覆盖了全国60多万个行政村。① 诚如柳斌杰所指出的，在国民阅读与出版产业之间存在着上下游的关系。下游的国民阅读深刻影响着上游的出版。作为对出版物的一种消费，国民阅读率、阅读人群等，都对出版产业市场规模产生决定作用。当屏幕阅读、互联网在线浏览取代传统的青灯黄卷式阅读，当信息的海量多元与文化的快餐消费因果纠缠，阅读逐渐走向浅层次、碎片化。② 在诸多措施中，设立阅读节是其中一项重要的举措。联合国教科文组织在1995年通过了以4月23日为世界阅读日的决议，英国、南非、西班牙、韩国等国家纷纷举办各式活动来激励阅读。除此之外，法国、英国、日本、德国、韩国等国家或选择特定时段或结合主题内容举办各式阅读活动。如法国以"书店"为主题开展阅读节，以"书店无眠"为其具体内容，读者可以随心在书店待到午夜，甚至一个通宵都不成问题。③ 除此之外，法国许多电视台设立诸多有关图书的电视节目，如法国电视一台的《图书广场》、二台的《一本书》、三台的《每天一本书》、五台的《载书的船》、八台的《八台图书》等。另外二台由基尧姆·杜杭主持的文化节目《无拘无束》，还经常邀请作家出席。④

（3）超阅读的传播方式和阅读时间、渠道的重新分配

数字时代的超文本打破了作者和读者之间的界限，超文本阅读的特点是读者追随链接以实现文本交互，从而体现阅读的个性化。超阅读并不是

---

① 吴娜：《全民阅读在中国》，《光明日报》2015年1月6日第11版。
② 《推动全民阅读、共建和谐文化》和《阅读趋势与出版业发展》，新闻出版总署署长柳斌杰在第十七届全国书市期间举办的中国出版高层论坛和2007年北京国际出版论坛上分别发表的演讲。
③ 陈洁、张昕：《让世界阅读起来》，《出版广角》2005年第2期。
④ 《若干有关图书的电视节目》，《今日法国》总第69期。

简单地点击眼前的链接，更意味着在阅读的过程中对文本加以阐释，在读者审美接受中进行意义再创造。殷晓蓉在《网络传播文化历史与未来》中将数字技术虚拟传播阶段称为网路传播阶段。迄今为止，人类传播文化经历了多次革命，文字传播突破了语言传播阶段，网络传播突破了文字阶段。与超阅读相对的是超文本，数字时代阅读的是非线性的超文本，突破了纸质文本传播的局限。人们阅读的兴味不光在于文字魅力，图画、图样和图式历来也是认知和审美的重要元素。自印刷术问世以来的一千多年间，"人们一再挑战技术手段的滞碍，对所谓图文并茂的出版物显示出执着的追求，从板刻的绣像，到珂罗版的图片，早年的筚路蓝缕孕育着当今的读图时代"[①]。数字技术的发展，使非线性、多媒体的阅读成为现实，在图文之间和音频、视频之间的自由点击和转换，读者通过一个个点击链接实现超阅读的体验。

另外，新技术对阅读带来三方面的影响，即受众接受信息的时间、消费信息的财富和接受信息的渠道都要重新分配。中国新闻出版研究院以国民阅读调查为基础，连续多年对全国国民阅读与购买进行倾向大规模抽样调查，通过《阅读率下降的三大因素》《国民阅读率下降之我见》《公众阅读率低迷的原因及其对策》等文章探讨这些调查数据背后的原因和对策，以实现对国民阅读与购买偏好现状和变动趋势的分析把握。但刘德寰的结论却有所不同，他通过建构统计模型提出："上网是公民读书的催化剂，对于同等社会经济地位和同一个年龄段的人群来说，上网会增加其读书时间；对于低文化程度人群而言，上网对增加阅读时间的催化剂作用更大。"[②] 无论结论有何不同，相同的一点是移动阅读时代阅读对象与时间正在重新分配、接受信息的渠道多元化，由此所对应的消费信息的财富需要重新调整，这种重新调整势必带来日趋融合的传媒产业格局变化。由电子商务的发展、数字内容消费的增长可窥见图书出版模式的转变。

精准内容推送、社群化传播、内容导向的多元增值服务、多跨度的平

---

① 李庆西：《超文本：编纂方式也是一种读法——"名著图典"编辑札记》，《中国新闻出版报》2001年4月6日。

② 刘德寰：《上网、读书时间与催化剂》，北京论坛（2007），2007年11月4日。

台服务等越来越在阅读中占据核心地位。出版发展的基础正是基于这些阅读特征的转变。移动阅读时代超阅读的方式之一是社会化阅读,其特点是内容为核心、社交为纽带,讲究分享、互动、交流。这种阅读方式上的共享、分享,打破了阅读者作为独立个体的"信息孤岛"角色,改变了一人黑夜掌灯苦读的传统印象。从技术上看是智能化、精准化、跨平台的阅读。这种交互基于人工智能和数据挖掘技术,从海量信息中提取受众感兴趣的内容。而在用户层面上则是个性化、自主化的阅读。从阅读结果上看,又是一种关系式、信任型阅读。以《一个》阅读 APP 为例,其应用简单,只能收藏文章。韩寒在《一个》杂志的"序"中这样写道:"在陆地上的人总是想看见海,在海里的人总是想遇见岛,在岛上的人总是想去陆地。"在大数据时代、信息爆炸的环境下,《一个》就如网络海洋上的孤岛,读者可以沉下心放慢速度,每天仔细阅读一美文、一问答或一警言。在这个娱乐至死的年代,移动时代的社会化阅读无疑正在改变人们的生活,既让人们不因碎片化阅读而变得狭隘肤浅,又不因网络而疏离现实中的交往。

2. 移动阅读与文化传递模式的改变[①]

(1) 米德的后喻文化

媒介在不同时代的变化形态深刻影响了当时人们的阅读习惯,诚如印刷媒介数字化促进了数字出版的发展。这种影响会逐渐渗入对人生的阅读与体悟,也逐渐改变了原有的信念与行为,这正体现了后喻文化那种不折不扣的"反向社会化"过程。玛格丽特·米德在经典著作《文化与承诺》之中,基于对文化传递方式的思考,将人类文化划分为前喻文化、并喻文化和后喻文化三种基本类型。这三种文化类型是米德创设其代沟思想的理论基础。在媒介的使用过程中,人们交流方式、交流对象的改变与米德在

---

① 陈洁:《印刷媒介数字化与文化传递模式的变迁》,《浙江大学学报》(人文社科版) 2009 年第 6 期。

陈述文化传递模式、代沟这些思想所体现的现象有着惊人的相似之处。因为数字媒介不仅仅是一种工具,也决定着人们怎样去认识世界和认识什么样的世界。

米德认为,前喻文化也是一种老年文化,是原始社会的基本特征,指年轻一代向长辈们学习,"长辈的过去就是每一新生世代的未来","孩子们的前途已经纳入常规,他们的父辈在无拘的童年飘逝之后所经历的一切,也将是他们成人之后将要经历的一切"。[①] 长者以其自身经历沉淀成一种独特的文化,他们将自己常年累积的生存方法、人生态度、生活方式等传喻给后代,从而形成前喻性的文化传递。

无论是长辈还是晚辈,都将学习的对象聚焦到同辈人之间,这种文化传递叫作并喻文化,在前喻文化崩溃之时诞生。战争、移民、科技发展都是前喻文化瓦解的原因所在。因为环境的改变,长者无法向年轻一代提供符合时代发展的生活模式。在新的环境中,晚辈所经历的一切不同于前辈,只能以选择优秀的同辈作为自己效仿学习的对象,于是产生文化的并喻方式。米德以移民家庭为例,充分证实长者在新形势下不得不丧失先前的行为方式,被迫接受子女所认同的新环境的标准行为。

后喻文化也叫作青年文化,与前喻文化相反,是年长者向后辈学习。米德的后喻文化理论建立在"二战"以来科技革命、社会变迁之上。她认为出生长大于"二战"之前的一代是时间上的移民,和并喻文化中空间上的移民一样,缺乏新环境中必备的一切知识。在这种文化中,晚辈而不是长辈,是未来的代表。

文化传递的模式可以是从长辈到晚辈,同辈之间平行传递,还可以是晚辈传递给长辈。米德的这种分析基于人类学家的长期实地调查,特别是在代沟问题中十分有见地,从人类文化史的角度,提出文化传递的差异是造成社会、政治和生物学差异的先导因素。而笔者以为存在于文化传递中的差异性与媒介使用有着不可分割的关系。

[①] [美]玛格丽特·米德:《文化与承诺》,周晓虹、周怡译,河北人民出版社1987年版,第27页。

（2）前喻文化与语言媒介

原始社会尚未使用成熟的文本文字，也缺少碑文记录，人与人之间的交流一般通过口头传播完成。可以说，前喻文化是这种社会环境的一个基本特质。因为这种文化传递不需要依附于任何物质载体，无论是历史还是文化，都以社会成员的记忆为凭借，以口头传授的方式获得传播。长辈向晚辈言传身教，长辈可以对历史进行任意改编或否认，甚至赋予神话色彩。在这种口语传递主导的文化传播语境中，往往那些过去的相对稳定时期的故事能够完整详细地表达出来，而近期的、不稳定时期的故事却逻辑不严、颇有瑕疵。① 人们倾向于通过有意或无意地忽略细节、改变过程来维系历史的流畅衔接。人们总是遗忘变化的细节和过程以示文化的连续性。

由于缺少印刷媒介和文字符号，对于文字的解读和诠释不存在于人际传播之间。口头传播有自身的权威感。文化环境的单一让长辈对个人的思想、行为很少产生怀疑，而晚辈也将长辈的生活经验与知识传授当作天经地义。在这样的族群中，他们有着绝对的忠诚，"这样孩子们就能够在成长的过程中毫无疑问地接受他们的祖辈和父辈视之为毫无疑问的一切"②。通过这种传播方式，年轻一代的全部社会化过程都是在前辈的严格掌控之下进行的，完全沿袭传统的生活道路和生活方式。

（3）并喻文化和印刷媒介

虽然并喻文化和印刷媒介之间的关系并非直接相关，但两者却彼此难以分离，并喻文化需要以印刷媒介为传播介质。在世界不同国家不同地区间人们的相互学习、经验传授，可以看作一种并喻式的学习。这种学习方式与印刷媒介的使用息息相关，那些承载、表达着人类智慧和知识的图书、报纸以超越过去的速度蔓延世界各地。

---

① ［美］玛格丽特·米德：《文化与承诺》，周晓虹、周怡译，河北人民出版社1987年版，第44页。
② 同上书，第47页。

与并喻文化产生密切相关的是印刷媒介。从科学技术发展、自然资源开发到宗教信仰变迁、人类文明进步，都离不开知识的快速传播，而知识的传播与普及又需要借靠作为载体的印刷媒介。在前喻文化中，新一代钦佩臣服于祖辈的智慧和权力，而当他们在图书、报纸、期刊等印刷读物中发现了另外一个对当前生活更有帮助的新经验、新世界时，便会逐渐偏离祖辈的生活轨迹，开始重新审视和出发。与自然、社会相关的知识不再单纯凭靠经验，而是以间接的方式获得，人们慢慢疏离自然与人际关系。并喻文化存在时间十分短，马上会被前喻文化所含化。因为写在图书、报刊上的知识并不能说服每一代人他们与前辈不一样的行为是理所当然的。

（4）后喻文化和数字化浪潮

"二战"无意间成为科技发展的助推器，世界似乎在瞬间就产生了天翻地覆的变化，数字化信息交流网络平台为人们带来全然不同于以往的生活学习体验。全球的年轻人得以借助网络"互相分享长辈以往所没有的、今后也不会有的经验"[①]。地球村不再是梦想。印刷媒体的数字化，使人类知识的传播速度达到了过去难以想象的程度。而没能完全掌握新型介质使用方法的长辈们，无法知晓晚辈所了解的世界。当信息以加速度的形式不断更新，长辈对新事物的理解和吸收较之年轻人要慢，长辈自上而下的教化方式与权力被改变，晚辈向长辈的知识"反哺"令文化知识的传播扭转了方向。

在梅罗维茨看来，社会场景之间的阻隔以及由此导致的知识垄断很大程度上是印刷媒介造成的。而数字媒介则有利于冲破社会隔阂、知识樊篱，最终解构权威、实现融合。[②] 父辈已经难以胜任人生导师的职责，纷繁复杂多变的新世界消解了以往的生存技能和人生经验，他们需要转过头从晚辈那里获得新的技术方法和生活策略。崭新的信息社会渐渐抹去了

---

① ［美］玛格丽特·米德：《文化与承诺》，周晓虹、周怡译，河北人民出版社1987年版，第75页。

② ［美］约书亚·梅罗维茨：《消失的地域：电子媒介对社会行为的影响》，肖志军译，清华大学出版社2002年版。

第一章　面向移动阅读的数字出版发展特点与变革

"传喻"的价值,新生代无疑变成文化革新时代的领军者,将全新的技术、媒介与个人学习、生活相融合,开辟了一个与以往完全不同的新的时代。

正是基于具有反叛传统思维方式与价值观念的人在推动世界变革中具有不可小觑的力量,后喻文化才显示出其独特的魅力。那些生气勃勃、充满"叛逆"、充满个人思想和新"思维范式"的年轻人,置身于传统印刷媒介之外,其本身就是国内外印刷媒介数字化浪潮本身的始作俑者。我们可以从中获得无限的启示:新技术是由能够创新的人来开发,并为不囿于传统观念的新群体接受和利用。网络文化的创造与传播主体是成长在计算机、互联网、手机等信息交流和文化交往平台前的新生代,网状的信息传播、获取方式使他们间的交流内容近乎呈现指数级增长,其信息容量和承载量是父辈所难以估量和想象的。周晓虹在《文化反哺:变迁社会中的亲子传承》一文中提到,孩子向父母进行"文化反哺"的知识蓄水池更多来自孩子同辈间的交流,他们在彼此交往中不断更新知识储备和价值观念。[①] 平等自由的新环境也为父辈向后辈的学习提供了和谐自主的文化根基。

在新型的后喻文化中,晚辈而不是父辈和祖辈,是未来的代表。信息发展日新月异,已没有任何人,能够做出将文化全然传递给下一代的承诺。尽管当前的社会文化传递形态十分多元,媒介依然是文化传递的力量,但后喻文化的主导地位已然愈加凸显。

3. 文化传递模式引发出版方式改变

(1) 后喻文化形成过程中阅读习惯对文化生产的影响

数字技术的广泛发展使现有的印刷媒体形式逐渐多样化。人与人、人与社会的关系随着媒介的广泛使用而产生变化。未来不仅仅是当下的简单延存,更是现在发展的结果。新技术的变革使得人们使用媒介的方式产生

---

① 周晓虹:《文化反哺:变迁社会中的亲子传承》,《社会学研究》2000 年第 2 期,第 51—66 页。

改变，阅读习惯的改变影响着文化生产方式。图书是对印刷文明的古老而重要的外显，是延续人类文明的代代相传的工具。出版业一方面不能忽视新技术为文化传递方式带来的变化，另一方面则要思考如何让新技术更好地为自己服务，如何使传统出版业在新时代得到新生，为新时期的人类文明的进步尽绵薄之力。

年轻一代对于新技术的熟练使用和对于新文明的宽容接纳比以往文化更迭过程中人们的接受态度更显得轻而易举，这是数字化印刷媒介潮流下的一个特质，也吸引了业界、学界和政界的广泛高度关注。有专家在北京国际出版论坛发出呼吁："不是所有的问题都有资格关乎我们的未来，但是新技术却有足够的分量，它是我们必须面对的。"[①] 实际上，如果追溯人类文明发展史不难发现，人类的每一次文明进步、文化传递方式的转变，都与新科学技术、新媒介使用密切相关。

文化生产必须要适应社会发展的需要，否则不仅会导致文化产业发展举步维艰，而且从长远角度看会阻碍整个社会的文明进步。现在，纸书阅读风光不再，互联网中的海量信息引导人群根据兴趣功能进行分组、分化，轻快、轻灵、轻松的浅阅读日渐占据了人们阅读的主导地位。这是整个阅读大环境的变化。精英文化已然被数字化印刷媒介催生的平民文化、大众文化所挤压，百度的国学搜索与谷歌的学术搜索让经典不再是专家学者的专利走入千家万户。网络图书馆让大众更方便快捷地获取资料，其精确程度同样可细化到具体的章节和段落。

国家同样高度重视这种阅读方式的变化潮流，在"十二五"发展规划中明确提出，发展新一代信息技术产业要将重点放到新一代移动通信、下一代互联网和物联网、三网融合以及云计算、新型显示、集成电路、高端软件、高端服务器和信息服务上。这是从国家层面对新媒体技术的发展作出的高屋建瓴的指导。为贯彻落实《中共中央关于深化文化体制改革、推动社会主义文化大发展大繁荣若干重大问题的决定》部署，蔡赴朝在阐述提高先进文化影响力时指出，媒体发展不可忽略数字化，这是时代发展的

---

① 北京国际出版论坛主持发言，后被写入报道《出版业正面临数字化竞争》，《中国新闻出版报》2006年8月29日第1版。

第一章 面向移动阅读的数字出版发展特点与变革

趋势。要坚持以数字化为龙头,以科技创新带动体制机制创新,加快媒体现代化进程,实现多媒体综合集成发展。要加强党报党刊采编系统数字化网络化建设,加快存量资源数字化转换,积极推进数字出版、数字印刷、数字发行和数字阅读。① 出版界要保持对时代发展趋势的敏感度、远见性和前瞻性。在数字技术和互联网技术的引导推动下,伴随着第二代互联网技术的使用、4G 手机的上市,印刷媒介与这些新兴技术的结合将会愈加紧密,对人们生活和社会文化也会产生更加深远的影响。

当今出版传播的速度如此之快,是印刷媒介的数字化结果之一。某一国家出版的图书、报刊借助互联网技术不费吹灰之力就能瞬时传递到社会各个角落。信息的流动加剧了全球化的进程,网络的发展使得人类传播活动突破了空间和时间上的种种局限,从技术而言实现了信息传播的最大自由。眼下要致力于出版业数字化转型,推动后喻文化的快速构建。数字出版市场让诸多出版社感到爱恨交织,而像日本航海者出版社那样的成功者则把握着数字出版市场的主动性,通过"扩张图书计划"聚焦了广泛的读者的眼光。② 微信出版、电子书和漫画书的产业化仍处于初步试水阶段,印刷媒介数字化依旧前路漫漫。

(2) 媒介数字化与满足现代人的精神诉求

在寻求文化生产的发展道路时,生产方式的转变也不容忽视,这反过来又加剧了数字文化与后喻文化的前进速度。数字印刷媒体的一个趋势是,融合成为时代之必然,文本文字逐渐发展成为一种视觉、立体化的呈现,公众阅读开始进行读者中心转向,多样化、个性化、移动化、微型化、碎片化、娱乐化和交互阅读体验的影响力在出版产业的未来发展中更为显著。③ 比如漫画书,也逐渐从古旧刻板孤立的早期印象中脱

---

① 《广电总局局长蔡赴朝撰文阐述提高先进文化影响力》,《人民日报》2011 年 11 月 7 日。
② [日] 长冈义幸:《出版大冒险》,甄西译,国际文化出版公司 2006 年版,第 99—112 页。
③ 严利华:《媒介融合背景下的公众阅读与出版转型》,《出版发行研究》2014 年第 12 期。

离出来，成为融于动漫产业链中颇具创意色彩的元素。相比于文字叙述，丰富形象的图像更直观生动。但当文字被图像挤压，纸媒介被电子阅读器代替，出版界更加不能忘记身负的社会使命和内容提供商的角色。

当人们在现实生活感受到重重压力又无处排遣时，通常把希望寄托于乌托邦式的虚无和梦幻，宁愿在虚幻的幸福中永远沉睡。近年来中国都市中有这样一个群体引起了大家的关注，他们已是而立之年却在心理机制上与儿童无异，从小到大都离不开父母，摆脱不了对家庭的依赖。苏格兰作家詹姆斯·巴里笔下的彼得·潘是人们非常熟悉的动画角色，他的梦想就是永不长大，在"永无乡"的温柔富贵中度过一生。现在有很多年轻人惶惶终日找不到人生方向，长辈无法给予他们有意义的指导，只能依靠网络与同辈进行交流，在虚拟的沟通媒介中探寻人生真谛。基于数字出版的印刷媒介变得更加生动有趣，也为现代人在虚拟中提供种种奇妙的幻想、惬意的超然和片刻的慰藉。但内容的核心地位，承续人类文明文化的使命，始终是数字化媒介不容置疑的使命。不管科学技术如何日新月异，现实世界如何新旧更迭，紧张忙碌的现代人面对海量的、纷繁复杂的信息始终不变的是对于信息传递和获取的需求：高速、便捷、简单、高效。而其深层次的需求则是在文本创作、内容传播上的话语权和互动，对创作的透明度、民主性的希望图像化仅仅是一个小的、浅层次的诉求。

正如《迈向知识社会》[①] 报告中所明确提出的，知识社会的核心是生产、改造和传播知识的能力，以创造和应用人类发展所需要的知识为其目的。思想内容、印刷媒介数字化，无疑体现了这种能力。成长于新媒介时代的群体的扩大和其相应的阅读习惯的变化以及文化传递方式的转向、文化生产方式的变化，都预示着数字媒介在思想传播、文化引导等方面的平台作用和影响力的凸显。

[①] United Nations Educational, *Scientific and Cultural Organization*, *Towards Knowledge Societies*, 2005.

二 生产端：用户创造与创意多元

面对消费端阅读方式、文化传递模式的转变，生产端也发生着改变。内容创意是其中的重要方面，通过生产、流通实现增值，在消费端得到价值的评价衡量，在出版价值链中具有决定性的因素。文化效应的实现需要原创、创新的内容创意。原创、创新的内容创意还是实现图书出版商业效益的保证。内容创新是图书出版的源头，是数字内容产业的核心，也是整个产业链运作的基础。内容创意离不开创作的主体，数字时代的超文本阅读打破了作者和读者之间的界限。在超文本阅读中，读者追随链接以实现文本交互，从而体现阅读的个性化。另外，"多重阅读，由读者进行书写、诠释的'写式阅读'"也是超文本的一大特色。[①] 实践证明，用户创造内容日益成为互联网、手机信息生产的重要部分。

1. 内容创意是出版价值的决定因素

（1）内容创意在出版价值链中的地位

价值链理论由美国战略专家迈克尔·波特在《竞争优势》一书中提出，其思想核心为：价值是顾客愿意为企业所提供的产品或服务支付的价格。顾客愿意购买的产品或服务的价格乘以数量则是企业所创造的总价值。波特的价值链分析主要是基于流程或活动，用于判别流程或活动在组织内部的贡献大小与价值输出。"对于每一个流程来讲，如果某个活动对流程的输出没有贡献，那么就是不增值的活动。"[②] 消费者承担着评价产品或服务是否有价值的角色。而在图书出版领域，内容创意是附载在产品

---

① 郑明萱：《多向文本》，扬智文化事业股份有限公司1997年版，第2页。
② 梅绍祖、［美］James T. C. Teng：《流程再造——理论、方法和技术》，清华大学出版社2006年版，第22页。

或服务上的精髓所在。

出版价值链可围绕创作、生产、流通和消费四大块来划分，内容创意通过创作、生产两个领域来实现。即对出版机构的信息流、物流和资金流的控制，使内容创意依次通过编辑、复制、传播等环节，直至送达最终消费者。它是一条连接内容创意者和消费者的物质链、信息链、资金链，更是一条增值链。内容创意通过生产和流通实现增值，在消费端得到价值的评价衡量。在以往的出版价值链论述中，总是以出版社的经营和生产为核心，忽略内容创意的创作端。在出版过程中，需要将分工复杂的创作和经营人员进行统一，但在整合过程中最重要的始终是内容创意本身。在实现出版价值链的有效管理时，内容创意贯穿作者的创作、生产端编辑的把关和形式包装、流通端品牌的营销以及消费端读者接受的再创造。在当前日益推广的出版社内容管理系统中，对内容的协同作业已成为出版价值链的重要部分。

（2）内容创意是实现出版文化效应和商业效益的保证

没有富有创意的内容，图书出版如同无源之水。文化效应的实现需要原创、创新的内容创意。刘杲曾提道："出版产业是内容产业，内容产业的关键在于内容。出版物的内容一刻也离不开文化，出版产业的根基在于文化。文化是出版的根、出版的命。没有文化的出版，等于没有灵魂的躯壳。"[①] 聂震宁发表在《人民日报》上的文章进一步指出，出版业不仅是文化内容的组织者、策划者，而且还连接着文化内容创造者与文化市场消费者，并且是影视业、演艺业和娱乐业等文化产业领域的不可或缺的内容来源，充当着文化生长孵化器和催化剂的作用。[②] 此处文化既指内容创意，又指附载于内容创意之上的文化效应。

---

① 刘杲：《出版：文化是目的 经济是手段——在中国编辑学会第八届年会开幕式的讲话要点》；李家强、蔡鸿程主编：《多出精品 多出人才：中国编辑学会第八届年会论文集》，清华大学出版社2004年版，第3页。

② 聂震宁：《出版业的责任与发展——十七大精神学习札记》，《人民日报》2007年11月11日。

第一章　面向移动阅读的数字出版发展特点与变革

另外，原创、创新的内容创意还是实现图书出版商业效益的保证。英国经济学家约翰·霍金斯在《创意经济》中将创意产业界定为版权、专利、商标和设计产业这四大部门，专利研发成为创意产业的重要组成部分。文中指出，全世界每天创造的创意产业产值高达 220 亿美元，递增的速度为 5% 左右。① 根据本书导论中的论述，创意产业和内容产业等概念侧重点有所不同但外延相同。图书出版业作为内容产业的一部分，内容创意是其实现商业效益的基础，拥有创新性的内容是出版竞争力的体现。

（3）内容创意是数字内容产业的核心价值

内容创新是图书出版的源头，是数字内容产业的核心，也是整个产业链运作和流通的基础。当全球经济文化一体化趋势日益显著时，出版、影视等内容产业也无法偏安一隅而禁锢于某一国家或民族，信息交流、文化沟通的频繁快捷使其必须进入国际大熔炉中。数字内容产业链是内容创新的核心，是产品制造、产品营销创新的动力，通过衍生产品的开发，形成一个投入、多个输出的产业链。在这个链条中，内容创意作为核心价值能够将其生产动能传递到其他环节中，从而实现"价值扩散"。原创企业通过与其他企业合作或转让相关的技术、专利、版权，让周边关联产业也能获得创意带来的价值增值，从而延长产业链，增强生产能力，扩大产业规模。② 如导论中表 1 "数字内容产业各组成部分"所示，图书出版业是内容产业的一部分，是影视、动漫等其他相关产业的基础，电影、电视剧、动漫中的最初内容创意往往来自出版业。

作品改编的形式主要有影视、游戏、动漫等。在无线阅读如火如荼发展的今日，影视作品改编量不大，营利空间却相当可观。通过对每一部优秀的网络作品全方位、立体式的后续版权开发，充分延展作品运营产业链，极大化版权价值。2012 年，盛大文学所出售的影视作品、游戏改编

---

① ［英］约翰·霍金斯：《创意经济——如何点石成金》，洪庆福、孙薇薇、刘茂玲译，上海三联书店 2006 年版。
② 万建民：《延伸创意 拉长链条——加快创意产业发展系列评论之六》，《经济日报》2007 年 7 月 19 日。

的版权已达上百部,其中《步步惊心》可以说是典型案例。《步步惊心》是桐华创作的,最初在盛大文学旗下的晋江原创网站进行连载的清穿小说,接连荣登网站阅读排行榜首位。良好的网友反馈让盛大文学开始筹划把小说搬上荧幕,并在湖南卫视上映,引发收视狂潮。盛大文学趁势策划《步步惊心》实体书出版发行,之后又修订再版。在电视剧热播的浪潮影响下,再版小说发行的30万册被抢购一空,其数量相当于五年发行量的累积销售数。与之同时上线的同名网游《鹿鼎记之步步惊心》也吸引了众多粉丝。此外,盛大文学还在自营平台云中书城及时推出了《步步惊心》的客户端电子书售卖。经过版权分销和全媒体的综合利用,盛大文学实现了《步步惊心》线上阅读线下出版、影视游戏改编等的全方位收益。

  游戏改编是除了影视改编外出版的又一大掘金地。自完美时空买下纵横网萧鼎作品《诛仙》进行游戏改编开发获得成功后,国内的网络小说游戏改编开始大量兴起。盛大自然不会落后,由《鬼吹灯》《星辰变》《猎国》改编的网游陆续上线,均取得不错的市场成绩。网络游戏最近几年一直处于高速增长的状态,而同影视改编一样,原创文学网站的网络小说能够凭借其知名度为网游市场打开出口,使改编后的游戏拥有良好的受众基础。此外,对网络文学作品粉丝发展而来的游戏用户而言,由于改编自网络小说的网游有他们熟悉的背景故事,因而更愿意为之埋单。CNNIC的调查数据显示,网络文学用户在游戏中的消费能力更强,58.8%在游戏过程中产生过多花费。这对游戏运营商而言显然具有强大的吸引力。有业内人士指出,一部高点击量和高关注度的网络文学作品相当于上百万元的影视版权费,而如果改编的是游戏,价格则会更高,因为从网络小说读者到游戏玩家之间的角色转换相较到影视剧观众的转换更加容易,游戏在改编前就已经拥有了大量的潜在用户。现在的游戏市场,如果是由人气排名前10位的网络小说改编而来,网游公司向原创作者或版权方交纳的授权费至少为200万元。游戏市场具有良好的发展前景,文学网站拥有庞大的蓝本资源;游戏公司获得丰富的创意内容,文学网站获得可观的版权收益及作品在更大范围内的推广传播——两者的双赢为数字出版界的行业合作提供了借鉴。

  以动漫产业为例,通常由最初的杂志连载开始,然后根据受众的喜好

第一章　面向移动阅读的数字出版发展特点与变革

辑成漫画单行本发行，再根据漫画中的形象设计制造服装、玩具、日用品等衍生物，最后进一步开发成游戏产品。如果将动漫产业以金字塔作比，漫画连载位于其最底层。比如先有《流星花园》的日本漫画版，然后带来了"F4"的风靡一时。动漫产业链上，则一般遵循平面出版—数字媒体—周边产品开发—商业服务的链条规律。像美国迪士尼的米老鼠形象已经用在服装、手机、茶杯、浴巾、碗具和文具等各种物品之上。在世界各大城市拥有米老鼠的专卖店，专门出售与之形象相关的物品。这些成功源于米老鼠经典故事的历久弥新，七十余年过去了仍然活在一代又一代人心中。

漫画先行的产业链却在我国反其道行之，总是过分关注动画忽视漫画。近些年来投资动漫产业红红火火，可总是将注意力集中在动画片的制作技巧上，鲜有人关注漫画书的内容故事。不但与长期形成的市场割裂意识有关，也与管理体制相关。当前市场上大部分是漫画书搭上了动画片的顺风车，取得巨大成功。近些年也有一些出版社力图严格遵循产业链的顺序规则进行动漫产品开发，比如上海世纪出版集团创办全国首家动漫周刊《漫动作》，便是出于打造一个环环相扣的动漫产业链的目标。希望在拍动画片之前已经接受杂志市场和单行本市场的双重检验。一本200多页的杂志只售6.5元肯定赔本，但从产业链的整体视角出发，最终能够带来的整体利益才最重要。[①] 而这个美好愿望至今不尽如人意，显然仅靠出版单位一方的努力是不够的。

与日本、美国等动漫强国相比，我国的差距很大，至今尚未形成真正意义上的动漫产业链及顺畅的制作流程。方敏、杨晓军在《我国动漫出版的现状及趋向》一文中对于产业链的运营情景进行了形象生动的描绘：如今的形势是出版社出版自己的图书，动画公司和电视台制作自己的动画，游戏商开发自己的游戏，每个环节都是彼此分割，未能融合。动漫图书要想做大做强必须考虑协同发展、共同合作。国外的编辑在选题策划之际，就开始考虑后期策划——什么类型的图书适合与影视互动；什么类型的图

---

① 陈熙涵：《漫动作创刊投石问路打造原创动漫产业链》，《文汇报》2004年4月28日。

书适合开发游戏；什么类型的图书适合开发相关衍生产品，从而实现图书延伸价值的最大化。其产业链条铰接得非常紧密。①

从产业链和制作流程的分析可以看到，漫画图书的内容创意方是整个产业的源头活水，中国动漫相关各行业之间的壁垒也终须打破。现今中国动漫出版的瓶颈在于缺乏原创性的动漫形象和生动的故事。很多创作者很少利用图书中的形象来进行创作，而是采用先进的技术制作日本、韩国等国家的跟风产品。

正是内容创意的紧密结合，使分属于不同行业的内容产品营销形成互动。在美国，除非是其翻拍的小说具有很大的市场潜力，否则位居畅销书排行榜之外的小说几乎不被影视制片人看重。无论是畅销书排行榜内还是榜外，这些被好莱坞选中改编成动漫的图书，一个共同的特点便是具有很强的故事性。动画片《极地特快》引入全球最一流的"表演捕捉"技术打造，活灵活现地将汤姆·汉克斯的一切微小动作和复杂表情再现，在影片中一人分饰五个角色。这部票房火爆的动画片内容创意来源于1985年出版的经典童书《北极特快车》，这部书曾获美国童书最高荣誉奖凯迪克奖，后来又由华纳兄弟电影公司和汉克斯公司合作改编为动画片，让该书的文化效应获得最大程度的彰显。

正是借助动画片带来的新一轮收视热，《北极特快车》愈加历久弥新，很快出版发行精装版，以此来促进图书的销售。出版这部书的休顿·米夫林出版社以前出版了大量睡前交互阅读的故事、餐桌图书以及儿童小说等，有很高的知名度。在这动画片上映前的几个月，图书销售的喜人走势已经超过了翻拍的动画片。与此同时，图书的销售同样促进了动画片的红火。在这个过程中，电影公司和出版社合作开展了一系列的阅读文化活动，为图书和动画片共同造势。如由美国国家教育协会下属的"全美阅读"组织发起活动，计划每年将有5000万儿童加盟华纳兄弟电影公司和休顿·米夫林出版社的"《极地特快》阅读大挑战"。当问及作者奥斯博格对翻拍的看法时，他说："动漫的作用是使关注原著的人得到自己的艺术

---

① 方敏、杨晓军：《我国动漫出版的现状及趋向》，《出版发行研究》2005年第2期。

享受，图书为其他艺术形式提供了灵感，无论其他形式是否能取得成功，图书从此将无处不在。"① 可见在整个产业链中，各个环节围绕内容创意相互不可分割。

2. 超写作：文本变革与用户创造内容

（1）互联网的普及为超文本创作提供条件

内容创意离不开创作的主体，数字时代的超文本打破了作者和读者之间的界限，超文本阅读的特点是读者追随链接以实现文本交互，从而体现阅读的个性化。黄鸣奋将广义的超写作称为"超越传统的写作主体、写作对象、写作方式、写作手段、写作内容和写作环境，狭义的超文本写作则是使用XML、HTML等人工语言和传统写作使用的自然语言来进行创作"②。

无论是广义的还是狭义的超写作，均离不开互联网的普及和使用。当前我国网民总数为2.1亿人，仅以500万人之差位居美国之后，为世界第二。互联网的普及使信息传播的载体进一步突破了印刷媒介的限制，这种新的传播方式特点是："①广泛、快速、信息量巨大；②虚拟而不实在；③与纸质传播共存，它突破了纸质文本传播的局限，却落入了'技术'、'虚拟'的局限，当然，这两种局限处于不同的历史、技术与人文水平上，不可同日而语；④传授主体可以隐匿、摆脱传播者社会身份的限制，这种传播的自由使传授的信息良莠不齐；⑤传播的交互性，摆脱横亘在传播者与接受者之间在意识形态意义上的评价与调控的限制。"③ 这种新的传播方式对应的超文本具有交互性、动态性，从而使超写作能够突破线性文本

---

① 陈洁：《好好利用电影》，《出版广角》2005年第2期。

② 黄鸣奋：《超写作：数码时代的文本变革》，《广东社会科学》2002年第5期。其中，XML是指eXtensible Markup Language，HTML是指Hypertext Markup Language，前者是目前公认的管理数字资产的标准语言，后者是超文字的标记语言。见唐真成《电子书》，扬智文化事业股份有限公司2003年版，第70页。

③ 殷晓蓉：《网络传播文化历史与未来》，清华大学出版社2005年版，第7—8页。

的有机性，排除线性文本的限制，可以使多种材料组合方式并存，为读者的阅读和审美再创造留下更加开阔的空间。

传统的图书内容是固定的，只有再版时会对内容进行一定的增补，而超文本的图书则是动态的。高等教育出版社正在研发的网动书，突破了第一代电子书内容固定的限制，可通过超链接不断扩展。吴向副总编辑向笔者介绍，第一代电子书是以产品为中心的，只是阅读的介质发生了变化，而第二代电子书可以通过点击链接电子书以外的相关内容。以教材为例，学生在看到教材全文时如对某一个知识点产生疑问，可链接到相关内容。另外，通过输入学生基本信息，针对初中、高中、本科等层次的不同，提供不同的内容。网动书由读者按照自己的喜好和知识类型选择定制出版，满足个性化需求。

（2）互联网：数字时代学习与娱乐的工具

超阅读、超写作使读者与创作者的身份、娱乐和学习的界限逐渐模糊。在这一数字技术的浪潮中，读者对出版物的阅读兴趣与方式大为改变，消费方式使得出版发展这一新阶段的内容创意方式也正发生转变。韩国世明大学教授金基泰在"第七届中韩出版学术研讨会"上提及，随着因特网的普及，青少年中出现了"一刻钟节奏"现象，他们对一件事情的集中精力程度，往往不到15分钟，丧失耐性。于"泛在"环境下，图书如果没有华丽的版式、有趣的情节和强烈的视觉效果，很难引起他们的兴趣。数字技术的发展，使借助各种媒介可以随时随处阅读的"泛在图书"（U-book）成为可能。[①] 同时互联网的多种功能使用以年轻人为主，《参考消息》刊发美国《时代》周刊文章《一心多用的一代》，指出人类始终具有一心多用的能力，互联网时代让这种一心多用的能力登峰造极：一边通过终端与六个人实时开展聊天，一边观看电视节目，同时还利用 Google

---

① "泛在"一词的拉丁文原意为"泛在，无处无时不在"。1988年，美国施乐公司 PARC 研究所所长马克·威瑟提出，"泛在计算"将引领主机、个人计算机之后的第三次信息革命浪潮。参见韦英平《韩国出版界关注"泛在图书"》，《出版人》2005年第16期。

第一章　面向移动阅读的数字出版发展特点与变革

进行网上搜索——这一切都可以同时进行。

中国互联网络信息中心对网民的定义是半年内使用过互联网的 6 周岁及以上的公民。36 岁以下的网民占了 81%。能够随时登录互联网的个人计算机几乎成为很多年轻人心中的多功能机，可以提供学习、娱乐和答疑解惑等诸多功能：除了查阅资料、收听音乐、观看电影、联络信息，还能建立个人空间、加入群组社区，为网站做编辑、撰稿人或在商务平台上购物、出售货品。个人空间如同现实生活中的小窝时不时要浏览，不断登录更新包括文字、图片、音频和视频在内的原创内容，网络群组中可能有现实生活中的好友，时常要加强联系。在这虚拟空间中，超文本的阅读和创作无处不在。

数字时代综合眼睛、耳朵等多种感官的阅读，在学习中体现为通过视频、音频、在线互动交流等形式增加学习的趣味性。同时还能教学相长，读者对教材、教案的重新解读可为作者改进的建议。如一些出版社开发的网络教学平台，便能实现在线测试、提交作业和互动交流以及开设个人空间等功能。美国在线出版商协会（Online Publishers Association）关于在线出版消费的调查中有一项关于不同年龄阶段对互联网态度的数据，18—34 岁中有 59.3% 的人认为互联网是家中最重要的消遣资源，35—54 岁中有 55.2%，55 岁以上有 50.0% 这样认为，大多数人认可互联网在家中所具有的娱乐性。[①] 相较其他年龄群体，18—34 岁的人所占比例最高，其他年龄阶段几乎大部分都持相同的看法。在数字化时代，互联网已成为重要的学习与娱乐工具。

互联网成为学习和娱乐的工具，同时互联网的超写作也为作者带来实际收益，并进一步推动数字出版产业的发展。其中，作者收益是对作者创作最大的激励。如盛大文学旗下的原创网站驻站作家收益包含五个部分：一是稿酬，主要来源于在线阅读"微支付"的分成；二是渠道收益，包括无线阅读、互联网合作等；三是其他福利，包括原创文学网站的全勤奖励、完本奖励、月票、半年奖等；四是互动收益，包括用户道具分享等；

---

① Online Publishers Association, *18 to 34 Year-Olds*: *Behavioral Analysis*, www.online-publishers.org, 访问时间：2015 年 5 月 20 日。

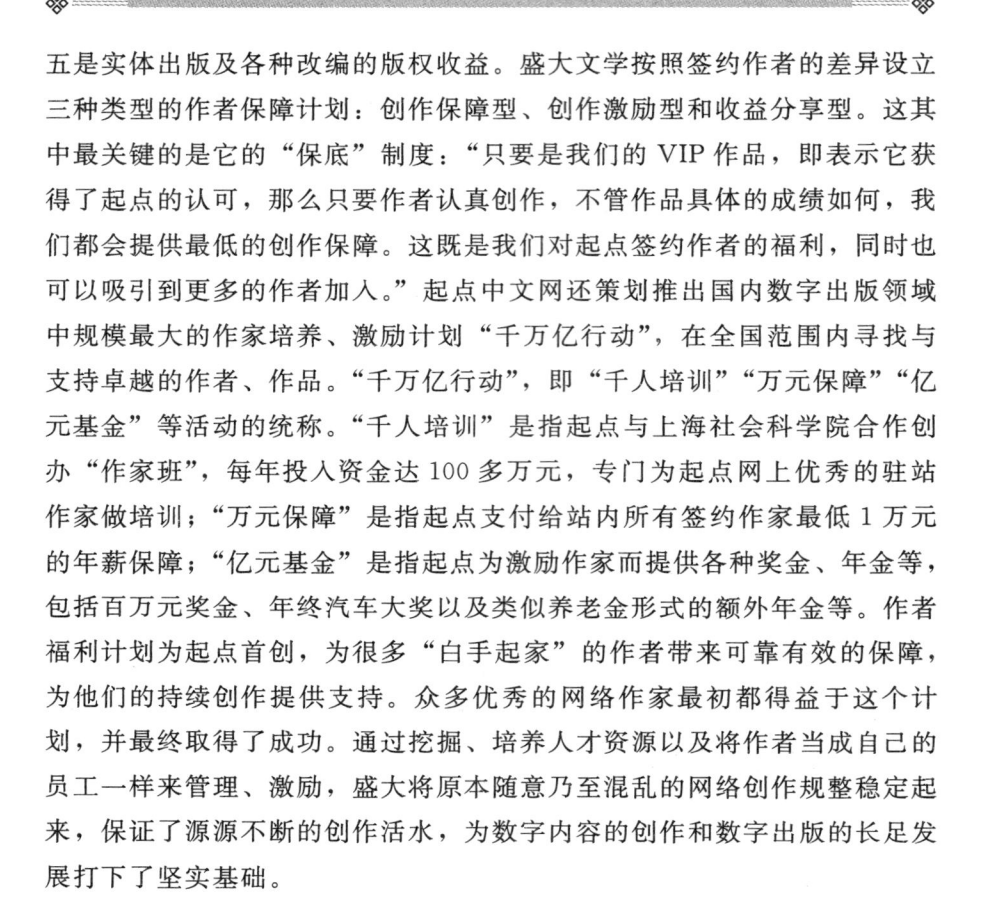

五是实体出版及各种改编的版权收益。盛大文学按照签约作者的差异设立三种类型的作者保障计划：创作保障型、创作激励型和收益分享型。这其中最关键的是它的"保底"制度："只要是我们的 VIP 作品，即表示它获得了起点的认可，那么只要作者认真创作，不管作品具体的成绩如何，我们都会提供最低的创作保障。这既是我们对起点签约作者的福利，同时也可以吸引到更多的作者加入。"起点中文网还策划推出国内数字出版领域中规模最大的作家培养、激励计划"千万亿行动"，在全国范围内寻找与支持卓越的作者、作品。"千万亿行动"，即"千人培训""万元保障""亿元基金"等活动的统称。"千人培训"是指起点与上海社会科学院合作创办"作家班"，每年投入资金达 100 多万元，专门为起点网上优秀的驻站作家做培训；"万元保障"是指起点支付给站内所有签约作家最低 1 万元的年薪保障；"亿元基金"是指起点为激励作家而提供各种奖金、年金等，包括百万元奖金、年终汽车大奖以及类似养老金形式的额外年金等。作者福利计划为起点首创，为很多"白手起家"的作者带来可靠有效的保障，为他们的持续创作提供支持。众多优秀的网络作家最初都得益于这个计划，并最终取得了成功。通过挖掘、培养人才资源以及将作者当成自己的员工一样来管理、激励，盛大将原本随意乃至混乱的网络创作规整稳定起来，保证了源源不断的创作活水，为数字内容的创作和数字出版的长足发展打下了坚实基础。

（3）数字先行、交流互动的用户创造内容方式

移动阅读时代读者直接参与创作和数字内容流通，从早期的数字先行、纸质后动的营销方式发展为数字先行、交流互动的创作方式。从写作到发行，图书出版每一个环节均贯穿着数字技术的影响。以个人计算机和文档处理系统为代表的硬件和软件的发展，使作者能够非常容易地创造图表内容、表格、符号和插图，并且在网络的论坛或是个人空间上实现傻瓜式的内容发布。痞子蔡（蔡智恒）的小说《第一次的亲密接触》，最早版本在各大论坛上广为流传，在论坛上深受读者喜爱，后来被出版公司公开以印刷本出版，由书带动了互联网创作的风潮。这种形式更多侧重于市场的营销，在创作阶段仍是作者的个人行为。

第一章 面向移动阅读的数字出版发展特点与变革

数字先行、交流互动的创作方式往往是由作者确定一个主题，建立网站、博客或论坛新帖，在创作的过程中，以开放的心态接受读者的评议，增删和修改内容。《长尾理论》一书曾跃入亚马逊书店排名，是《华尔街日报》《纽约时报》畅销书排行榜的前三名，长尾理论还被美国《商业周刊》评为最佳创意。克里斯·安德森在最初创作此书时建立了以长尾理论为名的网站，诸多读者的参与、开放的写作具有创新意义。在美、韩等国家，电视剧一般一边拍摄一边写剧集，最后结局往往会因为观众的反馈意见而修改。博客出版、手机出版这些名词无疑表明创作方式和手段的革新。徐静蕾在新浪的博客日前访问量已过亿人次，在点击量过千万人次的时候，中信出版社出版了完全取材于该博客的书《老徐的博客》。

上述出版资源来自用户创造的内容，这得益于互联网技术的发展。以分享为主旨的互联网发展至当前阶段，更注重互动性和网民的共同建设，Web2.0提供了使个人的智慧、知识、技能体现价值的平台。博客、维基等开辟了内容生产的新途径，证明在内容为王的时代，内容的创作者是广大的用户。这些用户既是生产者又是消费者，既是阅读者又是创作者。施普林格出版的《Web2.0——媒体和营销的新前景》一书中专门谈及用户创造内容（User Generated Content），维基百科（Wikipedia）、优视网（YouTube）的成功生动地再现了这种创作模式。[1] 用户创造内容日益成为互联网信息生产的重要部分，也为出版业注入新的活力。

另外，手机用户创造的内容也逐渐成为出版的一大增长点。日本畅销小说榜中，有一半作品是在手机上创作的。手机小说出版是日本常见的出版形式，被越来越多的出版商所重视。2014年日本纸质出版物（包括杂志、图书在内）销售额与上年同期相比下跌4.5个百分点，仅为1.60万亿日元，跌幅成为1950年开始出版物相关销售额统计以来的最大值，同时也是连续10年跌破同比水平。[2] 在这种严峻的图书市场环境中，许多

---

[1] Berthold Hass，Gianfranco Walsh，Thomas Kilian，*Web 2.0：Neue Perspektiven für Marketing und Medien*，Springer Berlin Heidelberg，2008.

[2] 王英斌编译：《日本杂志等出版物销售额连续10年下跌》，http://www.chinaxwcb.com/2015-02/03/content_311191.htm，访问日期：2015年5月15日。

在手机上广为流传之后被出版商印刷成纸书的小说，销量还可轻松超过100万册。一本名为《爱的天空》的小说讲述了一个身患癌症的男孩的爱情故事，一经推出销量就超过130万册，并被拍成电影。①

如果说创意是灵魂，创造是核心，那么创新便是出版实践之中，将附载创意的用户创造的数字内容发展成为出版业的主要增长点。知乎日报是纯移动端（只适用于 IOS 系统和安卓系统）的每日精选资讯类应用，相较个人通过漫无目的的"刷知乎"来探索发现，知乎日报则主动为用户精选了每日在知乎网站上热门的、有价值的或者有趣的精彩问答，编辑们为每一个精彩问答都设置了更具概括性也更加吸引人的标题，并配上了与之相关的图片，点进标题之后便能看见原题目以及获得最高票数的答案，读者还可以进行转发、收藏、评论等操作。与此同时，《知乎日报》上还有类似传统出版的报纸或杂志上的专题形式，例如深夜食堂、最美应用、生活方式、知天下、瞎扯等，每个专题下都会有与此标题的相关的问答集合。知乎的创始人之一黄继新这样评价《知乎日报》："它不是媒体，它应该超越媒体。我们通过知乎，发现和鼓励出了你们，发现了这群前所未有的高质量创造者。知乎日报便是这些创造者神奇之处的自然扩散，是这个内核看起来很小、但热量极为庞大的星云的旋臂。知乎日报要让千千万万不在知乎的人，看到你们的创造。知乎日报让你从此之后有更清晰的方式来向不了解知乎的朋友推荐知乎。"可见，《知乎日报》的定位，是通过传播知乎网站上有价值的内容，推广知乎的价值观，让更多的人了解并加入知乎这个平台，分享与创造高质量内容。

3. 数字内容应是出版业的主要增长点

（1）技术融合促成内容融合

数字化时代文本阅读的变革，用户创造内容的转变，均离不开技术、内容不断融合之势。内容融合是指在数字技术发展成熟、生产端和消费端

---

① 《日本半数畅销小说源自手机》，《中国图书商报》2007年12月7日。

第一章 面向移动阅读的数字出版发展特点与变革

都具有实现数字技术应用可能性的前提下,以数字技术为纽带将从生产到消费的整条产业链融会贯通,让丰富多彩的内容和存在形态,无论是文字、图像、影像,还是语音,都能够通过 0 和 1 的数字来表示,使得过去属于印刷、电波、电子媒介之间的壁垒被打破,使得内容的生产和交换能够在一个共同的平台上运作。①

IT 业、通信业等领域的新兴技术使得分属不同介质的内容生产融入跨媒体的平台之上,促成了电信网、互联网等网络的日益汇流,令内容的流通渠道实现融合。随着信息技术、数字产业的发展,内容阅读的终端设备功能也呈现一体化的融合趋势。例如计算机可以用来看电视、听广播,还能阅读文本、语音通信。以手机为代表的移动终端由原来的单一功能拓展到多功能的集成体,除了基本的通信功能之外,还能实现文本、图片、视频、音频等多介质的阅读。

与内容融合相对应的是创意主体的融合。数字时代读者和作者的界限逐渐模糊,作者既是内容创意者,也可成为出版者、发行者。在传统图书出版产业链中的各种角色分工不再固定,有时创意、增值、生产及销售功能集于同一角色。

(2) 内容融合下的产业整合

内容融合是产业融合的资源基础,在融合的过程中使产业链各领域实现交叉融合,产生新的变化。各领域的技术融合带来内容融合,内容融合又诱发业务和市场不断融合,从而促成产业整合。数字内容产业是由电影制作、宽带内容、网络与互动游戏、网络营销、设计与广告、网络数字内容发布与发行、网络教育内容研发、移动内容开发与发布、内容创作与绘图软件、版权与内容管理等软件应用相关的创意产业等构成。

美国、加拿大、英国、日本、韩国等国在数字内容产业的重点发展项目上有所区别。美国政府采用自由竞争政策刺激产业加速发展,各类厂商纷纷登上全球舞台,如 CG 发展厂商梦工厂(Dream Works)、搜索引擎

---

① 王菲:《媒介大融合——数字新媒体时代下的媒介融合论》,南方日报出版社 2007 年版,第 52 页。

公司谷歌（Google）和综合传媒时代华纳（Time Warner）等。加拿大侧重发展数字影视和在线学习领域，注重国际共同合作模式。英国成立创意产业推动小组（Creative Industries Task Force），鼓励将创意转化为产值，开展教育及技术培训，设立创意资金、贷款保证等措施协助企业融资。

数字日本战略则是日本在通过高速网络、电子商务、数字政府等多个领域的数字化，全面推进整体社会的数字化基础之上，对内容创意的法律法规、流通渠道等实现多方保障。数字日本战略成绩可喜，从 2012 年 3 月到 2013 年 3 月日本的电子书大概有 30 万种，销售额约为 950 亿日元。① 据日经 BP 社报道，日本数字内容协会出版了《数字内容白皮书》，对音乐、游戏、影像、图像、图书等内容领域的数字化市场规模及动态进行归纳，白皮书内容显示网络与手机的下载加速信息的流动和用户量的增长，扩大了电子内容市场的规模。② 韩国则侧重于游戏、影视输出的产业化，力争在游戏产业实现产值十余亿韩元的突破及拉动十余万人的就业。

在我国，信息服务产业的发展思路是以文化、教育、出版、电视广播等行业的数字内容发展推动整个行业的进步，不断充实中文内容资源库，开展动漫事业，为数字内容产业搭建更广阔的发展平台。我国台湾地区数字内容产业主要有数字出版与典藏、电子游戏、数字影音、电脑动画、在线学习和网络服务等方面。生产厂商分别以愿境网讯、智冠科技、太极影音科技、华视数字科技、迅达科技、中嘉网络和华艺数字技术为代表。③《2013 年新闻出版产业分析报告》显示数字出版占全行业营业性的比重持续上升，新型数字化内容服务营业性增长迅速。数字出版的营业性与同期相比增幅为 31.3%，达 2540.4 亿元，占全行业相关收入的 13.9%，比上

---

① 甄西编译：《2013 日本纸书电子书销售都不理想》，《中国出版传媒商报》2014 年 3 月 21 日第 7 版。
② ［日］堀切近史：「ケータイ・マンガが急成長」，デジタルコンテンツ白書 2007 年版から，http：//techon.nikkeibp.co.jp/article/NEWS/20070808/137652/。
③ 台湾数字内容产业办公室：《2004 台湾数字内容产业白皮书》2004 年版。

第一章 面向移动阅读的数字出版发展特点与变革

年提高了 2.3%。①

数字出版产业是数字内容产业的重要组成部分,包括基于互联网的数字内容出版和发行、在线教育内容发展和移动内容出版。不同的机构来承担数字出版价值链中的不同阶段,如内容创意采写阶段、产品制作阶段、传送分发阶段、运营推广阶段以及最后的终端呈现阶段。

尽管价值实现的分工机构有所不同,但是 IT 业、通信业等高科技行业纷纷抢占数字出版领域。谷歌的图书搜索正努力在内容产业界争得一席之地,经营思路是免费提供销售渠道、将产品加入索引,消费者通过搜索找到商品就可实现销售,之后各取其利。还有榕树下、起点中文网等网站利用用户创造内容,反倒成为出版社的内容提供商,还利用网络平台进行营销。崔元和在《数字出版:出版革命的第三次浪潮》中写道:"在第三次出版革命浪潮推动下,出版进入了一个英雄四起、豪杰遍地的时代。"纸质出版物专门独占出版行业市场的"岁月"已经成为历史,他们将不得不与更多的"新秀"在同一个舞台上共舞,甚至一决高下。②

企业跨行业整合,人才也实现跨行业发展。例如时任新闻集团全球副总裁、星空传媒(中国)首席执行官的高群耀,原先多年服务于 IT 产业,从美国的 MSC/PDA 公司到全球最大的 CAD 软件公司欧特克、微软中国,再到欧特克。很多人眼里的改行,在他本人看来却是"行业本身变化了,互联网、电信、传媒等行业的边界日益模糊,人们正在探索这新的产业形态"。③

(3) 数字内容成为现代出版业的主要部分

数字内容日益成为出版业的主要增长点。全面应用数字技术的现代出版业,是数字内容产业的有机组成部分。数字内容的重要性在新型产业显

---

① 文东:《最新数读 2013 年新闻出版业发展态势》,《中国出版传媒商报》2014 年 7 月 12 日要闻版。
② 崔元和:《数字出版:出版革命的第三次浪潮》,《中国图书商报》2008 年 1 月 4 日。
③ 沈建缘:《高群耀:不是改行而是行业变化了》,《经济观察报》2008 年 1 月 19 日。

得更加突出,传统电信行业中电信网和电信服务经营者创造80%的价值,其余20%由设备制造者创造,内容几乎无一席之地。传统出版市场40%的价值创造由内容创作者和组织者合作完成。但新型数字内容产业却在大部分情况下将50%的价值给予了内容创造者,其他如综合服务、平台管理和传输占10%—15%,最后10%来自终端用户的技术创造。①

实现数字内容在线销售的前提是宽带网络的普及、民众在线阅读习惯的形成以及在线消费各项保障措施的完善。根据美国KPCB风险投资公司关于手机移动互联网使用的调查统计,80%的人倾向于使用智能手机上网。相对于Web网站来说,89%的消费者更愿意将娱乐的时间用于浏览APP上。手机也成为零售商的新宠,尽管人们普遍通过PC进行网络消费,但手机在线消费的增长率也不可小觑。支付方式的限制是数字内容流通的难题之一。越多的人拥有信用卡、采用在线支付服务,也意味着数字内容的消费更为便捷。② 数字内容的消费正在逐渐增长,美国在线出版商协会和Comscore网络公司合作的在线付费内容消费市场报告表明,消费者在线付费内容每年保持强劲增长。

被数字内容的出版发展的广阔空间吸引,网络公司、电信公司纷纷凭借其在数字技术、复合人才、雄厚资金等方面的优势,向数字内容的出版市场进军。方正、超星、书生和中文在线俨然已是中国四大电子图书出版商,通过和出版社、图书馆合作的方式建立自身的营销渠道。方正不再囿于电子书的狭窄领域,而是开始建设数字出版平台,将数字内容的制作和流通纳入业务之中。与此同时,大多数出版社对数字出版就是未来出版这一观念持观望态度,资金、市场等多种因素使全程的数字出版只存在于大型出版社的试运行系统之中。只有高等教育出版社、上海世纪出版集团等单位真正着手建立数字内容出版平台,立志不仅要做内容提供商,还要做数字内容服务商。

大前研一在《数字化商业模式》中写道:"数字出版市场持续平稳地

---

① 徐丽芳:《内容产业的价值链与技术模式——一项欧盟的项目研究成果》,《出版参考》2001年第16期。

② Danyl Bosomworth, Mobile Marketing Statistics 2015.

扩大，数字出版流通市场重组已拉开序幕。一方面，内容产业的整体市场在迅速扩大，新加入这一市场的人也不断增加，而另一方面，市场规模虽然进一步扩大，但具体到某一公司，营业额反而存在停滞不前的现象。"[①]在我国同样也是如此，出版业仍以传统图书出版业务为主，并没有真正成为数字出版业，没能融入数字内容产业之中，数字化仅仅实现了印刷书的增值。《2013—2014中国数字出版产业年度报告》统计结果显示，国内数字出版产值在2013年又创新高，突破2500亿元大关。这看似不小的数字里在线音乐43.6亿元、网络动漫22亿元、网络游戏718.4亿元、互联网广告1100亿元，远超1/2，真正出版业直接生产的内容产值占据很小的份额。手机出版中又大量包含手机彩铃、铃音、手机游戏等，因此真正出版业直接生产的内容产值份额依然不高。尽管动漫、游戏和手机提供的种种信息服务的内容创意可以来自出版业，但绝不是当前我国的出版业。我国之所以没能形成数字出版业，有出版机构、出版行业和管理体制等各方面的原因，具体原因为缺乏富有魅力的内容创意、合适的商业模式和数字内容管理模式等。

三 产业形态：共享融合与个性定制

阅读方式、内容创意的改变为出版方式的转变提供了基础。数字出版行业的主要业务是以数字内容为基础的产品和服务，其出版运营主体已逐渐多元化。技术融合、内容融合乃至产业融合为从事内容生产的出版业带来了两方面的变化：一是对传统内容生产的改造；二是新兴的数字出版业的发展。数字出版商业模式包含传统图书出版模式的数字化转变和新兴的数字出版模式。

[①] ［日］大前研一：《数字化商业模式》，王小燕译，中信出版社2006年版，第159页。

1. 出版模式的数字化转变

数字时代的图书出版产业基于内容，提供的是以创意和信息为主的产品和服务，除印刷纸本和数字化形式，生产技术是数字化的，除字符、数字、图片信息符号外还有音频、视频，营销方式是以市场为核心的销售方式，传播方式有一次、二次和 N 次传播，发行周期不再受定期、版次限制，采用定期、不定期和时时一体化形式。传统图书出版与现代图书出版的比较见表1—1，主要区别项有产业基础、提供的产品、媒介形式、生产技术、信息符号、营销方式核心、传播流程亦可依序只提重点三四项之后用等发行方式发行周期和管理。

表1—1　　　　　　　　图书出版模式的数字化转变

图书出版业各要素	传统图书出版	现代图书出版
产业基础	基于内容与形式	基于内容
提供的产品	图书	创意、信息等产品及服务
媒介形式	印刷纸本	印刷纸本、数字化形式
生产技术	机械化	数字化
信息符号	字符、数字和图片	字符、数字、图片、音频、视频
营销方式核心	产品	市场
传播流程	一次传播方式：一点对多点	一次、二次、N 次传播
发行方式	物流	物流、数字化渠道
发行周期	定期、版次	定期、不定期、时时
管理	单一形式	一体化形式

（1）生产环节：提供数字内容为基础的产品及服务，生产经营主体多样化

第一，内容为王及树立为最终消费者服务的理念。

数字时代出版商不仅提供实体出版物，而且还是创意和信息的生产者。出版商的核心在于内容，用不同的形式呈现内容的增值，如麦格劳·

第一章　面向移动阅读的数字出版发展特点与变革

希尔集团主营业务是提供信息内容。

首先，在服务层面要力争做好以数字内容为基础的创意、信息等服务。牛津大学出版社不间断按需出版《牛津英语词典》更像是一种持续性的服务，这使订阅费用逐渐成为收入的一大块。如《哈钦森百科全书》以印刷或在线形式向20多个用户（主要是订阅网站）交付，每2周从数据库中选择部分内容发表1次。其次，要做好内容品牌，获取邻接权，做好数字出版产业链条中的源头。这两项是当前图书出版界努力发展的方向。在下文数字出版新模式中将进一步详细探讨。再次，产品层面仍是当前图书出版业的主业。图书出版提供的产品内容突破了纸本书文字、图像等信息的限制，能够使得文字、图像、声音乃至视频等多种信息统一集成于一体。数字技术让出版物虚拟化、数字化，如封装的CD-ROM、软盘、磁盘和存储于存储器上的无形信息。电子书令文字、图像、声音等信息在磁、光、电等介质上通过代码的形式保存下来，再利用计算机、移动阅读器等电子产品进行阅读。数据库也是其中一种形式，迅速发展于20世纪70年代，80年代后向全文数据库、数值数据库为主转型。涉及自然科学、社会科学和人文科学的各个领域。网络听书也是其中一个新形式和来源，在20世纪70年代，美国盲人基金会为了照顾盲人和从战场上返回的残疾士兵，寻找专业人员来阅读的纸质书籍并刻录为磁带，让有阅读障碍的人也能感受书籍的魅力。如今正是互联网快速发展的时期，吸引眼球不再是图书的主要推广策略，解放眼球正在成为现代人愈加迫切的需求。工作节奏快、生活忙碌的现代社会，听书解放了人们的双手和双眼，让人们能够在听之中收获知识、愉悦心情。互联网的发展催生了一批新型的图书形态，如手机图书、网络多媒体图书等。

这些产品的出版方式与传统印刷出版有着全然不同的内涵。数字出版的图书内容不能长篇大论、烦琐复杂，而应适应于PC、手机、电子阅读器等独特的阅读环境，内容一般以短小、轻松、娱乐为主。而在当前发展阶段，国内各出版社只是将纸本书数字化和信息技术公司合作制作成电子书，在选题策划这一块仅仅属于投石问路阶段。如上海世纪出版集团的易文网络信息技术公司开发了电子先行书《桥牌冠军要诀》，下属各出版社无一家对其纸书市场抱有信心。尽管开发了适合电子媒介阅读的电子书，但是目前无论是作者还是出版社，总是逃不开传统出版印刷付梓的情结。纸本书内容的选择也受到新媒介的影响，目前市场上很多通俗读物版式都会加入电子媒介的元素。如在内容上会趋向选择一些快餐式的资讯信息、短篇故事，在版式上会加入 PC、手机上才会出现的界面，一些菜谱图书在介绍完制作流程之后，下面会附上网络上的短小评论和感言。

第二，生产经营主体多样化。

数字技术的整合使得更多的内容纳入同一个产业链，原先不相关的产业逐渐融合。数字化浪潮使得媒介之间界限逐渐模糊，出版业、信息服务业、通信业等原来各自为政的行业形成了新的互动与竞争局面，甚至有逐渐走向融合的趋势。

这种基于数字内容的产品和服务已不再是出版商的专利，出版商在图书出版产业中的角色和功能逐渐模糊。19世纪中后期形成的角色分工中，出版商承担价值增添和把关功能，在产业链中具有举足轻重的作用，而产业融合的趋势使网络运营商、软件技术公司等非出版业内的机构凭借数字技术平台进入出版领域。由于这些企业在技术和资金方面的优势，在部分出版领域甚至会表现出比传统出版企业更强的竞争优势。例如网络技术公司在专业信息、专业知识、数据库等领域具有强大的竞争力。目前传统出版企业要想进入上述领域，往往要同网络技术或软件企业进行合作，而合作的主导权往往被网络或软件企业所控制。①

（2）营销环节：以市场为核心的营销方式

传统的图书出版模式总是以产品为核心进行多渠道销售，流通渠道之间的信息不畅与退货率逐渐成为诟病。图书出版业和数字技术相结合最直接的影响便是营销模式的改变，网络营销是其中重要的一环。传统的营销模式中以图书为代表的出版物须经过渠道才能到达读者手中，而网络平台的应用能实现去中介化，大大节约渠道成本。留住一个老顾客等于争取五个新顾客是现代营销学的理念之一，之前围绕着 4Ps（Product、Price、

---

① 陈昕：《中国图书出版产业增长方式转变的思路、内容和途径——中国图书出版产业增长方式转变研究（之三）》，《出版商务周报》2007年8月13日。

第一章　面向移动阅读的数字出版发展特点与变革

Place of distribution、Promotion）展开营销，生产、销售等环节均以产品为核心，而今转以 4Cs（Customer's wants and needs、Cost and value to satisfy customer's wants and needs、Convenience to buy、Communication with customer），用户的需求成为营销的重点。以舒尔兹教授为首的营销学者以顾客需求为立足点，提出了 4C 组合。营销学家 Doyle 和 Dibb 认为营销概念的主要目标是满足顾客的需求，近几年这一理论深入以服务经营顾客关系的层面。顾客导向逐渐成为营销的主流理念，成为比竞争更为有效的方法。

传统零售和发行业务也因采用数字技术成效显著，开辟了音像市场、信息技术公司、网上发行等多种渠道。当前各大出版社的网上销售比重微乎其微，始终拼不过像当当、卓越、蔚蓝这样的网络书店。当前很多传统出版社涉足电子书这一数字出版的形式，其发行渠道显得更为特别：出版社和方正、书生、超星等信息公司合作，以复本书或数据库的形式销售给图书馆、研究机构等集体用户。尽管像华东理工大学出版社、复旦大学出版社、上海世纪出版集团等出版社在各自网站上均提供下载服务，而由于受众群太过分散，个人用户的销售额在实际销售中只是微乎其微。

值得一提的是，在图书出版模式中中盘的地位日益明显，数字技术也使中盘基于互联网建立信息服务平台和出版物交易平台，发展成数字化中盘。数字中盘和网络书店主要的差别是电子商务的服务对象不同，后者的目标客户是个人用户，形成从企业到消费者的 B2C 模式。而数字化中盘则是在出版商和小型批发商或零售商之间形成商家到商家的 B2B 模式。网络书店须提供丰富的产品以满足不同读者的个性化需求，数字化中盘则须提供最新的快捷信息和翔实的供货数据。

（3）商业模式：边际成本递减与长尾效应

在图书出版业的价值链条中，内容的生产和渠道的建设同样是必不可少的。喻国明教授提出"渠道霸王时代已经终结"，[①] 图书出版的发行渠

[①] 喻国明：《影响力经济——对于传媒产业本质的一种诠释》，《新闻与传播》2003 年第 2 期。

道增加,内容成为出版业竞争的重点,需要对结构化的内容进行重新组合、制作。总体而言,图书出版产业逐渐由单种书的销售额实现盈利转变为以内容模式为主。目前单本书的成本计算模式仍是当前出版财务系统的方式之一,内容管理系统的使用使得以产品为基础的出版转变为不断的服务,财务计算方式恐怕也将随之彻底改变。原来的利润计算方法让增值效应的计算难以进行,建立的新数字出版部门只能承担可有可无的声誉,这是阻碍出版社数字化发展的重要原因。

从经济属性看,"内容产品和服务具有以下特性:取得方式的非竞争性;收益的可排他性;再生产的零成本;版权的易逝性;转移的反空间性;新旧内容的时效性。内容产品和服务的可排他性使它的出售获利成为可能,与普通商品相比,内容产品的经济空间在于再生产成本几乎为零,空间转移成本几乎为零"[1]。强化时效性和多样性是图书出版业数字化内容发展的重要方面。内容模式是由诸多经济理论支撑的,如边际效应递减、长尾理论等。

第一,遵循边际效应递减规律。价格不仅取决于消费者的价值和生产成本,而且价格也与两者相等——"价值"和"成本"达到我们通常所说的"边际价值"和"边际成本"。假设印制每册书的边际成本是 10 美元,也就是说每增印 1 册书而增加的成本——这其中并不包括创作此书的精力和时间,也不包括编辑、排版等费用。处于竞争性行业的公司通过将价格定为边际成本就获得最大利润。只要边际收益比边际成本高,每多出售一册书就会增加利润。因此需要不断增加销售量,直到达到边际成本等于边际效益为止。[2]

数字内容的研发和生产成本高,但因其可复制性强,制作成本更为便宜。以数据库为例,前期研发耗时长,人力物力投入大,但拷贝和传输却非常迅速。数字出版产业的特性是用户人数越多,增加的边际成本越低。

第二,长尾理论是对传统二八定律的颠覆,克里斯·安德森在《长尾

---

[1] 汤李梁:《对传媒盈利模式的反思》,《中华新闻报》2005 年 10 月 26 日。
[2] [美] 戴维·弗里德曼:《弗里德曼的生活经济学》,赵学凯、王建南、施丽中译,中信出版社 2006 年版,第 122 页。

第一章 面向移动阅读的数字出版发展特点与变革

理论》中预言媒体的未来在低浅的无数个微小市场中,传统媒体时代的"热门"产品来自市场产品资源的稀缺,因为可供选择的产品太少,而网络的兴起和发展改变了这一"生态"。由出版业的发展现状,网络空间极大地扩大了出版的可能性。①

2. 出版业的数字化改造

(1) 传统出版业的数字化

图书出版模式的数字化转变实则包括两个方面,一方面是传统出版业的数字化;另一方面则是形成以数字内容服务为依托的数字出版产业。数字出版方式深刻影响了传统出版业的管理模式、营销方式等,主要包括内部生产管理的数字化、交流的数字化和营销服务的数字化。传统出版业的数字化首先以内部生产管理流程的数字化为始。

第一,内部生产管理流程的数字化。

数字化影响最直接的领域是工作运行系统和信息流程。像当今许多产业一样,几乎所有出版社的管理系统都已是计算机化,管理信息以数字格式编辑和流通。大部分出版社已经建立或安装内部办公出版系统,用来存储著书目录、图书品种数据信息以及社内工作人员、相关图书作者的联系方式,社内员工可凭账号登录获取。另外,价格的计算、印数的多少和毛利润率均是通过信息系统自动生成统计,版税和其他事务均由计算机来处理。

数字化革命不仅改变了出版社内部的工作实践和信息流程,而且还导致了供应链数字化。在供应链中管理库存和在不同单位之间运输也趋于数字化,很多书店引进电子销售系统(EPOS),用来记录零售和管理库存的流程。通过像 Pubnet、Teleordering 和 First Edition 这样的专门电子订购系统,处理从批发商到出版商的库存订货。使用日益自动化的电子数据

---

① 刘肖:《网络自助出版模式研究——对于长尾理论的分析视角》,《出版发行研究》2007年11月。

交换系统（EDI）已经成为供应链的普遍特征。用于库存管理和控制的复杂计算机化系统的发展，也已经成为大型零售连锁店和大型批发商一项重要的竞争优势资源。比如美国的 Ingrams、Baker Taylor 和英国的 Bertram、Gardner。通过扩大它们的库存总量和基于计算机信息系统的研发，来增强在一两天内完成订单的能力。大型零售商能够为书店提供高效一站式服务，根据计算机化的销售数据为日常库存实现再订购。

第二，出版产业链各角色之间交流的数字化。

出版商和作者、批发商等角色之间的交流呈现数字化趋势，传统信件为电子邮件所取代，采用在线市场调查和反馈。越来越多的潜在作者通过网络上提供的信息联系出版商，越来越多的编辑也通过互联网来寻找潜在作者。出版商和作者、潜在作者以及读者之间的交流是主要部分。在出版产业链中出版商的直接顾客是批发商和零售商而不是读者，出版商往往采用在线市场调查和反馈的方式。比如在教育出版领域，对于编辑和营销人员而言，在线的氛围更容易取得使用者对于所教课程课本的适用性意见。因此许多教育出版商建立起在线学习平台，为读者提供服务，使其能更快捷、更直接地接触读者，也对读者喜好有更深入的了解。计算机和信息系统在大多数出版公司已是普遍采用的硬件和软件。组织之间的交流，与组织之外的客户和消费者的交流均大部分实现数字化。复旦大学出版社李华说，原先和教材配套发行的光盘中的教案很多情况下都通过邮件的形式发送至教师邮箱。

第三，营销服务的数字化。

出版业数字化改造影响深远的还有营销服务领域，使得出版社和最终消费者之间关系日益密切。数字技术为出版物的营销搭建起基于互联网的电子商务平台，按照参与主体种类的不同，可分为从商家到商家的 B2B（Business to Business）模式、从商家到客户的 B2C（Business to Customer）模式、从客户到客户的 C2C（Costomer to Costomer）模式以及从商家到政府或称团体的 B2G（Business to Government，Business to Group）模式。

以微信为代表的移动互联网渠道崛起并日臻成熟，带来了全新的图书营销模式。许多出版社尝试在微信上开设"微店"售卖图书，开启"微信

第一章　面向移动阅读的数字出版发展特点与变革

营销"的新方式。2014年3月，作家余秋雨借助微信预售新版《文化苦旅》签名本，短短三天内4000本售罄；知名出版品牌"读库"也开始经营"微店"，效果颇丰。① 随着互联网的高速发展，几乎每个出版社都投资研发自身的独立网站，甚至一些出版社的每个分社网站都拥有独立域名。这些网站功能不一，有的网站只被当作在线图书目录的罗列场所，有的网站能够开发电子商务功能实现图书在线支付销售，还有的网站能为读者提供在线订阅功能，还能用来营销图书和开展市场调查。网站也能创造营销渠道的能力，使出版社能够更好地锁定目标读者。出版社实则是比较适合提供数字化交流网络的服务机构，运用这一平台使内容生产更加贴近读者需求。

（2）数字内容的在线发行促进打造数字出版业

数字内容的在线发行是数字化革命对出版业最深远的潜在影响，也是最难彻底理解和驾驭的。将内容以数字化形式发送至最终用户，而不是采用机械复制手段以印刷书的形式出版。看似简单的介质和形式变化却会颠覆整个出版发行与财务模式。在理想的数字内容发行模式中，出版商能跃过大多数在传统图书供应链中的环节，通过自身的网站或在线电子零售商直接供应最终用户。传统出版业涉及的机械复制、物流运输等成本都不再必要，如纸张、印刷、装订、库存、运输和退货损失。

美国自20世纪80年代末开始在该领域做了诸多试验，为这种理想的数字内容发行提供了基础，涉及磁盘、光盘和互联网等介质。80年代出版商在磁盘上出版文本，但是没有取得重大的进展。80年代末90年代初，一些出版商投入巨资用于光盘研发，其中有许多出版商血本无归，这些经验被之后的出版商当作警戒故事流传，被称作"伟大的光盘惨败"。最重要的是，90年代互联网的出现开启了真正意义上的数字出版时代。因为它不仅能够以数字格式存储内容，而且能够通过互联网传播至最终用户。之前无论印刷书还是光盘都依赖运输物理载体，而数字内容的发行抛开了所有平常所用的中介，将数字内容通过像ebook.com或b&n.com这样的数字销售平台直接发送至消费者。

---

① 李弘：《2014年度数字出版产业回望》，《出版参考》2015年第3期。

数字出版业离不开数字内容的生产,从生产流程来看,典型的数字出版模式如图1—1所示,从加工到内容再创造存档直到分发,既是数字内容的再创造又是数字内容的管理。随着智能手机和手机智能系统的普及,手机应用软件 APP 逐渐成为出版社的数字内容整合平台。如隶属生活、读书新知三联书店的《三联生活周刊》,相继在 iPad、iPhone、Android 和 lifeweeker 上推出 APP,推出《三联生活周刊》电子专刊,并开通彩信手机报,从个人电脑到手机,实现全方位出版,也使其"生活记录者"的角色得到更好演绎。

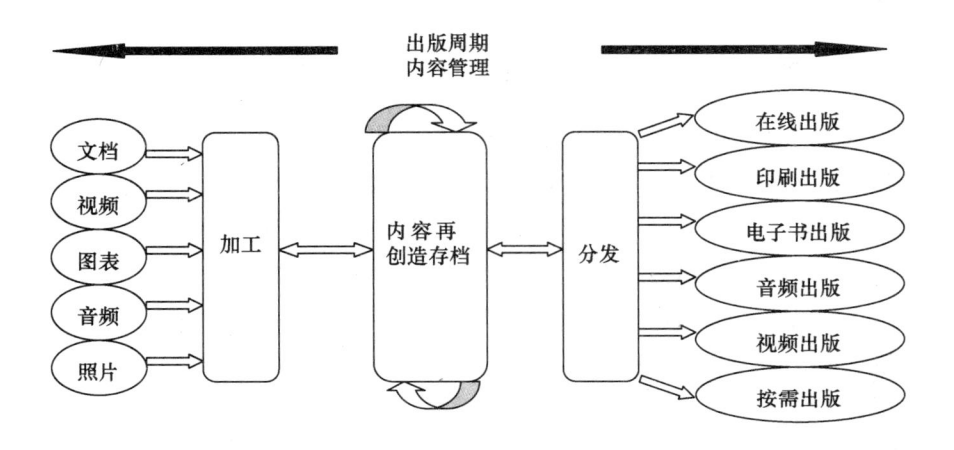

图 1—1　数字出版模式①

3. 数字内容的增值效应

(1) 信息丰富,实时更新

数字内容是数字出版发展的重心所在,不同输出形态的数字内容可实现信息内容丰富、文本实时更新、参考文献文本交互、出版内容可媒

---

① Martyn Daniels, *Brave New World*, The Booksellers Association of the United Kingdom & Ireland Limited,November 2006.

第一章　面向移动阅读的数字出版发展特点与变革

体融合等增值效应。这些增值效应只有在多种形态的数字内容之中方可实现。

相较传统出版物，数字内容一般都有相应的数据库支撑，信息内容丰富，还可实现文本的实时更新。尤其是在线环境下的数字内容发行，可保证在低成本运营下迅速、频繁地更新。传统出版物一旦付梓，再改动其中的内容就须耗时耗力，因而在铅排时代图书之中的勘误表屡见不鲜。尽管技术的发展使错误率下降，但品种的增加和出版周期的缩短难以保证万无一失。"碍于面子而弃用勘误表，实际上是对出版社和读者的双重不负责任。"① 如总是处于持续变化的金融数据就需要不断地更新，在线发行数字内容比印刷版相比能相对容易、廉价地实现更新。数字内容的实时订阅可成为出版社数字出版业务的重要部分，迅速、频繁和廉价地更新内容能为出版社在增值之外创造直接的经济收入。

（2）参考资料的文本交互

作者在创作之时总是会参阅其他的文献资料，站在巨人的肩膀之上创新。这些前人的成果对于读者的阅读同样具有价值，传统出版物一般要通过参考文献、脚注和尾注等形式来体现相关的内容资料。在线的数字内容能够用超链接使这些文本的参考功能动态化，通过点击转到另外的页码或站点。这些链接可以连接本文档其他页码，也可以连接其他文本、站点、书目和在线书店。可以是同一内容提供商的网站内部链接，也可是外部的内容链接。通过超文本链接的使用，内容提供商能够使最终用户更快、更容易获取参考资料，不用再定位于具体的某一页上。不容忽视的是，实时维护和更新需要耗费人力和物力，有的链接会因各种因素删除或联系不上。内容提供商可采用激励方法发动广大的用户来完成维护和更新的大部分工作。

（3）多媒体融合

数字内容可实现多种媒体的融合，突破了传统出版物单一介质的局

---

① 周海忠：《呼吁图书勘误表登场》，《出版参考》2007 年第 19 期。

限。内容提供商可以用视频、音频、图像、文字等多种形式展现同一主题内容,增强传播效果。例如,在印刷书上复制彩色插图成本高昂,用光盘刻录音频视频的方式则无法实现与内容的有效结合。尽管素材的版权是一时难以解决的问题,网络的速度也会影响数字内容的传输,但这不失为一种增值的可能性。

(4) 数字内容获取不受时空限制

在传统出版物流通过程中,内容的有权使用总是会受时空的限制。如图书馆和书店位于特定的地点与有限的空间,一天只固定开放几个小时。在线数字内容发行不再受这些约束,只要有合适的因特网或内部局域网连接,有固定的设备,就可随时随地获取内容。

另外,在线数字内容如未授权采用复本形式,即可不限制同时取阅的用户数。数字图书馆的发展,令知识的获取不再限定于某个时空。只要拥有下载终端、高速的互联网络以及访问特定站点的账号,无论何时何地均可快捷高效获取内容。据英国特许协会公共财产和会计协会统计,英国超过 270 个图书馆全部倒闭,专职图书馆馆员人数只有 20000 余人,图书馆读者急速下降,借阅人数和参观人数分别下降了 9—6 个百分点。[①] 1997 年至今英国几乎每年都有 10—20 家图书馆面临闭馆。有些悲观者预测,成人在图书馆借书的历史将会终结于 2025 年。[②] 究其原因,资金短缺、购书能力不足是重要的原因,读者借阅的不便与出版等待时间过长等,都是传统出版物及内容提取之弊。

4. 社群效应与出版新业态

在移动互联网飞速发展的时代潮流下,移动终端成为名副其实的人的

[①] 李忠东:《人人爱去的伯明翰图书馆》,《图书馆报》2014 年 4 月 25 日 A24 版。
[②] 何璐编译:《英国图书馆危机四伏》,《出版商务周报》2006 年 7 月 13 日第 8 版。

第一章 面向移动阅读的数字出版发展特点与变革

身体"延伸"。人们越来越离不开那些小型、轻捷的电子移动商品,并依赖它们为生活、工作带来的便利,人与人之间的交流变得更容易实现。对于阅读而言,移动终端已经改变了传统阅读体验的封闭感,使阅读快餐化、开放化。阅读习惯的变化悄然间推动着出版产业的革新,从图书的选题策划、编辑排版、装帧到印刷发行、营销,出版产业链上几乎每一个环节都不可避免地要迎合"移动时代"的需求,在创新中不断探索开辟出版的"蓝海"。

(1) 从社区到社群:移动互联网引发的变革

一个显著的事实是,人们的消费选择,不管是物质消费还是文化消费,都不再是几则营销广告就能左右的,人们的自主选择能力在提升,同时也更多地受到具有相同选择偏好的人的影响。在浩如烟海的图书市场,一批图书上架后短短几周被下架换上其他图书的现象并不罕见,很多精品图书因为宣传不佳等问题而无缘被大众熟知,还有一些人自己没有能力选择书目。因而,一个能够为大众提供图书阅读建议的"选书人",一群值得信任的读书分享伙伴,正日渐契合现代社会中人们的心理诉求。

当人们从传统的熟人社会步入陌生人社会后,互联网的兴起又推动着人与人由陌生人关系走向社群关系。互联网最开始兴盛的时候,涌现出了许多社区性质的网站,比如百度贴吧、天涯社区。这些网站划分出不同的主题,各地的网民都可以在自己感兴趣的主题下发帖交流,空间被无限压缩,人与人之间仿佛就是楼上楼下。但这时的"社区"并非"社群","社区"以区域划分,而"社群"以关系区别。社区中的人们仅仅是在"网名"的外衣下彼此就某些话题发言探讨,互相并不了解,也未必会产生信任,"陌生人"的现状并未打破。只有到了移动互联网阶段,网络"群体"观念逐渐浮出水面,人与人之间被"关系"连接,"社区"才走向"社群","陌生人"变得容易信赖彼此。

从广义上看,社会群体指具有共同利益的人借助持续性的社会交往或社会关系而进行共同活动的集合体。[①] 互联网中的社群是虚拟化的,它不

---

① 郑杭生:《社会学概论新修》,中国人民大学出版社1994年版,第189页。

是看得见摸得着的实体存在,也不会完全遵照实体社群的交流方式进行连接,但同时又并非全然"不真实",而是处于不同现实层面。① 尽管虚拟社群多数情况下依托虚拟空间进行跨时空的交流,但"虚拟"不等于"虚假",它以社群成员的彼此信任为基础。

克莱·舍基认为,社群至少要具备三个条件:共同目标、高效协同和一致行动。目标是基础,协同是连接,行动是保障。互联网中的社群也有人将其特称"互联网社群"或"数字社群",其内部成员通常通过共同的兴趣爱好、价值取向、消费需求等来连接,并呈现去中心化、自由化等特性。移动互联网的崛起为社群的聚合提供了有利条件,移动终端让协同变得更加便捷,让人们能够随时随地保持"在线"状态;微信、微博等实时交互工具方便了人们随时获得社群最新动态,或随时向社群寻求帮助。这种及时性体验使社群成员间的亲密度迅速提升。

社群中每位成员都或多或少受到他人的影响,也同样有机会成为影响他人的人。正是这种交互影响性让社群成员天然地组成了"联盟"。社群的健康与否取决于其内部是否有很强的聚合力,特别是在互联网促成信息"病毒式"传播的影响下,社群能够同时扮演法官、陪审团和行刑官的角色来保护内部成员,特别是当不合理的现象存在的时候。② 这也是社群效应最突出的体现。在社群面前,一切产品都能够被堂而皇之地进行审视、解读甚至解构。

在出版产业中存在三种社群聚合方式,一是围绕某本图书或某位作者的聚合,二是围绕某领域图书的聚合,三是围绕某家出版社或集团的聚合。三种社群聚合相互交织、缠绕,共同构成了图书出版的社群效应。社群让单倍的价值获得了不断放大的可能,《哈利·波特》的畅销离不开对"哈迷"这一群体的"经营","我爱哈利·波特"网站经常开办"哈迷"聚会,让"哈迷"们找到了组织与归属。出版社也同样需要吸引忠实的读

---

① 陈晓强:《虚拟社群:一种新的,真实的社会群体形式》,《苏州大学学报》2002年第4期。

② [美]查克·布莱默:《互联网营销的本质:点亮社群》,曾虎翼译,东方出版社2010年版,第9页。

第一章 面向移动阅读的数字出版发展特点与变革

者群,广西师范大学出版社"理想国"创立豆瓣小站,除了图书推介、阅读交流,还整合了"理想国沙龙"和相关作家签售会等资讯,凡是关注小站的书友们都可以标记是否"参加"或"感兴趣",积极地引导社群成员互动。2014年7月,哈珀·柯林斯集团首次开启网络直销纸质书和有声读物,以在线形式进行售卖,利用行业便利建立读者与作者的连接,这样不仅把渠道商对读者资源的控制进行了引流,而且以"粉丝"与个人喜好为基础,形成了多个社群平台,集团也因此获得丰富的读者资源。

(2) 基于不同社群意志的定制出版

图书出版从来都不是闭门造车,需要时刻与市场保持紧密联系。当市场从"卖方"倒向"买方"时,对消费者需求的把握成为决定盈亏的关键。在社群经济下,从编辑、装帧到发行、销售的整条出版产业链都应该充分发挥社群功能,既要善于拿捏社群的偏好,又要有效地对社群舆论进行引导,满足不同社群的不同文化需求。

英、美等国将定制出版称为"第八种媒介",它涉及广告、公共关系、营销、数字、个人出版、媒体策略和教育等多个领域。[①] 在美国,定制出版一般服务于公司、大学、非营利组织,是为实现品牌推广、产品传播和营销而出版的特定内刊或杂志,像罗岱尔出版公司为其目标客户定制的如《24小时健身》和《威斯汀酒店与度假胜地》等杂志。[②] 我国专门从事定制出版的公司寥寥可数,典型的如北京的天合星联定制传媒专门为中国航空油料集团、中国移动等企业定制企业内刊、报纸、杂志、网站、电子杂志等。这些定制出版读物不会公开发行,所覆盖的一般是对该公司或其产品感兴趣的消费者。

基于对互联网思维的考量,未来的定制出版应该通过移动互联网真正"点亮"社群,刺激社群关系链的燃烧。因而需要一种专门服务于互联网社群的定制出版,通过与社群终端合作,直接面向社群需求。很多人遇到过这样的问题,市场上有许多高质量的图书因为种种原因未能被大众所

---

① 翁亚欣:《定制出版在我国的发展》,《出版参考》2010年第11期。
② 庞远燕:《美国定制出版模式》,《中国出版》2007年第10期。

知，如何让它们真正"复活"，并重新推向市场？2014年8月，学林出版社正式开通"人文社科学术著作自出版平台"，用户群以人文社科图书爱好者为主，所上线的数百本学林图书已经没有库存，读者可以在线下单，由出版社"一本起印"、快递发货。这是针对个人进行的按需印刷，带来的也只能是图书的瞬时"复活"。单独个体的影响力毕竟渺小，如果能够在互联网社群中推广特别针对社群成员的、小众的、高质量图书，既可以满足社群需求，也能够激活出版市场。

当微信让社群更加可视化，社群交流更加便捷化的时候，"罗辑思维"公众号通过内容丰富的视频、每天坚持不断的60秒语音、高质量的文章、图书推荐，吸引了百万订阅用户，迅速积淀起围绕该公众号的铁杆会员。2014年6月，"罗辑思维"以"未来站在你身后"为主题，特别设计制作了8000套单价499元的图书包，在不剧透图书包内容的前提下，仅90分钟就被抢购一空，购买者以订阅用户为多，图书包中的非常小众的社科类书籍着实"火"了一把。此外，"罗辑思维"通过与出版社合作，在其微店商城推出了一系列特别定制版的图书，如《正义的成本》《富兰克林传》和《登高四书》。《战天京》一书据说刚出版时销量惨淡，在节目中被"罗胖"倾情推荐并独家出售后，仅上线70个小时2万册售罄。罗振宇并非这个社群的权威，他只是充当了社群连接的组织者角色，真正影响社群成员的是"罗辑思维"自媒体本身的质量和品格。

出售定制版的图书并非拥有了该书的版权，而是占用了出版社的装帧、发行渠道。定制版一般是进行重新包装，如最新上线的由北京联合出版集团出版的熊逸《逍遥游》采用羌背装订工艺，即全手工线装，让图书能完全摊平，解放了双手。最近，"罗辑思维"又在蠢蠢欲动，想要"复活"阿瑟·黑利的几本畅销书，并正在寻找他们的版权所有者。可以说，"罗辑思维"所建立的社群连接是有效的，其在微店中推出的书目虽种类各异，但却与其视频节目、互联网理念等密不可分，是紧密围绕社群进行的图书经营，也是基于社群信任而成功实现的不打折图书销售，在为社群带来福利的同时也为图书的再出版、发行提供了渠道。

(3) 社群力量推动的网络自出版与众筹

网络自出版降低了出版的门槛，借助网络平台的跨地域、无界别的优势，任何原创作品都可以搬到网络上进行出版。社群对网络出版的影响力愈加显著，当传统出版社难以掌控网络出版的生杀大权时，社群便成为网络阅读内容的"守门人"和推动者。

国外优秀图书如果仅靠专业翻译队伍译介不仅工作量大，而且出版周期长。江苑薇创办 Fiberead 时，试图直接绕过出版社来译介国外图书，为国外图书进入中国市场提供快捷便利的渠道。Fiberead 从作者手中获得版权后，将原文节选一部分挂在网上，有兴趣的译者可以进行试译，合格者成为该书的正式译者。一本外文书一般需要配置 2—4 名译者和一名编辑，翻译完成后还要进行大量的校对工作以保证图书质量。最后会制作成电子书，在多看、豆瓣阅读、亚马逊 Kindle 等图书阅读销售渠道进行出版，并同时代理纸质版权。目前 Fiberead 已经与 120 多位作者签约，上架书目 40 多本，正在翻译 130 余本。Fiberead 所实践的正是社群化的图书出版营销，利用共同兴趣爱好的推动，将分布在全国各地的资源汇集起来，实现了社群效应的最大化。

许多新媒体网站变身为数字自助出版的活跃者，例如知乎、雪球、穷游。在基于网站形成的虚拟社群中，人与人之间搭建起亲密而彼此信任的伙伴关系，所产生的图书阅读及购买效应会在彼此交流与推荐中实现链条式生长。同时，这些新媒体网站本身就是一个丰富的资源库，存在于网站中的优质资源一旦被整合，便是十分有内容的电子读物。而内容也不再受控于一个权威作家，社群中的每个人都有能力成为内容的贡献者、分享者，参与度得到跨越式提升。《知乎"盐"系列》是知乎网站将"知友"的精彩回答和专栏文章进行汇总并编订为电子书，让来自各行各业的思想在书中产生碰撞。穷游网推出的《穷游锦囊》以"原创""便携"和"国人视角"为其关键词，将六大洲的出游圣地涵盖其中，更新速度快，内容覆盖面广，为穷游者们提供尽可能全面的出行建议。当网站专注于某一领域的经营时，实际上也是对其用户进行了细分和初步筛选，为网站的增值业务做好了社群准备。

同样是利用社群力量的有"众筹出版",这是一种面对社群的出版服务,以共同目标和利益为驱动,引导社群为有价值、感兴趣的项目投资并获得回报。美国 Kickstarter 平台被认为是全球众筹的源头,用于音乐、游戏、电视、漫画、舞台剧和其他项目的小额资金筹集,引发大众热议和互联网众筹热潮,仅 2014 年就孵化成功 22252 个创意项目,筹集了过亿元的资金。其中以音乐、影视居多,图书出版相关的项目仅占 9%。如果说 Kickstarter 是一个综合类的众筹网站,那么荷兰的 Ten Pages、伦敦的 Unbound、美国的 Wattpad 社交阅读平台发布的 Fan Funding 则专门从事服务于写作者的众筹业务。众筹出版以作者及作品为机制,利用"粉丝"效应集合了众多社群,并直接通过社群为作品内容付费,既能够为出版商提供合理的市场前景预测,还可以通过预先订购、订阅、赞助等方式在图书发行前筹集资金。①

"众筹出版"在我国刚刚起步,常见的有众筹网、追梦网、中国梦网和乐童音乐等,淘宝众筹和京东众筹等也相继介入众筹出版领域。众筹网是我国目前最大的众筹平台,截至 2015 年上半年已有超过 350 本的众筹出版图书,众筹成功的超过 60%。图书类型以社科类居多,如《玩出来的产业——王志纲谈旅游》《新经济、新规则》和《社交红利》,还有紧跟网络小说、影视剧的如《盗墓笔记》有声小说、《甄嬛传》画集。这些图书放到传统出版社中未必能被出版,但在互联网时代社群为它们重新估定了价值。

(4) O2O 模式下的图书社群服务

O2O 正在逐步成为电子商务的新宠,通过网络平台汇集海量资源,以自由化、跨地域等优势满足用户多方面需求,再将虚拟选择与支付转化为实体产品或服务,充分实现了线上筛选与线下消费的对接。对于出版产业而言,O2O 或许会颠覆以往的产业模式,即从大众销售走向以社群为导向的精准营销。

---

① 张晓瑜:《传统出版的重生——O2O 出版模式的探索》,《科技传播》2015 年第 2 期。

第一章　面向移动阅读的数字出版发展特点与变革

在一个传统的图书出版市场中,出版社会对图书类型和目标读者进行粗线条的划分,并根据图书成本和预期的销售情况进行印刷发行。当图书投入市场中时,谁是真正的购买者和阅读者几乎不可能知道。而电子商务则通过消费者数据库的搭建,如亚马逊、当当、京东等网络书城可以实时跟踪每一位用户的消费记录,并根据浏览、购买偏好进行图书推荐,从而让销售能够精准落地。明显地,内容商和渠道商所拥有的信息并不对等,信息鸿沟让内容商在互联网时代处于竞争的下游。

但在社群效应下,出版商作为内容提供方,将会占据十分主动的地位。社群本身就是良好的传播与营销渠道,每一条连接都容易产生共鸣。出版商将来要面对的可能就是由一个个社群组成的市场,如果能够为某个社群提供专门的阅读建议、图书推介,销售才会更有效地投向目标读者。一方面,出版社需要树立打造品牌社群的观念,以社群为单位推荐图书。尽管目前依然是技术商、渠道商更有优势,如 Kindle 阅读器旗下吸引了一大批"铁杆粉丝",但出版商的潜力却如同暗藏在海面下的冰山。品牌造就信任,信任沉淀用户,用户集合社群。通过着力创建出版社网络平台,在对用户分建社群的基础上,线上推荐,线下销售,点对点进行服务。微信公众平台是当前具有时效性、垂直性、快捷性的图书宣传平台,出版社可以利用这一平台提供好书推荐、书目查询等服务,实行会员制度,将平台作为一个社群组织来经营,处理好线上线下的实时对接。

二维码让线上线下互动更加便利,这就涉及出版业 O2O 模式的另一方面,即多媒体化和多感官化的读书体验。人们因质感、触感、深度阅读、书香等原因不愿放弃纸质书,这也是纸质书存在的价值。将纸质书中嵌入二维码,借助移动客户端,如智能手机、平板电脑等,通过特定 APP 扫描,获得有关的扩展解读或其他衍生内容,同时基于社群构建讨论区。在图书中嵌入二维码的做法目前在教材中较为常见,每一个二维码对应着与题目或知识点相关的视频、测试题、讨论区,从而及时巩固知识,延展知识面。"开课吧"作为一个在线 IT 教育平台,所研发的"跃读"产品正是通过这种方式进行 O2O 实验。二维码中包含的不只是文字,还有视频、社交平台、书友会等多种交互形式,这是一种对社群协同功能最大化的发挥。

尽管O2O模式方兴未艾，成熟的体系虽未建立，但为传统出版社的数字化转型提供了一个方向或可能。不过，O2O的实现并不轻松，这需要出版社背靠庞大的图书数据库、多媒体资源，并有引导社群交流协作的品牌魅力。

社群的崛起伴随着权威祛魅、中心消解，出版业需要敏锐地嗅到这种发展趋势并勇敢地拥抱社群。正如查克·布莱默所说："我们人类正在经历一次史无前例的转变，从一群各自独立的芸芸众生变成一个相互连接的社群。"未来的营销成功离不开对这个社群关系网的运作，而不能仅仅依靠向独立的个体推出产品。[①] 社群不仅是出版产业的传播、营销对象，也能主导出版的发展方向，甚至决定出版内容和方式。出版业不能忽视社群，而应该利用全媒体主动构建社群，并充分发挥社群的影响力，从而实现整条产业链的可持续发展。

---

① ［美］查克·布莱默：《互联网营销的本质：点亮社群》，曾虎翼译，东方出版社2010年版，第6页。

第二章

数字出版产业链结构分析

相较传统出版而言,数字出版呈现出前所未有的包容性和延展性,无论是编辑、复制、印刷和营销的数字化,还是图书产品化的运作思路,都意味着数字出版产业不仅是从外部形态上发生了变化,而且就出版的功能定位和目标诉求来说也彻底进行了颠覆。一条全新的产业链及其潜藏的经济利润和社会效益日渐明晰,在纯粹意义上的出版单位之外,电商、通信商、终端设备商、传媒影视企业等均加入这一产业链条中来,在探索和实践中不断明确自身的定位和目标。寻求上、中、下游各环节中企业之间的强强联合,充分实现内容、技术和平台三者效应的优化,是打造和构建一条完整健康的数字出版产业链所必需,也是出版从业者和研究者在近几年产业发展与扩大中逐步确立的共识。

一 数字出版发展主体

从经济学的维度来看,产业链由上游和下游协同合作而得以正常运作,其中上游不断向下游提供相关产品和服务,而下游则不间断地向上游进行信息的反馈,构成上下游的不同主体各有层次、各司其职。数字出版上游与下游之间的整合和共赢问题,一直是业界探讨和研究的热点,这便涉及数字出版的发展主体，各主体在不同层次上的有序分工和协作，是促成产业链高效运作的关键。而与传统出版的高门槛、高进入标准相比，数字出版大大降低了各家出版单位和企业进入行业的门槛，大量从事数字技术研发和数字产品推广的企业甚至是个人，投身到数字出版的热潮中来。

学界对数字出版发展主体的具体界定和分类方法并未完全统一，这与产业自身的新陈代谢机制和更新速度也有很大关系。按照上下游的关系，在数字出版产业链中，上游一般是指图书、期刊、报纸等内容和产品的供应商，下游则是对这些内容和产品进行加工和分销的销售商。曾元祥、余世英和方卿提出将数字出版产业中的主体分为数字出版产品与服务提供商、技术开发商、平台提供商、产品与服务分销商[①]，是一种比较完整和客观的看法。而在分析数字出版发展主体时，既有上游与下游的提法，即以出版单位等内容生产者为代表的上游与以新华书店等图书销售为代表的下游，又有上游、中游与下游的提法，这种更为细致的界定有助于我们更清楚地厘清各主体之间的关系，因此下文采取这一提法来具体阐释各主体。

1. 作为上游的内容提供商

传统出版社和期刊杂志社依然掌握优质的出版内容和精英的作家队伍，尽管这几年在网络的冲击之下，图书的销量和重印再版数都有缩水的迹象，但离开了传统出版单位，数字出版就如无源之水，得不到足够的补给。"内容为王"这句由维亚康姆总裁提出的口号，恰好印证了中国数字出版的发展理念。无论是通过纸本还是电子设备阅读，内容始终是传播的核心要素，是出版商和运营商占据市场的基础。对于出版社而言，传统出版流程中必须耗费的大量人力、物力和财力以及隐性的时间成本等，都可通过数字技术来降到最低，经济、环保和便捷的优势同样适用于出版社。出版商作为图书流通过程中重要的一个环节，一直以来在传统出版业当中

---

① 曾元祥、余世英、方卿：《论数字出版产业链主体及其功能定位》，《出版科学》2013年第1期。

第二章 数字出版产业链结构分析

占据着主导的地位。而如今随着数字出版和数字阅读浪潮的发展,传统出版商面临着机遇和挑战并存的现状。于是许多出版商逐渐改变自身结构,在继续注重传统出版的基础上加入数字出版的行业中来,充分利用自身的内容优势在数字时代继续提供优质的内容。然而,在数字出版环境下,传统的出版单位(内容商)已经不再是那个掌握主导权的唯一领导者了,它需要加强与运营商和技术商的合作,才能够实现将自身优势发挥到最大化的目的,这也是数字出版发展中各个环节加强合作的必然要求。

对于传统出版单位而言,利用新技术重塑和推广内容资源,同时借助第三方运营渠道,来扩大内容的数字传播,以获得更为广泛的影响和增值服务,这是目前数字出版之于传统出版业很重要的影响所在。2013年国家新闻出版广电总局宣布的数字出版转型示范单位共计70家,出版社、出版集团、报刊、报业集团和期刊各占一定的比例,这些单位"普遍制定了较为清晰的数字化战略,在机制上加快改革,实现了信息化的业务流程,数据化的内容资源,产品形态进一步丰富,技术研发水平进一步提升,运营模式进一步创新,体现出良好的发展潜力和态势"[①]。通过上述单位的示范性作用,一方面给其他正在数字化转型之中的出版单位提供可供参考的商业模式和策略;另一方面也是带动出版业整体向前推进的需要。上市的中南出版传媒集团联合技术商华为和民营出版企业博集天卷,成立了天闻数媒,利用在大众出版领域的内容优势率先抢占数字阅读市场。除了成立数字传媒有限公司之外,中国出版集团还于2013年4月上线了"大佳移动出版平台"与"大佳书城",并且集合了包括中华书局、人民文学出版社和商务印书馆等在内的实力雄厚的出版社的精品内容。其中,"大佳出版平台"作为移动运营平台,依托中国出版集团的资本实力和研发基础,试图为传统出版单位的移动阅读、移动出版提供良好的发布平台,也从侧面反映出传统出版单位正努力搭建属于自己的平台和渠道,以全面推广优质内容。

教育出版一直是中国出版最具市场价值的领域,教材与教辅图书的数

---

① 程晓龙:《数字转型启动"引擎"》,《中国新闻出版报》2013年12月26日第5版。

字化转型是势在必行的，目前较为流行的有电子书包模式、网络教材模式与开发电子产品等，尚未形成自觉且规模化的转型。目前，从事教育出版数字化转型的主要还是大学出版社，这也与中小学教育的方法和教学手段有密切关系，还不具备大规模数字化的条件。浙江大学出版社推出的"数字教育服务"和"数字学术服务"可谓立足于大学社的出版优势和高校的技术支持，以项目制的形式开发相关的教育与学术类的数字产品，也为国内同类出版社的数字化转型提供了可参照的范本。而大众出版是数字出版最活跃的领域，尤其是管理类、养生类、文化普及类的图书占据较大的市场份额，这类出版物的数字化正在紧锣密鼓地进行中，并且能够基于内容来开发一些产品，提高内容的附加值。相较而言，学术类图书及学术出版的数字化转型仍处于缓慢的发展之中。

可以说，传统的出版单位对于数字出版的态度经历了一个较为明显的转变，从一开始的抗拒、观望再到迫于现实的压力试水数字出版，它们之于数字出版的认识还带有浓重的传统出版的痕迹，与其他从纯数字平台或模式成长起来的发展主体有思维和认知上的明显区别。这也直接导致了拥有海量精品内容的传统出版单位并不能很好地适应当前的数字出版市场，甚至简单地将原有纸质内容的数字化平移视为数字出版的根本。这也就出现了不少出版单位大张旗鼓上线各类数字平台和 APP 软件，却很少能够真正聚合起一定数量的用户并形成影响力的矛盾现象。另外，在与中游和下游主体的合作过程中，版权问题与利益分成问题得不到合理的解决，不但严重挫伤了出版社授权正版优质内容的积极性，缺少必要的利益保障，也会为不同层次主体之间的合作带来现实的阻碍。

与国内传统出版社颇为艰难的数字化转型之路相比，英国、美国、法国、荷兰等数字化起步较早的出版大国，显然有诸多丰富的经验值得我们借鉴。培生、爱思唯尔、哈珀·柯林斯等老牌的出版集团，不仅从一开始就积极参与到数字化转型的进程中去，而且在发展和扩大数字业务时，不局限于固定的思路和模式，而是充分结合自身的业务特色和读者人群，努力促成与谷歌、苹果、微软等公司的合作，打造更具阅读体验和消费价值的新兴产品。培生集团的《金融时报》共有付费缔约用户 60 多万户（2012 年 Q4，德勤审计数据），其中传统印刷版发行量 266170 份（2013

第二章　数字出版产业链结构分析

年 4 月 ABC 认证发行数据），电子版 3.28 万份[①]。哈珀·柯林斯集团是数字出版领域首先数字化图书内容的出版商，创设全球数字书库，以满足消费者的阅读需求和保护作者的版权利益，由此挖掘潜在商机。自 2005 年成立第一个"数字仓库"为读者提供万种正版图书以来，哈珀·柯林斯在数字化出版方向的努力和尝试就不曾间断，即使对一些老版图书，也通过转换为电子书寻求新的市场空间和增长点，从近两年的业务构成来看，相较纸质图书收入下滑，数字出版的销售成绩保持增长。从专业出版的特性来看，数字化转型必须紧密围绕目标用户来进行内容的深度开发，并非简单地推送即可，这也是国内不少学术类、专业类出版社始终无法探索出合适的数字之路的症结所在。而读者和市场对这类电子书的期待和消费潜力都是不容忽视的，除了个人的需求之外，图书馆也是消费的一个重要阵地。麦格劳·希尔的数字化转型起步较早，以医学出版为先，目前在全球医学数字出版领域，麦格劳·希尔独占 30％，并计划在未来两年、五年达到 50％、70％，甚至是 100％。其在财经出版领域，同样立足于数字出版，围绕市场需求，利用品牌优势，不断推出新产品。这种以用户需求为核心，集内容生产和平台开发于一体的数字出版商业模式，为麦格劳·希尔的数字出版业务赢得了市场先机，目前电子书的市场份额在 23％左右。SpringerLink、Elsevier ScienceDirect、Engineering Village、Nature 等国外的大型数据库也因丰富的医学、工学、理学等专业度极高的数字资源，成为服务全球的重要数字出版商，在推动不同国家、不同领域间知识的共享和继续创造上发挥了杰出的作用。

就创新商业模式而言，原创文学网站毫无疑问是目前最具有市场潜力的，华语网络文学从萌芽到发展的这十几年间，迅速成为国内最重要的内容提供商之一。早期的文学网站以 VIP 收费制度来维持正常的运作，然而彼时用户付费阅读习惯尚未建立起来，加上用户规模的限制与网络盗版的猖獗，很难支撑文学网站的发展与壮大。为了打破单一的商业模式，实现长久与稳定的盈利，增加网站的运营收入，原创文学网站此后以图书版

[①] 数据来源：FT 中文网，http://www.ftchinese.com，访问时间：2013 年 7 月 2 日。

权为中心，衍生中心产业链的运营模式，逐渐成熟起来。通过将版权在不同主体之间进行转让，将图书改编成电影、电视剧、游戏、动漫或其他周边产品的形式，来拓展图书的附加值。这种围绕图书进行的跨媒介运作大获成功，尤其是盛大文学收购了国内主要的文学网站形成内容资源的巨大集成优势之后，规模化的效应得到了凸显。原创文学网站是数字出版上游的吸金重镇，也是大众出版领域最重要的内容来源，网络写作兴起之后，大批通过文学网站成长起来的网络写手迅速跻身于畅销作家行列，大放异彩。在2000年以后，以痞子蔡的《第一次的亲密接触》在网络上的连载与韩寒的《三重门》出版为标志事件，相当一部分文学类的畅销书是与网络文学开始捆绑在一起，不论是早期的安妮宝贝、郭敬明、饶雪漫、韩寒，还是今天已颇有名气的沧月、江南、南派三叔等，都是发迹于网络。除了盛大文学目前还保持一家独大的格局之外，中文在线也是另一家颇有规模的原创文学内容提供商。

经过十余年的成长与成熟，原创文学网站已经从快速爆发期进入稳定发展期，在今后相当长的一段时间内，网络文学的活力会保持相对的稳定，各家网站的商业模式大同小异，盛大文学的垄断地位遭到百度、腾讯的冲击，网络文学的经营也会进入新的时期。海量的内容固然是其最大的价值，但如何将内容从粗放型的经营转向精细化的投放、从单一的售卖到多元的运作，真正让内容实现盈利，并且改变网络文学泥沙俱下的局面，仍是目前原创文学网站经营者需要思考的问题。

与此同时，基于安卓平台和苹果操作系统的各类APP产品成为数字阅读的新宠儿，这类将传统纸质内容推送到手机或其他移动终端的阅读类产品，符合年轻读者新潮、时尚和文艺的消费观念，不少出版社都进行尝试，但存在技术突破难等现实问题。另外，APP的日常维护与更新，亦是一笔不小的开销，要求技术人员和编辑人员的配备，这也无形之中设定了门槛。而带有强烈个人风格和明星效应的APP往往能够吸引读者的眼球，这也是一般的出版社很难达到的。韩寒工作室推出的《ONE·一个》作为一款小资风格的文艺阅读APP也硬生生地凭借韩寒本人的人气在上线一天内迅速窜到APP Store中国区免费总榜第一名，打败了诸多的游戏和其他热门应用，免费开放也是其获得成功的外部原因。而这款APP从

第二章 数字出版产业链结构分析

设计到内容都凸显了小清新的简洁风格,由插图、短篇小说和韩寒的一些资讯组成,作为一款主打阅读的产品,内容的优劣与多少反而不是起主导作用的因素。与《ONE·一个》颇为类似的,以主编或创办人个人影响力为主要卖点的 APP 产品,在国内还不多见。

期刊的数字化转型近年来也获得了不少成果,《新闻周刊》《个人电脑世界》和《美国新闻学评论》等美国知名期刊已经宣布不再发行纸质版,转而开始生产电子版的期刊,通过数字平台在互联网上发售。可以说,杂志和报纸的发行量在数字化时期已经颇为惨淡,读者和广告商的流失,无疑带来重创,也有不少杂志就此退出了历史舞台。最简单的电子化形式是在网络上发布可供在线阅读和下载的电子版杂志,而随着移动终端的发展与移动阅读理念的形成,如何抢占终端市场,成为各家杂志在数字化压力面前不得不思考的问题。目前,不少杂志会选择以 APP 的形式来继续推进杂志的数字化,或者是单本杂志的 APP,如《三联生活周刊》《第一财经周刊》《外滩画报》和《周末画报》等,或者是在专门的数字杂志平台投放,如 Zaker、悦读网、读览天下、VIVA 畅读等,并且有意识地在移动平台为杂志增加新的服务,如读者之间的互动与反馈。其中,一部分的杂志在上线之后会采取收费的策略,定价一般在纸质版杂志的 1/3 到 1/2,而国外杂志的电子版则以付费阅读或下载的居多。2010 年《第一财经周刊》正式发布 iPad 版电子杂志,采用收费模式。截至 2012 年,《第一财经周刊》iPad 版已有约 2.5 万人的订阅用户量,以品牌广告为主的广告费亦高达 200 万元。①

在电子期刊试水市场的过程中,也并非顺风顺水,商业模式依然是困扰这类出版商的首要难题。与图书的数字化一样,出版商尤其要避免只是将纸质内容单一平移这一初级阶段的做法,根据用户受众的特征,真正挖掘电子杂志的增值服务。传统意义上的阅读是个人的、安静的,而基于数字平台上的阅读则是群体性的、分享的和交互的,这突出地反映在时尚生活类杂志上。时尚类杂志由于读者群体多为有一定消费能力的白领女性,并不排斥新技术和电子付费阅读,加上这类读者是新兴电子产品的忠实拥

---
① 陈国权:《寻找报业 APP 的盈利模式》,《中国报业》2013 年第 4 期。

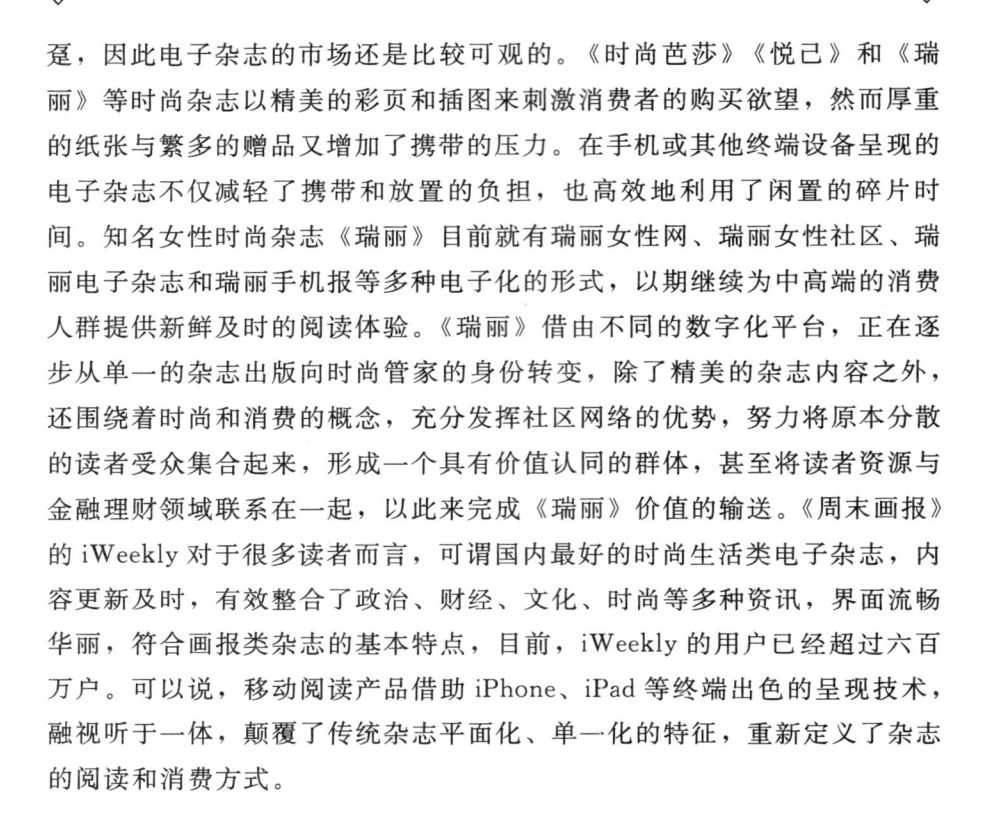

迢，因此电子杂志的市场还是比较可观的。《时尚芭莎》《悦己》和《瑞丽》等时尚杂志以精美的彩页和插图来刺激消费者的购买欲望，然而厚重的纸张与繁多的赠品又增加了携带的压力。在手机或其他终端设备呈现的电子杂志不仅减轻了携带和放置的负担，也高效地利用了闲置的碎片时间。知名女性时尚杂志《瑞丽》目前就有瑞丽女性网、瑞丽女性社区、瑞丽电子杂志和瑞丽手机报等多种电子化的形式，以期继续为中高端的消费人群提供新鲜及时的阅读体验。《瑞丽》借由不同的数字化平台，正在逐步从单一的杂志出版向时尚管家的身份转变，除了精美的杂志内容之外，还围绕着时尚和消费的概念，充分发挥社区网络的优势，努力将原本分散的读者受众集合起来，形成一个具有价值认同的群体，甚至将读者资源与金融理财领域联系在一起，以此来完成《瑞丽》价值的输送。《周末画报》的 iWeekly 对于很多读者而言，可谓国内最好的时尚生活类电子杂志，内容更新及时，有效整合了政治、财经、文化、时尚等多种资讯，界面流畅华丽，符合画报类杂志的基本特点，目前，iWeekly 的用户已经超过六百万户。可以说，移动阅读产品借助 iPhone、iPad 等终端出色的呈现技术，融视听于一体，颠覆了传统杂志平面化、单一化的特征，重新定义了杂志的阅读和消费方式。

2. 作为中游的信息服务商

信息服务商位于产业链的中游，核心任务是通过技术的加工和完善将上游的内容推送给下游的分销商和消费者。由于新型的出版形式在很大程度上需要依赖技术来实现、来重塑整个出版流程与体系，因此技术的力量一直推动着数字出版，以至于在发展初期，技术服务商拥有大部分的话语权，这也就造成了位于产业链中游的技术商、平台商等一度成为数字出版领域最活跃的主体。在这一环节，致力于为各家出版单位或内容生产商提供技术解决方案的技术服务商以及依靠渠道和用户优势搭建多样化数字平台的平台提供商，它们成为主要的构成力量。前者主要有方正阿帕比、中国知网、超星数字图书馆和万方数据等，后者则可以认为具备自助出版和众筹出版的特点。也有一部分移动应用开发商如 Flipboard、鲜果和 Zaker

第二章　数字出版产业链结构分析

等成了聚合各种内容的社会化阅读平台。

方正阿帕比作为国内起步早、影响力大的数字出版解决方案商，是方正信产集团下属的核心业务之一，2001年进入数字出版领域，十多年来，一直承担着信息服务商的重要角色。在数字出版产业链中，方正阿帕比的定位和目标是为传统出版单位以及高教、企业、政府等不同行业提供内容的数字化发布与发行技术，使得产业链的各个环节都能增殖，并且要将自己打造成国内最有影响力的技术方案解决商和数字出版物的运营平台。早期，方正主要对纸质内容进行数字加工，将其转化为数字化的文本，放在数字平台上出售给个人或企业、图书馆等单位。电纸书曾经是方正主推的产品之一，面向高端用户的方正文房阅读器也在售卖之中，当国内的电纸书市场逐渐落潮时，方正的多款电纸书产品都经历了大大小小的起伏，与亚马逊Kindle相比优势并不明显。根据方正的官方介绍，国内每年超过90%的出版社推出的书近70万册12万种电子书，皆是应用方正阿帕比（Apabi）技术及平台出版，阿帕比与这些出版社合力协作开发了多种专业数据库产品。另外，国内90%的报业集团、800余家报刊社在推出电子报时，使用的也是方正的数字报刊系统。[①] 与汉王科技相比，方正由于与出版社的深度合作，在内容版权上掌握了核心的优势，这也是方正后续发力的外部保障。同时，方正涉及的业务种类非常广泛，云出版服务平台解决方案、数字图书馆解决方案、专业数字服务解决方案等均是较有代表性的数字出版解决方案。以数字图书馆为例，目前方正除了有自己的数字图书馆之外，还与各大出版单位联合开发了不少大型数据库，包括中国工具书资源全文数据库和中国年检资源全文数据库、中国报纸资源全文数据库等。从产业布局和行业切入的角度出发，方正的战略是比较合理而且全面的，几乎涵盖了数字出版的主要形式，足可见其引领数字出版风潮的雄心，只是与发展初期的大规模布局相比，这几年方正的动作明显少了许多。

与传统的出版单位进行合作，获得正版优质的内容，进而再以数字化

[①] 《北京方正阿帕比技术有限公司简介》，http://gw.apabi.com/about/1/，访问时间：2014年7月1日。

的形式来对其进行网络传播和出版，逐步形成面向全社会的知识共享平台，是中国知网、超星数字图书馆、万方数据等数字出版商的经营策略。其中，超星数字图书馆以电子书为主，而知网、万方、维普等则以学术类文献和期刊为主。这类数字出版商承担着集成人类智慧的重任，为图书馆提供解决方案，非常受图书馆的欢迎，并且能为读者提供定制化和个性化的服务体验，专门针对高校、图书馆、研究院、企业、政府等具有支付能力和购买需求的群体。在知识专业化程度越来越高的当下，专业文献类的数字化是具有广泛的用户基础的。其最大的优势在于正版、优质和更新速度极快的海量专业内容的大规模集合，在支付方式和受众服务上都已经日趋形成成熟的模式，受众的黏合度非常高，一旦形成之后不容易流失，同类产品的相互替代性也比较小。中国知网、维普期刊和万方数据三家典型的数据库产品各有特色，在刊物收录广泛程度、收录时间以及期刊阅读体验上均有区别，但三家的收录内容仍然有一定的重合性。数字图书馆和数据库是诸多数字出版产品中商业模式比较清晰和持久的，也是较早的数字产品的典型代表，最大的优势和特点在于定位精准、版权规范和服务优质，对于其他的数字出版平台商而言，有很大的借鉴价值。

　　自助出版是一种开放性和自由性很强的出版形式，它绕开传统的出版流程和环节，帮助作者（绝大部分是籍籍无名的草根作者）解决作品的发售问题，并且从作品的发布、上架到宣传、营销都提供一系列专业化的咨询和帮助，而这一切的服务基本都是在数字化的平台上完成的。不论是传统的出版单位，如美国的巴诺书店，还是终端商、技术商等，如苹果、亚马逊，都对这一出版形式显示出了浓厚的兴趣。完整的作者服务和强大的技术支持，是自助出版平台必须具备的两大条件。需要特别说明的是，绝大多数自助出版平台都是由技术商来开发并主导的，这种作者＋平台＋读者的商业模式是很多数字出版商所感兴趣的，如果出版社不能参与到其中并提供不可替代的资源，那么就有技术商、平台商完全主导数字出版产业链的风险，传统出版单位的生存境遇也将岌岌可危。正如有研究者指出的，如果这些网络平台运营商借助强大的平台优势绕过内容提供商直接与产业链最上游的作者相连接，对于出版社的生

第二章 数字出版产业链结构分析

存发展将是巨大威胁。①

美国自助出版风潮的兴盛,孕育了一大批数字自助出版平台,既有像 Creatspace、Smashwords、Author Solutions、Lulu 和苹果的 iBookStore 这样占据行业绝大部分市场份额的大型平台,也有不少中小型出版社自主推出的平台,成为一股重要的数字出版中游力量。2013 年美国自助出版图书种类增至 458564 多种,超过 2012 年 17%,2008 年 437%。图书出版总量较 2009 年增长了 29%,自助出版与之密切相关。尽管自助出版将保持增长,但在最初爆炸式增长的几年后这一速率趋于平稳。② 出版信息服务商 Bowker 提供的数据显示,2012 年美国自助出版图书涨幅 287%,包括印刷版和电子版共 2.35 万多种,印刷版仍占据 63% 的主要市场份额,但是其增长仅 33%,与电子版相距甚远。③ 英国则以亚马逊和 KoboWritingLife 等平台为主,日本也有索尼这家硬件设备制造商转型进入自助出版领域。可以说,自助出版平台商业模式已经逐步成熟,销售和盈利状况也处于好转之中。2013 年,英国自助出版图书销售额 1800 万册,共计收入 5900 万英镑,同比涨幅 79%,电子书售出 1800 万册,收入 3 亿英镑。④ 阿曼达·霍金、休·豪伊等畅销书作家就是通过自助出版的平台实现了文学的梦想,可以预见,未来这种以开放、定制和个性为主打特色的出版模式还将继续创造不菲的市场效益。英国的中央兰开夏大学甚至还设立了世界上首个自助出版的学位,通过编辑与营销方面的指导教学,来帮助学生出版自己的文学作品。

自助出版平台的作者也面临着尴尬的两极分化,跳过了传统出版商的

---

① 陈兴昌、沈海牧:《抓住内容 掌控数字出版平台运营》,《中国新闻出版报》2010 年 3 月 2 日第 3 版。

② Bowker, *Self-Publishing in the United States 2008 - 2013: Print vs. Ebook*, http://media.bowker.com/documents/bowker_selfpublishing_report2013.pdf, 访问时间:2015 年 5 月 10 日。

③ Bowker, *Self-Publishing Sees Triple-Digit Growth in Just Five Years*, http://www.bowker.com/en-US/aboutus/press_room/2012/pr_1024012.shtml, 访问时间:2013 年 7 月 10 日。

④ 陆运编译:《英国自助出版高速增长》,《中国出版传媒商报》2014 年 6 月 23 日第 7 版。

把关，意味着要自行承担不小的风险，畅销书固然有不少，但绝大多数的作品依然无人问津，作者也很难赚取收入。这与国内的网络作家、网络写手的命运颇为相似。与此同时，国内的自助出版平台也试着开始为读者提供类似的个性化服务，其中口碑和效益较好的豆瓣阅读正将自助出版业务做得风生水起。豆瓣阅读除了自己推出优秀的作者之外，也与出版社、期刊杂志社建立合作关系，期望获取更多来自传统出版社的正版图书资源，然而优质内容资源的数字化依然是其业务的核心方向，培养读者付费阅读习惯，进而实现良好的商业运作。不过，与国外的这些平台相比，国内的自助出版一直处于困境之中，首先是电子书号准入制度的产业政策限制，其次则是平台与出版社、作者之间的利益分成并不能最大程度上保障作者群体的利益，而平台提供的技术支持和自由权限上也有诸多的问题。自助出版和按需印刷密不可分，2012年7月，方正"喵喵印"正式上线，这是一个基于互联网的B2B+C的按需印刷服务平台。用户可以将一些出版机构提供的拥有版权的图书进行个性化的设计，经由数字印刷，制作成具有个人特色的出版物。

而另一种与自助出版有不少相似之处的出版形式——众筹出版，目前也在吸引市场的注意，有研究者认为这其实就是自助出版的一种，也有人认为将重塑当下的出版生态。这从一个侧面反映出信息服务商和平台商在出版产业链中的地位和价值所在，他们不断地用新的概念和新的技术实现形式来进行尝试，进而影响整个出版行业的前进方向。出版物是众筹产品的一种，游戏、影视剧和公益类项目也是众筹的热点。众筹即是一种针对个人或微小企业的融资方式，通过为投资人提供某些回报的方式来争取物质支持，从而促成相关产品的顺利生产。一般众筹发起人能够给予回报的，不外乎图书签名本、珍藏本或个人见面会的门票。与自助出版一样，作为一个帮助作者实现个人梦想的平台，众筹出版同样需要依赖平台商的作用，同样要为作者出版图书提供外部的帮助，同样面临利益的分成问题。国内的众筹网、追梦网、淘梦网，国外的Crowdcube、Kickstarter和Fan Funding等，都是目前处于活跃阶段的众筹平台。而美团、京东、淘宝、百度等也纷纷涉足众筹领域，应该说，这部分电商试水众筹还是有自身的资金链来支撑，并不担心短期内商业模式的问题。而纯粹意义上的

第二章　数字出版产业链结构分析

众筹平台不得不解决盈利的难题。虽然能够依靠手续佣金和出版物的利益分成来维持网站的生计，但现实的情况是，一些众筹网站（例如国内首个众筹网站——点名时间）在初期会以免除佣金的方法来吸引足够多的项目，后期因此会依赖于外部融资，这也为网站的正常运营带来困难，另外，非法集资的风险也会随时毁了一家众筹网站。Pentian 是一家新近成立于西班牙的图书众筹平台，该平台上一本众筹出版的图书出版出资者、作者、Pentian 的利润分成分别为 50％、40％ 和 10％，① 这种分成的比例较接近自助出版。此外，美团网的众筹模式和京东新上线的众筹平台亦可看作电商参与众筹平台搭建的典型案例。在《滚蛋吧，肿瘤君》和《社交红利》之后，知乎社区、中信出版社和美团网联合打造的《创业时，我们在知乎聊些什么？》也已经正式出版。其中，知乎负责图书的内容，中信负责传统出版流程，而美团则借助用户和支付模式来实现融资。这场出版实验在众筹发布后的几分钟内就得到了很多网友的支持，以共计 1000 名联名出版人，每人 99 元的支助实现此书出版。与正常售卖的版本相比，联合出版人可以拿到限量定制的典藏版，这也是很多知乎的忠实粉丝争相成为联合出版人的最大外部动力。

面向精准市场、小众群体的出版是众筹项目的优势，它直接面向目标读者，以具有诱惑力的回报方式来展开出版资金的筹集，如漫画类、生活类、财经类的杂志与书籍。尤其是对于一些严肃书籍、学术著作而言，高出版的门槛加上读者群体的分散、反馈渠道的阻塞，出版的机会比一般的大众类读物要小很多。如果能够借由众筹出版平台，利用民间的资金，吸引目标读者，同时为这部分愿意付费埋单的读者提供如签名本、互动交流等形式的回报，将很好地解决这一难题，众筹即使不能重塑出版的业态，那么至少也能为真正有读者拥趸的多领域的作者群体创造出版的机会。此前，浙江大学陈新教授于 2013 年 11 月公布了《海外人文学术名刊译丛众筹计划信息》，希望能够促成《新文学史》《历史与理论》和《观念史杂志》三种期刊的顺利出版，消解学术期刊出版的困境。

---

① 渠竞帆：《英国西班牙探索出版新路》，《中国出版传媒商报》2014 年 6 月 20 日第 1 版。

众筹出版的模式非常具有诱惑性，梦想是最大的宣传语，只是当众筹平台的主体队伍变得越来越庞大时，当电商、互联网企业、娱乐传媒公司等纷纷瞄准众筹时，是否还能保持原来的初衷，尤其是图书出版项目是否还能占据一定的比例就成了问题。正如业内人士所指出的："众筹似乎在做着崇高之事，但众筹网站并非公益，草根作者获取众筹成功并不容易。然而草根作者的愿望与其设立初衷最贴合，只有当这一类愿望得以资助，方能使其真正体会到梦想完成的崇高与参与之感，而非借此成为出版社试探市场反应的营销秀。"①

Flipboard、Zaker、鲜果等阅读软件，是一个不折不扣的内容大杂烩，包含了博客、微博、杂志、新闻、电子书和报刊等多种渠道的信息资源，并且以根据读者接收信息的习惯来自行定制内容版块的方式来实现阅读的个性化、定制化、社交化和移动化。移动阅读时代信息的爆炸性增长和碎片化传播，为用户选择自己所需要的信息带来了难度，而新时期的用户又更加注重阅读的个性体验，内容的精准投送显得尤为重要，对此，这些阅读软件很好地解决了这一矛盾。

Flipboard 可谓个性化阅读软件的始祖，由美国人开发，后来推出了中文版，除了带来新鲜的阅读概念，它也直接促成了国内同类软件的出现，Zaker 和鲜果就是国内比较早期的中文订阅阅读软件。以抓取其他渠道和平台的内容进行新的整合，并不直接作为内容的生产者，也使得这些阅读软件频繁遭遇版权困境，正如易观国际的分析师王珺如的分析，这些个性化阅读软件是聚集其他平台的新闻满足读者个性阅读需求的渠道而非媒体，但是主要的问题是产品定位的模糊。②

3. 作为下游的分销商

全球最大的纸质内容和数字内容分销商英格拉姆，在供应链的整合上

---

① 沈利娜：《出版为体，众筹为用》，《科技与出版》2014 年第 5 期。
② 黄朝艾：《ZAKER、鲜果被查处后：完善资质 探索流量变现》，http：//m.donews.com/201310/2621385.shtm，访问时间：2015 年 5 月 10 日。

第二章 数字出版产业链结构分析

颇有心得,由于有庞大优质内容的强力支撑,才得以迅速扩展自身的业务,进而在国际范围内形成广泛的影响力,成为名副其实的电子书全球分销商。一方面,英格拉姆与出版社建立了良好的合作关系,已经有超过1000家出版社与其建立了业务的往来,积累起了硕大的内容资源库,在纸质内容和电子内容上都有相当的优势;另一方面则积极开展各项服务性的出版业务,如早期成立闪电印刷公司,后更名为闪电资源公司,主营按需出版,实现了与读者的无缝对接。

分销商作为出版产业链的下游,主要负责内容的传播和营销,也可看作图书的发行商,而随着数字技术的更新与数字阅读习惯的逐渐养成,分销商的力量逐渐壮大起来,竞争也日趋激烈。实体图书的网络售卖,也是出版社降低发行成本的方法之一,而与实体图书相比,电子图书的分销则省去了传统发行渠道中的批发、运输、仓储等环节,也降低了书店退货和出版社积压的风险,且能够带来无障碍的消费体验。因此,电子书分销的比重逐步上升,国内正规的电子书分销商就有十余家,目前,数字出版分销商大致可以分为以下几类:①以新华书店和民营书店为代表的实体力量;②以京东商城、当当网、亚马逊和天猫等为核心的电商;③以多看阅读、淘宝阅读和掌阅为突出代表的电子书分销平台;④以 Kindle、汉王等为典型的终端设备商;⑤以移动、联通和电信等为主要力量的运营商。

(1)新华书店和民营书店为代表的实体力量。低廉的电子书以及低于正常市场折扣的图书在网上书店售卖对地面实体书店的冲击是巨大的,对此,传统出版社以及新华书店也在转型之中,为图书的发行销售寻求更宽广的渠道,多渠道销售也成为实体书店维系自身生存的必需。出版社或是实体书店自行搭建网上售卖平台已不再是少数,新华书店作为国内最大的图书发行商也采取了地面书店+网上书店的策略,新华传媒旗下的新华E店便是一家数字书店,凭借强大的发行渠道和内容优势,来打造正版电子书的售卖平台,同一类型的还有四川新华书店的九月网。上海世纪出版集团的易文网是综合性的网上平台,所营业务全面,包含电子书、实体书批发等多种。另有博库书城的博库网、新华传媒的一城网,主要是以实体书的售卖为主营业务。其中,博库网在2010年的销售额也破了一亿元大关,而民营书店的处境则要艰难许多,政策环境之外,还要受到规模和利润的诸多限制，民营书店一般多采取在淘宝网开办网店的形式来尝试售卖店内的图书，杭州的枫林晚书店、南京的先锋书店、上海的季风家园等知名度颇高的民营书店早几年已经开始在网上卖书。对于民营书店而言，图书价格之战并不是明智的选择，因此在图书售卖的过程中，往往需要依靠日渐积累起来的粉丝人气、文化认同感以及店内独有的图书珍藏本、作家签名本及文化创意产品来形成自身的特色。在这些自有平台中，也普遍存在着内容更新不及时、新书上架慢、读者反馈跟进滞后等问题，尚不能为读者提供贴心的阅读消费体验。

（2）京东商城、当当、亚马逊、天猫等为核心的电商。当当网、京东、天猫等电商以 B2C 的策略建立大型网上图书超市，有效地弥补了实体书店在图书铺货量上的欠缺和滞后性，为读者提供了及时的购买服务。网店销售数据的大幅度增长，意味着图书的发行渠道和发行结构发生了实质性的变化，并且这一数据在未来几年还会有一定的增长。当当网 2014 年图书销售共 3.3 亿册，较之 2013 年增长 27%。移动终端购书比例从年初的 10% 上升为年底的 30%，涨幅明显。包括云书架在内电子书下载量约 6000 万册，占全部图书总销量的 20%，同比增长 10%，月活跃用户增加 400%。① 京东图书依旧保持高速增长势头，目前超越了亚马逊成为中国国内第二大 B2C 网上书店，市场份额约占 28%，其图书销售额已能与亚马逊和当当相抗衡。② 与当当图书主营销售业务不同，京东这几年一直在做诸多的尝试和探索，凭借大数据模式，京东出版、京东众筹等新形式不断推出，足见其除了作为单一的分销平台之外，还努力涉足产业链的上游，以获得更强势的地位。作为独立的第三方销售渠道，电商开辟网络书店，对于出版社、读者和图书市场而言，都是很好的尝试，然而，现实的状况却是京东、苏宁、当当等为了抢占用户而高调进行价格之战，不断拉低图书的价格底线，以此增长方式来消耗图书零售市场，处于常年亏损状

---

① 张绪旺、姜红：《当当：去年图书网购消费现两极分化》，《北京商报》2015 年 1 月 14 日 C30 版。

② 晓明：《创新玩法开辟图书电商变革先河》，《中国出版传媒商报》2014 年 12 月 9 日第 42 版。

第二章 数字出版产业链结构分析

态的同时也一直为人所诟病。对于出版社来说,电商挤压了图书的利润,迫使他们不得不采取图书定价虚高的策略,来保证折扣之后的图书仍能保持微薄的利润。京东、当当等一向以图书折上折、满就减等活动来吸引用户,部分畅销图书往往会出现缺货的情况,同时,电商平台的盗版图书泛滥也是读者普遍反映的问题。如果说当当是以图书零售业务起步,现在扩展到了百货类业务以维持网站的生存,那么京东则似乎是借图书来赚取更多的眼球和人气。

移动阅读领域最典型的数字出版平台以多看阅读、淘宝阅读、网易云阅读和掌阅等面向移动终端的阅读器为主,若以商业模式来划分,可以将其归入电子书的分销商。从用户的角度出发,需求是非常稳定的,一部移动终端并不会同时安装多个阅读软件,因此目前多家平台势必会面临用户的分流。毫无疑问,移动阅读、移动出版是未来的主流,之所以不断有新的企业投身到这场革命中来,也是看中了未来的发展趋势,想抢占市场的先机。然而,与数字出版其他模式一样,盈利始终是无法回避的问题,搭建一个成熟的平台需要不菲的资金投入,有资金链的平台可以不担心初期的盈利问题,例如京东宣称三年内图书零售不会盈利,但没有外部融资平台的企业很容易面临被淘汰出局的困境。

(3)目前比较出色的以电子书为主营业务的移动阅读软件,有多看阅读、淘宝阅读和掌阅等。这几家平台尽管在内容资源上有一定的重复性,但各自的特色也比较明显。多看阅读注重用户体验和服务质量,淘宝阅读依靠淘宝的大平台有其他几家不具备的用户资源和成熟的支付模式,加上多看阅读总裁的加入,还会进一步加强自身的阅读体验。掌阅此前在手机终端(主要是安卓平台)的成绩一直保持稳定的增长,内容资源非常丰富。腾讯和百度这两家实力雄厚的电商企业也在积极部署移动阅读战略,此前起点中文网核心团队出走盛大,转而加入腾讯,新成立创世中文网,可见腾讯泛娱战略的一角。而百度阅读开放平台已经上线三年左右,针对移动阅读设立的百度文学也于2014年初正式上线,加上此前收购的几家原创文学网站,将进一步整合阅读资源,来分一块移动阅读市场的蛋糕。

(4)以Kindle和汉王等为典型的终端设备供应商。汉王是国内最早生产阅读器的终端设备商,阅读器业务的迅速发展为汉王在数字出版链条中占据了重要的一席之地。在电子书刚刚兴起的几年间，不少终端设备商都加入到阅读器的生产和制造中来，而今，单一的电子书已经不能满足读者多样化的消费需求，手机和平板电脑成为真正意义上的移动终端。过去依靠单一媒体来扩大和稳固图书市场份额的可能性已经越来越小，如何利用不同的数字出版平台、采取个性化和针对性的方式来投放和推送不同的图书内容，成为移动阅读时代的一个新课题。从广义层面来看，作品的销量不单是指实体书的销售成绩，也包括电子书的份额，在数字出版产业相对成熟的国家，电子书的销量已经超过了纸质图书。除非是单独以电子书为统计对象的榜单，否则一般电子书销售额不计入现在的畅销书排行榜。根据美国亚马逊网站2013年发布的图书销售排行榜，亚马逊Kindle上售出的前100本畅销书中，25％的图书只有电子书版本而无纸质印刷版本。与纸质图书相比，电子书的定价一般为前者的三分之一左右，新书上市时还会更高。如安妮宝贝的《春宴》网络首发时，数字版价格分别为15元和19元，纸质印刷书则是39元。而贾平凹新作《带灯》也因纸质书和电子书同步销售引起市场的关注，从销量来看，电子书的售卖成绩也有近两万册。随着读者付费阅读和精品阅读观念的建立，电子书不会以廉价粗放的形式进行售卖，它所创造的收入将越来越可观。不得不承认，Kindle和汉王电子书的销量都面临实质性的滑坡，盛大文学的Bambook、当当网的都看等其他电子书设备也以惨淡的局面收场。而终端设备商对上游的依赖程度非常之大，没有吸引读者的内容就无法实现盈利，这也成了制约终端设备商运营的最大障碍。早期，亚马逊就曾通过强行主导电子书的定价来试图稳固其在产业链之中的地位，以近乎批发价的低廉价位售卖电子版畅销书，遭到出版商的一致反对，最终以亚马逊的妥协让步收场。Kindle大举进入中国市场，也对其他的国产电子书产品造成了很大的冲击，除了技术的优势之外，亚马逊庞大的内容资源更是盛大、汉王等无法在短时间内赶超的。Kindle之所以在全世界范围内大获成功，一是由于电子书技术的创新以及对其他终端优点的融合；二是有自己的内容平台，这样内容＋终端＋读者的商业模式才能够发挥出应有的效应，也是其他纯粹意义上的终端商无法赶超的。如果只是售卖Kindle阅读器本身，那么也很快会被其他同类产品替代。

第二章　数字出版产业链结构分析

（5）移动、电信和联通三大运营商先后开展数字出版业务，进军手机阅读领域，移动互联网市场已经成为中国数字出版的另一爆发性的增长点。应该说，在移动出版领域，手机阅读一直是被业内人士所看好的可盈利商业项目，庞大稳定的用户渠道，方便快捷的支付方式以及手机正逐渐替代个人电脑成为新时期用户的第一信息接收平台。中国移动在全国部署了各大基地，几乎囊括顺应 4G、5G 时代手机前沿发展各种命题。包括浙江移动阅读、成都无线音乐产品、江苏移动手机游戏、上海手机视频、湖南移动电子商务、辽宁移动手机位置、福建手机动漫和运行移动 mobile market（移动应用商场）的广东移动等各大基地。其中，音乐、阅读、手机视频、手机游戏、手机动漫均是以数字出版的产品形式。其中，移动的手机阅读是中国移动本身的增值业务，以适用于手机的电子书为用户提供优质图书、杂志、漫画等内容服务，使用户随时随地享受到阅读的趣味。[1] 在五年左右的时间里，中国移动不断拓展数字出版基地的业务领域，与盛大文学、中文在线及国内外出版社深度合作，以优质的内容资源吸引读者，也是三家之中业务最广泛、发展最成熟的。

中国移动阅读 2014 年上半年的 APP 市场中，三大移动运营商阅读基地占了市场总收入的 67.9%，其中中国移动"和阅读"以 5.9 亿人的用户规模占据了主导地位，收入规模达 88.4 亿元，市场份额高达 49.1%；中国电信"天翼阅读"和中国联通"沃阅读"的市场份额分别为 6.3% 和 12.5%。[2] 联通和天翼这两家运营商尽管也瞄准了移动阅读业务，但由于进入时间较晚，资金实力有现实的差距，用户渠道和内容资源方面也很难与中国移动直接抗衡，因此还不能形成足够的影响力，其发展虽有进展但仍处在摸索的阶段。值得注意的是，电信的天翼阅读已在 2012 年专门成立天翼阅读文化传播公司来运营阅读业务，这在三家之中当属首创，将其从其他的附属业务中分离出来，能够有自由的经营空间，不论是在行业决

---

[1] 宏毅：《中国移动争作手机阅读推手》，《互联网天地》2010 年第 2 期。
[2] 《2014 年上半年移动阅读营收竞争格局"和阅读"一家独大 整体市场寻转型》，易观智库：http://www.enfodesk.com/SMinisite/newinfo/articledetail_id_417971.html，访问时间：2015 年 5 月 1 日。

策还是与其他数字出版商建立积极联系上,都有了主动权。

应该说,在手机阅读起步阶段,运营商雄厚的资金实力和用户基础能够促使其尽快进入发展的正规,然而,手机运营商毕竟不是完整意义上的数字出版商,加上其他诸多通信业务的牵扯和羁绊,手机阅读业务容易遭到挤压,很难有一个独立发展的良性空间。有不少互联网阅读网站,也试图来分一块手机阅读市场的蛋糕,建立自己的 WAP 网站,但在版权问题上始终存在合法性的问题,无线阅读侵权现象也伴随着此类网站的出现而成为数字维权的一大难题。也有观点认为,手机阅读如果仍想持续盈利,就要摆脱目前的经营思路和商业模式,转而以互联网思维来运作,同时要将这些阅读基地、阅读公司打造成新的互联网企业。与原创文学网站一样,手机阅读一直为人所诟病的,依然是内容的浅层次性和碎片性,读者经由手机屏幕阅读小说、报纸、杂志、动漫等内容,最受欢迎的是言情、奇幻等网络时代的快餐读物,盛大文学提供的内容占据手机阅读内容比例的一半以上,它的娱乐性、实用性和便利性功能得到极大的突出。造成这种现象的原因很多,既是手机阅读的发展尚未成熟所致,也与数字出版商与传统出版社之间的合作存在断裂以及读者的阅读心态与阅读趣味有关。从来源上看,适合深度阅读的内容资源依然较多地掌握在传统出版社手中,数字出版商则较多地利用原创文学网站和文学论坛推出数字内容,因此,手机读物的数量虽然丰富,达到几十上百万册,但内容单一化、同质化现象严重。中文在线的总裁童之磊就曾经表示,目前网络文学在中国移动手机阅读平台占有较大的优势,传统出版内容所获得的市场份额相对有限。因而引导网络文学继续发展的同时,也亟待传统出版社的加入,传统出版社内容的快速发展能够拓展出更广阔的市场份额,以建立具备更丰富资源的内容平台。[①] 这几年的发展,运营商在吸引传统出版单位和作者方面固然有了明显的突破,但针对内容进行的各项增值服务和二次开发,显然还没有进行有益的探索。如此一来,对于作者而言,不如原创文学网站的出版模式更有商业潜力,对于读者而言,也不如其他纯粹意义上的阅读平台更有吸引力。运营商最大的优势在于渠道和用户,针对用户普遍反映

---

① 童之磊:《磨合之后方能契合》,《中国新闻出版报》2010 年 6 月 3 日第 1 版。

第二章 数字出版产业链结构分析

的阅读体验差、广告多、强制收费项目不少等问题，运营商必须予以重视，如果不能为手机用户提供正版优质的内容，不能继续完善阅读和消费的体验，运营商作为最好的手机阅读平台商也就失去了用武之地。

此外，手机作为最重要的移动终端，在阅读和其他数字出版业务上还没有充分显示出其作为智能新媒体的特性。手机阅读是一座金矿，数以亿计的手机用户是最大的前进动力，但具体的商业模式仍未成熟。数字阅读是一种可见、可听、可感的立体化阅读，具备传统纸质文本阅读无法提供的新特点。目前为止，手机阅读平台为读者提供的绝大多数内容以平面阅读为主，例如图书、杂志、漫画等，而在可听与可感方面还有很大的开拓空间。在听书业务方面，氧气听书（天翼阅读旗下）、懒人听书、酷我听书等软件，已经有比较成熟的发展，直接促成了国内有声书市场的壮大。随着手机技术的发展，4G 网络时代的到来，娱乐产品多样化、立体化的特性是大势所趋，手机视频、有声读物、三维漫画等诸多阅读形式也会有新的进步与突破。2014 年中国移动部署的"和战略"中，移动阅读基地以"和阅读"的品牌重新出发，明确指出要充分利用 4G 网络的特点，来为读者打造有声读物、视频、多媒体杂志等富媒体阅读产品。

4. 数字出版各主体业务的多样化和多元性

数字出版产业中的主体有作者、传统出版商（内容提供商）、技术提供商、平台服务商、网络运营商和读者等，但是真正与实际产业相关的参与者更为复杂，各类不同的产业主体在参与数字出版生产的过程中，身份既可以单一、独立，又能多元、重叠。[①] 不管是在数字化转型中的传统出版单位，还是位于中游和下游的数字出版商，都在积极地拓展产业链，寻求产业链的纵向发展，应该说，能够尽可能地在产业链多个环节中占据主动，就能实现盈利。数字出版产业链的构成中，内容提供商、技术提供商、网络服务商、平台提供商、金融服务商和终端提供商分别负责内容的

---

① 周利荣：《我国数字出版产业链整合模式分析》，《出版发行研究》2010 年第 10 期。

创作、加工、出版、发行和管理等各个环节。"内容为王"或是"渠道为王"的简单一元结构不再适应当下的产业链,数字出版各环节组成企业功能交叉、关系复杂,掌握用户的数量和直接面对终端消费者的能力决定着它们在产业链中的地位。① 不少出版集团在搭建自己的数字分销平台,中游的信息服务商也想成为分销的一员,而分销商则早已将目光瞄准了内容的生产,可以说,每一环节的主体都想成为数字出版产业链的主导力量,从理想的状态出发,产业链上参与的企业越多,每家企业获得的利润就会减少,如果有几家企业可以主导整条产业链,减少其他竞争对手的威胁,压缩产业链的长度,那么获得的利润自然就很可观。以平台商为例,就有学者指出,数字平台不仅仅是单纯地提供平台服务,它还进行数字内容产品的分销工作,参与数字出版产业利益分成,有时甚至主导数字出版产品市场的分销板块②。可以预见,在未来国内会出现不少形成完整产业链的数字出版企业,只是由于各家出版企业各有所长,因此在产业链的各个环节上还是会不可避免地存在短板,例如传统出版单位擅长内容,而平台的搭建和技术的开发是弱势环节。作为上游的出版单位和其他数字内容的提供者,毫无疑问在目前的数字出版产业链中还处于弱势地位,因此,若是纯粹以传统出版的思路来提供数字内容,并不是一种可持续的商业模式,越来越多的数字出版商开始探索多元经营与跨媒体战略。以一部文学作品为例,纸质图书或电子书的出版,只是其整个产业链条运作中的一小部分,更大更直接的收益来源于版权的运营,即电影、电视、游戏、动漫等形式的改编,这就意味着出版社与下游企业之间的利益分成会产生落差与不对等。这种利益分成不对等的格局,也会严重打击出版企业的积极性,更深远的影响则是优质内容的流失。

以盛大文学为例,起初作为内容的提供商,盛大通过收购的方式致力于扩大自己在原创文学领域的绝对优势。形成一定的规模之后,开始以版权化的运作思路来打造在产业链上、中、下游的特色,积极参与和介入,

---

① 武赫:《数字出版产业链分析》,《科技传播》2015 年第 4 期。
② 方卿、曾元祥、余世英:《数字出版产业链的二元结构分析》,《出版科学》2013 年第 3 期。

第二章 数字出版产业链结构分析

试图整合产业链上所有可以利用和开发的出版资源，集内容提供商、内容加工商、内容传播商等多种角色于一身，并且在短时间内迅速确立了国内原创网络文学的垄断性地位。如盛大文学推出了WAP访问业务，这是建立在出版平台之上的阅读，与此同时还与国内不少移动阅读的分销平台有紧密合作。随着百度、腾讯、淘宝等强势数字企业在阅读领域的涉足，多元化的阅读格局会慢慢形成，盛大文学的出版模式无疑具有很强的借鉴意义。

除了利益的因素之外，数字出版自身的特点也决定了产业链上各环节主体业务的多元化特征。在从作者到出版社再至印刷厂，通过发行渠道最终抵达读者的链条中，出版社、印刷厂和发行商是各司其职，彼此的业务之间不存在交叉和重合，分工程度很高，出版物从生产到流通必须经过上述环节才有可能正常进行。到了数字出版时代，出版物变成了内容资源的一种，读者被更大范围的用户所替代，各类数字产品和基于内容延伸而来的增值服务，成为新的盈利点和增长模式。对此，传统的生产链条被打破，出版商更青睐于建立内容＋用户的直接商业模式，内容不再需要经由专门的发行商来推送给读者，而印刷的环节更是可以省略。如果依然沿袭严格的主体定位和出版流程，除了增加高额的成本，还会直接影响出版的效率和效果。由此，位于中游、下游的各家企业和新媒体公司，既然具备了推送内容的能力，也逐渐摸索到了内容盈利的方式，自然而然地就会将产业链延伸到上游，而出版社和出版集团也会通过经营平台和分销业务来继续扩大内容资源以外的优势。

原先作为纸质图书分销商的京东、当当等也启动了各自的数字出版业务，从售卖平台向内容生产—图书售卖双重功能的平台转变，全程参与图书内容的生产与策划。京东自主出版的第一本图书《大卫·贝克汉姆传》于2014年3月在国内首发，该书是京东在大量的市场调查和数据分析基础之上的试水之作，今后，京东出版将主推文学、社科和生活类图书。而当当网尽管目前仍没有明确发布数字出版计划，但其接连与短篇小说作家蒋一谈、童话大王郑渊洁签约，以签约作家的形式来自主定价售卖作品，已经显现出对数字出版内容生产的极大兴趣。由于京东和当当已经在纸书售卖上积累了足够的发行和渠道优势，尤其是在畅销图书的码洋贡献率上，因此与传统出版社的联系以及对图书阅读市场的把握和分析，都成为其进入数字出版领域的必要保障。加上按需出版、小众出版等概念的流行，电商在读者个性化定制上的优势还将进一步凸显出来。

与图书出版一样，不少视频网站近几年也开始纷纷推出自制剧，不再作为单纯的视频播放平台，为广大网民定制内容。优酷的《万万没想到》、爱奇艺的《灵魂摆渡》、搜狐的《屌丝男士》等一批影视剧着实火了一把，这充分说明内容是数字时代核心竞争力的关键，与其作为单一的平台售卖内容，不如延伸产业链，建立起内容生产与销售的商业模式。

早在2006年，时任中国出版研究所数字出版研究所副主任的张立针对数字出版的现状曾言："热的是数字出版物的制造商、销售商和数字图书馆这些下游，这些是数字技术的新代表，他们对产业充满信心并积极开拓市场；冷的是作者、出版社等上游，仍对数字出版有诸多疑虑，不愿授权数字内容。"[①] 而今，这种情况尽管已经有了一些改善，但从整体而言，仍未有实质性的转变，上游与下游之间的断裂和分层现象依然非常明显，这也就出现了各家都想扩展业务，却因为恶性的竞争破坏了行业的生态，最终导致业务的水平和规模都不成熟，成为阻碍数字出版产业继续发展的一大弊端。

二 数字出版标准规范

数字出版是一个亟待各方共同开发的巨大市场，潜藏着巨大的经济利润和社会效益，自2005年国内确定数字出版概念以来，数字出版已经从萌芽期步入成长阶段，而且在未来几年里还将高速发展。十年的酝酿与摸索，数字出版产生了新的市场关系，重塑了原有的市场环境，融入了新的市场主体，也激活了资本运作的模式。从产业动态上来看，近几年数字出

[①] 周婷：《传统出版业陷入滞胀状，数字出版引领产业未来》，《中国证券报》2006年11月6日。

第二章 数字出版产业链结构分析

版确实呈现出突飞猛进的发展态势,总体收入规模已经突破千亿元,并且每年以百分之几十的速度继续增长。然而,从产业的实际产值和利润空间来看,千亿元的总体收入规模之中,真正意义上的数字出版物只占很小的比例,绝大多数的商业模式盈利点来自网络游戏和互联网广告收入。同时,尽管数字出版参与主体在不断地更新换代,从表面上看一派热闹和繁荣的景象,然而,迄今为止国内还没有出现几家既拥有可持续的商业运作模式又能够实现稳定盈利的数字出版企业,国际化接轨程度也不高。恶性的竞争,粗暴的增长与扩张,主体之间合作的缺乏,直接造成数字出版物质量参差不齐,市场竞争混乱无序,企业盲目跟风投入等危害产业发展的现象。

标准是针对某一范围内的生产活动的统一协定,通过制定具体的规则、规范和要求来确保生产活动、生产流程和产品的精确性与严肃性,能够规避混乱无序的状态。标准的制定和出台,除了能够起到规范和共识的基础作用之外,还是促进行业良性发展的前提与外部保障。之所以要制定统一的数字出版标准,主要还是因为其与技术的联系更加紧密,不少数字出版问题都可以归结为技术层面的问题,需要统一规范起来。数字出版标准化是以数字出版领域的秩序化实现有限资源利用效益的最大化[①],有了统一标准之后的数字出版物可以顺利地由内容提供商之手,推送给下游的读者和用户,中间不再需要对其进行反复加工和资源的整理,一次加工之后就可以多次利用,大大节省了中间环节的成本和时间投入。规范则是约定俗成的制约标准,参与某一生产活动的各个主体要在这一标准之内合理合法地开展活动。规范制定和确立的主体,既可以是正式的组织,如出版行业协会、出版管理部门等,也可以是在生产活动中各主体自觉遵守的和非正式形成的。一般而言,数字出版标准和规范是置于同一个语境下来探讨的,具有相同的内涵。

造成数字出版市场乱象横生的一个重要原因就是标准规范的缺失。数字出版的标准规范涉及内容、格式、版权、传播和技术等一系列关键性的

---

① 黄宪蓉、郝婷:《数字出版标准与法规体系研究》,《科技与出版》2012 年第 3 期。

问题，标准化水平的高低，直接反映着一个行业成熟度的高低，没有统一的标准和规范，也就没有良好稳定的市场秩序，数字出版急需统一的标准来进行制约，以规范产业链上各主体的生产行为。

1. 行业标准尚未统一，产业格局依然混乱

尽快建立起统一通用的数字出版标准体系，一直被业界人士认为是突围数字出版市场、解决行业利益纷争和将行业发展纳入正轨的根本办法。五花八门的电子书格式，纷繁复杂的数字出版参与主体，不惜成本和远期利益的扩张性竞争以及鱼龙混杂的数字出版物内容和种类，在没有权威标准规范的市场状态下，产业的畸形发展已初露端倪。对于各类标准规范的呼吁由此成为数字出版从业者的心声，正是由于缺少统一的标准与规范，目前的数字出版市场才会出现诸多的问题产品，也是因为缺少了对这类问题产品和责任人的追究与惩处制度，给监管工作带来了很大的难度，市场的无序性和恶性的竞争加剧了各类标准的混乱局面，这也产生了恶性循环，给标准的统一工作造成非常大的阻碍和不便。

确立统一的数字出版标准，将使出版机构数据内容的交换、共享、互通更为便捷，数字出版的成本更低；对于整个出版行业来说，为实现我国从出版大国向出版强国的转变提供了一个重要的基础条件。[①] 标准的制定除了由国家新闻出版主管部门和信息主管部门来推动之外，产业链上的各个主体也在参与建设，从参与的积极性和建设的成效性看，三者又是有区别的。与纯数字出版商相比，出版社的数字化转型已经落后了一些，并不是当前最大的数字出版得利者，对新标准的适应能力不强，也缺少研制新标准的主动性，由传统出版来主导数字出版标准制定的设想几乎没有可行性和现实基础。加上资金和技术的限制，一般出版社不愿意主动按照技术商和平台商的要求来提前对数字出版物进行加工编排，除了个别实力雄厚的出版集团已经着手数字出版标准建设，这一工作目前主要还是中、下游的企业负责。这造成了如今数字出版主要依靠技术

---

① 《数字出版标准，真的要来了》，《编辑之友》2013年第4期。

第二章 数字出版产业链结构分析

商来推动前进的现象,技术的优势与资金的实力,加上产业链上的固有话语权,使它们成为最积极最活跃的参与主体,北大方正公司是其中最典型的代表。新标准的研制和确立,除了能够统一分散的市场、规范行业秩序,还具有廓清行业面貌和产品形态,厘清关键概念的重要价值。例如,在出台电子书标准体系时,就必须首先界定电子书的概念、产品形态、内涵和外延等基础性的问题,之后才能制定出切实可行的标准规范来。而电子书概念层面的界定,对于目前的电子书市场无疑具有指导性的意义。

数字图书馆是目前商业模式较为清晰的数字产品,但是目前的数据库也缺少统一的评价标准和体系,尤其是对学术性很强的专业数据库或数字图书馆,并不能简单地用下载量或访问量来判定,致使一部分文献质量很高的学术数据库面临着难以进行市场推广的尴尬。有报道指出,高校图书馆数字资源采购联盟的评价体系,更注重数据库如何使用统计、问题反馈与培训、解决,更注重检索平台的功能、效果、界面、系统性能等服务方面以及稳定性与更新速度,而对数据库的内容和质量尚无具体评价标准。[1] 另外,各个数据库或数字图书馆呈现出多足鼎立的局面,万方、知网和维普三家数据库主要提供论文查阅和下载服务,龙源期刊网则主要做电子杂志的阅读业务,存在资源重复的情况,没有一个统一的平台和入口,而专业数据库的固定使用人群与大众类相比规模小,用户的分流与资源的同质化现象,也会让专业数据库的出版产生一些混乱。数字图书馆的标准制定起步较早。早在 2002 年,国家《数字图书馆标准与规范建设》两期项目启动实施,主要来制定我国图书馆建设标准规范发展战略和应用指南、数字图书馆核心标准规范体系,建立数字图书馆标准规范开放建设与应用机制,目的是促进数字图书馆的有序健康发展。一位研究者指出,美国书业高度信息化、市场化依托于其系统化、互动化和标准化的图书业信息标准,这为我国提供了借鉴。因此产品策划和责任编辑应当对图书的内容描述、提炼和相关性表达高度重视,力求完整、有效和准确地表达产

---

[1] 夜雨:《除了勇气,更需要制定规则》,《中国出版传媒商报》2014 年 6 月 17 日 7 版。

品信息，以形成准确而科学的元数据。①

  数字出版物内容格式的不统一是目前较为突出的一个情况，内容商、技术商和分销商三者使用不同的格式标准，都寄希望于对方能够按照自己的格式来提供内容或进行分销发行，在操作中，需要花费大量的人力和物力来进行数字出版物的加工工作。以电子书为例，就需要有一整套的标准体系，包括标识、内容、格式、平台、检测、准入和运营等重要的问题，目前电子书市场份额不断扩大，对国家标准的需求也呼之欲出。当当网公布的数据显示，第一年的电子书业务销售额虽有 300 万元左右，但是电子书加工费却高达 500 万元，引起业内一片哗然。相比之下，当当网 2013 年纸质图书销量 2 亿册，而电子书下载量仅为 2250 万册，且其中绝大部分是免费内容。② 面对上游出版社提供的还是半成品的内容，当当网的技术人员不得不对其进行转档工作，而费用最高的图书可以达到单本上千元。与当当的境遇一样，豆瓣也要对出版社提供的内容进行再加工，按照豆瓣的编辑与发布格式来重新排版。由此，电子书在从出版社到平台商再到读者的这个环节中，就已经产生了巨额的加工费用，如果再面临盗版的威胁，利润就非常微薄。百道网程三国表示，之所以出现电子书平台自行研制出版物格式的情况，是因为数字出版市场尚未健全，一般出版社不愿意在这上面花钱。③ 在定价问题上，此前原创文学网站开创的按字数计费的商业模式是一种可行的做法，目前，单本电子书的定价金额一般在实体图书的三分之一左右，在国外一般是二分之一，部分畅销新书的定价会偏高一些。然而，也有部分出版商会凭借内容的优势和垄断，大幅度抬高电子书的定价，这给平台商、分销商和读者都造成一定的压力。与此同时，各大平台商之间为了吸引读者，抢占市场，不顾实际成本和内容提供商的利益盲目降低电子书价格的行为，也反映了电子书定价标准的缺失。由于

---

  ① 田方斌：《美国书业信息标准化启示：挖掘图书产品元数据》，《中国新闻出版报》2011 年 8 月 26 日。
  ② 张攀：《电商的数字读物销售 从纯售电子书到在线阅读？》，《中国出版传媒商报》2014 年 7 月 4 日第 3 版。
  ③ 姜妍：《当当网电子书一年销售额仅 300 万元》，《新京报》2013 年 3 月 8 日 C7 版。

第二章 数字出版产业链结构分析

苹果、亚马逊、谷歌等公司在数字出版领域的巨大优势,电子书市场也会受到平台商和分销商的控制,亚马逊的低价销售策略就一直广受诟病,尽管能获得短期的利益,但终究还是会造成两败俱伤。苹果公司与出版商之间达成的"最惠价格待遇(MFN)",即出版商不能以更低的价格将已经出售给苹果的电子书再出售给其他的平台商或分销商,就可以看出苹果在电子书分销上试图操控定价以建立垄断的优势。

其中,电子书市场格式的混乱,终端之间的兼容性差,无法对各个终端平台进行有效的整合,无法实现资源贡献,成为阻碍电子书及其他同类数字出版物发展的一大问题。如果要将一本电子书放置在不同的终端平台,就需要对其进行多次的格式加工,费用很高。从数字出版商的心态来看,如果采取了统一的标准,有可能会对优势企业造成竞争上的威胁,之前依靠格式和内容积累起来的优势会逐步丧失,因此这部分企业寄希望于采用自己研发的标准来统一国内市场,而对中小企业和传统出版社来说,虽然有重新洗牌的风险却是重新抢占市场的好机会。EPUB格式是目前全球普及率很高的电子书格式之一,我国台湾地区就主要采用EPUB的格式,以此来规范电子书市场,该格式也是国际数字出版联盟主要推广的格式,与苹果、谷歌、索尼等诸多大型企业有深度的合作,在英、美国家的认可程度也很高。2011年,日本的几大出版商和数字出版企业也形成共识,采用EPUB3.0的格式来规范电子书市场,根据出版业内人士的看法,国际上,为了与亚马逊在Kindle平台与移动阅读业务中的自有格式(包括已收购的法国技术商MobiPocket的Mobi格式)抗衡,各大出版集团均倾向于采用国际数字出版联盟推荐的Epub格式。[1] 在大陆地区,人民出版社主要采用PDF、XML和EPUB的格式,上海世纪出版集团在辞书阅读器上使用EPUB格式,与PDF一样,也有很广泛的应用。

来自Adobe公司的PDF格式是当前应用最为广泛的数字出版物格式,受到全世界各国和出版社的欢迎,除此之外,国内还有多种不同公司和企业自行开发的几十种格式,如同方知网的CAJ格式、书生公司的

---

[1] 韩成、周中华:《中美电子书市场分析:商业模式制胜数字出版》,《中国新闻出版报》2010年8月26日第8版。

SEP 格式、汉王的 HEB 格式等,这些格式的普及率并不高,往往只支持几种设备,想要在不同的平台上阅读,就要下载多个阅读器。Kindle 开发的 Kindle(AZ)格式由于嵌入 DRM 系统,所以 Kindle 格式内容只能在 Kindle 阅读器上阅览,并不适用于其他系统,采取这种策略的亚马逊借助内容上的优势很快获得了大批的读者,但是并没有得到大多数出版社的支持。当前的电子书阅读器市场还是非常庞大,参与的主体单位很多,几乎每一家稍有实力的技术商或者平台商纷纷推出自家的阅读软件,以争抢市场,但真正实现盈利的很少,阅读器内置的支持格式多样,终端之间阅读不能同步。阅读器过多,方正、汉王、盛大和 Kindle 各家的格式标准很难统一,产业开放的心态尚未成熟,出版商之间仍以封闭保守的恶性竞争来参与数字出版产业链的建设。以移动终端的内置阅读器为例,上文提到的豆瓣阅读,它只支持豆瓣自己开发的格式,因此加工成本很高,多看阅读器则几乎涵盖了各种主流的电子书格式,EPUB、PDF、TXT、MOBI 等均可以兼容,这也是多看阅读能够逐渐扩大市场份额、成为一款经典的中文阅读软件的重要原因。对于读者和用户来说,各家阅读器和阅读软件之间的封闭性竞争,带来的是断裂的阅读体验,无法实现基于不同终端和不同平台的无缝对接。另外,电子资源分散于多个阅读平台,检索难问题也相当突出。拥有实力的大型出版公司借助技术优势开发的属于自己的一套数字出版格式将是其占领市场的重要手段,而统一的数字出版物标准格式则会撼动其市场地位,故而这些大公司对此表示担忧;但另一些如万方数据这样没有自己数字出版标准格式的公司则期望统一数字出版物标准格式的制定。[①]

日本于 2011 年启用了统一的电子书格式,该标准格式属于开放型,所有数字终端皆可以免费使用该标准进行内容格式转化。对于技术提供商、出版制造商而言,不需对同一内容采用多种文件格式进行数字化处理,极大地减少了开发成本;对内容提供商、服务供应商而言,统一的标准格式能够增加内容可对应的数字终端数量,格式转换成本的减少也意味

---

① 张书卿:《数字出版格式标准化路有多长?》,《出版参考》2008 年 9 月上旬刊。

第二章　数字出版产业链结构分析

着价格的降低带来的销售扩大和直接的收益增多；对于读者而言，可以方便快捷地用任何阅读终端阅览电子出版内容。① 从表面上看，开放型的数字出版格式会导致一部分企业（尤其是此前研发了标准的企业）的利润下降，短时间内不具备原有的竞争力，但若从整条数字出版产业链的规范性和稳定性来看，采取了统一格式之后的各个主体，真正实现了高效的合作，上、中、下游之间的信息交换和产品流通非常顺畅，不存在反复加工和转档的问题，出版社、平台商和分销商都能从中获利，同时，统一了标准之后，也更便于对电子出版物进行加密保护，能够有效地防止盗版，是具有重要意义的。对于读者而言，只需要一部终端、一个平台，就可以阅读所有的电子书籍，由于成本的减少，电子书市场也不会出现哄抬定价的现象，阅读快速便捷的同时也更价廉质优。

当下我国数字出版标准的建设情况总体落后于产业本身的发展速度，产业的不断发展进步和其过程中所暴露出的问题才是标准制定和完善的推动力量。

2. 行业标准规范体系的建设与完善

数字出版行业的标准与规范，涉及产业链上的每一个主体，需要从源头上加以规范，从内容的加工到生产进而传播消费。

电子书最大的威胁来自盗版，作者目前主要的收入来源还是从传统的出版渠道中获得。据估计，国内的 1400 多个网站中有 1300 多个是盗版，仅有 4.3% 左右的网站真正拥有合法版权。② 当前环境下，数字版权保护的难点主要有以下几个方面：首先，数字作品缺乏技术保护。不同于实体出版物盗版环节的复杂性和时间限制性，数字媒体环境下的出版物尤其是网络出版物的盗版通常只需简单的复制和粘贴技术即可完成，而且一旦流

---

① 官丽颖：《日本政府振兴数字出版产业发展的举措分析》，《出版发行研究》2013 年第 4 期。

② 童之磊：《数字出版与版权保护》，http://news.sohu.com/20070716/n251088736.shtml，访问时间：2015 年 3 月 1 日。

传开来，具有速度快、覆盖面广、难以取证的特点。与数字作品本身缺乏有效保护技术形成对比的是，盗版行为和盗版技术正在不断地推陈出新。其次，法制环境欠缺。我国现有的法律条文和司法解释已经不适用于数字版权的保护，需要政府和社会各界一同努力，制定新的法律规范，从立法和执法的角度对数字作品进行规范和保护。再次，受众付费心态尚未成熟。对于社会而言，需要进一步提高监督和监管，协助政府，加大对数字版权保护的力度。大量的盗版电子书阅读和下载网站，严重分流了读者人群，而对于盗版网站和制作商的追惩又难以落实，导致电子书的版权形同虚设，作者和出版商自然难以实现盈利。如果不能对电子书进行加密保护，提供正版保护，那么电子出版物未来的增值空间会大大缩减。在标准和规范空白的时期，由于缺少有效的监管和惩戒措施，部分企业会利用法律漏洞从中得利，搅乱整个市场的竞争秩序，这也是过去十年间国内数字出版发展的一个教训。

目前，国内数字出版标准规范的研发通常聚焦在标准体系研制、元数据、手机出版标准、电子书标准、MPR 出版物（多媒体印刷出版物）标准、数字版权保护标准和发行信息流通标准等方面。标准的建设与实施一直落后于产业的发展速度，可以说，数字出版各项标准的研制工作都是近几年才取得了实质性的进展，在 2010 年之前并没有系统性的规范文件供业界参考。其中，元数据规范，是关于数字出版特征的规范，包括数字出版物的名称、作者、版权信息、格式信息等，用于分类、检索和定位所需。元数据规范便于人们在海量的信息中尽快找到所需要的信息，也便于编辑和出版社了解读者需求，是基础性的标准规范，这在互联网信息爆炸时代有重要的意义。元数据规范的具体对象包括电子书、音频、视频和网络资源等，目前国际上使用较多的元数据标准有 ONIX 标准、MARC 标准、ISO 15836：2003 标准等。2009 年，国家质量监督检验总局《数字出版核心基础标准研究之内容资源及元数据》质检公益专项启动了数字出版元数据的研究工作，项目要求形成数字出版元数据系列国家标准，元数据标准规范的出台，也有助于从根本上规范数字出版产业。下文将进一步分析标准体系、手机出版标准、电子书标准和版权保护等标准。

我国新闻出版领域专业标准化技术组织至今共有四个，包括新闻出版

第二章 数字出版产业链结构分析

标准化技术委员会、印刷标准化技术委员会、出版物发行标准化技术委员会和新闻出版信息标准化技术委员会,这四个组织分别从新闻出版、印刷、发行和信息化建设几个大方面来主导标准制定工作的开展。2007年,全国新闻出版信息标准化技术委员会成立,致力于保障新闻出版产业链上中下游的技术标准与规范,有专门针对数字出版产业提出的标准建设,但是该组织涵盖的业务范围广泛,涉及主体和市场关系更为广泛,在国家标准的制定上还落后于其他三个技术组织。2010年《关于加快我国数字出版产业发展的若干意见》颁布,其中提道:"尽快制定数字出版内容、格式、技术、产品、管理和服务等各种标准,完成数字出版标准体系制定,在生产、流通、版权保护等过程中规范数字出版业标准化体系。"2011年,原新闻出版总署信息中心与北大方正、书生电子技术有限公司、高等教育出版社和中国新闻出版研究院等多家单位一起,着手研制《数字出版标准体系研究》项目,下设11个版块包括数字期刊、电子报、原创网络文学、电子书、手机出版、网络教育出版物、网络动漫、数据库出版、数字音乐和网络地图。2011年年底,以《数字出版标准体系研究报告》的发布为标志,我国整体的数字出版标准化框架已经基本形成。2012年,新闻出版标准化技术委员会成立,主要负责修订书籍、报刊、电子出版物和网络出版物等领域的标准,加快了4项数字出版格式标准、12项电子书内容标准和手机出版系列标准等行业标准的制定。同年,业内首个全产业链参与的标准工作组——电子书内容标准工作组就电子书格式、内容、平台标准化,提出内容的关键作用。MPR出版物国家标准作为多媒体复合出版的新兴产物,也于2012年发布。这项标准能够有力地帮助出版社规避数字化转型可能存在的风险,被视作改变了中国数字出版的格局。国际标准化组织(ISO)已经正式通过由我国提出的《国际标准文档关联编码(ISDL)》,这是我国首次在自主知识产权的MPR技术基础上申请立项的国际出版领域标准。

手机出版一直以来被业界寄予厚望,根据CNNIC最新发布的数据,截至2015年6月,手机网民达5.94亿人,网民中使用手机上网的人群占比进一步提升,由2014年12月的85.8%提升至88.9%。其中通过手机终端阅读网络文学的用户数量为 2.49 亿人。[①] 但是，庞大的用户人群与当前的市场份额之间显然还存在一定的差距。智能手机中的交流通信类和生活服务类功能得到强化，并且成为手机应用中最受欢迎的类别，而以游戏、小说、音乐、视频等为代表的休闲娱乐类应用还有很大的可开发空间。由于内容、版式等方面监管的缺失，在数字内容从 PC 端向手机端延伸的过程中，很少能够实现真正意义上的盈利，手机出版的利润流失比例很高，成为盗版的重灾区，直接影响产业链的正常运行，由此，手机出版物版权标准的制定具有重要的意义。另外，在手机阅读方面，不少传统出版单位已经跃跃欲试，如果标准迟迟不能出台，那么大量的图书、期刊等数字化的出版物在手机终端上线之后，会带来运营和监管上的难度，届时再要进行整顿和规范就会变得十分复杂，因此，关于手机出版物内容准入的标准、审查的标准和收费的标准以及传播下载的规范也亟待建立。2010年8月，由原新闻出版总署指导、多个部门和多家企业联合研究制定的《手机出版标准体系表》批准通过，该文件是手机出版领域的指导性文件，共分为基础类标准、产品类标准、过程类标准、管理类标准和服务类标准五个部分，对手机出版的概念、出版物标准、编辑与传播过程和运营管理标准等多个重要方面进行了详细的规范。该标准体系是国内手机出版领域的基础性规范，对后续相关标准的制定有直接的指导作用。此外，手机相关的《内容审核要求》与《数据格式技术规范》等项目仍在积极研制的过程中。日本作为手机出版发展较为成熟的国家之一，在数字出版的监管上已经形成了一套全面的法律体系，同时借助行业协会和通信运营商的作用，设立行业的标准体系来规范手机出版物的生产与传播。结合目前国内的智能手机应用市场，手机出版标准的出台已经刻不容缓，工信部、国家新闻出版广电总局和手机运营商等各方力量要整合起来，共同商讨标准的制定和推行议题。

2013 年《数字阅读终端内容呈现格式》颁布，该标准制定了电子书终端的文档格式，以 CEBX 为基础研制，促使行业使用统一的格式来出

[①] 中国互联网络信息中心：《第 36 次中国互联网络发展状况统计报告》，http://www.cnnic.net.cn/hlwfzyj/hlwxzbg/hlwtjbg/，访问时间：2015 年 7 月 30 日。

第二章 数字出版产业链结构分析

版各自的数字内容,尽快改变之前格式混乱的情况。这一格式是北大方正公司最早研制的,面对不同的移动终端和平台,出版社和中游企业无须再进行格式转档工作,根据 CEBX 格式编辑的内容可以直接适用于手机、平板电脑和阅读器等。同时,相比于其他的格式,CEBX 格式在阅读体验和人工成本上都做出了很大的改进,既能保证数字出版物的质量,又可以降低成本。

应该说,在新闻出版主管部门、信息产业主管部门的牵头和推进下,我国的数字出版标准体系建设工作正在有条不紊地进行,引导整个数字出版产业逐步走向正规,不论是在标准体系的研制,还是数字出版产业形态的规范上均取得了一定的进展。

另外,标准的制定与出台终究是为了应用到数字出版的生产活动中去,任何标准都必须要有良好的市场基础与市场适应能力,传统出版单位、新型的数字出版商以及各类技术方案提供商,也享有一定的话语权,是除了政府部门、行业协会组织之外的不容忽视的一支重要力量。作为数字出版产业的市场主体和直接的利益相关方,内容提供商、信息服务商和分销商在行业标准的制定和推进工作上,不仅要积极主动地参与进来,而且必须加强彼此之间的分工与合作,打破各自为政、群雄逐鹿的混乱场面。阻碍我国数字出版标准制定的一个关键因素在于各出版主体在商讨标准问题时,缺少全局意识,习惯性地从自身利益出发,只分析自己擅长的领域,以至于为了在竞争中赢得优势而不愿意推进统一标准工作的进行。

内容提供商在标准化制定工作中,应该主动承担起自己的职责,出版社、出版集团可以学习其他国家的经验和做法,联合相关部门或其他企业开发出统一的内容格式,便于技术商直接接收和整合这部分数字内容。如果在技术研发上存在困难,可借助外包的方式交由专门的技术商进行。数字出版的盈利点来自内容,尽管大多数的出版社、报刊单位和出版集团还没有完成数字化转型,盈利的空间也不大,在产业链中的话语权和优势不如技术商明显,但若因此对标准制定工作采取不闻不问的态度,则是得不偿失的。同时,上游的出版企业如果能统一标准,不仅可以在利益分成中扩大优势,而且也能为中下游企业和读者推送更多优质的正版内容,有效解决数字出版的诸多问题。从出版的源头环节，保证产业链的顺畅与高效合作，对于出版社而言是最好的选择。国外的出版集团从数字出版起步阶段就很注重标准工作，至于技术上的限制和壁垒，也会通过外包的方式交给专门的技术公司来解决。中国质检出版社是我国最大的标准专业出版单位，主要出版标准制定和规范的专业图书，在数字出版标准研制上也有一些心得，与万方数据的战略合作，即是致力于推动标准化数字出版物的合作，规范出版物的传播过程，为文献的检索和阅读提供便捷服务。我国台湾的城邦出版集团、联合在线和远流出版公司纷纷组建各自的数字出版交易平台，即"美好一书""数字版权网"和"图文阅读网"，确立各自平台的版权标准和交易体系，借由出版集团或出版社的力量来打通产业链各个环节的流通。应该说，出版社在数字出版标准的制定工作上总体仍持观望和谨慎参与的态度，动作并不明显，一小部分出版社和出版集团已经在努力做好标准制定和统一的工作，加强在产业链上的地位和话语权，巩固并继续扩大在内容供应方面的既有优势，这也是传统出版社数字化发展的成效反映。

在我国，技术商之于数字出版的重要性非常明显，它们参与制定通用标准的热情也很高涨，除了饱尝出版社原始内容再加工之苦之外，也想借由标准的推行来继续稳固自己在产业链中的强势地位。按照国内的现状来看，由技术商牵头来做标准工作是合情合理的，相比传统出版单位更加具有可操作性。上游的出版单位尚不具备开发统一格式和制定通用标准的能力，并且在积极性和主动性上还存在问题。北大方正公司通过技术研发优势扩大市场份额、逐步确立在国内数字出版市场的领头地位，很重要的一个步骤就是以出版格式来统一市场。之所以能与出版社开展深度合作，关键在于打消出版社在内容上的版权疑虑，借由 DRM（数字出版版权保护技术）及 CEB（版式文件处理技术）为正版优质的内容提供版权的保障，也是规范行业秩序的典型示范。在数字出版物格式的研制开发方面，方正的 CEB 格式主要用于文字处理和阅读，应用非常广泛，在电子书平台和数字图书馆均有使用，也得到了国家部门的高度认可，是方正基础性的数字出版格式，XEB 格式则是方正专门针对移动终端开发的电子书格式，两者有各自的适用范围，也带来了一定程度上的不便。此后，方正针对这一格式

第二章 数字出版产业链结构分析

的兼容问题又推出了 CEBX 格式,能够在不同的平台上进行切换,既适用于桌面办公,也支持移动阅读、印刷出版等,具有很强的应用性和兼容性。在 CEBX 格式被确认为通用格式之前,方正的 CEB 和 XEB 格式也是国内电子书格式混战中的一分子。

中国大陆和港澳台地区电子书标准的制定和统一工作也在技术商的推动和主导之下逐渐展开。台湾的电子书阅读器制造产业十分发达,硬件优势明显,而用户和市场规模是其最大的不足。相比大陆的电子书市场而言,台湾省的市场规模还有很大的可开发空间,积极地促成与大陆数字出版产业的合作,共同制定电子书的标准和规范,是开展两岸电子书贸易的契机。方正、汉王曾赴台湾共商两岸电子书共通标准问题,主要就电子书的格式、电子书版权保护、电子书标识和电子书平台等几个关键的议题进行探讨研究。参与此次会议的也有如人民出版社、盛大文学等大型的内容提供商,从议题来看,均涉及数字出版行业标准规范的核心。

再以版权保护为例,且不说这已经是困扰数字出版商数年之久的问题,光是每年盗版传播的数量和由此造成的直接经济损失,就严重破坏了数字出版物传播的良好秩序,挫伤了相关单位和企业的积极性。美国的《千禧年数字版权法》《版权法》和《数字媒体消费者权利法》等一系列法律法规的出台,都为美国国内数字出版物的生产和传播提供了有力的依据,能够随着外部环境的变迁和市场的实际需求来制定或调整法规文件,并且还成为其他国家数字立法的参照。数字版权保护标准的制定,主要是通过法律的手段来进行,也直接反映了我国数字出版版权保护的进程。世界知识产权组织制定的《版权条约》和《表演和录音制品条约》对互联网作品的版权保护进行了相关的规定和说明,我国已经加入这两个规范性文件。早前,《著作权法》和《信息网络传播权保护条例》两份文件对出版物的版权有过详细的规定,但并没有专门针对数字出版的规章条文,这也在一定程度上导致了数字出版起步阶段时的一些乱象和纷争。2008 年,新闻出版主管部门公布了《音像制品制作管理规定》与《电子出版物出版管理规范》,2010 年的三大相关文件《关于加快我国数字出版产业发展的若干意见》《关于发展电子书产业的意见》和《关于进一步推动新闻出版产业发展的若干意见》,都对数字出版版权保护工作进行了说明。在打击盗版、维护市场正常秩序的同时，也要进一步完善法律环境，制定发布《数据库出版服务管理办法》《手机媒体出版服务管理办法》和《互联网文学出版服务管理办法》等规章制度，加快规范数字出版产业发展的法规体系建设。

3. 标准制定过程中的问题与对策

（1）标准引进与自主开发

作为数字出版标准制定起步较晚的国家，我国不少的出版企业此前都沿用国际上通用的标准格式。尽管节省了自身制定研制新标准的时间和物力，但是从行业规范和长远发展的角度考虑，还是要研制出自己的标准。一方面是因为引进意味着支付高额的费用，而且国际上的标准不一定能很好地支持中文格式，极有可能会影响阅读体验和后续研发；另一方面则是提高自身竞争力的现实需求，只有掌握了核心技术才能拥有竞争的主动权。目前由于国内没有统一标准，出版企业一般采用国外成熟的标准格式，为此汉王科技负责人表示，中国企业每年不得不花费十亿元甚至百亿元标准使用费以与国际上基本统一的标准格式 Adobe 兼容。[①] 试想，如果一味地照搬国外的标准，将其作为国内的通用标准，不但需要不菲的成本费用，而且极容易在国际竞争中受到牵制，处于被动的局面，缺少了核心技术和专利标准的研发，数字出版企业很难有长足的发展。目前中文标准在互联网领域严重缺失，截至 2006 年，4000 项国际标准中我国制定的仅 3 项[②]，即《互联网信息传输中文字符编码标准》《中文域名注册与管理标准》和《中日韩多语种域名注册与管理标准》，而 2015 年上半年，中国网民的数量已达到 6.68 亿人，手机网民数量达到 5.94 亿人。庞大且富有潜力的市场与标准配套工作之间的矛盾非常突出，要加快自主开发国内统一标准的进度，提高标准的国际化程度和接轨水平。

---

① 《数字出版标准体系亟待完善》，《中国证券报》2013 年 7 月 10 日。
② 郝婷：《我国数字出版法律制度的现状、问题及对策研究》，《中国出版》2011 年第 16 期。

第二章　数字出版产业链结构分析

英国 2013 年专门出台了法案来规范英国国内的电子书等数字出版产品销售，一方面对售出产品的质量、描述等有明确的规定；另一方面保障消费者购买数字出版产品之后的合法权利，如发现不属实的情况可以要求退换等。这是关于数字出版物销售的法案，也是标准规范，一旦数字出版物的销售行为有了法律法规的保障，就可以有效地避免数字出版商与用户之间的纠纷与侵权事件，提高数字出版商的自律意识和法律意识，对于我国的电子书或其他数字出版物的销售和流通具有借鉴价值。2010 年，欧盟公布了五年期"数字化议程"计划，一共涉及七个方面的内容，其中有多项议程是针对数字出版标准的，内容包含建立统一的数字市场，完善信息标准和兼容性等，要为欧洲公民和企业提供更开放更自由的数字产品和市场，建立信息化领域的统一标准，以繁荣整个数字市场。欧盟的这一计划清晰地展现了数字市场未来的蓝图，也显示出其在数字领域的决心与雄心，数字出版的产品多是基于信息技术、通信技术来实现的，信息产业的规范发展对数字出版的带动和提升作用是非常显著的。欧盟的这一做法也启示我们要从宏观和多维的角度来认识数字出版，充分意识到数字出版与其他行业的相关性，并且在制定相关标准时，也要发挥产业、行业间的关联和促进作用。

即使是在欧美出版大国，数字出版标准的制定也基本是近几年才有了实质性的进展，处于一边发展一边摸索的阶段，总体数量不多，可以提供国内借鉴和参考的标准也较少，还是要自主开发。充分利用市场上已经开发出来的标准，不重复开发，避免浪费，择优而用之。由于数字出版的标准涉及的方面很多，新闻出版总署与工信部、文广部等需要合作主管部门，尤其是其中有大量的技术信息类标准和内容标准，横跨多个领域且涉及核心技术，并非一个部门能够独立完成的。此前，新闻出版总署数字出版司科技处相关人士就表示，就相关标准的制定问题，总署与文化、广电和工信等部委均有沟通，并基本达成共识，如终端设备的标准由工信部负责，总署主要承担关乎知识内容数据格式的责任。当前需要做的是遵照国际通用的生产和产品规则，以内容管理与数据交换为重点，抓紧建设标准体系以及制定核心基础标准，以期推动出版资源集聚和未来的深度开掘。[①]

在国内标准的自主制定和开发进程中，有研究者认为还突出存在着重复制定和分工不明确的情况。从原因来看，一方面是由于标委会在开展数字出版标准工作时没有提前进行合理的分工，导致某些跨领域的标准由不同委员会同时制定。标准从制定到发布再到落实的过程中，需要有明确的分工和工作表，责任和任务要落实到具体的部门与组织。就数字出版标准而言，主要还是由全国新闻出版信息标准化技术委员会来牵头制定，其他组织起到辅助作用，当前该委员会制定的国家通用标准还比较少。单是技术标准，数字出版涉及的技术问题很多很广泛，包含了通信技术、硬件技术、软件技术等，标准的制定也会随之变得复杂，需要确立一套系统性的新标准。不同的数字出版物需要有与之对应的具体的标准，如电子书的出版标准、专业数据库的评价体系等，均要根据其特性和实际来分别制定，不能一概而论。如果简单地将大众出版领域的一些标准引入专业出版或教育出版中来，轻则会出现不适应的现象，重则会扰乱行业的发展秩序，例如用点击率、下载量或者访问数据来作为学术类数据库的评价标准就是欠考虑的。

简言之，对国际上的通用标准要合理利用，尽可能地让其为我国的数字出版服务，对其他国家的数字出版标准规范要适当借鉴，调整和完善我国的数字出版标准，与此同时，也要加快研制开发国内标准的脚步，体现中国的特色，而不是一味地照搬照抄国际标准。

（2）协调利益主体，保证标准的科学性和可行性

新的数字出版标准一方面会成为数字出版业产品、服务质量的"指向标"，另一方面新标准会对数字出版市场重新洗牌，极有可能淘汰低技术、小规模的产品及其生产企业，对于出版企业来说亦是其发展的"门槛"[②]。

[①] 金霞、马莹：《三问数字出版标准之"乱象"》，《中国图书商报》2010年6月22日。

[②] 黄先蓉、郝婷：《数字出版标准化工作的策略研究》，《编辑之友》2013年第7期。

第二章 数字出版产业链结构分析

标准体系的确立和完善,意味着新的游戏规则和竞争环境,有利于规范产业和市场的秩序,优化产业链格局,同时也能够整顿一批非法出版或钻法律空子的企业,在保证数字出版有序发展的时候势必会提高数字出版准入门槛。当前国家大力打击查处网络非法出版物,深层次的原因就是要提高数字出版物的准入标准,从内容源头上进行规范,这样才能保证后续环节的合法性。从目前的竞争状态来看,不少企业都在瞄准数字出版,都想参与进来分一杯羹,无形之中导致市场的竞争泡沫的产生,如果不及时地对一部分企业进行清理,也会损害行业的整体利益。已经在行业里站稳脚跟的一流企业势必会对新标准的建设工作起到直接的影响作用,为了继续保持或者扩大已有优势,甚至会主导新标准的建立,而规模小、盈利低的小企业则很快会因为标准体系的更换而惨遭淘汰。新标准的确立,不可避免地会对原有的产业格局和行业秩序造成冲击,甚至还能在打破原有的利益平衡和结构关系之后重塑产业形态,优化产业格局,这种新旧交替阶段的阵痛是数字出版必然会遇到的问题。

如 2009 年手持阅读终端在中国国内的市场总规模约 15 亿元,其中硬件设备的收益占了绝大比重,以电子书为主的内容收益不到 1%。[①] 目前,内容提供商、技术商、平台商和分销商共处于一条产业链,盈利水平差异如此明显,足可见产业链的三大主体之间,利益分成一直存在不均的情况,尤其是位于上游的出版企业在盈利能力上处于弱势,标准规范的确立需要考虑到这一点。国家新闻出版主管部门在制定新的标准时,要听取数字出版产业链上各个主体的意见,作为数字出版发展的市场主体、最大的受益者和标准的实行者,他们对标准最有发言权,只有在广泛吸收意见和建议的基础之上,才能协调多方利益,制定出真正有利于行业发展的标准与规范,保障标准的有效实施。于是越来越多有识之士呼吁出版社对于知识传播者的著作邻接权的合法拥有,以出版社为主导推进图书出版数字化进程,保证出版社在传统图书和电子传媒领域的法律地位。2012 年日本公布了新的著作权法修订草案,欲将著作邻接权以法律形式赋予出版社,

---

① 邱荣芬整理:《群英聚首,共商电子书内容标准》,《出版科学》2010 年 7 月下旬。

从而保护出版社权益以推进电子书普及。①

同时,一些宏观层面、政策法规层面的标准需要新闻出版主管部门来牵头完成,这样有利于协调好各个主体的协作关系,保证效率。当下我国的数字出版标准基本由工信部主导制定,手机出版、互联网出版等领域进展尤为迅速,新闻出版主管部门及行业协会在这方面的话语权不比从前。这一情况引发了出版从业人员的担忧,似乎有政府部门过分干预的意味在里面,工信部虽然主管信息产业,但数字出版终究还是属于出版产业,理应由国家新闻出版广电总局来全面推进,而标准的制定工作也应该交由其来牵头完成。对此,中国出版传媒集团数字传媒公司的刘成勇认为:"标准实则是象征,哪位率先在行业中确立标准,其能寻得的扶持政策、发展空间会有很大不同。工信部要出台手机出版标准是信号,出版行业协会与主管部门若不花心思,产业空间即将萎缩或被分割。"② 必须承认,在标准制定的政府主体上,已经存在着一些问题和隐患,工信部的标准是以发展和规范信息产业的目的来制定的,而新闻出版产业又有自己的规律和利益关系,一旦新出台的标准引起市场主体的不满,那么也会遭遇很大的阻碍。标准只有广泛运用到市场活动中去才具有价值和意义,面对多个制定主体,政府部门仍要处理好部门与部门的协调关系,实现各部门利益的最大化和出版产业利益的最大化,在标准的制定上达成共识,尽早打消部分市场主体的疑虑。另外,在政府与市场的关系上,也要妥善处理好二者的关系。

美国出版业的发达除了基于技术、市场、资金等条件的支持外,很重要的一点是标准体系的建设,美国书业研究会是制定和推动各项标准规范制定的主要机构。目前,针对出版物的标准主要有以下几项:产品识别标准、产品描述标准、电子图书标准格式、图书文本标准和标准名称标识符等,其中产品识别标准即 ISBN 国际标准书号,产品描述标准即 ONIX 在

---

① 黄先蓉、陈玉凤:《日本数字出版法律制度的现状与趋势》,《出版科学》2013 年第 1 期。

② 金霞、马莹:《三问数字出版标准之"乱象"》,《中国图书商报》2010 年 6 月 22 日。

第二章　数字出版产业链结构分析

线信息交换、电子图书标准格式即 EPUB 格式。借助行业协会的力量，来推动标准建设工作，规范各主体的生产活动，并且促进主体间的有效合作，是美国出版业给我们的启示。

从市场的角度考虑，政府还是要将标准研发与制定放权于市场和企业，做好引导和服务工作。数字出版商或出版企业在市场环境中共同达成的关于标准的共识，既符合实际的市场需求和产业情况，又方便各个主体自觉执行落实，而官方制定的一些标准并不一定能够准确把握市场和行业的脉络。在美国，通常由大型出版企业牵头，同行纷纷响应，协会组织和政府部门给予政策和资金支持，然后合作制定举国统一的数字出版行业准则，并且将这种标准向全世界推广。仍以电子书为例，作为书籍形态的一种，其标准的制定还是要以内容为中心来展开，而内容则主要是由上游传统出版单位提供，面对当前巨大的收入差距和严重的版权保护问题，在相关标准的制定工作中，就需要出版社、出版集团参与进来。EPUB 格式就是由兰登书屋、哈珀·柯林斯等出版巨头联合制定的电子书格式标准，最终得以在全世界范围内广泛应用。在台湾省，技术厂商如元太、友达等一直是电子书市场的绝对领导力量，此前台湾省也有 PDF、FLASH 等各种各样的格式，为了降低电子书的生产成本，技术厂商和出版社形成共识，以 EPUB 格式为标准统一台湾的电子书市场。在韩国，为了解决电子书格式的转档和版权保护的问题，已经采取了新的办法，先是制定电子书制作解决方案，由出版社自行制作电子书，再交由平台商或分销商，避免出现格式混乱的一系列问题。只有这样，传统出版单位进入电子书市场和数字化转型才能够顺畅，少走一些弯路。不论是美国、中国台湾还是韩国，数字出版格式的制定和统一，均不是由单一的政府部门或企业主体来完成的。中国新闻出版研究院的郝振省也提到"电子书生产过程，从数字内容、硬件设备到内容传播，和通信、设备制造等其他多个行业密切相关，标准制定过程需要跨界联合，充分兼顾各方，只有这样才能真正做好标准，为企业获益、给消费者以福音"[①]。

---

① 吴治强：《电子书标准呼之欲出》，《出版科学》2010 年 8 月下旬。

(3) 标准制定工作的时效性与延续性

数字出版领域的发展速度和更新速度非常快，标准的制定也要跟上产业发展的脚步，一旦跟不上技术的脚步，反而会起到阻碍作用，这也是业界人士形成的共识。新标准的制定与发布最终还是要为数字出版产业服务，数字出版的诸多产品形式的发展还处于摸索状态，在短时间内并不能定型。为了尽快出台新的标准，在产业快速上升期起到一个必要的规范作用，很多国内的学者都认为可以采取先制定急用的、引发最大争议领域的标准，而后再逐步出台其他的基础类标准，形成一个完整的标准体系。针对这类处于动态发展过程中的数字出版物，在制定标准规范时，也要根据基础优先、急用优先的原则，确定如元数据、标识等基础性的标准，从宏观上先将这类出版物的产品形态确定下来，而后再逐步制定其他方面的标准。如果按照传统的一个标准解决一个问题的思路，或是在发展前景尚未明朗的初期就将标准巨细无遗地确定下来，那么很容易陷入误区，成为数字出版产业发展的障碍。

标准制定之后，也要建立起自我更新的机制，根据产业环境和市场环境的实际情况，及时进行调整，这也符合数字出版行业的特点。技术和产品都处于高速发展和动态维护的过程中，新旧事物的交替会很快，因此要在发展中淘汰不适应行业发展的标准，重新建立新的标准体系。2002年发布的《开放式电子图书出版物结构》与《电子书阅读器通用规范》两份标准文件，已经不能适应当前的电子书市场了，要在吸收旧标准的基础上尽快制定电子书领域新的标准与规范。标准的制定工作往往需要耗费一定的时间成本，就很容易出现标准跟不上技术发展或是标准出台之后即刻失去约束作用的现象，一些已出台的国家标准由于预见性不够，更新不及时使得标准公布之后便已经过时。因此，与传统的出版标准相比，数字出版的标准体系在灵活性、适应性和自我更新上都会有新的要求。不少研究者和出版人士提出，当前的数字出版和数字出版产品还处于起步阶段，诸多的产品形态和出版形式尚未成熟，面对新的数字出版产品形态，标准的制定要保持一定的前瞻性，充分考虑到产品未来发展的可能性。为了保护合理的竞争与新事物的良性发展，在标准制定的细致程度上要合理把握，不必在产品形态和准入上限制过多,既要起到约束和规范的作用,也要保证行业自身发展的活力与潜力,以免造成不必要的束缚。

另外,新标准的制定并不意味着要对原来的出版标准规范进行颠覆,数字出版的标准并不能与传统出版截然割裂,正如这两种出版形式存在着交叉和包含关系,对于传统出版时期的标准要有所选择地进行吸收,共同组成整个新闻出版行业的标准体系。特别是在新标准还没出台、旧标准仍可在一定时期内应用的缓冲期,这是节约资源,提高传统出版资源效率和利用率的体现,同时,也能够调动传统出版单位参与新标准制定的积极性与主动性。美国的传统出版集团在数字出版标准制定方面,一直是积极的推动者,能够将传统标准体系的内容或是核心原则自觉纳入制定数字出版标准的过程中去。传统出版物的一些标准与数字出版物具有重合性,比如学术类出版物的标准在很多方面与原来语境中的标准具有一致性和传承性,可以延续下来,或者进行调整再利用,既可以节约开发成本,又不存在重新适应的问题,方便数字出版商使用。

三 数字出版管制引导

数字出版管制引导是指新闻出版行政管理部门按照一定的政策、法规,通过法律和行政等手段对数字出版产业的准入、竞争、生产、销售等行为进行管理、限制和引导。其中,作为主体的新闻出版行政管理部门包括新闻出版总署、国家广电总局和文化部等,客体包括数字出版商、出版物、作者及相关的网络渠道。数字出版管制引导的目的在于规范行业秩序,推动产业的发展成熟。在计划经济时代,由于国家对于出版行业的全面管制,设置了很高的进入门槛,致使出版社和从业人员失去参与市场竞争的机会,没有活力与创新能力,一度落后。在新的市场环境下,又极容易发生因缺少必要的管制和引导,导致门槛降低、规则失范,进而出现企业在竞争中犹如野马脱缰难以控制的局面。面对市场规律和竞争机制自行调节产生的诸多问题和不可协调的矛盾,政府需要充分发挥宏观调控的作用,做好数字出版产业的管制和引导工作,加快信息的流动和共享,加强主体之间的有机联系，以完善产业链的正常运作。

在我国，数字出版的管制引导只能说粗具雏形，不论是政府部门还是企业主体，已经形成了产业管理与持续发展的意识，进而在具体的措施和政策上还需要结合发展的实际情况进一步推进。各类标准体系的建设与出台是首要的步骤，也只有在出版企业和出版从业人员基本达成共识的基础之上，才有可能实现产业联动，激活市场主体。与此同时，运用多种软、硬手段，整合市场主体和行政主体的资源与力量，从不同侧面对数字出版产业进行管制和引导，既是新的出版环境下新闻出版主管部门、出版企业和消费者三者合力构建数字出版生态的内在需求，又是为数字出版的发展扫清障碍、解决后顾之忧的有效途径。

1. 设立内容管制，激发数字内容活力与创造力

在传统出版领域，国家对出版物实行了多层面的管理，包括出版物选题管理、刊号管理、书号管理、版号管理等，来规范纸质出版物的生产、加工与流通，这些方面的管理对于数字出版物也同样适用，而且随着信息技术的发展，数字出版物的内容管理的难度会继续加大，管理的强度和复杂程度也会随之上升。首先是网络出版物（主要是电子图书）的书号问题，这也是国内发展自助出版的最大政策限制，对网络出版物实行准入制度是为了抬高门槛，降低垃圾读物的比例，保证著作权人的利益，但是因为政策执行力度的欠缺，还是有大批的电子出版物在没有取得书号的前提下就进行发布和售卖，处于灰色地带。与纸质出版物一样，书号是电子书的身份证，盛大文学云中书城中的几百万网络读物就有不少是没有合法身份的电子书。而相较之下，汉王书城已经取得互联网出版业务许可，所售的数字内容具有合法的身份，并不存在身份认证上的问题，得益于此，汉王书城的商业运营模式也一直为人所看好。但是，电子书准入制度的具体实施却有不少难度和阻力，管理和利益的矛盾难以协调。单是如盛大云中书城一样存在电子书合法身份问题的同类网站就有不少，加上这类电子书的销售已经得到读者认可，几乎是默许的合法行为，如强行对其进行规范和身份认证，也会造成不小的冲击。另外，电子书准入制度也很可能会对

第二章 数字出版产业链结构分析

电子书市场进行一次洗牌，中小型企业面临淘汰出局的困境，而后极易产生行业垄断行为，先前就传出博朗电子书因为企业规模小拟退出资质申请的新闻，这又是另外一种行业震荡。由此可见，对电子书及其他数字出版物的内容管制并不能简单地定性或一概而论，仍是要结合行业的实际情况，按照数字出版产业的发展层次和发展阶段来制定切实可行的政策法令。

原创文学网站中存在大量的色情暴力读物和非法出版物，网络游戏产品中也存在不少低级趣味的恶俗游戏，理应坚决取缔，停止继续上线传播，由于这些网站运营的现实需要，为了吸引读者，并没有自觉主动地进行清理，网管部门或新闻出版主管单位一般每年都会有审查整顿行动，试图进行约束，但整体效果并不显著，这部分出版物仍然泛滥于网络或其他终端平台。早在2004年，网络文学领域开展了第一次全国范围内的大规模整顿清理工作，部分传播和出版色情暴力读物的网站被查处取缔，不少涉嫌网站也开展自查行动。此后，对网络出版物的监管行动也陆续开展，原新闻出版总署先后制定了《互联网出版管理暂行规定》《出版物市场管理规定》《网络出版服务管理办法》和《关于发展电子书产业的意见》等诸多条例来规范互联网出版物的内容发布和销售行为，《互联网文学出版服务管理办法》也正在制定之中。2009年，全国有二十余家网站因传播色情内容而被关闭，一千多种非法的网络和手机小说被查处，但这些毕竟只是海量内容中的极少一部分。2014年4月开始，全国范围内展开了新一轮的互联网扫黄打非行动，这也是网络文学十多年来对互联网出版物整顿力度最大的一次行动。除了色情暴力等低俗内容之外，一些敏感题材如乡村类、官场类小说文章也暂时不能上架，几乎所有的文学网站都关闭过一段时间，以进行彻底的自查，对不符合出版的内容重新删改，整顿之后陆续开放，如红袖添香、晋江文学城、搜狐原创等。同时，非法网络游戏作为屡禁不止的一种出版物，也是重点整治的对象，相比电子书，网络游戏的盈利能力更强，对用户的吸引力更大，除了撤销低俗内容之外，还要将盗版的游戏进行清除，还原一个清净的网游环境。2010年出台的《网络游戏管理暂行办法》是国内第一部专门的网络游戏管理条例，与网络文学一样，十多年来，网络游戏也经历了极速成长的过程，伴随着无序的竞争状态、原创与抄袭的纷争、两极分化的社会评价，却成为数字出版市场中盈利能力最强的领域之一。网络游戏的内容审查和管制有很大的难度，除了明显的色情暴力元素之外，网络游戏还潜藏着大量打怪、PK、婚恋等隐蔽性很强的套路和模式，性质上很难界定，却很容易让玩家受到负面的情绪影响。目前，在配备专门人员对游戏进行审查和监督之外，很大程度上要依靠游戏商的自觉。随着网络游戏技术的升级与更新换代，依靠传统的网络监管或内容过滤手段已经无法取得理想的效果。在用户引导和监管环节推行实名制，实行严格的分级制度，再辅之以其他的政策措施，不失为一种可行的办法。

可以说，对互联网出版物（尤其是电子书、网络游戏等）进行内容上的审查和管制，是世界各国普遍采取的做法，美国、英国、日本等出版大国在出版物的内容管制上也有相应的措施与政策。例如英国就有专门的规定，禁止手机经营商传播色情等非法出版内容，保证网络环境的纯洁；美国、韩国等地有针对儿童及未成年人的数字内容适用法。移动阅读的特征固然有碎片和消遣的一面，但如果片面强调感官层面的刺激，不仅违背了阅读的本意，拉低了内容资源的竞争标准和评价体系，更深层次上，其败坏社会风气的负面作用也是显而易见的。同时，内容资源作为核心的竞争要素，如果不设准入门槛和保护措施，任由市场自行调节，单凭读者的点击率和下载量来决定出版物质量的优劣，除了内容普遍低俗化和垃圾化之外，还会让盗版更加猖獗，最终大量的盗版会挤压正版内容的生存空间。当然，内容管制也要充分考虑数字出版的游戏规则本身，行政手段或法律手段的干预毕竟只是一个辅助作用，并不能成为数字出版管制引导的全部内容。有出版人曾经提出，以电子书为代表的数字出版业不是制造业而是服务业。以内容为手段或凭借物，为用户提供优质的阅读与消费体验，从内容营销过渡到体验营销，这是数字出版的法则，如果在内容环节上设定过多的门槛和规则，就很难提供开放和自由的数字出版环境。

内容的管制除了对内容本身在法定允许的出版范围内进行审查和监管之外，还包括出版物的格式、版权等其他方面的管理与保护。除了新闻出版主管部门制定标准规范之外，校对、编辑、营销等传统出版流程中的人员，同样需要在数字出版中发挥作用，来完成对数字内容基本的把关和编

第二章　数字出版产业链结构分析

辑。这种必不可少的职能也被认为是传统出版单位在数字化时代依然能够维持竞争力和生存空间的重要原因。与传统出版相比，数字内容从创造到传播的时间大幅缩短，自助出版尽管试图将传统出版商边缘化，获取内容生产的话语权，但是实际的效果并不尽如人意，大量的格式和文字错误，加上阅读体验欠佳的排版样式，是自助出版作品普遍存在的问题。只是国内熟悉数字出版流程的编辑人员仍相对匮乏，加上相关编辑流程体系的空白，导致编辑的角色在数字出版物的编辑加工环节中未能得到足够的重视。在台湾，城邦出版集团已经实现了所有编辑过程数字化管理，编辑需要具有传统纸质核心出版能力和数字出版技术并重的"双核心工作能力"，做到EP同步、印刷术与电子书同步生产，另外还要求编辑能将内容转化为服务，能够有效经营互联网上的社交群体。[①] 与其他地区和国家相比，中国发展数字出版最大的优势在于激增的用户数量和庞大的市场规模，而劣势则在于现代技术的运用和经营理念的滞后，在内容生产和加工环节中，急需将传统的编辑工作和新媒体数字技术结合起来。研究者任翔认为，传统的出版体系不能只是从生产者的角度出发，而应提高生产效率以满足消费者的个性化内容定制和定价。也就是时间经济和空间物流等各方面的成本都亟待突破，以改进传统慢工出细活的内容生产方式。面对数字出版生产中海量的用户创造内容，以品牌出版商为代表的优质内容生产能力才是消费者真正所信赖的。因而那些传承百年的欧美出版品牌，具有一般数字内容生产者不可取代的价值。[②]

内容的管制一方面要对网络出版物设立准入门槛和标准，另一方面则要支持和鼓励正版原创内容的发展，以加快传统纸质内容数字化的进程。可以说，渠道与内容相比，前者占据优势地位，而从长期来看，内容是维系行业生存和良性发展的关键，当前的数字内容一部分来自网络，一部分来自传统出版单位，前者的内容海量丰富但杂而乱，后者的内容精品优质但少而缺。当精品优质的内容占据的比例较低时，读者就自然而然倾向于

---

① 曹巍：《新媒体环境下台湾数字出版业探索与启示》，《现代出版》2012年第1期。

② 任翔：《数字内容生态与出版业的颠覆性创新》，《出版广角》2012年第11期。

阅读和消费快餐式的数字出版物。以手机出版中的手机读物为例，手机图书、手机报、手机杂志等多种由传统纸质读物数字化而来的数字出版物，其内容的同质化和低俗化相比网络文学有过之而无不及。至少从当前的发展态势来看，手机出版尚未准备好为读者提供全新的阅读方式和体验，移动终端的优势并没有充分发挥出来，只是将PC端的阅读内容延伸到了手机端，满足了读者碎片化阅读的需求。尽管中国移动、中文在线和其他平台商等都在深入挖掘原创内容，加大与出版单位的合作力度，但相比网络文学的内容数量，补充进来的这部分正版优质内容还非常有限，无法为读者提供充足的阅读选择。试想，当移动阅读逐渐成为发展的主流时，如果读者不能在手机或其他移动终端阅读到足够多和足够好的内容，阅读这一文化消费方式就会被其他更新鲜刺激的娱乐所替代。

不得不承认，在完全自由的市场环境中，传统的图书并不如数字出版物有吸引力，在文学领域表现尤甚，传统经典文学的边缘化与网路文学的高歌猛进形成鲜明的对比。如果纯粹交由市场自由调节，那么以传统文学为代表的纸质出版物将越发陷入困境。对传统优质内容（可延伸至广义上的文化资源）的数字化工作，需要政府部门的大力支持。到目前为止，数字图书馆、数字博物馆、数字档案馆等工程开展得有声有色，不少项目已经上升到了国家战略的高度，其他内容的数字化迫切需要通过数字技术的形式来焕发新的生机。华语文学网是新上线的数字内容网站，与一般的主打原创网络文学的文学网站不同，华语文学网的内容资源以传统文学为主，已经取得了余华、王安忆等传统知名作家作品的版权，并且有意识地将一部分文学经典绝版书籍作为吸引点，开展按需印刷服务。此前，传统文学的数字化、网络化和移动化之路走得颇为艰难，以出版社将其数字化之后在多个平台上售卖为主，分散的读者市场和渠道平台，一直遭受来自网络文学的重创，而读者对于经典优质的内容有现实的需求。番薯网曾与出版集团合作建立过"微型小说"基地，将一批微型小说家的近万部作品数字化，而后再按照篇数来收费。对于传统出版机构和传统的文学写作者而言，以篇幅短小精悍、适合在终端阅读的微型小说为突破口试水传统文学作品的数字化是有益的尝试。随着国家对互联网环境的进一步净化和网络出版物规范程度的整体提高，传统文学会成为数字内容重要的补充部分,而从 PC 端延伸到移动端,则是必然的趋势。传统纸质内容的数字化转型,除了要做好基本的阅读体验之外,关键在于提供个性化和多元化的服务。网络和终端平台上的图书、报纸和杂志,可以用更加丰富和多维的表现形式,通过图文交互或超链接技术,将数字出版物立体化,融视觉、触觉和听觉于一体,不论是内容提供商还是技术厂商,都需要努力提供属于数字化时代的阅读方式。

此外,对于出版商而言,如何围绕内容挖掘版权的附加值,延伸出一条完整的出版产业链,实现一次开发、多种利用、反复盈利的目标,充分激活内容的潜在价值,是移动阅读时代必须考虑的问题。如果还是按照传统出版的思路,封闭内容资源流通的渠道,单一内容对应单一渠道和单一读者群体,那么就会制约整个数字出版行业的发展。基于内容成为数字出版的核心资源和价值,多样化的出版形式和媒介平台有条件也有必要对内容进行深度开发,一来提高内容利用的效率;二来也可增强自主创新能力。图书或者说广泛意义上的内容在数字化的出版语境中成为价值链上新的起点,以产品的形式来打造和运营图书,以出版产业来带动整个文化产业的振兴,促进文化的繁荣,成为数字出版最大的优势。对于传统出版单位而言,将纸质内容进行数字化,发布到不同的终端平台出售电子版本的图书和报刊,有利于培育新的读者群体。既避免了出版资源的浪费,又可以在纸质出版物销量下滑的同时促进数字出版物销售额的增长。对于技术商和分销商而言,经过加工之后的数字内容可以延伸为电影、电视、动漫和游戏等其他媒介形式,满足不同消费习惯和持多种终端的用户的个性化需求。目前数字出版商对数字内容资源的深度运营和开发还局限于大众出版领域,未来,学术出版和教育出版需要加快数字化探索的脚步,围绕个人用户或企事业单位做基于内容的深度定制服务,或许会成为新的发展方向。

2. 倡导有序竞争,以竞争促合作,以竞争促发展

竞争是激活行业活力,推动产业前进的催化剂,不正当的竞争也能起到毁灭性的作用。在开放的市场环境中,允许并鼓励竞争,有助于数字出

版产业实现自我更新，淘汰劣势企业，突出优势企业，避免行业垄断和利润泡沫。数字出版当前无序的竞争状态也是行业不规范的表现，近几年，国家新闻主管部门已经出台多项规定，从工程建设、标准体系建设、基地建设和产业政策等各个方面来规范市场，引导产业走上良性与可持续发展的轨道。因此，建设一个有法可依、有章可循的数字出版产业环境是实现稳定持久发展的关键。

在国内，技术服务商和平台提供商的自有优势非常明显，正如上文所言，作为最积极最活跃的数字出版主体，他们试图凭借技术层面和渠道层面的优势主导产业的走向，一方面与上游的出版单位竞争，另一方面与同一级的企业之间也有激烈的竞争关系。这就打破了理想状态下上、中、下游三者同处于一条产业链的和谐关系。京东与苏宁、当当之间以图书为焦点的价格大战，多看、掌阅、网易云阅读等移动阅读APP之间的白热化竞争以及移动、联通和电信三者对手机阅读市场的布局，均是中游和下游企业间较为引人注目的竞争。这些竞争的存在，繁荣了数字出版市场，市场规模和份额逐年扩大，但不顾成本和远期利益的扩张式竞争也很容易让企业陷入困境。同时，对于读者和用户而言，愈演愈烈的价格大战也容易让人形成错觉，即数字出版物就应该以低廉的价格进行出售，电子图书的价格就应该是实体图书的1/3甚至更低，久而久之，免费经济的观念将深入人心，不利于付费阅读习惯的养成，这对于数字出版业的危害将是致命的。目前为止，在数字阅读领域保持着良好的付费习惯的也只是深度用户，如果推广到整个阅读人群，比例则非常之低，数字阅读的普及程度与数字阅读付费的成熟度尚不能等同起来。针对网上书店不惜成本的价格大战，国内不少出版社如北京大学出版社、电子工业出版社等已经联合抵制，不论是数字化之后的传统纸质内容还是电子书，都不可能依靠低价甚至是免费来保持长久的竞争力，短期烧钱争取用户的行为也难以维持。

基于此，对实体书和电子书进行价格保护，成为挽救出版市场的一剂良药，全民阅读与价格保护的立法努力近几年也一直是出版业的重点工作。在竞争秩序的引导上，政府的工作也应当从行政手段的直接介入和干预，转向服务性和社会性功能，一方面，鼓励企业之间的合法竞争，进一

第二章 数字出版产业链结构分析

步开放数字出版市场环境,公平和效率兼顾,为民营资本和中小企业提供政策与资金方面的支持;另一方面,明确竞争的底线与规则,避免出现行业垄断的情况。市场竞争的优胜劣汰机制所带来的行业洗牌,自然会孕育一批巨头型企业,也不可避免地会重新制定竞争规则与秩序。政府主要的工作是帮助这种行业洗牌朝着健康有序的方向发展,尽可能地消除不必要的行业震动。对于部分出版商无底线地压低价格,破坏市场正常竞争秩序的行为,新闻出版主管部门也要及时地予以干涉,必要时可以联合行业协会和出版社、技术商等共同出台实体书和电子书定价方面的政策规定。在社会影响大、受众人群广泛且盈利能力强的主要领域,例如网络游戏、电影电视等行业,政府的管制力度可以强一些,限制条件多一些,而像电子书、电子期刊等刚刚起步的行业,则仍要以扶持和引导为主,在确定底线的前提下给予宽松的竞争空间。

数字出版商之间另有一种竞争的策略是以免费的内容吸引读者和用户,进而为其提供优质的付费服务,改变此前单一的付费模式,将免费与付费结合起来,形成新的盈利点。于用户而言,受到免费内容的吸引,也会心甘情愿为后续的服务付费,相比此前付费之后才能检验内容或服务优劣的模式更有保障。这是一种两全其美的商业模式,对于新闻出版主管部门而言,在激活市场潜力和创造力的同时,为读者和用户提供优质的内容与服务,保障他们的利益,也是政府服务性智能的重要体现。美国的迈克尔·希利曾表示,尽管全球知名的公开课教程书内容商 Flat World Knowledge 向消费者提供免费电子书和服务,导致纸质图书的定价方式可能面临空前庞大甚至以后将更大的压力,然而这并不意味着未来内容消费的主导模式就是免费内容。餐饮广告、旅游指南、技能培训等通过吸引大众目光来获得赞助的内容,免费也许是值得采用的商业模式。[①] 或许是受成本运营压力和其他大型数字出版商的冲击,2012 年年底该公司就取消了免费服务,开始对内容进行计费,这恰好印证了研究者的判断。亚马逊自 2013 年高调进入中国市场,第一年内 Kindle 的实际业绩远不如北美市场,没能摆

---

① 迈克尔·希利:《美国数字出版和书籍销售近期的趋势和发展》,《新华书目报》2011 年 5 月 10 日。

脱国内同类电子书阅读器的困境。对此,原多看阅读副总裁胡晓东认为:"数字阅读乃移动互联分支,当前尽管移动终端销量已远超 PC,但移动商务仍仅占互联网商务近 3%,用户仍不习惯用终端购置商品;同时,培养国内用户付费习惯更需长时间的等待,因为长期以来他们可以很容易地获取盗版内容。"① 可以说,Kindle 在中国的竞争对手除了汉王、盛大等设备厂商之外,还有以苹果的 iPhone 和 iPad 为代表的智能终端平台,这也是当下电子书阅读器遇到的最大竞争对手。

移动阅读市场目前风生水起,继盛大文学之后,百度、腾讯和阿里相继加入进来,悄然改变着原有的竞争格局。从这些新兴数字出版商的背景中就可以看出,盛大的盈利点在于游戏产业,文学很重要的一个任务就是为游戏提供各类脚本,百度、腾讯和阿里三者则是电商起家,之所以涉足移动阅读,主要还是掌握了用户资源和渠道优势,加上资金实力,也愿意将文学纳入未来的发展版图中去,作为数字化、娱乐化战略的一个组成部分。从内容资源上来看,这四家出版企业的相似程度很高,同质化严重,而从发展的特色看,与盛大不同的是,百度、腾讯和阿里三家的优势在于阅读与其他应用的接入、融合,赋予阅读行为社交化和个性化的特征。面对大型电商对移动阅读市场的抢滩,国内移动阅读的竞争格局也逐渐明朗,规模和资金均一般的中小型企业的生存日益艰难,想要以价格的优势来突出重围并不现实,或者在竞争中被淘汰出局,或者面临被互联网巨头兼并的趋势,如番薯网归入百度旗下,或者依靠挖掘自身优势、细分受众市场的策略继续保有一席之地,豆瓣的社区化阅读便是较为成功的案例。豆瓣阅读的作者和读者,对该平台保持着比较高的忠诚和拥护,基于强大的社区文化传统和日渐累积的用户优势,豆瓣并不进行盲目的扩张,也甚少采取低价竞争的办法,始终以生产作品而非文字的精品意识来强化自身的特色。在豆瓣上发布出售的文本,很少有网络文学色彩,尽管表现出来的是小众姿态却很符合读者的期待。与豆瓣颇为相似的还有科普色彩浓重的果壳阅读,通过差异化阅读和垂直细分市场的策略,也能笼络一批固定的读者。从上述两种竞争模式中不难发现,资金与规模固然是竞争的硬性

---

① 梁建航:《Kindle 中国市场遭遇寒流》,《新营销》2013 年第 9 期。

第二章　数字出版产业链结构分析

条件，但竞争的高门槛也只是极少数巨头企业之间的"游戏"，加上随之而来的平台搭建与渠道建设，更是需要硬实力的支撑，强势企业的进入。对于绝大多数数字出版企业而言，模仿和借鉴并不是最佳的选择，依靠品牌与特色的优势来聚拢一大批活跃的粉丝型作者和读者，分流庞大的阅读人群和阅读市场，也能收到很好的效果。

竞争也是促成合作的一个契机，合作既包括相同层次主体间的同领域合作，也包括上下层次主体间的跨领域合作。传统出版与数字出版的融合、带动、提升作用有了实质性的改善，但如何找到两者在长久盈利上的契合点且为业界所认可，是新闻出版主管部门需要考虑的问题。尤其是当两者的边界与区分标准逐渐模糊，产品形态交互渗透时，尚有很多方面需要官方来明确界定。一直以来，传统出版的存亡之辩，内容与渠道的地位之争，让内容提供商与技术商、平台商耗费了大量的时间与精力，甚至转移了发展的焦点，概念性问题迟迟得不到官方的界定。界定不明，就会导致行业准入门槛的降低，大批投机的企业会蜂拥而至，而产品形态的模糊与暧昧定位也会埋下隐患，致使产业的发展偏离正轨。国家新闻出版广电部门公布，国家正在拟建新的管理模式以对数字出版相关企业进行分类管理，按照数字内容加工、出版、投送和传播的不同性质授予不同资质。[①]分类管理之于企业，相当于明确定位，继续挖掘核心优势，之于政府主管部门，则有利于实现宏观层面的调控，将杂乱无章的主体有序划分，既明确了服务的对象又便于监督管理。如此一来，产业链上各个环节的主体会更加清晰，内容的出版、加工、投送和传播企业各司其职，分工明确，会带动整条产业链的畅通与发展。

自助出版和众筹出版的商业模式让原本并不具有内容资源的技术商和平台商看到了新的发展契机，如何绕开传统出版单位，将已有优势延伸到产业链的上游，建立内容生产、内容加工、内容传播和终端分销的一体化出版流程，成为它们尝试的重点所在。从理论上看，这种商业模式是可行的，也是效益和利润最大化的一种，但是，在一个尚未成熟的数字出版环

---

① 王芳：《传统出版业数字化转型的商业模式探析》，《出版发行研究》2012年第6期。

境中，出版物的质量仍需要得到保证，国内的中游和下游企业不具备自行生产内容的实力，即使勉强生产内容，短期内也很难得到读者的认可。如果一味地挤压传统出版单位的生存空间，只会沦为技术的空壳。对此，政府不妨明确内容提供商的企业资质，适当保护传统出版单位的利益，在内容生产与加工准入上设立相关规定。亚马逊、谷歌等公司在美国就时常会面临来自出版商的压力或抵制，从商业模式的角度出发，亚马逊和谷歌是处于优势地位的一方，而从产业链的角度出发，这些强大的技术商和平台商还是需要倚仗上游的资源，如果亚马逊单纯依靠自己的自助出版平台来出售电子书，效果就会大打折扣。出版商之间也存在相互竞争的关系，当整体利益受损时，出于持续发展的需要，也能够暂时搁置彼此的利益纠纷，联合起来对亚马逊或谷歌进行抵制，最终促使它们调整商业战略，给予出版商和作者应有的权利与利益，这种主体之间竞争又合作的关系是动态存在的。美国出版商遇到的来自技术商的压力问题，在国内出版市场也是同样存在的，如果上游的内容提供商不能形成一股合力来为自己争取话语权与主动权，在产业链上的弱势地位很难有彻底的改变。尤其是在数字出版物的定价问题上，出版社、出版集团之间的合作意识还没有明显的体现。

渠道是另一个数字出版的关键词，渠道商是内容供应商与市场的中介环节，在中国，渠道商几乎掌握了数字出版的话语权，但却始终没有出现一家类似于亚马逊、苹果等对市场起到领导性的企业，反而一直遭遇来自亚马逊、苹果和谷歌的竞争压力，不少国内企业步履维艰。因此，分散的渠道必然要进行整合，拥有强大用户流量的电信运营商、掌握核心内容资源的出版商、培养用户消费习惯与忠实度的电商以及注重技术开发和产品研制的技术商四者之间将形成一个完整的渠道，打破当前断裂和各自为政的局面。目前，已有不少出版单位在积极探索多渠道的整合型商业模式，以更好地推送内容。"质量、服务意识和价格之间的竞争是出版市场竞争的关键。要获得好的效益，就需要高质量的品牌产品和优质的售后。"[①]产业链各个主体要明确自己的定位和优势，发展和壮大主营业务，而非盲

---

① 陈培亮：《做好图书出版数字化的六种意识》，《中国出版》2011年第22期。

第二章 数字出版产业链结构分析

目地争抢市场，扰乱竞争的秩序。美国的数字出版之所以比较成熟，很大的原因在于内容提供商、终端厂商、信息服务商和通信运营商等已经脱离传统内容数字化的商讨环节，进入建立可行商业模式的环节之中。各个层面的主体能够各司其职，合理分工，平台商擅长数字内容的推送和营销，内容商则擅长策划和品牌的搭建，技术商的优势在于改善和增进良好的阅读体验，提供完美的数字出版解决方案。具体来说，亚马逊和苹果公司试图打造最大的数字内容平台，谷歌致力于做好网络数字图书馆，英格拉姆利用其在发行和批发上的巨大优势成为全球知名的分销商，而由传统出版转型而来的兰登书屋、哈珀·柯林斯、培生和爱思唯尔等出版商继续扮演好内容提供商的角色。如此一来，保证了产业链各个环节有序发展，很少存在内容提供商与平台商争抢内容资源或者恶性竞争的情况，一定程度上可以确保出版商的利益，同时孕育了一批拥有足够影响力的数字出版商，形成了成功的商业模式。从全球范围内纸质媒体的生存境况看，传统出版的盈利日益艰难，不断有知名的出版社、杂志社或报社因陷入运营问题而不得不关门或转营其他业务的现实中可以发现，优胜劣汰是移动出版时代的普遍特征与游戏规则。传统出版单位以自由和合作的心态来应对现实的变化，在数字化转型中，寻求与技术商、平台商和分销商的合作，借助它们的技术优势与渠道优势拓展自身的业务。

蒋建国在2013年的全国新闻出版工作会议上明确表示，新闻出版企业不仅要守住国内市场，还应当以收购、控股、参股等手段在境外创设出版社、出版站、工厂、书店和报刊。[①] 长期以来，我国的出版产业落后于欧美出版大国，国际化接轨能力和国际竞争水平普遍不高，传统出版单位面临走出去难的困境，版权贸易逆差严重。而数字出版时代的到来，颇有加剧这种国际竞争的态势，特别是在倚仗资金和技术的发展初期，一旦失去了在硬件和核心技术上的研发优势，很容易被甩开距离。在全球范围内，美国在数字出版产业上一枝独秀，英国和日本等紧随其后，传统的出

---

① 璩静：《新闻出版总署：新闻出版企业要积极参与国际市场竞争》，新华网，http://news.xinhuanet.com/politics/2013-01-05/c_114259010.htm，访问时间：2014年7月4日。

版强国如法国、德国等在数字出版上的发展动作相对缓慢,国内市场尚未完全成形,两种出版形态的博弈始终存在。由此,美国以其绝对的话语权和竞争优势,不断在世界各国扩张软硬件优势,借由多样化的数字出版物和数字产品来强化文化软实力,亚马逊成为欧美各国主要的数字出版平台,兰登书屋等出版集团在国际上的电子书份额持续增长。目前,美国的主要优势仍以数字内容平台和移动终端为主,以平台优势来抢占用户资源,扩展渠道,进而在与出版商的合作中占据主动,试图主导数字出版物的定价以及利益分成。

对此,想要与亚马逊、谷歌、英格拉姆、兰登书屋等大型出版巨头对抗,就必须在整合出版产业链的基础之上,将分散的数字出版主体聚合起来,改变此前各自为政、画地为牢的封闭式局面,有意识、有选择地扶持大型数字出版企业与优势出版品牌的发展。盛大文学作为最能代表国内数字出版商业模式的企业之一,已经受到西方国家的关注,甚至被认为是可供其他国家扩大电子书市场借鉴的成功模式,为其他国家认识中国的出版行业打开了一个窗口。除了出版企业之间的直接合作和成功经验的输出,利用国际书展的契机向世界各国展示中国数字出版的最新进展与发展趋势,寻求合适的合作对象,也是一种可行的办法。盛大文学、中文在线等数字出版企业就曾在法兰克福书展上引起了不少国外出版商的高度关注。只是从现有的国际交流与合作来看,依然呈现出单向和单线的趋势,技术和标准规范上对美国的依赖程度高,民族文化背景的天然差异阻碍出版物的海外输出,混乱的数字出版标准体系打乱和谐的国内市场竞争秩序,加之优势数字出版品牌稀缺,我国的数字出版企业、数字出版品牌和数字出版产品想要在国际上争得一席之地,仍是征途漫漫。

3. 强化政策扶持,创造良好发展环境

新兴产业的健康发展需要良好的政策环境和完善的制度保障,对于文化产业而言,参与市场竞争,是为了增强自身的活力与生机,探索出既能够持续盈利又助推文化传承和发展的可行商业模式。同时,政府的

第二章 数字出版产业链结构分析

宏观调控,社会公共服务手段的运用,是为了调节纯市场环境中的矛盾,让文化产业不但有利可图,而且促进精神文明的建设,不至沦为其他产业的附庸,失去独立的精神价值。积极促成数字出版市场的改革,通过改革激发产业的活力,通过改革促成产业内部的新旧交替,通过改革建立起新的商业模式。目前政府针对网络出版陆续推出了一系列鼓励数字印刷、创意产业、动漫产业、光存储产业自主研发和创新等方面的优惠政策,支持民族文化的产品创作。生产流通的政策在不断完善,鼓励出版物"走出去"的政策也将进一步加大力度。另外,对高文化价值、大规模但需要大量资金投入的出版工程,国家财政将拨出专项资金予以支持。[1]

数字出版行业需要来自政府的补贴补助,特别是在传统出版单位数字化转型的过程中。日本政府非常重视财政对数字出版的支持,第三次预算补充是 2011 年以 10 亿元日扶持补贴出版企业将出版物电子化,具体于 2012 年由经济产业省执行,对出版物电子化提供资金补贴。[2] 同时,日本讲谈社、小学馆、集英社等大型出版集团联合中小型出版社成立数字出版机构,在政府和业界的支持下共获得 170 亿日元的资金支持,用于振兴日本国内的电子书产业,包括为中小型出版社的数字化提供必要的支持,改善国内电子书市场环境,增加电子书数量和品种等。韩国出台了《出版文化产业振兴法》,将电子书定价的权力交给出版社,保证电子书的合理定价,规范电子书销售市场,避免出现类似于亚马逊低价销售电子书损害出版商利益的情况。与日本的做法颇为相似,中国台湾既有多方力量联合成立的数字出版联盟,也有统筹数字出版业务的官方主管部门,为了繁荣台湾的数字出版市场,制定了一整套的优待政策,对数字出版物进行补助,给予税收方面的优惠,同时设立数字出版金鼎奖、优良数字出版奖、最佳数字出版奖金牌奖等多种奖项,来激发出版人的积

---

[1] 王国庆:《推进数字出版发展,提升产品和服务供给能力》,http://news.ccidnet.com/art/1032/20071130/1293255_2.html,访问时间:2014 年 7 月 1 日。

[2] 官丽颖:《日本政府振兴数字出版产业发展的举措分析》,《出版发行研究》2013 年第 4 期。

极性和主动性。此外，点火计划作为台湾数字出版联盟向新闻局提出的数字出版计划，致力于为出版企业争取政策和资金方面的支持，解决困扰数字出版发展的格式、标准、市场环境等诸多问题，点火计划自2011年启动以来，成效显著。从以上三地政府部门的政策条例中可以看出，数字出版作为文化事业的重要组成部分，同样需要来自政府的多方面支持，或者是扶持行业协会组织的成长与壮大，或者是在关键领域提供财政补贴和资金援助，或者是从政策的角度向某个数字出版主体予以适当的保护和倾斜。

针对数字出版产业的扶持政策与优惠措施主要有公示具有互联网出版权的单位，鼓励传统出版社跨界深层次合作，充分发挥专项基金作用，扩展融资渠道等各种举措。[①] 应该说，伴随着数字出版产业的发展，原有的政策壁垒在逐渐打破，政府有意识地在整合各类新闻出版资源、成立国家级大型出版项目及以出版业带动文化产业的振兴上做出了诸多可行的尝试。新闻出版主管部门对数字出版产业的扶持是多方面的，从产业环境的优化，到财政资金的投入；从高新技术产品研发的鼓励，到一系列国家大型数字出版项目的支持。数字出版的宏观环境已经有了很大的改善。与此同时，国家层面的政策也存在一定的问题，相关政策的具体解释和实施落实还需要进一步细化，指导性文件多是从原则和方向上做出规定，同时要有配套的措施和文件，否则会面临有章可循却因政策模糊而无法落到实处的尴尬。可以针对具体的领域和内容出台有操作性和实践性的意见，并且在下达到地方性的新闻出版局时，能够结合各省市的数字出版环境，有明确的扶持政策。

在新闻出版总署的指导和推动之下，已建立的国家级的数字出版基地，是数字出版政策扶持中很重要的一次战略部署。数字出版基地作为集聚化和规模化的出版产业发展区域，目的在于实现数字出版产业链的一体化发展，将国内外的出版社、高新技术企业和第三产业相关企业联合起来，整合产业链上的优势资源，以基地的辐射作用和影响效应来带动当地

---

① 《把数字出版打造成新闻出版支柱产业》，《中国新闻出版报》2010年9月27日第1版。

第二章　数字出版产业链结构分析

乃至全国数字出版的快速提升。目前，运营情况良好、规模效应明显的国家级数字出版基地主要有上海张江、北京及天津三个国家级数字出版基地，集中于经济发达地区。2012年上海张江和方正信产集团还携手共建了国内首个数字出版体验中心，其展厅中系统展示的国家数字出版技术在国内也是首个。与基地建设同步的是地方政府的数字出版扶持政策，例如江苏省针对苏州、无锡和扬州三地的优势产业来实行差异化发展的策略，充分做好数字出版产业园区的平台搭建工作，在房租、税收和启动资金等方面均有优惠政策。

建设数字出版基地对于地方政府而言，除了新闻出版实力的提升之外，也是地方政绩的一部分，这就很容易陷入只要政绩不要可持续发展商业模式的误区。不少地方政府将数字出版与其他工业产业等同起来，看中企业的短期利益，忽视长期利益，无形之中将一批有前景的出版企业或技术公司拒之门外，而事实上，出版产业从投入到产出的过程比较漫长，很少能够在短时间内实现稳定的盈利。另外，片面强调资金财政方面的投入，并没有真正结合数字出版行业的特性，在政策落实、人才配备、软硬件设施和行业集群等关键问题上给予实质性的扶持。当前，不少企业已经受困于行业的资本之争，如果再简单地以资本实力为衡量标准，数字出版产业也会偏离正常发展的轨道，演变成圈钱的游戏。数字出版基地的基础功能在于提供良好的产业环境，没有配套的基础设施和财政补助，没有相关人员的配备和技术支撑，就无法吸引更多的企业前来落户发展，更谈不上形成规模化的效应。有研究者指出，针对数字出版的激励性管制措施策略仍然无法脱离传统产业招商引资过程中那种高度强调税收优惠、资金补助政策的思维，从而形成不同地区在数字出版领域进行同质化竞争的局面。[①]

针对国外出版巨头和文化企业巨头的强烈冲击，一方面要提高自主竞争能力和国际化接轨能力；另一方面也要增强对本土传统文化的保护。提倡与国际大型出版集团和数字出版商开展合理的竞争，提高走出去的水平和能力，根本的原因还是在于提高国内出版产业的创新力与发展后劲，如

---

① 魏彬：《我国数字出版产业政府管制探析》，《出版科学》2010年第1期。

果一味地强调引进，忽视自身的发展实际，或是只有借鉴没有自主开发，同样会引发很多问题。

在国际大型出版企业和国外数字出版物的入华问题上，还没有建立起能够平衡引进与自主开发的准入制度。以开放的心态来接纳各国的先进经验与成功案例，本身就具有风险，首先，西方国家特别注重知识产权和专利标准的保护，不会轻易将核心技术作为交易的对象，其次，处于快速成长期的国内市场会顺理成章成为其出版巨头新的市场版图。强调开放、竞争、分享与交流，并不意味着国际出版企业可以在中国市场长驱直入。电影产业和游戏产业长期受到海外市场的压制与冲击，国产原创市场很难做大做强，其他类的数字出版物和数字出版产品亦然。以电影和游戏为例，美国迪士尼制作的电影《花木兰》和《功夫熊猫》，日本光荣株式会社推出的游戏《三国志》，均取材于中国传统文化，与国内同类的出版物相比，不论是从质量还是口碑上来说，都更具有竞争力和国际化的水平。Kindle尽管在中国的销量并不乐观，但自入华以来，对以汉王为代表的国产阅读器市场的挤压还是很明显的。法国是非常注重保护本土企业和本土文化的国家，为了培育国内尚未成形的电子书市场，法国政府于2011年出台了电子书定价法令，规定在任何渠道和终端销售的电子书均采取统一的定价，尽可能避免出版企业之间恶性竞争的不良局面，以应对谷歌、亚马逊和苹果等大型公司对法国市场的冲击。

在上游出版商中，政府向来注重传统出版单位的数字化转型，对一些大型出版社或出版集团的数字出版工程有支持政策，还设立了很多出版专项发展基金，鼓励出版单位积极探索数字化道路。相比之下，民营的出版社或图书公司在制度保障上一直得不到很好的落实。民营出版单位或民营企业的活力与实力不容小觑，高效优质的出版策划，小而精的工作流程以及对市场需求准确的捕捉能力，为出版行业带来新的生机与活力。发展数字出版，固然要做大做强国有出版单位，同时也要扶持鼓励民营出版商的成长，提高整体出版实力，实现大型出版集团、中小型出版社和民营出版商三者齐头并进。民营出版商具有灵活的出版机制和一定的创新能力，优势明显，劣势也同样突出，且不说资金、规模和技术无法与国有出版企业抗衡，在出版资质的认定上就存在很大的困难。在中游和下游数字出版商

第二章 数字出版产业链结构分析

中,民营企业占据相当一部分比例,盛大、汉王等均是其中的代表,这是由于技术和渠道的认定门槛与内容准入相比更加灵活,这是市场调节影响所导致的。应该说,民营出版单位在大众出版上已经显示出了很强的策划水平和运营能力,在教育和学术领域还相对薄弱,数字化之于民营出版单位而言,也是重新洗牌的过程。

可以说,在数字出版的大语境中,民营书业的发展比在传统出版时期多了挑战和未知,迫切需要资本和政策方面的支持。民营出版单位的发展,除了可以带来优质的内容之外,还能作为外部压力促成国有出版单位的数字化转型,甚至能借此机遇在新一轮的竞争中获得新的市场地位。大众出版领域的民营出版单位如万榕书业、磨铁图书、新经典文化等,已经形成了鲜明的出版品牌和产品线,主打畅销书,是重要的数字内容提供商,但是,国内并不明晰的电子书市场也让民营出版商多了几分犹豫与顾虑。另外,教育出版领域的民营力量如江西金太阳、山东世纪金榜和江苏春雨一直夹缝中求生存,在教辅市场进行诸多尝试,试图凭借新的盈利模式和数字出版产品(如教育类APP)来打开市场。就像业内人士所言,虽然国家于近几年坚持对民营企业实行政策扶持,然而政策落实到实处以及优惠的实际产生仍需要经过一段漫长的时间,因此在目前日益激烈的市场竞争中,民营企业主要依靠自己的力量生存和扩大。[1] 对于民营出版企业,各地已经陆续出台了不同的补助扶持政策,上海市就提出鼓励各类资本投资数字出版领域、优化产业发展环境,取消设置市场准入障碍。地方各级新闻出版主管部门正在积极加强引导,为民营资本进入创造政策支持。尤其是在京津、长三角、珠三角等出版行业发达的地区,民营出版的力量异常活跃,对各类出版主体的包容性很强,在政策上的优待和软硬件配套设施相对其他地区更为完善与及时。

人才是行业的基础,是关乎行业未来发展方向的决定性力量,尽快建立数字出版人才的培养机制,是推动行业发展的有效保障和动力来源。一方面是理论研究型人才,一方面是行业领军型人才。作为高新技

---

[1] 毛文思:《数字出版,出版集团和民营企业比翼齐飞》,《出版参考》2012年第19期。

术行业的典型代表，数字出版横跨传媒、文化、计算机和通信等多个学科领域，需要强大的科研能力和研发实力作为支撑，学界的支持对产业的循环发展有直接的促进和刺激作用。数字出版复合型人才的提出已经有一段时间，尽管从官方到业界在纷纷呼吁，但不可否认的是，全国范围内的领军型人才依然稀缺，由此造成企业创新能力的不足与数字产品的平庸化趋势，熟谙出版实务与数字技术的行业基础型人才总体仍在培养阶段，由此造成数字阅读体验的落后与传统内容数字化转型进度的缓慢。上文提到的技术商和平台商占据产业链优势的现状，从人才的维度来看，也可以得到比较合理的解释，大量纯技术性人才的涌入，建立了数字出版的初期发展模式，孕育了一个技术色彩非常浓重的行业环境，随之而来的，则是技术性主导思维的形成，传统的出版从业者在其中充当辅助的角色，不可避免地出现了对编辑、校对等传统出版从业者的质疑和忽视。不仅在中国，美国、英国、日本或是中国台湾等地，也同样面临着这个问题。

4. 完善法律法规，建立法制健全的数字出版产业

毋庸置疑，任何产业都需要有一个健全的法制环境，法律法规对行业规则和秩序的建立，对行业纷争的解决，对行业各个主体利益的调节，以及对行业未来走向的影响，都是至关重要的。在针对数字出版进行的诸多管制引导手段和政策里，法律手段是最权威亦是效果最好的，特别是在利益纷争聚集、侵权问题严重的时期，法律法规的拟定和出台，可以很好地平息争端。版权归属之争，侵权行为界定困难，法律追惩形同虚设，行业垄断危害中小型出版企业利益，这些都是困扰当前我国数字出版发展的一些关键问题。这些问题的最终解决，还是要依靠相关法律法规的出台和施行。加强数字出版法律法规体系建设也是这几年新闻出版主管部门的重点工作之一。除了修订现有的法律条文之外，还要根据数字出版的产业特色和版权保护等难点制定相关法律法规。总体而言，法律法规一方面要跟上行业发展的实际水平和阶段，既不能滞后也不能超前，滞后引发产业乱象和动荡，超前则缺少灵活性和机动性，扰乱其按照市场规律发展的步伐。

第二章　数字出版产业链结构分析

另一方面要与国际接轨,加强在国际出版市场上的适用性,提高与其他国家的对话能力,为数字出版物在海外的输出与数字出版企业在国际上的竞争提供保障。

目前适用于数字出版的法规可以分为几大部分:一是权威的指导性法律,《中华人民共和国著作权法》是出版业的根本之法;二是实际出版业务领域的行政规章和指导文件,通常为国务院出台,如《出版管理条例》《信息网络传播权保护条例》《音像制品管理条例》和《印刷业管理条例》等;三是涉及具体出版形式的法规条文,针对性和适用性很强,一般由新闻出版主管部门制定颁发,如《互联网著作权行政保护办法》《互联网出版管理暂行规定》和《网络出版服务管理办法》等;四是由最高人民法院或最高人民检察院发布的出版司法解释,为违法违规案件的裁定和审理提供细化的原则和依据,如《关于办理利用互联网、移动通讯终端、声讯台制作、复制、出版、贩卖、传播淫秽电子信息刑事案件具体应用法律若干问题的解释》等文件;五是地方新闻出版管理部门依法制定的用以规范和繁荣当地出版事业的相关法规条文,在与国家性法律法规保持一致的基础之上,根据各地的实际情况予以更加全面和细致的规定,如《上海市著作权管理若干规定》和《江西省广播电视管理条例》等。此外,还有对各类数字出版产品起到直接规范制约作用的法规性文件,如备受关注的《互联网游戏审批管理细则》和《手机媒体出版服务管理办法》等文件或执行方案,也一直在研究拟订之中。

国家新闻出版广电总局主管我国的新闻出版事业,但目前来看,数字出版的监管主体往往不是由国家新闻出版广电总局单独负责。在新闻出版的管理范畴和具体职权里,不管是传统出版还是数字出版,其主要管理部门都是国家新闻出版广电总局,对全国范围内出版产业的前置审批、监管工作负责;工信部则主要是互联网出版的主管部门,依照法律对全国的网络出版服务实施相应监管。基于互联网出版物、数字出版物的特殊性,它由平台(包括PC机和终端设备)和出版物两个主体构成,其中,网站、手机、终端厂商等涉及网络服务的项目等归属工信部管理,出版物归属国家新闻出版广电总局和文化部管理,因此国内以网络为平台的数字出版单位基本要向上述单位进行登记备案。而在涉及出版单位违法违纪现象的打击时，工商管理部门、质检部门也可以适当介入。多部门管理确实是从数字出版行业的自身特点和实际出发，特别是在起步发展阶段，尚不能够在政府管制环节进行放松，加上引发问题的深层次原因常常归结到技术层面，需要专门的部门予以监管，已经超出了国家新闻出版广电总局的职权范畴。单是数字出版标准、移动阅读产业相关标准的制定，就需要工信部来主持牵头，国家新闻出版广电总局予以配合和协助。设置多个管理主体，是明晰管理职权、强化管理功能的需要，但也确实为数字出版的管制引导带来了一些难度，首先是在法律法规的制定上，如手机出版监管、网络出版监管、移动 APP 审批等，往往需要两大主管部门协商，会出现利益协调与取舍的现实困难，很可能引起出版从业人士的不满与疑虑，而部门之间烦琐的行政审批也会浪费一些时间和效率。此前关于工信部在移动出版市场设立的诸多准入条款与规定，引起了一些质疑和反对，从业者认为过多的行政干预会导致市场失去活力，不符合出版业的自然规律，但从趋势来看，当整个市场规模不断壮大时，政府的介入和监管是不可避免的。其次，工信部、国家新闻出版广电总局和文化部的主管范围并不直接交叉，涉及网络或移动终端的非法出版物时，会存在监管缺位或反应迟缓、部门之间配合不够迅速及时的情况。由于互联网几乎承载了数字出版的一些可能形式和趋势，文化产业和信息产业融合的速度会大幅度加快，国家新闻出版广电总局的引导和服务功能也会继续强化，未来，工信部在网络监管上的力度会进一步加大，对此，两大主管部门要积极转变自身职能和定位，加强合作，进一步做好数字出版市场的服务性工作，加快制定法规法律体系的步伐。

  从目前我国数字出版法律法规的制定情况和制定进度来看，突出地存在一些问题，主要反映在立法的进度、立法的广度和立法的适用性三个方面。其中，移动出版的专门性法规文件目前为止依然是立法空白，从世界范围来看，手机管理方面的法规文件和实行办法已经出台了很多，专门的手机出版法规却迟迟没有动作。基于我国庞大的手机用户人群和高速增长的移动互联市场份额，对手机出版领域的法规文件有迫切的现实需求，而尚在摸索阶段的手机出版商业模式和利益不明的参与主体等因素也对法规的制定产生了现实的阻碍。立法广度上主要是指数字出版立法的覆盖性不

第二章 数字出版产业链结构分析

强,行业发展的核心问题仍需要法律法规来界定规范,数字出版领域的版权保护、内容准入、运营监管等均要在立法上有明确的体现,目前的数字出版立法还是体现在产业发展的根本方向和宏观环境上,这固然是后续制定法规的基础,但从当前的法规数量与产业发展的实际状况来比较分析,还是远远不够的。立法的适用性则比较明显地表现在不同的数字出版产品或互联网出版形式,均由同一部或几部法规文件来指导规范,缺少针对性和专业性,也会产生制约和追惩方面的问题。各类移动终端的出版产品引领了未来数字出版的发展方向,同时也成为盗版侵权问题最多、最难治理的区域,这也印证了我国数字出版发展的历程,即成绩与问题同时存在,繁荣与漏洞一直并存。张新新认为:"法律效力、立法层级低,规章制度不适应变化的社会等现状,是我国数字出版立法在行政法规及部委规章层面存在的主要问题,具体而言,数字出版市场准入、版权保护、职称序列等方面都亟待管理部门的进一步明晰和界定。"[①]

以版权法规为例,版权保护方面的法规文件在各国的数字出版法案中都占据不小的比例,作为行业发展的最大外部障碍,只有采取强有力的法律手段,才有可能遏制日益猖獗的盗版现象,保障著作权人的合法权益。已经出台和颁布的著作权方面的法规文件,对于明确著作权人的权利、侵权盗版行为的表现形式和法律惩戒措施有一定作用,但随着技术的进步和行业的发展,光靠这几部法律规范还远远不够。根据行业发展的实际和产业环境的变化,要对《中华人民共和国著作权法》和《出版管理条例》等权威性法律条例进行及时修订。

我国的《著作权法》于 1990 年颁布,在 2001 年 10 月及 2010 年 2 月进行过两次修改,第三次修订工作正在计划之中,与其他国家相比,几次修改的间隔有十年之久并且从前两次的修订内容来看,条款内容还是比较简单,并没有直接涉及数字出版物的著作权问题,对相关惩戒措施的表述模糊,缺少细致清晰的规定,比如数字内容的授权问题、数字出版物的著作权人归属问题等,争议性问题依然存在,时代性得不到凸显。因此,在

---

① 张新新:《数字出版业态中政府与市场的关系——以传统出版单位为视角》,《出版广角》2014 年第 6 期。

原则性很强、实用性欠缺的法律条文背后,大量的侵权行为由于得不到法律直接的制裁界定,仍处于合法与非法的模糊边缘,《著作权法》及其他法规条例的实施力度就会大打折扣。对此,有法学研究者将我国的《著作权法》修订次数与美国、日本、韩国等国进行了对比:美国自《千禧年数字著作权法案》颁布后,几乎每年都有新的修正案提交国会审议;《日本著作权法》从1976年出台至2009年,前后共修订了26次以适应社会经济的变迁;《韩国著作权法》于1957年颁布以来,也进行过18次修订,两次重要的修改发生在2006年和2009年。相比之下,我国的著作权法则修改次数较少,体系完善较缓慢,往往难以同步日新月异的科技发展。[①] 作为我国出版行业的根本大法和其他法规性条文的指导文件与参照文本,著作权法案的修订能够及时地对争议性问题进行界定,从而指导其他出版条例或通知的制定工作,降低因概念模糊或界定不明造成的市场损失,相关追惩措施的确立也可以充分起到净化市场环境的作用。很大一部分侵权的案件,是因为缺少制裁侵权后果的条例,而只能停留在概念和行为判定的层面,不能依法进行追究,无形之中助长了数字出版侵权之风。以日本的数字出版为例,2010年,日本国内网民经由文件共享软件及非法网站在未授权的情况下下载文件43.6件,产生的经济损失高达6683亿日元,这一下载量是合法授权下载书目的10倍。按照日本著作权法的规定,这种使用盗版或传播盗版的行为可以处200万日元以下的罚款或2年以下的拘役。最新的修订案同时将从防拷贝DVD中解压影视、图像文件至个人终端视为违法行为。[②]

法律法规的制定也会涉及多个利益主体,影响当前我国数字出版立法工作的一个客观原因在于数字出版涵盖的利益主体比传统出版有了显著变化,不能合理地协调各个主体或参与者在产业链上的合法权益,就很容易导致混乱。近些年来,作者维权的事件时有发生,与百度、谷歌等大型企

[①] 吴汉东:《著作权法第三次修订的背景、体例和重点》,《法商研究》2012年第4期。

[②] 张超:《日本通过著作权法修订案 重点完善网络下载及音乐和影像立法》,《法制日报》2012年7月3日第11版。

第二章　数字出版产业链结构分析

业的版权纠纷引发社会的关注,作者的维权之路走得并不顺畅,作为处于弱势地位的一方,往往是拥有维权的合法权利,最终却很难得到满意的结果。著作权人对知识产权的固有权益、数字出版产业链三大主体的经济利益、国家及地方政府的社会效益以及广大消费者的合法权利,这些都需要在立法过程中考虑进去。面对数字出版产业链利益失衡、运营不规范、著作权人利益得不到合法保障的现实状况,立法工作需要在兼顾效率的基础上最大限度地保证市场环境的公平性,以平衡各个参与主体的市场地位与竞争关系,其中,著作权人和读者、用户在数字时代的合法权益很容易被忽视。2010 年,英国上议院通过的《数字经济法案》引起公众哗然,针对非法下载和盗版的行为,英国政府要求网络运营商对其注册用户的上网行为进行监控,并且将进行非法下载的网络用户上报。从法案的本意和初衷来看,是为了有效地制止网民非法下载出版物的行为,但是,由于该法案涉嫌侵犯人权,同时在盗版行为的责任人界定上存在重大疏漏,会出现不必要的牵连和非责任人被迫承担法律责任的情况,一直处于争议的旋涡,2012 年上议院重新对其进行修订,反盗版措施的条例于 2014 年开始实施。开放与自由是互联网的最大特征和精神实质所在,版权保护工作就要充分遵循这一原则,数字出版物的传播和下载并不能在完全封闭的状态下进行,法律所要保护的,除了著作权人的权利之外,还有以网民为代表的广大消费者的权利。

在欧美出版大国,除了管理出版事业的官方组织之外,出版行业协会在推动数字出版立法工作和强化法律监管上也是必不可少的参与主体之一。作为企业与政府、市场与政府间的桥梁,行业协会在协调各个利益主体,探索产业规律以及规范行业秩序,提供信息服务和政策咨询以及推进移动阅读事业上,有关键性的地位,在法律法规制定中可以承担关键的角色,发挥重要的作用。与此同时,行业协会还可以作为政府监管出版行业的补充力量,推动立法工作落到实处,对于不规范的企业或个人行为,予以监督和依法管理。我国的出版行业协会的官方色彩比较浓重,全国数字出版行业协会的建立工作已酝酿多年,却始终没有成形,目前比较有代表性的涉及数字出版领域的行业协会,是在中国音像协会基础上改组建立的中国音像与数字出版协会。此外,地方省市也在这几年陆续成立行业协会，如上海市于 2012 年成立数字出版专业委员会，南京于 2013 年成立数字出版协会。按照目前的形势和进度，组建全国性和地方性的数字出版行业协会组织，是国家新闻出版事业战略部署的一部分，未来，依靠行业协会的力量来为我国的数字出版立法工作提供多元咨询与信息服务，同时依法有效调节和规范数字出版市场，会是其工作重点和发展趋势之一。

第三章

移动阅读领域数字出版商业模式要素分析[*]

前文论述了移动阅读时代数字出版在消费端、生产端、产业形态端等各个方面发生的新变,阅读方式的变化、内容创意的重构,使人们需要在更大的搜索范围中进行合理的消费,这对数字内容的数量和质量提出了更高的要求。落实到出版环节,数字内容日益成为目前出版业的主要增长点。数字内容的创作、生产和营销的一体化是图书出版模式转变的重要内容,出版发展的新模式是须重点探讨的对象。相较传统出版而言,数字出版呈现出前所未有的包容性和延展性,前文对数字出版产业链各环节进行了分析。本章继而主要探讨数字出版新模式,提出基于数字内容的跨媒体出版是新模式的发展方向。在宏观层面上,跨媒体出版对应于出版机构有不同的定位,在中观层面,商业模式是其中最重要的组成部分。出版业数字内容的生产方式、营销策略和盈利模式都亟待探究,在出版发行流程中的任一环节的突破或许最终能够演变成具体的新商业模式。最后在微观实践领域,针对教育出版、大众出版和专业出版内容数字化之后的不同特征,阐述可行的商业模式。

---

[*] 陈洁:《数字出版盈利模式研究报告》,《求索》2009年7月。

一　数字出版商业模式分类

1. 产业互动增值模式

不同类型的出版内容会形成各种领域的服务体系，出版商与相关产业商合作，依照不同的主题内容，为消费者提供不同的衍生服务，基本的消费者信息可以通过在线问答互动、同类资料的在线索引等方式获取，大数据时代环境下收集消费信息更是显得尤为重要，由此可以发展线下增值服务模式。这种出版产业与相关产业互动增值的模式，本质上体现了当下内容产业媒介融合与各产业链互通的趋势。在这种商业模式中，整合网络平台建设是不可忽视的措施。国内的出版社网站尽管有的已具备在网上直接销售纸质图书的功能，然而其中一些仍仅有简单的出版社信息介绍。想要整合现有出版社网络平台，必须创新传统的出版社网站固有观念，将内容作为中心展开业务拓宽。例如以旅游为主题的数字内容信息服务，可围绕特定内容开发在线服务体系，扩容盈利增长点。扩展行业分割局限，如同程、去哪儿等旅游 APP 均为可能合作伙伴，将数字内容研发与旅游拓展度假线路、服务信息密切结合。

2. 基于移动通信网络的微信出版模式

用户手机使用量是手机数字内容消费人群得以形成的基础，移动网络的应用率则是衡量数字内容市场广度的指标。以小额支付为代表，手机对于传播数字化内容有着天然优势，手机读者为手机阅读付费的意愿相对充足，特别是日本和中国市场。通过在手机上安装阅读器、阅读图书的手机小说在日本仅用 5 年时间斩获 100 亿日元，且继续保持增长的消费市场。在我国，数字出版相关的手机增值业务除了手机浏览器在线阅读、阅读器应用阅读、短信订阅外，还有铃声图片下载、移动搜索、手机游戏和手机动漫等。2008 年年初，《吃什么，怎么吃》和《眉姐》两书的"手机书"

第三章 移动阅读领域数字出版商业模式要素分析

与纸质图书同步发行,首次实现双轨出版模式。在数字出版进一步发展过程中,可积极开拓由网络整合平台直接向移动终端提供数字内容服务的商业模式。数字内容出版商与相关产业企业多方位合作,形成以手机出版市场为中心的内容服务体系,使之创造新收入。如教育出版社可尝试和移动通信合作,推出针对家长和学生的每日一练信息服务。

由移动通信业与出版业结合的可见商业模式,有兰登书屋介入移动电话信息服务。其旗下的兰登书屋投资公司对专门研究向手机传输文本互动信息问题的软件提供商沃赛尔公司注资,并授予沃塞尔兰登旗下 Living Language 和 Prima Games 两系图书手机版权。公司创始人卡尔·沃什布恩说,五分钟是用户阅读手机信息的极限时间。当前以 5.75 美元/月的方式包月向消费者提供内容服务。同时将进一步与其他内容提供商合作,以获取更多可开发的内容资源。

微信公众平台的推广满足了读者在微信上阅读各类资讯的需求,也完整地提供了碎片阅读的条件,作者和读者可以通过微信交互,这便产生了通过微信自助"出版"的契机,于是作者直接利用微信公众平台进行创作和推送,读者关注后直接阅读内容的"微信出版"出现了。2012 年,微信上昵称为"NBC 二当家"的用户利用微信写成了小说《摇的是你》,被称为中国首部微信小说,通过公众账号"品读时刻"(微信号 pindushike)连载向读者免费开放,讲述发生在微信上的爱情故事。小说 3 个月累积 15 万字,关注人数达 5000 人左右,据称每天有超过 20 万人追看,读者评价其"情节出人意料,悬念层出不穷,情感无比真挚,语言幽默风趣"。目前该小说第一季已完结,共 71 节,可在微信公共平台微杂志(公共号 weixinzazhi)上阅读到小说全部内容。

健身导师斌卡创立了微信公共号"硬派健身"并于 2014 年 2 月推送了首篇文章,随后其关注用户持续增长,一个月内突破三万人,随着知乎专栏、官方新浪微博的相继创立,2015 年 5 月已风靡一时,粉丝已突破一百万人,被称为微信原创健身公众号 No.1,获得知乎网赞同认证 115742 个的 No.1 健身平台。2014 年 6 月其衍生的电子书《硬派健身·减肥篇:知乎斌卡自选集》上市,该书作者发表在知乎上的专栏文章,一举冲上了亚马逊电子书季度销售榜之首,2015 年 5 月纸质书《硬派健身》

由湖南文艺出版社出版，迅速登上亚马逊、当当网保健、健身类新书排行榜第一名。而《硬派健身》不仅畅销，而且获得了极好的口碑，在豆瓣阅读上电子书和纸质书分别获得了 8.2 和 8.4 的高分。

3. 基于群组信任的数字内容在线支付模式

　　进入 Web2.0 时代，基于分享的群组信任模式也是广告模式之外的数字内容在线分发收益来源。虚拟网络中的人群以兴趣、职业、现实交际圈等特有联系积聚于在线社区中，他们彼此间产生的人际信任存在巨大数字内容发行盈利的商机，基于组群信任的组织方式、人际传播提升了群成员对于在线支付的信任。例如 www.yeeyan.con 即是在线组群信任创造出版内容的典范。其会员通过社会化网络的形式，根据兴趣爱好建立群组，建立对应的博客，翻译外文文章，可以在发布的翻译帖子下进一步讨论自话题，由此产生特定体系。其他会员还可以查看帖子上附随的原文链接，对翻译帖的质量打分。这种在线学习平台是中文读者学习外语、阅读外语作品的平台与窗口，另外洋为中用在线交流社区，更是激发了内容创造。通过该平台翻译诞生的中文《从零到百亿——Facebook 创业故事》已经出版，可在淘宝网上用支付宝、快钱等第三方在线支付手段轻松购得。

　　从内容的组织形式和推送方式来看，这种基于群组信任的模式可体现为传统类 RSS（简易信息聚合）方式的内容源订阅模式和个性化推荐模式，分别以 Flipboard 和 Zite 这两种杂志阅读应用为代表。目前国内很多同类手机杂志产品大多仿照 Flipboard、Zaker（扎客）。它不是在苹果、安卓等平台上简单地汇集信息，而是以报纸、杂志、微博等社会化媒体内容为对象重新组建封装，捕获关键信息，其展现形式是"类杂志"阅读。其资讯丰富、设置项多且支持离线阅读。

　　豆瓣网是集博客、交友、小组、收藏和消费于一体的网站，尤其是图书、音乐和电影内容搜索上独树一帜。它拥有 3392 万用户、15 万个小组、1442 个主办方，凭借相同阅读兴趣人之间的交流和分享，发展至手机版时俨然成为各群组用户的购物指南。其营销完全颠覆了传统的单方销售、降价促销等理念，而是巧妙动员豆瓣书友建立粉丝团队营销，消费者

第三章　移动阅读领域数字出版商业模式要素分析

在其引导下主动搜索产品相关信息和服务，淘汰了传统的靠简单发售终端实现的推销。

自然数字内容主题营销网站的会员也可以通过在线支付进行充值。目前国内不少出版商把整合过的网络平台投入运营，会员在线充值以获取数字内容产品和服务，为出版商创造了大量利润。例如起点中文网和红袖添香，这些原创文学网站除了关键位置的广告投放收入外，VIP会员充值亦带来了可观的收入。鲜果RSS阅读器拥有大量用户，用户不需逐一搜索，采用一键式订阅服务就能方便关注微博、QQ空间和自定义RSS，借助广泛的合作关系，其订阅内容覆盖国内主流报社、出版社、精品网站，2011年鲜果联播的推出更是鲜果进入移动阅读的标志，并支持新浪微博、腾讯微博、人人网等账号绑定。

4. 网站移动阅读器及其他阅读收费模式

门户网站读书频道的在线收费阅读模式是数字内容的另一种收入可观的商业模式，在新浪、腾讯、搜狐三大门户网站已获得一定规模的成功。腾讯网自正式推出VIP收费阅读服务起，既可在线观看，还可在手机上阅读。读者既可以选择5元/月的包月业务，也可以选择只阅读2元/本的单本，据悉腾讯的该阅读服务在最初的两个月内即拥有了10万包月用户，单本图书每本也有几百人在付费阅读。此举在初期招来习惯免费的读者的一片骂声，收费的阅读习惯正在进一步培养之中。网易云阅读由于门户的优势，拥有多方合作伙伴，有丰富的内容推送频道，订阅方式也是多样化，网易阅读有一个较少见的资讯与图书二合一的社会化阅读器。网易旗下130多个特色栏目包含超过3000个优质内容资源。财经、科技、汽车、体育、时尚、视觉、社交等资讯内容分类呈现，自由添加内容。用户可将美文美图一键分享至微博、豆瓣、开心和人人。以知乎网站为例，其可操作的商业模式有以下四种：一是付费下载《知乎日报》等客户端应用。随着当前移动终端的普及，APP使用范围越来越广泛，其版权问题也随之备受关注。付费下载APP从而保障其研发者的版权利益是大势所趋。知乎、《知乎日报》则完全可以向用户收取客户端的下载费用或者网站上的注册费用。二是投放精准广告。知乎的问答往往有较强的针对性,例如如何选择适合自己的香水、自家炒菜应用什么锅等,这类问答通常也具有引导性,广告的投放便可十分精准,同时通过每个人的提问、答题记录,可以很容易看出他的兴趣爱好、审美趣味,针对这一点,也可适当投放定制化广告。三是进行精准招聘。知乎吸引了大量的各行各业的有知识、有思想、有能力的人,他们在此提问、回答、评论、收藏,向大众展示了其专业的知识功底、丰富的生活经历以及卓越的思考能力、判断力、表达能力、文字功力等,另有大批的高校毕业生等待发掘、等待成长、等待发展。如此诱人的猎物,招聘单位岂能不眼红?四是打造搜索引擎。随着知乎问答领域的不断拓展、加深,笔者认为打造类似 Google、百度这样的搜索引擎也是一项不错的选择。在使用搜索引擎时,人们的心中必定有确定的疑问,而知乎网站上的问答形式就具有得天独厚的优势了。同时,知乎网站上已经有的和即将诞生的众多的精彩答案,将为其搜索引擎提供丰富的多元化的数据库内容。对此出版业界人士众说纷纭、百家争鸣,不过对于这种创新式的阅读收费模式,一般都肯定其运营加营销的策略,由此发展起来的自助出版模式也是值得进一步开发的盈利方式。

二 数字出版盈利对象分析

由于不同出版领域的内容具有自身的独特性,对应形成的数字出版形态特征亦有所不同。在探讨数字出版可行商业模式的基础上,针对具体数字出版形态特征,可采用的商业模式不尽相同。目前专业出版和参考书出版比较成熟,教育出版、学术出版以及大众出版均在摸索之中。参照我国出版实际情况,将参考书出版、学术出版并入专业出版领域进行探讨,主要从教育出版、专业出版和大众出版三个领域来探索数字化具体发展问题。总体而言,专业出版领域和数字技术契合程度最高,教育出版次之,大众出版为低。如哈珀·柯林斯大众出版领域数字化业务收入占营业收入的1%,高等教育是10%,专业出版达85%—90%。但不难发现,这三大领域发展数字出版之时仍具有各自特色和优势。

第三章　移动阅读领域数字出版商业模式要素分析

1. 教育出版：数字信息服务模式

移动阅读在数字化时代是一种新式的学习方式，教育信息、服务、资源可以借由无线移动通信设备远程发送至用户。面对这种移动学习方式和网络化学习环境，教育出版需要根据这种移动性的特点，提供更为有效的信息服务内容。

(1) 数字出版时代教材功能创新特点和发展现状

教育出版物以教材教辅为主，此处统称为教材。教材具有自身独特的体系结构，教材是知识的载体，知识结构是教材的基本架构。数字出版立体开发的教材内容，不再是只有图书形态，而是知识整合体。知识结构指"在学科结构的基础上，根据教学任务或课程目标选择符合需要的不同性质、不同层次、不同类型的并以一定方式组织起来的整体"。与学术专著体现知识理论严谨性、系统性有所不同，教材集应用性、系统性于一体，重知识系统传授，并对学生能力训练提供应用。传统图书教材体系结构重心往往落在知识传授上，而忽略了对学生的应用培养体系。数字出版立体开发的教材内容和用于教学的数字内容平台，强调教学中的学，知识传授关系更为互动。

目前我国教育出版主要依托方正阿帕比、超星等技术公司所做的数字化教材，面向图书馆等机构用户采取复本数的商业模式。这仅仅只是将印刷书数字化，没有真正发挥数字出版的功效。高等教育出版社还尝试使用其他方式来促进教材的销售，运用数字技术开发在线学习卡服务。学生可以获得针对教学辅助的大量信息，和老师实现互动问答，实现在线测试。并积极探索从组稿到发行整体运营模式，目前增值业务这一块相对比较成熟。更多的教育出版社目前是投入大量的资金来研发网络学习平台，未雨绸缪以应出版业可能之巨变。

(2) 海外教育出版发展数字出版重管理、资本、技术和服务

首先，须协调好出版机构内部组织关系，在技术研发上投入大量资

金。目前的数字出版商业模式往往需要出版社在前期投入大量资金,产出回报缓慢使得很多出版社对发展数字出版心存顾虑,踌躇不前。管理者观念的转变和管理体制上的保障,是当前颇为重要的问题。培生教育出版集团桑建平认为,与科技的紧密结合是未来教育的必然趋势。在技术仍然是内容的辅助性工具之时,管理者就需要有胆识与在实践中创新的前瞻性,预见技术对于教育的影响与应用,积极说服股东投入大量资金发展数字出版。一些赞同改革的编辑认为,与其做其他奢侈的同出版无关的消费,不如用作数字出版研发基金。

其次,在正常的基础资金投入外,出版业外资本的合理引进亦有利于教育出版的数字化发展。在世界范围内存在着许多出版集团被业外资本吸收的例子,美国教材出版社休顿·米夫林公司被爱尔兰教育软件出版商里佛迪普并购,汤姆森学习集团被风险投资公司 ApaxPartners 和 OMERS Capital Partners 以 77.5 亿美元收购,威科教育板块被 Bridgepoint 技术公司以 10 亿美元收购。吸引业外资本进入本领域,亮点在于教育出版拥有庞大内容资产和升值空间。美国 HM-Riverdeep 软件开发公司涉足网络教学,开发交互功能教学软件,将有限的产品开发成在线互动模式。管理者认为提供可下载软件、互联网产品等形式的服务,并没有印刷和运输成本。

再次,积极建设标准化数据库。培生教育集团为机构用户提供的在线数据库中信息类图书达数千种,内容整合平台的资源正是从这种标准化数据库中来。内容整合平台作为在线学习平台,在为用户提供图书销售增值服务、终身学习计划定制、远程教育服务等业务中发现新的利润增长点。

最后,教育出版所采用的商业模式须落实到基于服务的数字信息模式。教育出版区别于其他出版领域的特点是服务意识,为教学服务是其宗旨。教育出版在其数字化的进程中,已经从原有依附于印刷书教材的增值服务,发展为独立运营信息服务体系。例如麦格劳·希尔的免费黑板服务,通过这一软件平台不同的教育资源可实现交流共享。麦格劳·希尔免费为这个平台提供内容资源,为老师提供免费 WebCT 教学管理系统。Page Out 互动交流在线服务则是指导老师建立和学生交流的讨论区,加强师生沟通。另外 Primis Online 服务能够提供多种网络素材,借此指导

第三章 移动阅读领域数字出版商业模式要素分析

老师定制数字化教材。此外还有 CourseMart 平台，通过增强与学生的交流来了解其实际学习存在的困难并以此优化教育信息服务。如牛津大学出版社，它将自身在英语语言方面的优势以 Oxford Dictionaries Online 的形式展示出来，为世界各地的读者提供现代英语字典和语言参考咨询服务；它将自身在生物学等各个学科的学术和科研优势以 Oxford Scholarship Online 的形式展示出来，为全世界的受众提供牛津大学在 18 个学科领域的书籍全文。这些数字化教育平台在原有印刷书教材市场的基础上，拓展了远程教育、终身学习服务内容与体系。

(3) 我国教育出版探寻的三大商业模式

我国学校教育以应试为主，文化强调共性而非个性。数字化教育出版的进程，一方面要吸收国外教育出版数字化的经验，另一方面更要"因地制宜""因时制宜""因人制宜"，把国内的实际情况及出版社自身的状况结合起来。

首先，考虑数据库服务模式。标准化数据库能够为网络在线搜索和在线评测服务提供基础，这就需要按照统一的分类标准，将数字内容资源一一分类、标注。出版社以数据库为内容资源进行整合开发，注重数据库的服务和研发多形态产品，做到资源的多种利用，但是不能"将其内容全部兜售"。

其次，网络整合平台模式。线上线下教育互动，教学资源、教学管理、在线测试的相互融合，能够借由网络平台实现。尼葛洛庞蒂曾提出过"在游戏中学习，一边玩一边学"的数字化生存畅想，以游戏为形式的教育学习在数字时代潜力巨大。当然教育网络平台的研发与推广需要学校的积极配合，对于学校而言，老师可以利用网络平台上的信息重组课件，用数字化教材补足印刷教材的缺陷。

再次，移动学习定制模式。移动运营商与出版社开展内容与技术的合作，开发出教学内容手机定制、教学短信包等服务。既可以通过手机群组实现教师对学生群体教材的选定，又可以个人反馈、修改意见做到个人教材的特别制作，满足数字时代愈发重要的师生个性化教学需要，弥补教材地域性短板。

最后，长尾效应网络营销模式。通过网络销售平台的全天候运营特征，最大限度地捕捉消费市场，实现内容销售的长尾效应。目前新课标教材出版市场重组、教材出版利润被招投标压缩，以数字技术为支撑的电子教材、虚拟互动学习空间、网络多媒体教学资源能在印刷书教材之外开拓更大范围的市场空间，是内容产品不断输出的基础。

2. 大众出版：与内容相应的市场互动模式

（1）数字化背景下大众出版的新动向和发展现状

大众出版涵盖小说、非小说文学作品、艺术、政治、生活用书和基础知识读物等。种类繁多的大众出版物与当前社会日益膨胀的大众文化息息相关。批量生产的大众文化不断以通俗的、重复的和单纯的方式，给受众带来阅读时的文化消费快感。

网上书店在线销售图书，定制书籍按需印刷服务初步实现。出版社尝试过这些相对初级的数字出版方式后只是考虑如何和移动通信商合作提供内容。移动运营商纷纷建立移动阅读基地，并逐步拥有了自己的版权资源，作为内容提供商的出版社面临着巨大挑战。对此，出版社必须坚持出版数字化升级，分析大众出版的特点，关注大众出版的发展方向，实现产品内容与形式的创新。

碎片化、便携式和多媒体特点使得大众出版具有数字化出版市场的绝佳优势。互联网为获取信息提供了极大便利，手机、阅读器的使用也正在加速和深化新一轮阅读革命。当下大众文化与出版的结果，是跳跃式、碎片化甚至快餐式的阅读方式。碎片化的阅读正在打破传统线性的阅读方式，而线性、系统的思维模式也随之改变。一方面是快节奏的工作现实要求大众在卷帙浩繁的信息中快速获取"特定""必要"的"片段"内容；另一方面是高强度的工作与生活环境使得读者更迫切地希望从大众文化消费中得到阅读快感，缓解紧张的压力。作为现代都市居民工作之外用于休闲娱乐的大众文化本身即带有明显的消费特征，因而它往往容易被商业机制所掌控，为迎得社会不同阶层、不同文化品位的受众青睐，其内容也是

第三章　移动阅读领域数字出版商业模式要素分析

批量复制的实用、通俗、游戏内容，以满足消费者心理、情感及欲望宣泄，助长了人们急功近利和浮躁的心态。

大众文化的这些特点反映在图书出版领域即是内容更加休闲，趣味性增强，更新速度加快。大众读物的阅读地点、阅读时间也与以往不同：快节奏、移动性的现代生活带来的时间碎片化，也使阅读的时间变得碎片化，乘车途中、喝咖啡之时和睡前等都成为阅读时间。同时大众出版图书也日渐被免费、即时和海量的互联网信息所取代，因而大众出版的数字化方向亦趋向于提供短小精悍、廉价有效的信息服务。

数字技术利用计算机拼贴、多媒体显然能为大众出版物提供更鲜明的视觉刺激，如面向儿童的大众图书在书的外观设计上需要别出心裁，以色彩鲜明艳丽来吸引读者。兰登书屋推出的"问路石"系列丛书，封面上有七种色彩的圆形"纽扣"标识，分别代表了经典、小说、纪实、历史、幽默、神秘和幻想七种图书门类。数字出版同样也注重满足听觉刺激的内容产品，有声读物就是值得开发的领域。有声读物在文字阅读功效的基础上，也是一项娱乐性的欣赏行为。特别是对悠长假期中抛开书本的孩子而言，听书独具魅力。有声读物能够保持孩子们的阅读能力、提高论辩水平和阅读兴趣、增强词汇记忆，有效减少孩子阅读能力在假期中的减退。Stonington 免费图书馆经理南希·杨说表示，有声读物对于一些学习困难的孩子，可能会是他们享受读书乐趣的唯一途径。

（2）海外大众出版发展数字出版重资本投入、立体化开发

国际四大大众出版社的代表人物，企鹅出版公司约翰·马金森、兰登书屋彼得·奥尔森、哈珀·柯林斯主席布里恩·莫里和霍兹布林克董事会成员鲁迪戈·萨拉，都肯定了数字化投资对出版业发展的重要性。国外数字出版的大众出版领域经验主要在以下三点：一是，与搜索引擎合作共赢。哈珀·柯林斯总裁 Brian Murray 有言："我们认为年轻人喜欢用上网浏览的方式进行阅读，当下在美国每月大约有 100 亿个搜索问题在网上得到解答。所以有必要和搜索引擎建立关系，让大家可在网上搜索到我们的书，这是机遇所在。"二是，特定领域实施网站营销，建立直销渠道。哈珀·柯林斯创设了一个有 40 位作者入驻的爱情小说原创内容网站，编辑可以在该网站上完成作品的编辑加工,读者在该网站上浏览、看视频、买书等。三是,不同版本图书实现立体化开发。极具内容资源的图书、电影和电视全方位开发显示出越来越大的商机。以经典童话《北极特快车》为例,该图书深受世界儿童喜爱,华纳兄弟和汉克斯公司以童话为原型合作拍摄了动画《极地特快》并于2004年上映,取得了巨大成功,由此《北极特快车》的再版书又一次成为销售热点。除此以外,不管是教育出版、专业出版还是大众出版,数字内容库始终是大众出版展开数字化的基础,国外大型出版集团的经济实力和高素质人才亦是其成功的重要因素。

(3) 我国大众出版可探寻的商业模式

发展与相应市场互动的商业模式是我国大众出版可大力推广的模式。以旅游类出版图书为例,读者通常需要车次、景点、餐饮等配套信息全新的指南服务,但是出版旅游信息更新耗费大,出版周期过长,缺少互动性,无法满足读者的实际需求,而数字化出版物快更新、强互动、低成本和便携式的特点优势显著。www.phsea.com.tw 网站以澎湖地区旅游为主题,提供丰富的旅游咨询服务,印刷旅游读物、旅游品生产商、电子地图导航仪制造商皆是其合作伙伴或业务延伸。

大众出版数字化发展必须打破传统出版的固有思维,从数字内容产业、互联网时代的维度思考新模式。特别是以多种形式探索数字出版的发展空间,建构与大众文化市场相适应的新型商业模式。例如传统出版社与硬件设备制造商之间便存在巨大的合作空间与商机,出版社为导航仪制造商提供相关信息并收取相应费用,如此内容提供商实现了与硬件设备供应商的跨领域合作。在我国台湾,大舆出版社一直从事地图与旅游内容服务,其与当地汽车制造商合作,这些厂商生产的汽车与大舆出版社的数字地图配套,大舆在2001年就开始研发电子地图导航器。近几年国内的大众出版市场发展迅速,尤其是传记文学,以社会名人的成功经历、思想观点为内容的图书皆成为大众畅销书。传记作者可创办与图书相关的网站,或是与之相关的电子杂志。例如《开啦》是演员徐静蕾继博客书之后创办的个人电子杂志,将"开啦娃娃"卡通标志印于周边服饰、茶杯等产品上,欲将"开啦娃娃"打造为品牌。通过广告、下载售卖和会员制等商业模式实现盈利,并以此举办像春季运动会之类的活动,争取赞助。这些营销策略打通了出版及相关产业链,实现了全产业链互动营销模式,因而可以作为内容市场互动模式的成功案例。

(4) 大众出版中文学出版类作品的商业模式要素①

"媒介形态是阅读存在的基础,每一种媒介决定了每一种社会文化",② 随着数字化时代的新兴媒介形态——电子书、电子期刊、网络在线阅读、移动阅读的普及,由之引发了社会文化的变迁,大众文化的主力军文学类图书也在这其中呈现出新的姿态。

2013年6月,《9.99美元的战争》由《出版人周刊》(Publishers Weekly)出版,书中详细介绍了亚马逊、苹果及美国六大出版商就电子书价格的谈判和将会产生的影响,值得一提的是,本书即以电子书形式出版,在亚马逊平台、iBookstore 上的售价为1.99美元③。目前电子书与传统纸质书之争已经"白热化",对于文学阅读和文学创作究竟意味着什么?从世情小说、海派小说到颜文字、哈利·波特,这些从古至今的名字在出版与阅读的概念下串联在了一起。

第一,写作:在网络上建构自己的文学幻境。

出版之源在乎阅读,文学阅读在互联网的大环境下,首先发生迁移的即是文学的创作者。在网络环境下,文学创作与出版不只是知识分子的私人领域,文学的发布方式突破了单一的纸质出版而改为网络在线发布后,每一个怀揣文学理想并具有文学写作能力的普通人,都可以借由网络平台书写属于自己的文学,文学日渐褪去精英知识分子的光环,走下神坛。与过去相比,数字出版时代自助出版服务将越来越快捷完善,此前"出版人周刊选择"(Publishers Weekly Select)对外宣布能够向自助出版作品提

---

① 陈洁、刘琦:《数字出版视角下文学阅读的裂变和变迁》,《出版广角》2013年第10期。

② 陈洁:《印刷媒介数字化与文化传递模式的变迁》,《浙江大学学报》(人文社会科学版)2009年第11期。

③ *The Battle of ＄9.99,' a PW Original E-book*, Publishers Weekly, 2013-06-17.

供畅销书的编辑、制作、发行和销售等专业服务。2010 年 6 月，亚马逊推出自助出版服务 KDP（Kindle Direct Publishing），作者将书稿交予亚马逊编辑加工出版，价格由作者自行决定，然后在 Kindle 平台上进行在线销售。国内文学自助出版可以追溯至 20 世纪 90 年代初，少数作家尝试使用电脑写作，刘心武《风过耳》中曾谈及这种新式的电脑写作。在当时，电脑是十分贵重的物品，即便是对于一些收入水平较高的作家亦是如此。21 世纪后，随着互联网和个人电脑走进千家万户，电脑日益成为文学存储、创作、传播和阅读等多个环节不可或缺的工具。网络写作的方式使每个人都能够参与文学的创作中来，于是作者角色的内涵与外延便得到空前的扩充。相比纸本文学图书的发表，数字平台也显得更为快速便捷。网民们通过个人计算机与互联网撰写个人博客，读者根据博客内容的相应标签借助搜索引擎寻得并阅读，蔚然成风。原创内容文学网站在线发布极大地促进了文学新作品的发表，起点中文网、纵横中文网、幻剑书盟等都是至今保持较高点击量的网络文学网站。发表途径的多样化使每个人的作品都有获得读者的机会，很多大热的文学作品的作者开始从事创作时并非专业出身的文学从业者。已出版多部实体书的盗墓小说《盗墓笔记》的作者南派三叔原是外贸公司一职员，影视热播剧《蜗居》和《王贵与安娜》的作者六六也多年在外贸行业工作。2013 年 9 月底，腾讯文学广场举办第一届"文学社团排行榜"评比活动，其两大口号是"文字梦想"与"草根文学平台"，旨在给有文学梦想的人一个展示的平台与机会。

  网络平台上作者创作、读者留言、作者反馈的互动方式使得网络文学作品一定程度上成为作者与读者的共同创作。博客在中国渐渐家喻户晓，其评论功能为文学网站所借鉴，发展成文学作者与读者交流互动的形式。以起点中文网 9 月月票排行和会员点击排行榜首的作品《完美世界》为例，从其连载开始的两个月内（8 月中旬至 10 月初）累积评论 273931 条，读者在回复中表达自己对故事发展或某一角色的期待，与其他读者或是作者交流互动，他们的话语权得到充分表达。大量读者持相似意见时很可能对作者创作思路产生影响，甚至改变文学作品内容走向，文学作品在不同程度上成为作者和读者的共同创作，由此也使作者与读者达到从未有过的亲密。2001 年人民文学出版社出版了网络原创文学作品《风中玫

第三章 移动阅读领域数字出版商业模式要素分析

瑰》,作者唐敏在序言中说"《风中玫瑰》最大的一个特点,就是作者与读者的现场参与互动的效果,读者不是等待着读一部完整的作品,而是与作者一起完成一个'帖子'的写作过程",因此其印刷书版中保留了BBS公告版面读者和作者互动的形态。①

第二,内容:"去严肃化"的分众阅读形成。

不同于过去计划经济时代供不应求的文学创作量,亦不同于"网络写作初期相对不求名利的态度"②,文学创意产业的蓬勃兴盛是数字出版的另一背景要素,数字化时代产生大量作者、读者和作品,维持文学产业有效运作需要投入商业资本和市场营销理念。③ 其结果是文学生产机制发生变化,文学供求进入"买方市场"。市场经济将市场观念植入人心,体制外的自由作家群体所创作的文学作品的最终销售收益直接关乎其生存所需的收入来源,决定了作家的生活水平。文学的创作者也日趋重视作品的读者接受程度、市场消费规模,作者在进行文学创作时不得不考虑读者的接受因素,不得不改变理念做出种种尝试以拉近和读者的距离,开始关心大众的阅读需求,分众阅读的格局表现为三个方面。

其一,文学的类型化。数字出版时代,由于文学作品创作数量的庞大,读者有了自主自由的选择空间,于是个性化的阅读需要得以满足,"分众阅读"成为当下网络文学的普遍形态,题材多样、种类繁多的类型文学随之出现。例如,起点中文网上小说被分为"玄幻·奇幻""武侠·仙侠""都市·职场""历史·军事""游戏·竞技""科幻·灵异"六大类,另有"同人·拓展"和"女生网"。

其二,文学的消闲功能得到凸显。正如前文所述,快节奏、高强度的现代社会生活推动了阅读时间、地点的碎化,碎片化成为数字时代阅读的一大特征,与高深晦涩的严肃文学相比,人们需要休闲娱乐的文学内容来舒缓紧张情绪,放松心情,消遣娱乐。"随着传播媒介技术的进步和生活

---

① 唐敏:《风中玫瑰》序言,人民文学出版社2001年版。
② 关云波:《论读者介入对网络文学创作的影响》,硕士学位论文,云南大学,2011年。
③ 同上。

节奏的加快以及'眼球经济'和'快餐文化'的影响,数字化阅读方式不再强调朗读、诵读和精读,而逐渐趋于以'休闲娱乐'为目的的'浅阅读'形态"①,文学的消闲功能"是对文学艺术功能观的一种表达,是对文学艺术现状和在新的历史处境下,对传统文艺功能观进行纠正的努力,承认并明示文艺功能的多样性"②和传播的娱乐功能殊途同归。其实文学自古就有休闲娱乐之功用,但是在中国的传统思维下,抒情言志才是文学的正统,明清时伴随市民文化兴起的通俗小说、戏曲始终被视作"不登大雅之堂",小说一直只是"闲书"。直至近代梁启超的《论小说与群治之关系》开始,小说被赋予正统的教化功能,用于传播思想、开启民智,然而其娱乐功能依然不被正视。当代市场经济裹挟着文学一同进入生产领域并创造了可观的经济收入,在现实面前,文学的娱乐消费性才真正被承认。

其三,文学的"去严肃化"。在我国文学传统中,文学始终与社会思潮密不可分,新文化运动中"文学为人生"欲借助文学唤醒沉睡的国民,抗战时期则出现"国防文学",1942年延安文艺座谈会确定了之后直至"文革文学"为政治服务的方针,是政治的传声筒,改革开放后包括反思文学、改革文学、寻根文学在内的几个文学思潮,皆欲以文学表达社会观点,文学承担着沉重的社会责任,于是文学的写作风格和遣词造句往往是"严肃"的。但在数字出版时代,科幻、言情、悬疑和武侠等诸多类型文学,作者没有冀望以文学为社会针砭时弊或是为读者指引人生的意图,自由的写作群体没有严肃的文学主张和文学形式,而内容回避了重大政治问题、意识形态,甘愿做平凡生活中的"庸俗之人"以迎合读者喜好,他们的文学作品风格显示出"去严肃化"特征,只求给予读者轻松愉悦的阅读感受。网络用语近年来频繁推陈出新相继进入文学作品,出现从网络到日常生活甚至被收录入字典的过程。"颜文字"作为一种新的网络流行用语出现在文学书写中,所谓"颜文字"是指在网络或手机上用标点、字符、线条等符号组成的图案,最先风靡于日本。作者用这种图案取代文字描

---

① 陈洁:《印刷媒介数字化与文化传递模式的变迁》,《浙江大学学报》(人文社会科学版) 2009 年第 11 期。

② 孟繁华:《"消闲文学"及意识形态守护》,《文艺争鸣》1996 年第 2 期。

第三章　移动阅读领域数字出版商业模式要素分析

写，本质上反映了数字出版时代人们更偏爱简单的娱乐表达方式以及追求图像和直观的阅读习惯。

有趣的是，我国现代文学也有过类似以读者消费需求为目的而进行文学创作的文学现象。例如民国初期鸳鸯蝴蝶派的文学作品就具有浓重的商业性特征，20世纪30年代的海派小说也袭承了这一特点而表现出"新文学的世俗化和商业化"，"受市民审美趣味的牵动，与政治性、社会性强的主流文学拉开距离。它表现市民的衣食住行、人际关系，相当地生活化。小说注重可读性，迎合大众口味，是一种'轻文学'"①。上文说过，文学一直有以社会功能为主的传统，新文化运动中的新文学即是如此，鸳鸯蝴蝶派自然受到了来自新文学家们的猛烈批判，海派小说也同样不受待见。实现了"文学性""阅读性"和"市场性"在文学作品中统一的首推作家张爱玲，主要代表作品是创作于40年代的《倾城之恋》《金锁记》。20世纪三四十年代，消费文化、市场运作刚刚在中国初现，尤其是海派文学的中心地上海，海派文学的市民特质在今天重现可以说是数字出版时代下市场重新开放的必然结果，而中国文学一度沉重的社会教化和政治宣传功能是时代和政治背景下的特殊情形。

除了小说内容题材、写作风格、功能定位以外，文学的变迁还表现在碎片化阅读促使微博、微小说、三行情诗等篇幅短小的文字创作受到人们的偏爱。微博就是微型博客，要求博主在140字的限定内表达完整的意思，微小说亦是如此，对文字表达的凝练和意蕴的深长有着很高的要求，三行情书则凭借一目了然却触动心弦的特点引发创作热潮。短小精悍的文学创作形式满足了现代人对快速、方便、高效和简洁获取信息的要求，恰如其分地填补到碎片式的阅读时间，同时其创作者又通常是普通人，因而创作的内容往往能引起现代社会平凡的个体读者对于周遭经历的共鸣。

第三，呈现：媒介形式的双重多样化。

科学技术的进步推动着文学的物质载体——媒介的变迁，数字出版时代以智能手机、平板电脑、"电纸书"阅读器（如亚马逊Kindle）为代表

---

① 孟繁华：《"消闲文学"及意识形态守护》，《文艺争鸣》1996年第2期。

的移动阅读终端逐渐成形,这些轻便、大容量、多功能的移动阅读终端对印刷书市场造成巨大冲击。在手机上,阅读软件、文学作品集合、有声书等应用软件给读者的碎片化阅读方式带来极大便利。并且与价格昂贵的印刷书相比,数字阅读价格低廉而储量丰富,美国在线发行平台 Scribd 上,用户只需缴纳 8.99 美元/月的费用即可在个人电脑、手机、电子阅读器等移动终端上订阅该平台包括电子书在内的任何数字内容。[①]

  文学的存在方式不再是单一的文字,多媒体的音频、视频和图像等元素加入文学阅读中,文学作者有条件通过寻求与影视产业的合作获得更多的生存空间和经济效益。具体的表现形式为文学作品的影视改编、漫画创作,互动式儿童故事读物,有声书以及与纸质图书配套的在线拓展阅读服务,文学由此在非文字的领域再现。小说《小时代》于 2007 年开始在杂志《最小说》上连载直至 2011 年结束,其纸本图书《折纸时代》《虚铜时代》和《刺金时代》也陆续出版,2013 年作者郭敬明亲自担任导演、编剧将其拍摄为 4 部电影,除了《小时代》相关漫画出版之外,由他改编的电视剧、音乐剧甚至手机游戏,堪称复合出版的典范。严肃文学亦是如此,从消费层面来说,影视比文学文字更容易让人接受,2010 年新版《红楼梦》电视剧中大量出于原著的旁白一定程度上使电视观众在不经意间感受到了原著的文字魅力,但是其争议也不小。近年来流行歌曲谱以文学诗歌为歌词也屡见不鲜,例如温庭筠的《菩萨蛮》(小山重叠金明灭)、徐志摩的《再别康桥》等诗词都被用作歌词,使流行歌曲增添了曲调之外的唱词美。数字出版时代,由畅销书内容带动衍生产品销售,直至形成庞大产业链的商业模式已经成为一种趋势。《哈利·波特》系列是风靡全球的畅销书作品之一,自 1998 年出版第一部以来的七部作品及八部改编电影均已完结,其衍生的服饰、玩具、游戏、主题公园、拍摄地旅游等产品和服务正在继续创造着商业价值。为了纪念《哈利·波特》出版 15 周年,2012 年 11 月《霍格沃茨图书馆》组合套装出版,其中包括《诗翁彼豆故事集》《神奇动物在哪里》和《神奇的魁地奇球》,小说全套也以新的封面

---

① Calvin Reid, *Scribd Launches E-book Subscription Service*, Publishers Weekly, 2013-10-01.

第三章　移动阅读领域数字出版商业模式要素分析

再版发行，掀起了新一阵"哈利·波特热"。①

然而这并不意味着传统纸质阅读的一蹶不振，相反网络文学作者往往将网络作为其作品成熟即广受读者认可前的跳板，待人气达到一定量或连载完成后，许多作者以传统印刷书作为作品的最终形式。网上火爆的小说《宇宙之王》（*Master of Universe*）于 2011 年由兰登书屋出版纸质本并更名为《五十度灰》（*Fifty Shades of Grey*）。韩寒的博客文章经精选后分别于 2008 年出版《杂的文》，2009 年出版《可爱的洪水猛兽》，2012 年的微博出书也是如此。除了数字出版时代下人们对于纸质图书的眷恋，也体现了人们心中纸质书对于文学意义的认识。换言之，在这些网络文学作者内心深处，依然将纸本书作为文学的正统，希望通过纸质书出版为自己"正名"。数字出版时代下，文学的媒介、文学的生产方式、文学作品的内容、文学的阅读方式都不约而同地发生着巨变，市场化、数字化使传统的文化生产消费机制解体，共同造成了文学阅读的裂变和变迁。

同样我们也会发现数字时代的文学创作存在着不和谐的因子。文学创作者的泛化直接造成最终产生的作品泥沙俱下，鱼龙混杂；盲目趋利的创作目的让文学呈现出同质化趋势；过分注重读者的反馈与互动反过来制约了作者的独创性；碎片化、浅显化的阅读方式不利于国民深度阅读和批判性思维的培养；数字出版固有的版权与电子书定价问题；等等。但正如人类的历史是不断进步的，文学从来就是处在构建又解构的调整中，我们相信数字出版的发展会带动当代文学不断完善其生产与消费机制，数字化时代的文学产品必将不断成熟。

3. 专业出版：基于知识机构的定制模式

相较大众出版和教育出版，专业出版产品同质化现象稍有减轻。专业图书是为法律、医疗、金融、科技等各行业人员提供专业信息服务的内容产品，主要分为学术性专著、行业性专著、专业性工具书，功能性与实用

---

① Sally Lodge, *Scholastic Celebrates 15 Years of Harry Potter*, Publishers Weekly, 2013-06-11.

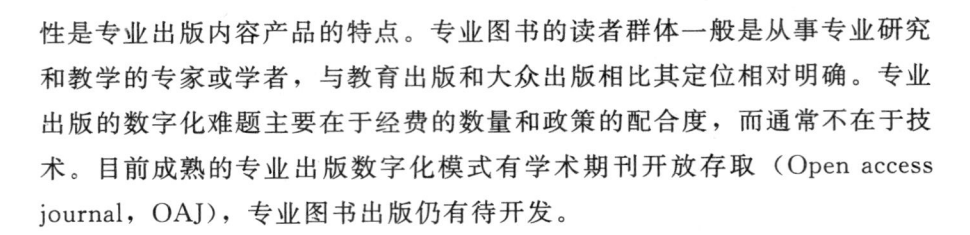

性是专业出版内容产品的特点。专业图书的读者群体一般是从事专业研究和教学的专家或学者,与教育出版和大众出版相比其定位相对明确。专业出版的数字化难题主要在于经费的数量和政策的配合度,而通常不在于技术。目前成熟的专业出版数字化模式有学术期刊开放存取(Open access journal,OAJ),专业图书出版仍有待开发。

(1) 专业出版特点和出版特色

专业出版数字化的增值之处,很大程度上是专业性知识之间的相互连接和关联搜索。出版体现了知识生产、传播、共享和创新的循环过程。在数字出版时代,人们获取知识的途径大为拓展,知识的生产速度加快,对知识的共享、整合、管理等的知识网络体系需求逐渐提到日程上来。知识之间的关联,是对知识进行有效管理须认识到的重要属性。这种关联性在专业出版领域显得尤为突出,专业期刊已在这方面做了比较成功的探索。在图书领域同样涉及科学、技术、医学等各专业领域,每个领域之中知识和知识之间的关联性非常强。

专业图书涵盖的内容使其不仅在结构上具有自身特点,而且在受众群、销售等各方面都有不同的特色。STM(Science Technolgy Medicine)出版是科学、技术和医学出版协会的英文简称,这些专业领域出版商组成的协会是STM协会,其成员为来自全球30个国家的200多家出版商。我国中央、地方科技类出版社和部分大学出版社所出书的品种均在此范围之内。

专业出版的读者群体一般是从事专业研究、教学的专家或学者,因而受众定位明确,他们往往会主动由互联网查找所需的专业信息,在阅读和使用过程之中需要部分专业相关信息而非全部内容。专业图书出版的受众群多为各行专业技术人员,一般具有较高的文化水平及计算机、网络使用能力。尽管专业图书涵盖各行业创新技术和知识,但由于利润率低,在我国市场份额不足10%。由于面向受众群相对较窄,专业图书一般印刷数量少,各种直接成本较高。专业图书主要是销售给各大学、研究机构的图书馆,使用人群相对有限。

（2）专业出版受数字技术影响现状

数字技术对传统专业出版构成了一定程度的威胁，知识的快速更新使得专业出版满足不了读者的需求。传统的图书出版速度较慢，从书稿编辑到发行需要较长时间，在信息增长爆炸的时代，昨天最新的知识可能在今天已是明日黄花，对知识即时性要求强烈的专业读者会转而选择更新速度更快的信息获取途径。专业出版的主要机构用户是大学图书馆，拥有图书馆借阅权的读者能够通过信息检索技术，在数据库中快速地查询所需的内容。而习惯于电脑写作的年轻一代，通常将资料储存在便携式、易查询、大容量的计算机硬盘或是移动硬盘中。

然而社会上对新知识、新技术的需求使这种独特的信息产品具有稳定的市场和持续的发展潜力。专业出版的未来市场十分广阔。美国三家主要出版集团占九成市场份额，行业高度集中。国内专业出版的重要问题在于专业出版不专业、大众化，一些专业出版社在市场化面前其垄断资源不断缩减，一旦陷入大众出版又实力不足，进退两难。因此必须使专业出版真正发挥专业特色，促进专业科学领域的知识进步，同时也要适应市场化，建立兼容的商业模式，例如数据库直销。

专业出版的受众人群小，断档、脱销、绝版都会严重阻碍图书的再版印刷，而按需出版（Publishing On Demand）在图书出版方面随时修订、即时更新的优势能够很好地克服专业出版图书生命周期短的难题。同时按需出版能够满足读者个性化的内容、服务需求，有利于扩大销售面。按需出版的获利平衡点标准因时而变，因地制宜，在台湾按需出版的标准从印数350—500本上升为1000本以下，而内地出版界的标准则在300本上下。

（3）专业出版发展数字出版的商业模式

专业出版数字化发展是基于结构的知识定制模式，通过搜索引擎和结构化数据实现专业知识的相互关联与专业图书的相互链接。《哈佛商业评论》的原执行编辑尼古拉·卡尔对此感叹："那种逐句逐段地去理解世界的深思冥想者，已经一去不返了。他被那种在链接和链接之间冲撞的飘忽不定之人所取代，此人在连续不断地成排更新的孤立元素之间以及在映象中更新的映象之间变魔术似地将世界显现出来。思维的线性变化成了印象的非线性。"早在 1996 年，清华同方便开始按照知识的相互关联，整合散乱的文献资源，这就是今天知网（CNKI）的初影。对于高等教育出版社研究生著作和学术出版中心，可将在其他分社获得的数字化试点经验用于专业出版数字化定制。在内容结构化基础之上，法律、金融、卫生等专业出版领域的出版社可发展信息定制。

以客户为中心，面向特定人群的信息定制模式是当前专业亟待探寻的一种商业模式。约翰·威立的 Steven Miron 认为，出版的营销策略已经从传统的产品中心转变为客户中心。客户中心也是定制模式的核心，数字出版时代用户的个性化的产品与服务需求呼之欲出，而借助互联网技术能够将其实现。与其按照某一知识结构为用户提供有限的单元内容，不如发展面向特定的专业读者，为其提供某一专业领域的信息定制、文献综述，将不失为一种盈利选择。施普林格出版集团是世界闻名的大型科技出版集团，在 SpringerLink 平台上在线期刊、电子书和参考书无缝集成，使用户能够按章节检索所需内容信息，使其自由组合成一本书来购买。

三 数字出版发展核心战略

1. 发掘移动出版领域原创内容的活力与生产力

数字出版时代，内容依然是第一生产力，从这个意义上说，内容直接决定了数字出版商业模式的成败。纵观国内的移动出版领域，看似一片繁华和热闹的景象，每年的用户和市场规模都在快速增长，各类阅读软件和应用层出不穷，但与规范、成熟和完整的移动出版市场相比，仍有相当的距离，用户和市场份额的爆发式增长却没有为各家平台带来多少实质性的收益，混乱的商业模式和运营策略背后是平台和终端难以为继的尴尬。必须承认，数字化的生活方式降低了阅读行为在日常生活中的比例，依靠移动终端来重塑阅读生态、引领数字阅读的新潮流确实是有益的尝试，然

第三章　移动阅读领域数字出版商业模式要素分析

而，这也是建立在移动终端的内容必须符合读者和用户期待视野的基础之上的，既包括数量和规模的要求，也有质量和体验方面的需求。

如果说盛大文学是国内 PC 端最大的原创内容生产商，那么以豆瓣、唐茶等平台为典型代表的则是移动互联领域的内容生产与提供商。应该说，移动出版是未来的主流，做大做强移动端的内容资源刻不容缓。与 PC 端海量丰富且更新速度快的内容相比，移动端的原创内容则相对匮乏，尤其是在发展的初期阶段，为了弥补内容上的不足，尽快吸引用户，将网络文学大量移植到移动互联内容平台上，这不但由此打下了移动出版（主要是手机出版）快餐式、碎片化、浅层次阅读的基调，也直接影响了后来原创内容的生产与补充。需要特别说明的是，外界对以手机阅读为代表的移动阅读几乎形成了思维的定式，直接将碎片化、移动化的阅读特点与浅层次、快餐式的内容与消费画上了等号，从而冠之以垃圾读物和三俗读物的恶名。殊不知，碎片化和移动化是未来生活的趋势，也是移动阅读发展的两大基点，时间的碎片化，地域的移动化以及由此带来的阅读行为和消费习惯的一系列变化已经清晰可见。在碎片化和移动化的时空里，追求娱乐和休闲是很重要的一个阅读目的，但并不是全部和唯一的旨趣，相反，如何利用碎片化和移动化的特征来实现对知识的点滴摄取和随时补充，才是移动阅读需要慎重考虑的前瞻性问题。手机运营商、移动应用商乃至数字内容平台商，需要重新认识优质内容的价值和创造能力，重视用户的深度阅读需求，而传统的出版单位为移动终端及各个平台提供精品内容的使命也自当有所承担。

（1）继续加强合作，深化优质内容的引入与转化

继续加强与出版社、期刊杂志社等传统出版单位的互动与合作，引入优质正版的内容资源，这亦是目前最有效、最快捷的办法。站在传统出版单位的立场考虑，与移动互联出版商保持紧密的合作，不失为数字化转型战略的一个关键环节，省去了自行研发关键技术和推送平台以及后期维护更新的大量费用，也能保证大量纸质内容的数字化投送有一个畅通的渠道。为了满足不同读者群体的消费需求，盛大采取的是线上与线下出版双结合的商业模式，盛大文学以投资入股和自行创立方式扩展线下出版业务，聚石文华、中智博文、华文天下三家民营性质的出版企业均为网络类型小说的书籍出版服务。

以三家手机运营商自行组建的手机阅读平台为例，基础性的网络文学资源其实大同小异，随着移动端阅读市场竞争的白热化和网络文学资源的日益饱和，单纯依靠这部分内容很难再大幅度地扩大市场份额，加上运营商对手机阅读概念理解的深入和在移动出版领域显示出来的决心与雄心，内容的正版化与精品化已经成为新一轮竞争中的关键要素。从提供什么读者就消费什么到读者需要什么就提供什么的转变，手机阅读对主流内容的包容能力正在逐渐加强，这既有利于尽早消除手机阅读此前扩张式增长中积累下来的负面影响，也为探索中的数字出版和移动阅读找到新的商业模式。中国移动和阅读基地基于已有的平台优势和用户资源，一直保持着与出版社的良好合作，至 2013 年有 200 多家内容提供商与之签订合作协议，囊括了国内 120 多家出版社，其中有 46 位创作者获得的总收入超 100 万元，25 家内容提供商收入达 1000 万元[①]，以此合作弥补了自己在内容策划、编辑加工和资源生产上的劣势。中国移动的咪咕数字传媒有限公司也于 2015 年 4 月 20 日正式运营启动。电信和联通也在有条不紊地部署各自的阅读战略，其中，电信的听书业务和联通在 3G、4G 用户上的优势，都是其特色所在。应该说，目前的移动出版市场，三大手机运营商凭借着先入为主的优势条件，牢牢占据着话语权，主导地位明显，据浙江大学出版社数字出版部黄培槐介绍，中国移动占了浙大社 600 万的数字阅读业务中的八成，因此他把这一状况称为"二八格局"。[②]

除了前文中反复提及的版权纷争之外，阻碍传统出版单位与手机运营商进一步合作的另外一个不容忽视的因素即是分成问题。中国移动公布与内容提供商的分成比例，内容提供商可以获得 40% 的收入，中国电信的分成则在 55∶45 左右，两家的标准还是非常接近的，当前的利益分成比

[①] 陈珊、卢臻：《中国移动手机阅读业务年入 25 亿元 数字阅读迎来发展春天》，《钱江晚报》2013 年 3 月 12 日第 A3 版。

[②] 刘志伟：《移动阅读多级格局，出版社面临合作新抉择》，《中国出版传媒商报》2014 年 4 月 4 日第 6 版。

第三章 移动阅读领域数字出版商业模式要素分析

较有利于手机运营商,加上出版社一般看不到电子书实际的销量和营收情况,在分成上常常由运营商单方面主导,所以很容易引起两者之间的矛盾和纠纷。与此同时,作者的收益更是少得可怜,加上盗版的猖獗和数字版权归属的问题,作者在移动阅读上的合法权益迟迟得不到保障。随着移动阅读市场竞争的进一步加剧,各类移动阅读应用正在试图挤近三大手机运营商的市场,在与出版社和作者的合作方面,为了获得更多的优质内容,它们显然更有诚意,豆瓣与作者的分成就是3:7,远高于移动和电信的比例。日本的电信运营商、SP和内容提供商收益分成为3:7,手机出版的大多数收益为内容提供商所有,电信运营商只能拿到9%。[①] Lulu自助平台上,作者可以获得自助出版的图书销售所得收入的80%,在亚马逊的KDP自助平台上作者则可以分得70%,Smashwords上为60%。可以预见,在新的市场格局之下,出版社在合作伙伴的选取上会有更多的选择,如果手机运营商不能提供给出版社一个满意的分成比例,会流失很大一部分内容资源。

与此同时,传统出版社对正版优质内容的运营也至关重要,这也是出版社、报刊单位等发挥既有优势,主动积极地探索可行的数字出版商业模式,顺利实现转型升级,以尽快改变在数字出版产业链上的弱势地位的内在需求。与其在产业链的合作中处于被动的地位,不如主动出击,借用各种渠道和平台打造多元化的数字出版产品。

金山、谷歌、有道等电子词典堪称知识与数字技术的最佳结合体,不但充分体现了知识的便捷性和获取的高效性,而且为工具书的数字化转型提供了可参照的范本。与此同时,伴随着电子词典的普及和大规模推广,纸质工具书的销量则是每况愈下。为了扭转不利的局面,同时净化电子词典的出版市场,已经有不少出版社开始着手开发词典APP,甚至将词典的修订增补类工作也通过数字化的流程来实现,提高信息采集效率之余也加强了词典的多媒体化特色。上海译文出版社的《新法汉词典》和商务印书馆的《牛津高阶英汉双解词典》的APP已经于近期上线,是传统工具

---

① 文婧、刘坤领:《利益分成掣肘手机阅读市场发展》,《经济参考报》2010年8月24日第6版。

书数字化之路的典型范本。此前，商务印书馆已经发布过《百种精品工具书数据库》项目，集成了100部左右的优质词典资源，上海世纪出版集团研发出品的辞海阅读器在词典的基础之上，还整合了国内众多出版单位的资源，内容十分庞大。

除了各类图书之外，传统纸质期刊在各类移动设备和 APP 上的运营能力也在加强，尤其是对广告业务依赖程度较高的杂志，通过数字平台来投送内容，既可以大大节省纸质、运输和仓储的成本，又为探索新的商业模式、找到新的利润增长点提供了另一种尝试的可能。《读者》《ELLE》《中国国家地理》等一批在传统出版时代就具有广泛号召力和读者群体的杂志都已经开始了移动互联网的转型之路。当然，目前电子期刊还突出存在内容的单一化问题，即期刊单位只是将纸质内容搬运到数字平台，并没有针对移动终端的技术特点和呈现优势来为内容进行更深一层的加工与编辑，直接影响了阅读的体验。对此，有研究者认为，尽管许多期刊类 APP 并未实际盈利，但产生的广告租赁和发行订阅模式却是值得继续探索的商业模式。移动终端的快速普及和无线网络的不断优化将带给期刊 APP 更多的商机，目前期刊 APP 的运营者应当增强期刊本身的内容建设，并通过各种营销策略推广产品，使之能够吸引更大范围的用户群体。[①]

（2）立足平台优势，做好原创内容的生产与发布

不管是网络文学资源，还是其他在互联网上生产的内容资源，都需要经过一定时间的沉淀和积累，才能达到一定规模，也才能具备出版的可能性，这也就意味着原创内容的生产需要一段时间的自我磨合，尤其是在网络文学占据市场主流之后，更需要其他方面的内容尽快地成长以补充进来。这既需要一定的耐心，也离不开数字出版商对可行商业模式的实践和摸索。与一般的数字出版商直接将出版社或原创文学网站提供的内容进行发布不同，豆瓣和唐茶显然更倾向于自己做好内容的把关和生产工作，或者自己培育草根作者，或者直接与作者取得图书的版权，以慢工出细活的

---

① 文艳霞：《期刊 APP 对期刊出版机构的价值》，《出版发行研究》2013 年第 1 期。

第三章 移动阅读领域数字出版商业模式要素分析

姿态去建立自己的内容资源，从而形成鲜明的特色。这种以抢占小众市场为主要目标，锁定固定的读者群体的做法，虽然造成了不小的资金压力，也耗费了大量的时间和人力，但从目前的市场反应来看，这种出版模式还是有固定的用户和一定的利润空间。在大众传播向分众传播的转变过程中，原本分散的读者人群和阅读趣味重新得到重视，加上国内庞大的人口基数，任何一个小众的群体之于出版业而言都是不容小觑的，专注小众市场的出版模式也因此成为不少数字出版商开拓市场空间的有效手段。

豆瓣平台上聚集了大量的作家写手，在文学生产（尤其是小众文学）上的优势非常明显，独具特色和个性化的营销策略是其成功的重要原因，如果豆瓣也模仿网络文学的商业模式，以长篇幅的小说类作品为主，势必会浪费已有的平台和用户资源。相比其他移动阅读应用在内容资源上的争抢，豆瓣自一开始就独辟蹊径，以自助出版的形式，推出一批3万—5万字的中短篇幅作品，迎合了年轻读者的阅读习惯和需求。作品涵盖了小说、笔记、生活图书等多样化的体裁形式，相比动辄百万字的网络小说而言，这部分作品的可读性更强，读者会在其中找到新的阅读乐趣。作为豆瓣阅读上收入最高的草根作者，丁小云的《论文艺女青年如何培养女王气场》和《7天治愈拖延症》第一个月的电子版税已经突破了2万元。尽管不能跟其他畅销书作家如南派三叔、唐家三少的巨额版税等相比，丁小云以个性鲜明的杂文类文集在豆瓣上获得成功，至少为同类作品的市场前景和认可程度做出了一次探索。而豆瓣并不急于在规模和数量上进行扩张，品牌意识的形成和精品概念的树立，对于之后的运营才是最有价值的。

与豆瓣相比，唐茶的互联网气息比较淡，内容上也更精致一些，对原创内容的选择近乎挑剔。唐茶起初采取了直接与作者联系取得版权的办法，颇像数字时代的新型出版商，最知名的几本电子书，如《失控》《志明与春娇》《史蒂夫·乔布斯传》和《帮主乔布斯》等，都取得了不错的销售成绩。在追求高品质的阅读内容，唐茶的另外一个优势在于提供近乎完美的阅读体验，让阅读的感受也能够成为唤起读者消费动力的原因，其劣势也很明显，由于高额的图书成本和低下的出版效率，唐茶的原创内容不论是从数量还是规模上都远远不成气候，在渠道优势上又不如豆瓣明显，难以让读者在这个平台上养成持续消费的习惯，没有充足的内容资源，就不可能有稳定持续的盈利。而且，随着原创内容的持续不足，唐茶也更多地朝着平台商的角色转变，加快了与出版社的合作进程，放开了在数字内容上的一些限制。

豆瓣和唐茶的商业模式可以给国内生活类出版物的数字化运作带来一些有益的启发，开辟数字出版蓝海，以读者的需求（包括显性需求和潜在需求）为指向，摆脱倚仗规模和资金的发展思路，以精致和轻质的方式来运作内容。现代人对生活质量的重视，掀起了生活类畅销书的出版热潮，这部分出版物的市场空间还会继续呈现爆发式的增长。与此同时，以噱头和虚假信息来博取大众眼球的生活类图书也一度扰乱了出版市场的秩序，但读者对这类图书的消费潜力和需求仍在。如果可以在内容上进行严格把关，过滤不科学和不真实的信息，倡导精致生活的理念，通过数字杂志、电子书甚至是生活工具书的形式进行发布售卖，利用数字化的实现手段丰富图书的表现形式，以生活管家的姿态来赢得读者和用户的信赖，也是一种可行性很高的出版策略。

盛大文学是一家擅长运作网络文学的数字出版企业，目前最大的优势仍在文学类小说一块，诗歌、散文等其他的文学体裁和样式很难融入它的内容平台上去，除此之外，在社科类、生活类等购买潜力日益增加、市场需求不断扩大的出版类目上，盛大几乎没有任何涉足意向。自收购起点、榕树下、红袖添香等诸多文学网站以来，尽管盛大能够以版权运作的思路来整合旗下众多的出版和媒体资源，与多看、百度、豆瓣等相比，在数字内容的数量和规模上取得领先，但终究无法突破目前的商业模式，将在文学出版上的优势扩大到对整个内容资源的生产和运作上来，这也决定了盛大尚不足以成为国内最大的原创内容生产基地和版权平台的事实。盛大的这一短板恰恰也是国内移动阅读发展到现在很明显的一个弊端所在，与文学类书籍相比，讲述成功与励志的社科类书籍与以养生、旅游和育儿为主流的生活类书籍，对于绝大多数的读者群体而言，更具有实用性和参考价值，他们对这部分图书已经表现出了很大的兴趣，也愿意为这之埋单。而当前几个发展比较成熟的数字出版平台或者产品，还没有在这两个领域进行更多新的尝试和探索。因此，数字内容资源从某种意义上来说等同于大众文学类的内容，其他方面的内容还没有得到足够的重视和有效的开发。

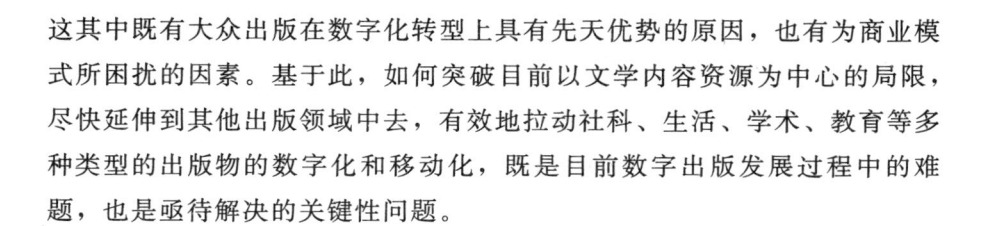

第三章　移动阅读领域数字出版商业模式要素分析

这其中既有大众出版在数字化转型上具有先天优势的原因，也有为商业模式所困扰的因素。基于此，如何突破目前以文学内容资源为中心的局限，尽快延伸到其他出版领域中去，有效地拉动社科、生活、学术、教育等多种类型的出版物的数字化和移动化，既是目前数字出版发展过程中的难题，也是亟待解决的关键性问题。

2. 以内容资源为核心，孵化出版产业链

以内容资源为核心，孵化出版产业链，加快对图书附加值的开发，以产业化的思路、技术化的手段和数字化的呈现形式来激活内容的活力和出版产业的创造力，是数字出版规模进一步增长的重要战略，也是目前为止最为成功和有效的商业模式。图书是传统出版时代出版物的最终表现形式和主体，在新的媒介环境里，成为一种充满创造力和可能性的"原材料"，更重要的意义在于以出版业来带动整个文化创意产业的发展，以出版内容资源作为中介和枢纽来整合不同的媒介资源，以信息化的手段来重塑出版业的生态。

（1）版权运作与图书衍生资源的利用和开发

传统的出版环节，图书作为唯一的载体，经由编辑、出版和发行，成为读者和市场的文化消费品，便已经完成了所有的使命，一次开发和一次利用是最主要的商业模式。而数字出版最大的优势即在于"一种内容，多次开发，反复消费"商业模式的建立，数字化时代的出版物生产是对传统出版流程的重新定义，出版社和作家不再将图书这种单一的形式作为出版的最终环节，以图书内容（主要在文学领域）为核心，开发衍生资源，与电影、电视、动漫、游戏等传媒产业进行衔接，以期其对图书的销量产生反哺作用，另外，通过形成以版权为中心打造产业链的商业模式为图书内容谋取最大的附加价值。有意从整合的角度对各类文化形式（包括图书、音乐、游戏、影视等）进行重塑，而为各产业提供出版资源，开发不同形态的产品，也是图书出版自身在文化产业中所扮演的角色。这对于手握内容资源的出版社而言，无疑找到了新的利润增长点，一本成功的畅销书和

一条由此延伸的出版产业链，会带来上亿元的产值，单本图书的效益会逼近甚至超过出版社所有业务效益的总和，这在以前的出版环境中几乎是不可能实现的。盛大文学前任 CEO 侯小强曾表示，期望将来可以围绕优质的内容资源开发多种相关周边产品和服务，开发更具有商业价值的版权运营方式，建立以版权为核心的生态链，从"卖土豆"到"卖薯条"，[①] 在图书向其他形式产品的延伸过程中，内容资源的附加值会有几何式的大幅增长，能创造惊人的市场效益，这也给当今渐显颓势的传统出版业带来了新的曙光。现当代文学中的不少诗歌，如徐志摩的《再别康桥》、席慕蓉的《出塞曲》、余光中的《乡愁四韵》等以流行歌曲的形式有了新的诠释方式和存在价值，而小说和影视的联姻以及与动漫游戏的互动更是催生了新的产业链，图书正在寻找新的价值土壤。在产业融合的过程中，数字化技术又提供了外部的条件和解决的方案，双方互有提升作用。在互联网的世界里，读者的身份逐渐被受众所替代，成为消费的一端，作者也逐渐转型为内容的生产者，成为生产的一端，出版物则成为内容资源，连通了生产与消费。身份标签替换的背后，是新技术和新媒体对出版产业形态的重新定义，是广义上的数字出版产业的建构，而内容毫无疑问是核心的资源。

《2014—2015 中国数字出版产业年度报告》显示，2014 年我国数字出版收入超过 3300 亿元，其中，移动出版（手机彩铃、铃音、移动游戏等）产值达 784.9 亿元，网络游戏达 869.4 亿元，两者几乎占据数字出版收入总额的半壁江山。[②] 而实际情况确是，在数字出版的产业地图中，游戏、动漫、广告等行业一直占据着主要的地位，而电子图书、报纸、期刊等所占份额很小，因此，在看似宏大的数字出版产业版图中，需要真正认清一个事实，即内容资源的创造力和盈利能力还处于尚待开发的状态，电子书、电子期刊等数字出版物的市场规模很多时候被平均化了，单纯以此来

[①] 陈杰：《盛大文学 CEO：数字版权运营要从"卖土豆"到"卖薯条"》，《北京商报》2012 年 8 月 3 日。

[②] 《〈2014—2015 中国数字出版产业年度报告〉分析》，《中国新闻出版广电报》2015 年 7 月 15 日第 1 版。

第三章　移动阅读领域数字出版商业模式要素分析

判断国内数字出版物的市场运营现状未免过于乐观。尤其是活跃用户与付费用户之间的比例严重失衡，大多数情况下，网民都在消费免费的数字内容。而另一组来自中国互联网信息研究中心的调研数据表明，愿意观看网络文学改编的影视剧的网络文学用户为79.2%，愿意购买网络文学纸质图书的用户为43.3%，愿意玩网络文学改编的游戏的用户为37.8%。[①] 两组数据对比表明，互联网用户的持续性增长，数字出版物读者群体的不断扩大，对于发展数字出版产业而言，是基础性的工作，仅仅是一个开端和前期的铺垫，不过令人欣喜的是，不同呈现状态和媒介形式下的图书内容，都有广阔的市场前景和待开发空间。基于图书内容二次开发能力的增强，社会效益和经济利润会非常显著，对于游戏、动漫等文化领域中的支柱性产业的发展也有着巨大的推动作用。

根据超级畅销书《哈利·波特》衍生而来的各类产品，比如DVD、漫画、明信片、电影、主题公园、海报和服饰等，不仅热销英国国内，而且在全球范围内都取得了巨大的成功，为这个图书品牌创造了千亿英镑的市场价值，这条横跨多个产业、不同领域的图书产业链，堪称文学类畅销书图书运作的典范。《暮光之城》系列也有电子产品、写真集与食品等多种出版和影视之外的产品形式。反观我国的畅销书，尚不具备如《哈利·波特》这样产业链延伸能力如此强大的图书种类，即使是像《盗墓笔记》《小时代》和《杜拉拉升职记》这样的本土超级畅销书，也还处于基础的后续开发阶段，不能突破同质化、单一化的范畴，在其他盈利形式的尝试上少之又少，甚至屡屡陷入口碑之争。其中，《小时代》系列是近几年国内图书商业化运作最为成功的图书代表之作，与此同时也承担了大量的非议和批评，以至于争议成为其营销的一个最大卖点。单从出版产业链上来看，《小时代》系列是具有开创性意义的，在图书附加值的创造和作者个人价值的增加上完成了双赢。然而，这样一种饱受非议的运作模式，很容易让出版产业进入另一个误区，以内容的版权价值来逐利，反过来忽视了对优质的内容资源的生产和加工，商业的色彩越是浓重，文化承担的使命

---

① 韩妹：《网络文学飞速发展 高学历人群成为主要读者》，《中国青年报》2011年11月10日第7版。

就越是淡漠。

另外,在版权的海外输出能力上也还处在起步的阶段,国内的超级畅销书如《狼图腾》和《山楂树之恋》等,虽有海外业务,但实际销量方面并不如预期乐观,在延伸产品和畅销书品牌的打造上还并未有成功的案例,这也与国内的版权代理和输出水平有直接的关系。专业版权人员匮乏,国际谈判能力欠缺以及国际文化软实力间的差距,导致了版权输出与引进比例的失衡,加剧了国内出版市场的竞争压力,这也是近几年大批海外畅销书及其电影如《魔戒》《暮光之城》等在国内取得好成绩的一个原因。

也是由于《小时代》《盗墓笔记》《杜拉拉升职记》和《狼图腾》等图书在版权运作上的成功,扩大了畅销书的吸金效应,让越来越多的畅销书或潜在畅销书纷纷加入影视改编的热潮中来,成为国内影视剧天然的素材库,盛大甚至还成立了专门的编剧公司,加强在版权运营方面的操作能力。不仅是大批的网络文学作品已经走向荧幕,严肃文学作家如刘震云、余华、麦家、严歌苓等,都有了编剧的身份,经由他们作品改编而来的影视剧往往有更好的口碑。在游戏和动漫领域,国内的原创能力一直比较弱,对日本、美国的依赖程度很高,相当一部分产品需要进口。而网络文学中确实有大量适合以游戏和动漫形式呈现的文本,对这部分作品的开发,也是提高文化原创能力的重要步骤。《斗罗大陆》《龙族》《盛夏晚晴天》和《鬼吹灯》等人气很高的作品已经有了漫画的版本;游戏方面,《诛仙》《盗墓笔记》《星辰变》和《凡人修仙传》等作品或者已经有了网游产品,或者已经出售了游戏改编权。欧阳友权甚至以此判断,在未来,文学将是综合性(电视剧、游戏、多媒体艺术)电子艺术的附庸或组成部分,而文学只是以与它们配套的剧本、说明文字、文案等形式存在。[①]

另外,一味地模仿、借鉴和跟风,对影视剧、动漫和游戏市场的疯狂争抢,也会导致市场的逐渐饱和,产品的经济产值和社会效益下降。大批同类型的版权衍生产品抢夺用户,以至于忽视了对其他文化资源的利用和

---

① 欧阳友权:《数字媒介下的文艺转型》,中国社会科学出版社2011年版,第428页。

第三章 移动阅读领域数字出版商业模式要素分析

开发,从某种程度上看,亦是对优质内容资源的一种浪费。由网络文学或其他畅销书改编而来的影视剧,已经产生了审美的疲劳,题材大同小异,质量参差不齐,尤其是一部分粗制滥造的改编剧拉低了整个电视和电影行业的水平。两者的互动既可以产生双赢的效果,也会有负面的损害,如何对其进行协调和平衡是当前作者、出版社和影视公司需要考虑的问题。目前多媒体介质下图书的衍生产品,出于经济回报和安全性方面的考虑,仍以影视剧、动漫和游戏的改编为主,而向服装、旅游、体育等其他领域的拓展还未成规模,仅作为一种潜在的发展方向。图书的版权运作需回归理性,与其在激烈的环境中竞争,不如试着向其他文化领域拓展。有业内人士提出,理想化的产业链模型是从故事创意开始,历经图书出版、数字出版、动漫游戏、电影、电视剧、周边衍生产品、音乐、海外版权、舞台表演和主题游乐园等开发利用,一个具体产品的生命周期完成后内容资源回到媒资库中,下一次再被抽调出来二次版权开发,完成又一个具体产品生命周期,以此循环实现多次开发利用,使版权的价值最大化。①

(2) 全媒体出版与内容的多媒体化

全媒体出版能够促使单一形态或是渠道转换为多元形态或是渠道网络,由此贯通数字出版产业链,做到一元化生产、多媒体发布和多渠道传播,全面覆盖用户的个性化多样需求,提供适合各种阅读终端的内容产品。此外,全媒体出版实现了业务流程不断再造,将出版的外延扩大,创造出新的收益增长点,最大化版权的价值。② 从概念上来追溯,全媒体出版是中文在线于2008年提出的一种契合数字出版时代的新型出版模式,即致力于实现任何人在任何时间、任何地点以任何方式来获得所需阅读内容的目标,以"一种内容,多种媒体,同步出版"为思路,最大限度地挖掘内容资源的附加值。全媒体出版的提出,也恰好与中国数字出版成长最

---

① 贾双林:《全媒体时代,如何运营版权资产》,《中国新闻出版报》2014年5月7日第5版。
② 李婧:《中文在线:全媒体出版模式将再进一步》,《中国文化报》2014年7月5日第3版。

快速的时期同步。概念提出初期，全媒体出版主要是针对纸质图书、手持阅读器、手机和互联网这几大媒介形式提出的，此后，《十月围城》《我的兄弟叫顺溜》《非诚勿扰》《贫民窟的百万富翁》《孔子》和《建党伟业》等图书都是按照这种思路来进行运作的。

业界对全媒体出版寄予厚望，已经不满足于内容在不同介质平台上的同步发售，而是将其视为整合不同媒体资源实现内容增值的手段，这也是符合数字出版的精神实质的，由此，全媒体出版也成为复合出版的一种。但必须承认，即使是成功的畅销书版权运作案例，距离真正数字化意义上的全媒体出版，仍有相当的距离，单是图书在平面和电子媒体上的同步发售，就存在很多阻碍，贾平凹的《带灯》和安妮宝贝的《春宴》是比较成功的尝试，但基于实体书利润和电子版权的考虑，这种做法显然还未得到更多的支持。尽管目前不少图书的运作都在产业链的延伸方面做出了很多尝试，实现了图书、影视、动漫、游戏等多种媒介形式的联姻，其实仍是多媒体出版与跨媒体传播。即使是在全球范围内，也甚少有全媒体出版模式的成功案例，内容产业的多媒体化和富媒体化作为一种趋势已经得到认可，也有出版集团在多种媒体的利用和整合上采取积极的措施，但全媒体的布局并非短时间内可以完成。有研究者比较了国内外的全媒体出版模式之后，得出这样的结论：国外全媒体出版业已进入资本和组织层面融合的第二层次发展阶段，我国全媒体出版只是渠道与营销层面融合的第一层次阶段，仅仅是简单的内容跨媒体同步出版。[①] 而不论是营销与渠道，抑或组织与资本，都与国内数字出版的发展阶段有直接关系，分散的平台与资本，封闭的竞争与保守的观念，乃至发展心态上的不成熟，都导致全媒体出版在推进过程中远远达不到预期的效果。正因如此，全媒体出版之于中国的数字出版，不妨看作一种趋势和努力的方向。

目前，受到关注的全媒体出版模式主要在大众图书领域，不管是内容的普及程度还是改编运作的难易度，比其他类出版物更有优势。因此，全媒体出版要根据不同类型出版物的特点和优劣势，制订相应的解决方案和发展策略，以大众类图书为导向，带动其他出版物的转型和数字化进程。

---

① 张雨晗：《全媒体出版：现状与未来》，《现代出版》2011年第2期。

第三章 移动阅读领域数字出版商业模式要素分析

教辅出版领域的电子书包模式,学术出版领域的数据库模式,甚至在出版流程管理方面的数字化解决方案,均可以用全媒体的思路来解决。

国内的出版集团要根据市场环境的变化与产业发展的要求,实现自身的转型,改变以纸质出版为单一主营业务的定位和格局,尝试向出版、娱乐、电影等复合型产业的方向发展,将各类媒体资源整合进来,这也为全媒体出版模式省去了不必要的资源浪费和时间成本。国际大型出版集团如美国的新闻集团、德国的贝塔斯曼、法国的阿歇特、荷兰的爱思唯尔等,在出版业务的扩展和多媒体资源的整合方面,都已经做出了卓有成效的示范。

全媒体出版意味着数字出版产业链的打通与进一步延伸。传统出版产业链的重构和再造是必然的趋势,而数字出版的各个参与主体也必须以更开放和包容的心态去应对市场的竞争,一报一社一刊各自为政的经营策略在新的市场环境下很难有立足之地。

3. 促进新型出版形式的发展与成熟

内容、读者和盈利,是数字出版的三大关键词,其依靠优质的内容吸引读者,进而创造不菲的收入,形成稳定的盈利。应该说,相较传统出版而言,数字出版有着更直接的利益诉求,为内容创造附加值,为作者创造收入,也为出版商提供利润,因此,在出版商业模式的探索上,会围绕盈利来做出相应的尝试。或是对传统出版形式的再造和重塑,以期其在新的时期仍能带来市场效益,或是基于数字出版自身的特性推出新的出版概念,使其更符合互联网出版环境之下的特点。事实证明,新的出版形式对于数字内容的激活和创新,对于产品形态的构建和完善,甚至对行业发展趋势和前进方向的探索,都是有实质性贡献的。

(1) 鼓励自助出版与众筹出版的兴起与发展

本书第二章中提到过的自助出版和众筹出版,就是数字化的技术手段所催生的新型出版商业模式,尽管目前的政策和市场环境对其限制很多,但各家出版平台正在以多样化的尝试和探索来逐步打开市场。自助出版的存在时间很长,之所以会突然有一个明显的增长与繁荣,主要是因为互联网技术的推动与开放、自由的市场环境的保证。自助出版最大的优势在内容资源的生产和获取,美国自助出版模式的成功,也给国内同类型的出版平台和数字出版商以启发。互联网赋予草根和平民更多的话语权,在网络上成长起来的作家群体已经粗具规模,而自助出版无疑是一个很好的造梦工厂,既可以充分激活数字内容的生产,又能够为作者和平台创造可观的收益,是一种数字化思维的出版模式。众筹出版则能够为纸质出版物的出版和发行提供解决方案,从某种意义上说,众筹出版与自助出版是相通的,都属于数字出版的范畴,借助一个特定的平台来完成出版的流程。

到目前为止,自助出版需要解决的问题,主要是内容与盈利两个方面。内容层面,不仅要保证绝大多数的电子图书符合一定的出版标准,同时也要剔除虚荣出版的成分,来进一步释放内容生产的活力。而在盈利层面,电子书销售额的大幅增长与终端阅读设备的普及,自助出版会有一个良好的利润空间,但这终究是宏观层面的展望和预估,相比之下,作者实际的收入,单本图书实际的销售额,却常常被忽视。国外自助出版平台上呈现的作者与作者之间巨大的收入差异也引人关注,这与盛大文学签约作家的命运也颇有相似之处,也足以说明对自助出版的现状和发展前景仍不能持过于乐观的态度。自助出版及在此平台上成长起来的新作家,能够在图书销售成绩上达到一定高度的,还仅限于少数人,尽管各大平台可以为作者提供从编辑、加工到发行、营销的整套出版服务,但作者并不见得有资金实力来为这些服务埋单,没有优质的内容,读者也依然不会买账。自助出版或是与出版社签约出版这两种出版模式的选择,可能会引发作者群体的收入差异进一步扩大化,当然,这在国内表现得并不明显,即使是原创文学签约作家,也会努力促成实体书的出版,这源于如盛大文学等原创文学网站对全媒体出版的布局和积极实践。2014年7月一份针对作家收入的报告发布,其中的一些研究结果值得我们注意:研究人员分析亚马逊上畅销书榜相关数据后发现,各类别榜单中仅有16%的作品来自阿歇特、哈珀·柯林斯、麦克米伦、企鹅兰登书屋和西蒙·舒斯特这五大出版商,一个作者通过自助出版服务出版的图书作品在全部电子书销售额中的占比

第三章 移动阅读领域数字出版商业模式要素分析

竟达40%。① 而与此同时,另一份来自英国《卫报》的1007位自助出版作者的收入报告中,极少数的作者在2011年已经累计获得了超过10万美元的收益,平均每年有1万美元左右进账,而超过半数的作者的收入仅仅500美元左右。② 造成这种收入两极分化,自然有作品本身的因素,但自助出版如果不能为更多的草根作者创造收入,势必会在短暂的热潮之后浇灭大部分作者的热情与信心,这会影响后续的发展。

资金是实体图书出版的一个必备要素,甚至很多时候成为阻碍图书出版的最大障碍。众筹出版模式的兴起,缘于它尝试以新的方式来聚集这笔必不可少的出版资金,尤其是对草根作者和学术作者而言。作为一个既不能提供用户渠道也无非实现作品销售的平台,众筹的定位还需要进一步明确。

研究者任翔认为,众筹出版蕴含着变革出版传播与商业模式的深刻力量,为出版业带来了新希望与创新空间。③ 从发展的阶段来看,众筹模式才刚刚起步,各类产品众筹的潜力和前景需要在一段时间的探索才能显现出来,一些弊端和缺陷也需要进行相应的调整。2013年,乐嘉的《本色》一书在众筹平台上进行集资,并且在一天时间内就获得了超过三百位用户的支持,从效果来看,这是一个成功的众筹项目。与此同时,也有一些负面的声音,乐嘉作为一个畅销书作者和知名主持人,无须众筹的形式就可以出版实体书,《本色》并不适合以新作品放到众筹平台上,炒作的成分太重。这种有着浓重的名人痕迹和粉丝效应的众筹项目,是否符合众筹的精神实质和本意且不去争论,至少在图书出版之前很好地赢得了市场和读者的关注,从整个出版的环节来看,众筹平台只提供了相比原来更多的人气和粉丝,出版资金反而不是重点,难免要被质疑是一种营销策略。由此可见,众筹在带来新的出版方式和盈利空间的同时,也容易剑走偏锋,要

---

① 田尧编译:《英国职业作家收入不及最低收入线》,《中国新闻出版报》2014年7月28日第7版。

② *Stop the Press: Half of Self-published Authors Earn Less Than $500*, The Guardian, 2012-5-24.

③ 任翔:《众筹与出版新思维——欧美众筹出版的现状与问题》,《科技与出版》2014年5月。

避免众筹沦为一种出版的营销手段,成为作者和出版社为新书上市赚取噱头的宣传方式,虽然满足了他们的利益需求,但是失去了众筹初衷的意义和价值,无法真正为有潜力的作品的上市带来便利。对于支持众筹的用户来说,众筹出版的滥用,大量不加任何筛选的出版物项目的上线,都是对鼓励创造和分享的众筹精神的破坏,也会逐步消耗粉丝对他们的信任。如果不能在这种联合出版的过程中感受到参与出版过程的乐趣与喜悦,粉丝们很快就会产生厌倦的情绪,甚至会有上当受骗的心理落差,最终众筹的模式也将难以为继。

(2) 个人出版与互联网内容创新

个人出版,是一种更具互联网精神的出版形式,它的包容性和自由度仰仗于新的媒体环境,随着互联网产品的普及和创新,传统意义上的出版物内容概念会逐渐模糊,字数、文体、表达或是呈现形式上的限制都会进一步打破。在互联网的出版环境中,内容的创新能力和表达能力已经显示出了惊人的力量,从而导致了对传统出版产品的颠覆和重构。借助个人出版的平台和模式,在传统媒介环境里不受重视的内容会有一个展示的出口,这部分内容一旦被激活,极有可能带来新的商业模式,进而重塑数字出版的生态。从文体上来看,微博文学、手机文学、微信文学等新的文学表达形式不断在拓展自己的版图,作者的门槛进一步降低,写手、作者和作家三者的身份界定也逐渐复杂起来,但这一切极可能改变畅销文学作品的面貌。而140字的微博文章以其短小、精悍和适宜阅读的特点,正在成为读者的新宠,段子式的表达手法在未来或许会成为潮流。尽管目前这些新的社交平台还没有孕育出足够成熟的文学作品,但个别的尝试一直在进行,例如2011年出版的《围脖时期的爱情》。至于各类出版物或数字出版产品的呈现方式,则已经不是音视频结合、超链接等早期意义上的复合出版形式可以简单概括的。

得益于自媒体的发展,个人出版的商业模式已经从图书领域延伸到了视频节目上,不少自制节目风靡网络,以高晓松的《晓说》和罗振宇的《罗辑思维》两档视频类节目最为典型,其他如王凯的《凯子曰》等节目也有相当的名气。之所以冠之个人出版的名义,是因为节目的主讲人同时

第三章 移动阅读领域数字出版商业模式要素分析

也承担着出品人、策划人和推广人等多重角色，几乎是以一人的能力和声望在影响整个节目的走向，而内容的质量高低直接决定了节目的水准，与图书等形式的个人出版模式具有相同的精神实质。这充分说明，在互联网出版时代，影视产业与网络的关系越发密切，视频网站已经不再满足于购买内容版权而后发布上网。在自制视频节目之外，网络自制剧、微电影等也与之有异曲同工之妙。与讲究大制作、大成本和大规模的传统电视节目、电影相比，自制剧或微电影的"小"并不是一种劣势，相反地，它对各类资源的调动与整合能力更加灵活，对受众和市场的分析更加明晰，以小搏大，恰是不少同类型产品的成功之道。

自制节目有别于一般意义上视频或电视节目的制作方式，突出强化个人的特色与价值，将内容策划、编辑加工和传播营销的产业链条进一步窄化，颠覆以往以庞大制作团队为基础的商业模式，只需要一个三五人的小团队，就能顺利地完成整个节目流程。对于一些互联网时代的意见领袖或网络红人而言，跳出原有的生产体制，自己选择内容，加工内容，同时通过一个合适的窗口和平台来传达自己的声音和观点，并且以品牌的优势迅速笼络一批忠实的用户，既是内在的呼吁和需求，也是数字化背景下可以实现的形式。在渠道畅通的媒介环境里，这类节目一旦有了名人的外部效应和内容方面的独创性，只要能够在如优酷、土豆、爱奇艺等大型视频平台上进行投放和推送，很快就能聚集起大批的粉丝和用户。到目前为止，《晓说》和《罗辑思维》两档节目都赢得了不错的市场反响，虽然小巧却也精致，小团队的运作具有很好的协调性，效率也有保证。在海量的信息环境里，用户对个性化的需求日益突出，而这类自制的视频节目恰恰是以小众、精准的市场定位来抓取自己的目标受众，这部分用户又容易形成很高的黏度。从这些视频类节目的成功可以看出，用户对优质内容仍具有很强的渴望，在呈现形式上，会有多样化的需求，看似碎片化的信息和零散性的时间，也能聚少成多，成为获取知识的手段和方式，只要内容足够优质，平台足够宽广，自然不必担心用户的问题，未来甚至会出现以自媒体节目为主打的视频类网站。当然，与其他所有的个人出版形式一样，保证内容的质量，强化品牌的特色，是维系生存和持久运营的根本之道。

个人出版在解放出版生产力，赋予作者以更大的空间和自由度的同

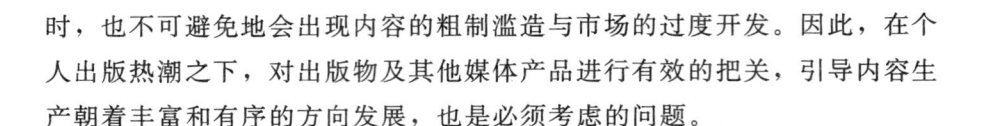

时，也不可避免地会出现内容的粗制滥造与市场的过度开发。因此，在个人出版热潮之下，对出版物及其他媒体产品进行有效的把关，引导内容生产朝着丰富和有序的方向发展，也是必须考虑的问题。

4. 积极试水新媒体，构建数字阅读生态

新媒体从产生到发展，数字阅读生态从缓慢萌芽到初步构建，两者显示出了紧密的联系。新媒体是培育数字阅读生态的技术平台，不仅提供技术上的支持和完善，而且以引领一种新的生活方式的态度来为数字阅读创造良好的社会环境，数字阅读则以亲身的实践加强了个人与媒体、媒体与社会之间的关系，自媒体和个人媒体的概念日渐深入人心，有了更为广泛的社会基础。以新媒体的力量来推进数字阅读，以数字阅读的反哺作用促成新媒体的转型，对于发展数字出版而言，是不断扩展目前的出版版图，以内容为基点、向其他领域延伸的重要策略。

（1）借力新媒体，扩展图书营销

从当前数字出版的形式上来看，电子化了的图书、杂志和报纸依然是最主要的产品，基于纯数字平台生产和创造的内容，能够形成商业模式的也只有网络文学，而在其他领域，还是需要传统的出版物来大量地补充，这意味着纸质出版物至少在相当一段时间内会是数字出版最重要的内容渠道。另一个现实是，即使在传统出版消亡论甚嚣尘上的时期，出版社对于畅销书的兴趣和热情并没有丝毫消退。与此同时也不得不承认，信息传播渠道正从单一化向多样化演进，即使出版物的内容优质上乘，如果继续采用传统的发行和营销方式，就无法顺利地捕获目标读者，对于出版单位来说，必须强化出版物的推广能力，由此，基于新媒体的出版营销，成为传统出版单位新的市场探索方式。

面对不同消费习惯的读者，文本内容的多种推送是必然的选择，作品只有出现在不同的阅读媒介上，才可能赢得最大多数的读者。依靠单一媒体来扩大和稳固图书市场份额的可能性已经越来越小，如何利用不同的数字出版平台、采取个性化和有针对性的方式来投放和推送不同的图书内

第三章 移动阅读领域数字出版商业模式要素分析

容,成为传统出版单位谋求自身转型和发展的一个新课题。低廉的成本,巨大的传播效应及粉丝经济背后的购买力和消费力,都是出版社热衷于新媒体营销的原因所在,常见的做法有两个方面。

一方面是出版社自行建立网上平台,作为对外展示的网络窗口。一般最常见的运作方式是建立网上书城,将其作为新书推荐和出版社消息发布的平台,有利于加强出版社品牌形象的树立,也是最基础的新媒体营销。不少出版社在网上书城的基础上,逐步开通了网上购书的功能,引导读者购买正版书籍,这虽能适当地扩展出版业务,但相比京东、当当等电商的低价折扣而言,并没有占多少优势,因而销售情况一般。也有出版社上线了自行开发的数字出版产品,在PC端或移动端供读者下载使用,这种探索目前已经有了广泛的案例,也是出版社数字化战略的一个组成部分。浙江大学出版社的求是书城,中信出版社的首款移动端阅读产品信睿客,人民教育出版社研发的多款教材类数字产品如人教数字学园、人教电子书和人教电子书包等,就是国内典型的由出版社自主开发的数字阅读类应用产品,以增进读者的数字阅读体验,也能为数字化转型提供市场反馈。

另一方面则是利用网络社交平台和资讯平台,开展自身的宣传和营销服务。在QQ、微信、新浪微博和百度贴吧等国内最为知名的社交平台或论坛上,有数以亿计的活跃用户,鉴于强大的话题传播和分享功能,已经成为各个行业线上营销手段的重要组成部分,出版社对这些平台的倚重也顺理成章。以微博传播平台为例,不论是出版单位、作者还是图书本身,对其依赖程度逐渐加大。在新浪微博平台上,国内知名的出版单位如人民文学出版社、生活·读书·新知店三联书店、湖南文艺出版社、广西师范大学出版社、新星出版社、中信出版社等不仅开设官方认证的微博,而且非常注重更新和维护,大力推荐新书信息,及时发布行业资讯,以抽奖、读者问答、有奖竞猜等多种形式与读者进行互动。既能快速全面地吸纳读者对新书的评价,也尽可能地扩大了图书的知名度和影响力。微信目前应用比较广泛的是公众号,用户按照个人的兴趣和意愿进行订阅,接收日常的更新信息。继微博之后,微信营销已经引起了绝大多数出版社的兴趣,广西师范大学出版社理想国、城市画报、中信出版社等出版单位的微信订阅号都有不少的读者粉丝,形成了一定的凝聚力和品牌号召力。另外,作家陈丹燕所著《行走时代》一书的微信公众号（由浙江文艺出版建立），南派三叔的个人微信公众号以及运营微信平台来销售实体图书如《文化苦旅》和《胡兰成》等，都是比较成功且充满新意的尝试。相比微博平台，微信无疑显示出更多的可能性和发掘空间，未来，微信营销对于作者、出版社以及出版物，还会有更多的尝试。

新媒体的营销方式具有适用性，并非任意一家出版社或是任意一本图书，都可以采用相同的手段来进行营销。营销方式的滥用，也会降低信息的可信度和传播能力，最终造成读者的审美疲劳。对于中小型出版社而言，受限于资金和其他条件，必须首先考虑到图书的成本，不适宜在各个主流的传播渠道进行大规模营销，以精准的受众分析和市场定位，固定于一到两个传播渠道，也能有效吸引目标读者。

新媒体的营销重在服务，这恰恰是不少出版社所没有意识到的。读者既能在短时间内聚集到某一个账号或平台，就意味着同时也可以迅速地转移，因此，维系目标读者群是新媒体营销的一个重点和难点。各个传播渠道和平台之间各有特色和优劣势，在运营策略的选择上也有所区别，不能将运作微博的思路简单复制到微信营销中，也不能将出版社官方网站的新书推荐不加选择地直接平移到微博。而一些微博或微信账号自开通以来，缺少更新和维护，用户体验方面没有实质性的提升，自然无法吸引读者，也直接反映了一些传统出版单位对于新媒体营销概念仍存在理解上的误区。从营销的具体手段来看，也缺少推陈出新，微博营销不限于抽奖、网上交流会等初级的形式，还可以针对读者做深度的融合开发和定制服务，微信公众账号信息的推送不能过于频繁和机械，要在信息内容和用户体验上逐渐形成自己的风格，新书推荐或是长文连载，都要细致甄选。因此，不管是自己搭建的网上平台，还是在微博、微信或是其他社区开通的公共账号，读者的反馈都是非常重要的，要树立起读者第一的观念。

（2）发挥新媒体优势，探索新型阅读模式

数字化时代的读者或者说用户，最重要的特征是他们正逐步从被动的受众转化为主动的消费创造者，明确自己的消费需求，形成自己的消费习惯以及不轻易被任何一种消费形式和产品所左右。此外，用户也应积极地

第三章 移动阅读领域数字出版商业模式要素分析

参与生产环节,向生产者提供产品和创意的反馈,表达自己的想法和愿景,促使生产者在动态的市场环境里不断调整产品形态和商业模式。更为欣喜的变化则是越来越多的消费者正在主动地创造内容,将自己的小说、视频和微电影等其他一切可以用来表达的载体发布到数字平台,成为数字内容的生产者。正因如此,新时期用户身份的多元化和立体化已经是一种实现了的景象,对数字内容消费群体习惯和需求的把握,对移动端阅读人群的分析和研究,成为一个重要的课题。

传播学家亨利·希金斯在谈及粉丝与数字时代文化生产和传播之关联时认为,中国青年正在利用机会再造媒体以及参与社会网络中,他们正在形成自己的表达模式,同时也在借鉴世界其他国家消费者生产的媒体,这一进程将极大地改变中国的传播运行方式。[①] 便捷、时尚、交流和分享,这些数字化时代的消费精神,必然深刻地影响数字出版与移动阅读。毋庸置疑,社会化与个性化已经成为数字阅读与数字出版的核心精神,不论是早几年颇为流行的博客、论坛,还是当下最具有人气的微博、微信,这些由互联网孕育而生的社交类应用产品,虽不能归属到出版的范畴中去,但无形之中推动了数字出版与数字阅读的前进与发展。除了打通传播渠道、整合媒介资源之外,更为重要的是,这类数字产品为阅读与出版两种行为注入了浓重的社区化、分享化因素。它们将原本分散的读者群体集结了起来,形成一个个新的阅读圈,作为个体的读者在其中能够不断感受到来自群体的影响,同时,在交流和分享之余,基于共同的阅读趣味,对作家和作品会形成很强的黏性,进而不断地为作家的作品埋单。这种来自群体的压力和影响,会让个人化的消费趋向集体性的消费,通过将图书的信息发布更新在博客、微博、微信和读书社区,在阅读同好者群体中互相推荐,激起更多人的购买欲望。

与此同时,阅读也从一种私人和静态的行为逐渐向着群体性和社交性的方向演变,读者在不同的平台上发表评论,也阅读他人发布的评论,进而形成一种有效的互动。通过留言、评论、转发、分享和互动等数字化的

---

① [英] 亨利·希金斯:《融合文化:新媒体和旧媒体的冲突地带》,杜永明译,商务印书馆 2012 年版,第 2 页。

行为，读者可以感受到一种由阅读带来的社交化的乐趣，这在以往的传播环境里是无法实现的，阅读成为动态的社会化了的行为。腾讯旗下的 QQ 阅读相比盛大、百度而言，在渠道和用户上有非常明显的优势，而此前腾讯用户基于 QQ 和微信建立起来的社交圈也顺势成为阅读的一个分享平台，用户可以把自己喜欢的文章或者图书发送给好友，形成良性的互动。社交轻阅读也成为腾讯进军文学领域的一个关键策略和重要口号。豆瓣采取的则是另一种社交化阅读的模式，以图书或作家为中心，划分为不同的阅读圈，同一阅读圈子的成员们就会推荐好书、发布读书笔记、策划线上和线下的活动来频繁地进行互动与交流，很多相对小众化的畅销书都是经此而为人所熟知，更重要的是，它让社交化的阅读成为一种有态度、有品质的生活方式，因此在读者的凝聚力上也优于其他的阅读平台。社交元素的融入，也为传统出版物和数字内容的口碑式营销提供了便利的条件。尤其是对于畅销书作家而言，大量的读者聚集在某几个平台，形成稳固的关系纽带，能够在短时间内形成粉丝效应，而粉丝经济的生产力和消费潜力正是数字出版盈利的一个有力保障。再以出版的角度来看，网络社交平台也能够孵化畅销作品和畅销作家，对于优质作品的发掘和作家人气的积累，都有积极的推动作用。当年明月的《明朝那些事儿》是成名于天涯社区进而再出版实体图书，李可的《杜拉拉升职记》则从最初的一篇博客文章引发共鸣之后以图书的形式打造成了国内畅销书运作的典型案例。张嘉佳则凭借在微博上发布"睡前文章"而积聚起来的超高人气，顺利出版《从你的全世界路过》一书，迅速跻身畅销书作家行列。同样是线上与线下两种出版模式，与原创文学网站以数量和规模为主导因素的商业模式不同，这些平台上的文章和作品，以强大的受众优势和畅通的传播渠道，能够在较短的时间内迅速积累起大批的读者粉丝，营销和宣传的成本大大降低，最后再以实体书出版的方式继续扩大图书的影响，同时拓展作品的流通渠道。

有研究者指出，社会化阅读业已成为目前数字出版领域接受度最广的应用，苹果的 Flipboard 就是个人电脑平台社会化标签（social tagging）的典型代表，未来出版商的互联网内容推送，除了以用户个人定制信息为

第三章 移动阅读领域数字出版商业模式要素分析

基准外,也必然需要以此种社会化筛选为参考。① 国内也有鲜果、Zaker 和看天下等订阅类的阅读产品,前景一直被看好。个人定制的形式尽管符合读者的使用习惯,但如果不能在内容推送上更趋向精准和便利,读者依然不能及时接收自己需要的信息,这类阅读产品也会面临困境。根据用户的阅读习惯和喜好,主动且精准地推送内容,无疑比传统的订阅模式更具吸引力,也更能体现个性化和智能化的特点,这种灵活的内容推送方式会有更加广阔的市场前景。传统的 RSS 订阅模式也好,以精准推送为优势的新型内容聚合平台也好,都反映在数字化出版的环境里,读者选择内容的权利和能力在大大强化,以读者和市场为导向,生产并准确推送内容,是数字出版商首要考虑的问题。随着社会化阅读、个性化定制和社交化平台等概念的不断深入以及用户对社交平台依赖程度的加深,会有越来越多的出版单位和新媒体公司会主动探索移动出版时代数字阅读的可行商业模式,将阅读与社交联系在一起,以社交的优势来谋取出版效益的最大化。将社交的元素引入阅读中,这是出版业内人士普遍看好的一种发展方向,但目前国内几乎还没有成功的案例,个别的尝试已经在进行中。时代出版集团 2014 年初上线的"时光流影 TIMEFACE"就是一个以新媒体为实现基础的社交类内容聚合与分享平台,是国内传统出版单位中试水社交+内容商业模式的开创者。时代出版集团解释说,该平台本质上是出版内容聚会平台,以社交功能为切入点,以生活、健康、励志等日常领域为引导范畴,利用互联网资源汇集、引导出版内容,推动互动式阅读和数字出版,从而搭建起出版互联网大数据库,是一个 SNS 平台。② 该平台自筹备到上线,一直是以移动互联的思路在运作,以社交为契合点,带动用户进行交流和分享,以发掘优质的内容,这也是对以纸质出版物数字化为核心的单一数字出版模式的颠覆和创新。

社交网站改变了阅读方式,新媒体重塑了阅读生态,需要注意的是,互联网时代任何一种商业模式都有着新陈代谢和自我更新的特性。社交平

---

① 任期:《移动互联时代数字出版的商业创新》,《出版广角》2012 年第 2 期。
② 闫鹏飞:《时代出版搞"社交"谋出版资源》,《东方早报》2014 年 4 月 3 日第 A30 版。

台尽管在聚集用户上有无可比拟的优势,但它更新换代的速度也非常快,从萌芽、发展到兴起、没落均可在极短的时间内发生。从博客的辉煌到如今微博的风靡,前后就不过十年左右,大量替代性社交平台的出现和蓬勃,都会对当下流行的社交方式产生深刻的影响。对于传统出版单位和数字出版商而言,既要学会充分发掘社交平台的用户与渠道资源,为内容的推广和商业价值的开发开辟新的市场蓝海,也要时刻保持危机意识,以求新、求变的思维参与市场竞争。

第四章

面向移动阅读的数字出版的可行盈利模式

一 消费：交叉补贴免费共享模式

互联网的共享精神也使得数字出版业的内容在人们的视野之中总是以免费的形式出现。而这种免费却能促成数字出版的多种商业模式，使同一实质所产生的利润在不同群体、不同产品、不同时空（此处与彼处、过去与未来）之间转移，正契合着数字出版"内容为体"的本质特征。在经济学上，交叉补贴是一种常见的定价营销策略，商家故意以优惠或是亏本价格出售某种"优惠产品"，以促使消费者购买另一种"盈利产品"，以"盈利产品"的利润补足"优惠产品"从而实现整体盈利。[①] 例如免费的甲产品与配套的付费乙产品一起出售，消费者因免费的甲产品被吸引，而甲产品通过乙产品的高利润弥补亏损，销售商凭借乙产品的总利润超过甲产品的总亏损实现盈利，这样的销售模式我们就称之为甲乙交叉补贴模式。交叉补贴同时也是一种有力的竞争手段，一个在市场中起支配作用的企业通

---

① MBA 智库，http://wiki.mbalib.com/wiki，访问日期：2014年1月1日。

过降低竞争性业务的价格以限制竞争,打败对手;同时又提高垄断性业务的价格,以弥补竞争性业务的损失。① 这种交叉补贴(cross-subsidies)② 在数字出版领域表现为利润点在内容、读者群、服务、阅读终端和相关产业之间的转移,用 VIP 用户阅读的付费产品补贴免费阅读章节,用手机和在线付费人群来补贴免费阅读人群,用持续的内容产品收入补贴超低价的阅读终端,线下周边衍生产品的销售收入可以补贴线上免费资源,未来消费的收益补贴现在培养忠实或是潜在读者的成本。而所谓免费共享,在互联网经济中,免费的真正含义是共享信息资源和网络资源。于是在数字出版中,我们认为交叉补贴免费共享模式便是通过交叉补贴的方式实现免费共享的收益。针对数字出版产品和服务的独特成本结构,交叉补贴免费共享模式早已通过各种不同的面貌渗透数字出版行业的种种盈利模式中,主要的形式有移动终端的付费墙模式、培养为关键内容付费的 VIP 模式、"内容+终端"捆绑式、"纸质书+电子版"捆绑模式等。

相较于通过直接进行产品交易或者提供服务,由产品的买方或者服务的接收方支付给企业相应费用的方式,交叉补贴免费共享模式具有一定的优越性。因为数字出版商所提供的产品和服务具有高固定成本和低边际成本的特征,如果按照"一手交钱,一手交货"的传统商业模式收费,势必把固定成本与边际成本相加求和后均摊到每一件产品上,如此一来,产品或服务的单价必将大幅提高,消费者往往只注意到低边际成本而认为价格"虚高"不愿意消费,在面临严峻的商业竞争时显得比较脆弱,其竞争优势相比之下不容易凸显。例如一款多媒体小说应用,它的量产只需一键拷贝就能完成,消费者通常只看到复制的便易,却看不到昂贵的制作成本,不愿意接受由固定成本均摊的产品单价,最终选择不消费或盗版。这种普遍的消费心理使得直接收费模式在数字出版业难以推广。交叉补贴免费共享模式则绕过这一消费心理,满足读者免费共享的愿望,从他们认为"价

---

① 陈艳莹、原毅军:《交叉补贴与网络中介的价格竞争》,《财经研究》2003 年第 10 期。

② 参见[美]克里斯·安德森《免费》,中信出版社 2009 年版,第 16 页。

第四章　面向移动阅读的数字出版的可行盈利模式

有所值"的产品或服务中获取收益，补贴免费共享所带来的亏损，实现全盘的盈利。

第三方付费商业模式与交叉补贴免费共享模式相比同样具有一定的优势。第三方付费模式主要是由优质的免费内容吸引受众积聚人气，然后借助增值服务或者网络广告实现盈利。其中网络广告是这种模式最大的收入来源。2014年中国互联网市场通过网络广告产生的收入达1540亿元，相较2013年增长40.0%，占中国数字出版总收入的48.6%。预计2015年网络广告总收入将超过2000亿元。[①]

这一模式的优势在于，它具有良好的现实基础。首先，几乎免费的模式可以创造大量的读者消费群体；其次，数字技术的不断发展，大数据分析法的推广，对读者的偏好、兴趣将实现更精准的分析、定位、追踪，电子书公告的投放也将更加科学、有效。通过数字化的分析、计算和搜索技术，在电子书等数字内容产品中投放广告时得以更快捷、准确地找到对广告内容有兴趣的受众或是受众感兴趣的广告样式，这就满足了广告所追求的大量的受众和准确的信息传递的基本要求。

但与交叉补贴免费共享模式相比，在数字出版物中投放相关广告，一方面如果广告出现的位置、时机不当，可能打扰读者阅读的连续性，对阅读品质有较高追求的读者而言，这样容易引发其反感；另一方面，如果广告出现的次数过多，投放过于密集，根据消费者的上网惯性，很容易被误以为掺入了病毒或其他流氓信息，极易影响用户体验，拉低产品的档次。而通过交叉补贴免费共享模式，用户则可以通过适量付费来获得更干净的阅读环境和更纯粹的阅读体验。

对于消费者来说，交叉补贴免费共享模式的优势在于，它可以为读者提供数量和种类更为庞大的数字出版物，满足大多数消费者的阅读需求。当然，事物总是具有两面性，一方面内容资源的丰富多元可能是这一模式的优势，另一方面也可能是它的局限性所在。因为免费模式并没有完全实

---

① 杨雪斌：《艾瑞：2014年网络广告营收超过1500亿元，同比增长40%》，艾瑞咨询，http://report.iresearch.cn/html/20150201/245911.shtml，访问时间：2015年6月6日。

现，还存在一定的微支付，如果需要用户付费的内容资源不具有足够大的吸引力，用户不愿意为这些内容付费，那么这一模式也很难运作下去。此外，如何让读者在阅读完免费内容后，继续产生对于付费产品的消费意愿，是交叉补贴得以实现的关键。一些读者使用完免费内容产品后就转而寻找其他免费内容，除了与内容产品的吸引力不够相关之外，商家没能以各种形式、多种手段培养出读者的再消费心理，也是一些交叉补贴免费共享模式失败的症结所在。

总的来说，交叉补贴免费共享模式实现了读者、内容提供平台和内容提供者的共赢，是目前较为适应的、存在着较多优越性的一种商业模式。

1. 付费墙模式

（1）手机在线微支付

移动终端的付费墙模式广泛应用于网络文学作品阅读中，如中国移动用户在手机"和阅读"基地平台上浏览网络连载小说，有单本电子书收费和手机书包两种收费模式，用户可以按照自己的兴趣进行章节或单本书购买，也可以直接订阅基地提供的图书包。在数字出版发展过程中，最令人困惑的就是如何从阅读终端用户手中直接回收部分成本。尽管广告是一种可行商业模式，但是在商业行为之中传统而又经典的价值体现方式还是售卖内容。在移动阅读时代，移动终端可便捷地实现之前内容提供商梦寐以求的方式。尤其是在媒介生产和消费的"微时代"，内容消费是"微支付"，内容体验是"微阅读"。① 移动阅读终端的在线"微支付"是指阅读者在互联网语境下，通过移动阅读终端支付较少的资金以获得支持终端的内容提供平台所提供的阅读内容。它是"微支付"这种商业运营模式在数字化阅读环境下的运用和延伸。移动阅读终端、读者、内容提供平台（内

---

① 栾轶玫：《"微时代"——从日本的手机小说谈起》，《视听界》2009年第5期。

第四章　面向移动阅读的数字出版的可行盈利模式

容提供者可以是出版社,也可以是作者,也就是说内容既可以由作者自助出版也可以通过出版社来出版)、运营商(或第三方支付)是它得以运行所不可或缺的要素。它的主要特点是单位价格低、结算过程快、持续性强、读者数量大。

在印刷书时代,随身携带图书的人或多或少总会是那些沉醉于书香之人。在网络电子书时代,笔记本电脑亦不能无时无刻携带。而在通信技术飞速发展的当下,手机却是人们随时可带的好载体。在日益更新换代的移动阅读终端之中,手机便是其中重要的一分子。2010年5月,移动公司在浙江杭州成立了中国移动手机阅读基地要打造全国性的手机阅读平台,如同在成都的彩铃中心一样,为移动用户提供海量的移动数字内容。这一手机阅读平台上有原创文学网站的畅销排行、与出版社同期的畅销书,还有移动公司直接签约作者的连载作品,甚至还有改编的动画,并推出"阅读"和"听书"服务。2015年中国移动旗下的咪咕文化科技集团公司是移动最新打造的新媒体平台,通过丰富的移动互联网数字内容服务,实现各媒介对接与融合发展。

在该移动阅读平台上,用户可用手机余额直接支付包月用户费或点击购买单本电子图书,抑或以4分/千字的价格购买单个章节。虽然单个用户每月只支付3元或5元的包月费用,然而凭借6亿庞大的手机用户基础,中国移动阅读基地日均PV量达到3亿次,移动手机阅读业务每月最终产生的收入规模超过亿元。[1] 习惯于支付相对高昂的通话费用,人们对手机增值支付已具备一定接受心理。一本在书店中同期畅销的读物,如石康的《奋斗乌托邦》售价29元,在网络书店的折后价为23元。而同期在手机阅读频道发布的电子书试行整本折后价仅为4元,即便恢复到4分/千字的价格,除去免费章节的试读,至多只要6元。由于人们对小说的关注主要在于最新情节,只有粉丝们会购买签名版的纸书。

---

[1] 康钊:《中移动阅读基地探营:包月3元成长到月收上亿》,新浪科技,http://tech.sina.com.cn/t/2011-10-17/00416184683.shtml,访问时间:2015年7月30日。

从业务种类上来区分，手机支付可分为手机代缴、手机钱包、手机银行和手机信用平台。目前移动阅读推行的一般只是手机代缴小额支付，因为这种业务支付时间和额度固定，金额相对较小，可直接在移动通信费用账单中结算。如图4—1所示，用户在使用终端支付时，费用交给移动网络运营商，再到服务提供商。

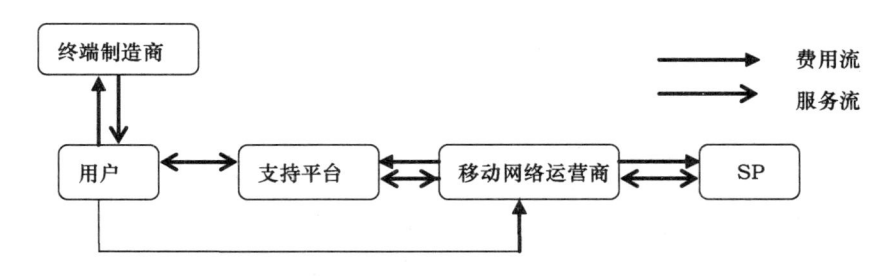

图4—1 手机支付运营模式[①]

手机钱包、手机银行和手机信用平台都是通过手机与银行绑定的形式来实现手机作为支付终端的功能。杭州市民卡以手机SIM卡支付为基础，通过"手机钱包"移动商务APP实现手机刷卡、手机充值、移动购物、讯息服务等公共支付领域的应用。这种支付方式目前在移动阅读终端的数字内容支付领域尚未广泛推广，但正在一些领域尝试。移动阅读终端在线"微支付"模式实现了读者、内容提供平台、内容提供者的共赢。在"微支付"的模式下，读者不必花费过多的资金就可以及时阅读质量上乘的内容。而对于内容提供者来说，"微支付"模式增加了他们的收入。

(2) 第三方支付

在移动阅读平台上，除了手机支付，还有第三方提供的支付结算服务。第三方支付，指的是一些具备相应实力与信誉保证的第三方独立机

[①] 鲁耀斌、邓朝华、陈致豫：《移动商务的应用模式与采纳研究》，科学出版社2008年版，第169页。

第四章　面向移动阅读的数字出版的可行盈利模式

构,通过与国内外各大银行签订协约,支持用户完成在线交易的平台,[①]像支付宝、微信钱包、财付通、快钱和首信易支付等。如新浪文化读书频道的手机书包和网络是同一账户,可用支付宝、新付通等支付平台以3分/千字的价格购买任意章节。如当当网与腾讯、新浪微博、支付宝合作支持关联账号登录,消费者可以直接通过支付宝账户登录当当网挑选图书,并使用支付宝内的余额一键在线支付所购图书所需费用,全过程简单快捷,从而获得更好的购买、阅读体验。这些一键支付可依托多种第三方支付平台完成。

盛大继承和发展了旗下起点中文网的支付制度,同样采用了包括第三方支付在内的多种支付方式,其本质是建立在作者生产、读者消费和平台、运营商参与分成之上的"微支付"营利方式。盛大文学旗下的众多原创文学网站,新作者的作品一开始是在免费区域发布,对所有人开放。当这部作品达到字数标准后,网站编辑组将会对其进行交叉审读,并结合读者反馈(人气、评价等)对其进行价值判断。如果编辑组认为该作品有足够的投资价值,便会与作者签约。签约后,网站将会对作品进行一系列的宣传推广,以吸引读者。若关注度达到一定程度,作品便会被移至重要阅读区。重要阅读区中的作品分免费章节和付费章节两块,按照作者的人气、作品的人气等标准,需付费阅读的部分占全书的比例不同,一般情况下一部作品的付费部分最少占全作的1/3。

"微支付"的收费标准在各个网站略有不同,基本在2—5分/千字不等。这看上去是笔极微薄的收入,然而在互联网网站以千万乃至亿计的海量用户聚沙成塔的效应下却足以形成可观盈利。起点自2003年独创并率先实行了这一制度,经过3年发展,于2006年开始盈利,并在顶峰时期占据整个网络文学市场90%以上的份额,如今也依然领先于国内同行。2011年,起点中文网的市场份额为43.8%,仍位居第一。2012年,艾瑞咨询的iUserTracker(网民连续用户行为研究系统)数据表明,起点中文网日均覆盖220万人,网民到达率0.9%,处在垂直网络文学网站首位。

[①] 鲁耀斌、邓朝华、陈致豫:《移动商务的应用模式与采纳研究》,科学出版社2008年版,第170页。

当时盛大文学旗下五大原创文学网站（起点中文网、小说阅读网、红袖添香、潇湘书院、言情小说吧），占据整个市场72.1%的份额，其中仅起点一家就独占43%。由此可见，线上运营的"微支付"模式作为盛大文学的营利来源之一，意义不容小觑。

"微支付"的可行性，主要对读者而言，相较价格较高的印刷书，整本作品在线阅读的收费则小得多。以目前2—5分/千字的在线阅读价位计算，市面上一本常见的20万字印刷书的价格抵得上5部同等字数作品的费用。此外，盛大文学还在阅读网站上设置了许多帮助读者与作者互动的功能，如替作者找读者，为读者找作者，并提供个性化的阅读服务。读者还可以运用盛大文学社区中的"月票"（为小说全站排名投票）、"打赏"（认可作者的作品）、"催更"（催促作者更新作品）、"评价"（页面上留下对作品的评价）等工具直接与作者进行互动。"读者的评价支持着我不断更新小说……有时候他们也会为小说的情节出谋划策。"一位网络小说作者如是说。文学作品创作中读者和作者的互动，使互联网交互性、共享性的优势得到了充分发挥。这种双向性的读者参与作品生产的过程，激发了读者的积极性，增强了读者对作品及网站的融入感，培养出极高的用户黏度。

（3）银行卡支付

第三方支付平台可实现跨银行的充值和代缴，为购买数字内容提供了便利。同样，数字内容的支付方式就有银行卡充值，像中国工商银行、招商银行等17家银行为新浪读书频道提供充值服务。在这种支付模式中，用户进入各自银行的支付系统实现充值。

这种支付方式同样是微支付的体现方式。对于内容提供平台来说，在"长尾效应"的作用下通过付费产品补贴免费阅读章节、付费人群补贴免费阅读人群、日后付费来补贴当前培养潜在读者等形式实现了内容供应平台由广告收入为主向"微支付"盈利为主转变。此外，单位价格低、结算过程快、持续性强、阅读便捷且富有时效性也是移动阅读终端在线"微支付"能够推广的重要原因。

第四章 面向移动阅读的数字出版的可行盈利模式

2. 关键内容付费 VIP 模式

在数字出版领域，通过培养为关键内容付费的 VIP 来实现交叉补贴免费共享模式，即对数字出版中的一般性内容实行免费共享，而对关键性内容进行收费，以此支付前者的免费共享带来的成本，并且通过对内容资源，特别是关键内容的获取、整合和再创造，保证对为关键内容付费的 VIP 的持续吸引力，以此形成稳定的市场竞争力，最终实现盈利。

具体来说，实现交叉补贴有以下三种方式：一是用 VIP 用户阅读的付费产品补贴免费阅读内容；二是用手机、在线付费人群补贴免费阅读人群；三是用未来消费的收益补贴现在培养忠实或潜在读者的成本。

多种支付方式为这些在线付费人群提供了购买数字内容的便利，实现了免费阅读人群的交叉补贴。同样，培养数字内容的 VIP 用户，为关键部分埋单，同样是交叉补贴免费共享模式的重要内容。长尾理论是克里斯·安德森在品种角度的总结，在价格角度他进一步在《免费》一书中提出如何大范围实现资源共享，在共享之余总有 5% 的 VIP 客户愿意付钱，或是通过其他互补产品获取利润。

在移动阅读时代，SP 总是会通过运营商根据特定读者的喜好，以 WAP 短信或彩信等形式 push（推送）一些读物的精彩片段、链接至个人移动终端。通过这些链接，感兴趣的读者通过点击，犹如推开虚拟的网络书海。通过各种分类的图书或是畅销书试读，读者可以浏览全部目录和免费章节。即使一部免费章节达 80% 的小说，也有可能实现单本盈利。关注情节发展的读者们，看到了小说的序幕直至高潮，不得不为剩余的章节以每千字 3—4 分钱的价格埋单。以起点中文网上人气颇高的仙侠小说《我欲封天》为例，截至 2015 年 8 月 1 日，免费的公众章节最后一次更新是 1 月 3 日，更新至第 737 章，而 VIP 章节最后一次更新是当日，更新至第 1199 章，可见 VIP 用户与免费用户可阅读的内容数量差距巨大，无怪乎有读者留言："想买高 V（指高级 VIP）了，普通会员太多限制。"在找到这些付费的 VIP 用户之后，先前的免费阅读运营成本实则相当之低，接近于零。在数字内容的交易中，需要采用各种方法培养 VIP 用户，而培养VIP用户的前提是需要广而告之,提高用户数量,基础读者群越庞大,对关键内容进行VIP付费的用户就会越多。在追求免费共享的数字化世界,即便是1分钱人们都会考虑支付成本。付费墙分"水泥墙"和"篱笆墙",如果不付费什么内容都看不到,那么就是"水泥墙";如果不付费也能看到部分内容,那么就是"篱笆墙"。"水泥墙"是一种严苛的付费策略,英国《泰晤士报》网站在实行统一收费后流量锐减了三分之二;相对地,"篱笆墙"则采用温和的"免费+付费"混合模式,能够同时开发利基市场和大众市场,用免费吸引流量,用收费实现盈利。[①] 中国移动和阅读基地通过手机客户端提供每日限时免费在线阅读服务,以有限的免费吸引更大的用户流。所以在追求提高数量之时,免费便是最好的选择。数字出版经营者在发展初期一味追求所谓的盈利,实则是限制了自身的发展。广泛的使用和共享,是实现盈利的前提和基础。

人们总是认为互联网的精神在于分享,如今付费阅读也不再令人诧异,关键在于提供的内容是否有购买价值。多少年来,数字出版商们总是期望着有朝一日读者们会像去超市购买零食一样在其实体书店和网上平台购买数字内容产品。至少现在他们已经发现印刷书销量非但不会被网络文学在线连载削弱,反而会随着网上点击率的上涨而增多。

另外,培养为关键内容埋单的VIP,最重要的是培养兴趣群。本书第三章曾提到基于群组信任的数字内容在线销售模式,实则是与培养兴趣读者相契合的。在阅读频道、电子书架的相关论坛,可建立读者群,抑或开通facebook、豆瓣等类似的平台,共享最新的好书,实现共品、共评。如此一来,阅读平台可以在不牺牲客户访问量的前提下,留住重要客源。小小的一堵付费的关卡,如同一个筛子,有效地帮助商家区分开普通客户和最忠诚的付费客户,方便商家为这些VIP提供更加优质的付费服务,使他们获得更好的客户体验。起点中文网就用VIP等级制度对普通客户和忠诚客户提供差别阅读服务,不同VIP等级订阅内容所需价格不同,免费用户、普通用户、高级会员都是5分/千字的付费标准,初级VIP和高

[①] 王武彬:《付费墙模式全透视》,新华社新闻研究所新媒体观察第3期(付费墙专刊)。

第四章　面向移动阅读的数字出版的可行盈利模式

级 VIP 则分别为 4 分/千字和 3 分/千字,此外高等级 VIP 用户还有票务特权、书架特权、专属会员标示、单日领取赠送上限、书评区副版主申请资格、给作者发站内信等专属服务。这样,商家可以用 VIP 支付的费用来补贴向普通用户提供免费阅读造成的损失,甚至达到盈利的效果。而普通用户也可以免费阅读部分章节,比起逐章均等收费而言,这样操作可以让绝大多数不愿意掏腰包的用户获得较为良好的阅读体验,免费内容就如同扩大知名度和影响力的广告,让所有的读者体验一把内容产品,VIP 用户就是经过体验后愿意购买内容产品,令商家获利的真正客户。

这种培养为关键内容付费的 VIP 的盈利方式,类似于第三方付费(广告)模式中的培养用户为增值服务付费的手段,所以它也被运用于第三方付费模式中。比如,盛大网络游戏公司推出的免费游戏,使得网络游戏的收入来源由最先的出售游戏时间转型为以免费游戏内容为基础,在这种模式下,玩家无须购买点卡获取游戏时间而可以无时间限制地免费体验,但如果需要获得增值服务(比如需要装备特殊的武器来提高经验值)就要另外付费获取。又如,龙源期刊在大量免费用户的基础上,推出针对个人定制的 VIP 付费业务,并吸引广告商投放广告,保证企业的运营①。

然而,在我国的数字出版领域,"为内容付费"的商业模式发展得并不顺利,主要有以下三点原因。

一是网民的付费意识和意愿都不足。国内网民已经习惯于免费内容,相比之下,他们更愿意为服务付费。上文提到的,中国网民容易看到数字内容产品的低边际成本而忽视其高固定成本一定程度上造成他们不愿意付费的心理。加上版权意识薄弱,网民们对网上内容中蕴含的作者精神劳动成果不够重视,认为网络内容产品的版权价值不如实体书,可以随意使用、传播。中国网民为网络产品付费源于腾讯的移动 QQ,之后兴起的QQ 会员、收费邮箱,特别是网络游戏,一定程度上培养了为网络服务付费的意识。另外,网民们刚刚愿意为短信新闻、手机彩铃、手机报等业务

---

①　参考熊玉涛《简谈数字出版的盈利模式及发展》,《出版发行研究》2010 年第 6 期,第 54 页。

付费，又在市场竞争"白热化"和互联网开放共享精神的影响下重新依附上"免费"内容[①]。

二是制度与成功模式的缺乏。除了网民付费意愿和付费习惯缺乏，烦琐的第三方支付手续也不利于收费模式的普及，因此成功的付费模式难以出现。例如国内报刊在电子报方面至今没有尽如人意的付费模式。《人民日报》曾于2010年尝试付费浏览模式，但是很快在强烈的舆论反对声中销声匿迹。另外，《财经》等专业杂志在电子版收费上也进行得并不顺畅。

三是在互联网环境下，免费与否往往会造成广阔市场与空无市场之间的巨大差异。在求廉的消费心理驱使下，消费者大量追逐免费的互联网产品，"便宜"与免费之间的市场差距如天上地下。比如，前些年263邮箱规模全国第一，员工达到几百人，但是实行邮箱收费后，注册账户骤减，到现在只有十几个员工，相比之下免费的网易163邮箱趁机崛起，成为拥有超3亿用户的第一大邮箱服务商[②]；2002年腾讯实行注册收费但最后又不得不重新免费；淘宝借助免费成功夺取了原本易趣所有的市场份额。

因此，免费可以算是国内消费者的普遍心理趋势，这个因素几乎是前两个原因出现的根源，所以消费者的求廉心理（免费趋向）应该是"为内容付费"这个商业模式难以深入持续发展的深层原因。

尽管"为内容付费"貌似阻力重重，"培养为关键内容付费的VIP"这个商业模式的成功事例似乎不多，但是我们认为随着数字出版产业逐渐成熟，内容资源必将成为第一要素，因此在未来这种商业模式同样具有很大的挖掘和开放的潜力。多看阅读副总裁胡晓东认为，产品"值得付费"与否才真正决定了网民的付费意愿[③]。被视为"付费习惯很差"的中国网民却成就了空前的网络游戏虚拟道具付费市场，他们不愿意为你的产品埋单只能说明你的产品做得不够好。特别是如果作品优秀到深受读者欢迎，

---

① 参考田邦德《"内容付费"时代悄然来临》，《全国新书目》2012年第9期，第14页。

② 李东红：《传统出版社数字出版盈利模式探析》，《编辑之友》2012年2月。

③ 参考田邦德《"内容付费"时代悄然来临》，《全国新书目》2012年第9期，第14页。

第四章　面向移动阅读的数字出版的可行盈利模式

一些本习惯于寻找免费内容的读者,也会出于对作品的喜爱而购买正版内容,上文提到的网络小说《我欲封天》,就有读者留言表示,自己因为对小说的喜爱,在可以获取盗版免费文本的情况下,特意注册付费以支持正版。

那么,如何才能将关键内容变成"值得付费"的内容呢?值得注意的是,一些产品的价值并不在于其内容本身,而是一些围绕或依附于内容和产品的特性。那么不如内容开放免费,转而针对用户认为存在付费价值的特性,开发可以实现盈利的商业模式。因此,数字出版中的"关键内容"不仅是内容的价值本身,还在于充分满足用户的个性需求。"值得付费"的内容往往需要具备以下几个特性或其中之一[①]。

一是即时性。"即时性"(或"实时性")由新闻价值标准的"及时性"根据信息互联网时代对内容的实际需求特点发展而来,用户愿意为第一时间获得最新资讯或内容的服务付费。因此保证内容的时效性、及时性是促使用户为内容付费的一个关键。

二是个性化。针对用户独特的兴趣和特定的需求,进行个性化生产、个性化聚合和个性化推荐。例如 iPad 上的一款个性化杂志订阅 APP——Zite,该 APP 会收集用户的阅读行为和阅读痕迹,分析用户的阅读喜好,因而其聚合推送的资讯、新闻、图片、视频、音乐往往正是符合读者口味的,由此便可进一步发掘潜在商机。

三是解释性。如果提供的内容停留在数据和信息层次,往往缺乏区分度,价值微小。当能对一个事物做深入的剖析和解释时,你的内容就具有了更大的吸引力。

四是易用性。比如唐茶的商业模式——仅是择选优质且对味的内容而不植入任何广告,并且选择最舒服的字体和版式,提供丰富流畅的书签、标注等功能,给用户"在某种程度上,甚至超越纸质书"的阅读体验,因此用户愿意为此付费。

尽管在国内这种模式运用不多,但是,在美国与这种模式类似的"付

[①] 参考王武彬《读者愿意为哪些内容付费?——新媒体时代如何挖掘内容价值》,《中国记者》2012 年第 9 期,第 101—102 页。

费墙"模式，已经有 41% 的出版商采用，包括《纽约时报》和《华盛顿邮报》[①]。阅读墙将普通读者和 VIP 读者分于墙内和墙外，墙外是数量一定的免费内容，可供所有读者阅读，墙内是免费之外仅 VIP 读者可以使用的内容和服务，跨过"墙"需要读者支付相应的费用。这样既可以借免费内容吸引更多的读者，墙内 VIP 读者所享受到的额外内容和服务又促使普通读者"越墙"向内涌从而实现长久盈利。当然，由于中美两国数字出版的发展程度、市场环境以及消费者心理等其他情况的差异，中国数字出版商想要推行这种模式仍然需要继续摸索。

3. 内容+新兴阅读终端模式

要实现数字出版商业模式的有效运作，最根本的还是要提供数量丰富、质量上乘的数字内容资源。在移动阅读时代，将数字内容资源整合进新型的阅读终端，实现多种格式标准的统一，是实现交叉补贴免费共享模式的一种方式。苹果公司陆续向市场推出各种超轻薄便捷的电子产品，在数字阅读领域，提供了手机等其他移动终端无法实现的获取多格式的阅读文本功能和强大的信息处理功能。在移动终端飞速发展的时代，数字出版商或许考虑的是如何提供各种格式兼容的数字内容，使读者能在新型终端享受到一站式便捷的数字书店服务。

该模式的典型代表就是亚马逊的电子阅读器 Kindle，亚马逊采用的是"内容持续盈利"补贴"Kindle 阅读器赔本价出售"的商业模式。Kindle 以接近成本甚至低于成本的价格销售电子阅读器（2012 年 Kindle 售价 79 美元，每台亏本 10 美元左右），靠的是用户持续地在 Kindle Store 平台上购买正版数字内容实现交叉互补。由于 Kindle Store 上数量丰富、质量优越、价格低廉的数字内容产品，购买 Kindle 阅读器的用户愿意在该平台上长久持续地进行消费，其长远"回头效应"回报不仅能抵消电子阅读器低价销售造成的亏损，还能实现高额利润收入。用户通过购买

---

① 参考胡升华《美国出版业的数字化转型与商业模式》，《出版参考》2013 年第 18 期，第 55 页。

第四章　面向移动阅读的数字出版的可行盈利模式

Kindle阅读器来享用Kindle Store平台上的海量资源，而这里的大部分电子书都是价格远低于纸质书籍的，如此一来，商家通过Kindle Store上的垄断，即对平台内发布的内容有很强的控制权，压低平台上各种电子书的价格，让渡书籍的价值作为福利，促使消费者购买其专用阅读器以获得低价阅读海量出版物的权利，再通过循环往复的持续性电子书消费实现长久收益。同样，京东电子书平台上第一批8万种电子书绝大部分不超过10元，是传统纸质书定价的30%。京东商城集团图书音像采销副总裁石涛认为，电子书的快速发展只有像这样打破印刷书出版的利益链才能实现。

应该说，这一模式的优点是显而易见的，亚马逊通过强大的Kindle Store吸引内容提供商（出版社或作者）在其发布平台上推出产品，消费者为了获取大量种类齐全、价格低廉的电子书而购买其专属阅读器，亚马逊作为一个"中间人"的角色，不仅可以双向获取利益，而且是整个交易环节的核心，具有明显的垄断性。这无疑可以牢牢掌控交易双方的各项资源，更能像"滚雪球"一样不断推广其辐射范围和影响力，成为行业寡头，形成"赢者通吃"的局面。作为消费者，通过一次性购买阅读器的消费换取此后多次的优质服务而无须逐次支付，这对于那些有一定经济实力且工作繁忙、希望阅读消费手续从简的人士而言，是比较理想的一种选择。

但是，由于Kindle阅读器的功能指向很明确，也较为单一，因此吸引消费者花费较多金钱来购买它的吸引力主要还是在于Kindle Store平台上那数以万计的电子书资源。虽说阅读器本身的功能、用户体验等也是影响消费者选择的重要因素，但其内容资源仍旧是影响消费者选购Kindle阅读器的决定性因素。因此该模式的成功运行需要至少两方面的保障：第一，其内容资源具有核心竞争力和很强的垄断性，如果有可与之匹敌的其他内容资源平台出现，Kindle的低价优势将难以为继，消费者很可能转而投向其他能够提供同等质量产品和服务的专属阅读器的竞争对手的怀抱。第二，随着平板电脑、大屏幕手机的出现，Kindle阅读器单薄的阅读功能已经逐渐被兼阅读与其他功能于一身的新一代数码产品所替代，人们更愿意一次投入较大金额以获得多种功能和服务。如果亚马逊在终端硬件上没能及时更新换代，提供更优秀的客户体验的话，消费者购买其阅读器的热情也会因此而大大减弱。所以，该模式也存在着不容忽视的风险性，必须完成重心从单一功能阅读器向海量优质内容平台的转变。

新型阅读终端始终会一如既往地飞速发展。终有一天，人们对数字出版的美好想象都会成为现实。人们不再背着沉重的书包，不用手捧着相对笨重的阅读器，只要一个可折叠的芯片植入手腕之上，一接触便能看到知识的海洋。

4. 纸质书+电子书捆绑模式

根据书业研究集团（Book Industry Study Group）最新消费者调查，消费者对电子书和纸书捆绑模式抱有一定兴趣，甚至48％的调查者愿意支付多一些。2013年10月30日，亚马逊推出了Kindle MatchBook服务，那些在亚马逊购买过印刷版图书的用户借由这项服务，只需再支付0—2.99美元就能够取得已购纸质书的电子书版本。显而易见，这项服务对亚马逊十分有利，相信在短期之内，有购买纸质书籍欲望的消费者得知此消息，必定十分愿意通过亚马逊而不是传统的渠道来购买书籍。在这一模式中，亚马逊让渡的同样是其电子书的成本，通过"羊毛出在牛身上"的方式，从纸质书籍处获得盈利。特别值得一提的是，这一模式与前两种模式相比，较为突出的一个特点便是这一模式不仅对内容运营方亚马逊有利，向已购印刷版图书的消费者赠送（或是低价发行）电子书版本对出版社、作者、读者各方皆有益处。

对传统出版社而言，此举不仅能极大程度地拉动纸质书籍的销售量，而且还能大大增加读者忠诚度，捷足先登者必将获得更多消费者的青睐。对于作者而言，这项服务使得消费者在购买书籍时实际上购买了"两本书"，他们可以在自己阅读电子版的同时将纸质版书籍转借或赠予他人，增进了书籍的传播和流通，扩大其影响面，从而提升作者的知名度。对于读者而言，通过这项服务，他们可以在购买纸质书籍的同时非常方便地获得其配套电子版，这对于一些习惯于移动阅读同时希望珍藏和查阅纸质书

第四章　面向移动阅读的数字出版的可行盈利模式

籍的消费者而言，简直是量身打造的服务。①

纸质书和电子书捆绑模式并不能算是亚马逊首创，在教育服务模式中，全球最大的教育出版商培生集团的在线学习业务也有类似模式。在培生模式中，他们将自己的数字化产品与课本联系起来，提供与教材配套的网上学习项目和在线实验室等，在线学习模式能够帮助学生提高学习效率，并且作为增值服务促进纸质书的销售。这样，在线教育服务成了印刷教材的配套补充或是服务延伸，因此会带动印刷教材的发行销售。这与亚马逊新推出的买纸书送电子版有异曲同工之妙。②

交叉补贴免费共享模式存在诸多优越性，其商业模式同样需要不断完善。但是如若基本产品与盈利产品间的关联度低，基本产品无法促使消费者进一步购买盈利产品，或是消费者从其他企业处买到了盈利产品的替代品，那么实行交叉补贴的企业便只是在销售低价甚至亏本的基本产品。在数字出版中，这类情况常以如下两种方式出现：第一，购买者"揩油"。消费者只购买基本产品（优惠产品），但是不买盈利产品，或是从其他商家处购买相同内容价值的低价盈利产品。正如天气风险网上管理平台 Stormpulse 公司的 CEO 所言："免费带给我们的是出于肤浅的原因来消遣的客户，能够发现我们真正价值的那些都是企业客户。"③ 换句话说，免费诱惑带来的客户基本都不是公司想要的客户，公司真正的利润源客户也并不会因为免费而增多。第二，假如相同价值的盈利产品或其替代品增多，显然消费者将购买低价的同价值盈利产品或其替代品，而不购买采用交叉补贴模式企业出售的盈利产品，那么这种营销策略将会陷入困境。

数字出版领域的交叉补贴免费共享模式，是现在能够比较迎合消费者心理的商业模式之一。不同消费者群体的消费心理又跟民族性格分不开，

---

① cyzhou：《亚马逊继续改造出版业：用户买纸质书后，它将附送电子版》，http：//www.bookdao.com/article/69689/，访问日期：2013 年 12 月 1 日。

② 汪忠：《数字出版的商业模式与传统出版企业的数字出版发展》，《出版发行研究》2008 年第 8 期。

③ 参见 Rags Srinivasan《免费商业模式已死》，http：//www.bookdao.com/article/42644/，访问日期：2014 年 1 月 1 日。

虽然有外国管理专家认为"免费商业模式已死"[①]，然而我国千百年来的特殊国情导致中国国民过分推崇"免费"，对"免费的午餐"的向往远远比西方民族来得强烈，从"朝三暮四"的成语故事里我们就不难感受到老祖宗的智慧里对于"拆东墙补西墙"的奇妙之处领悟得有多么透彻了。加之网络时代中国网民享受到的各种免费产品和服务已经使"网上的一切都是免费的"的惯性印象在中国网民的脑海中深深扎根了，如果数字出版在发展初期就急于学习西方推出大量"高端大气上档次"的收费产品和服务，很有可能因为"水土不服"而在中国夭折。另外，中国国内盗版猖獗，盗版内容有时是正版内容的十倍甚至百倍，盗版内容网站一般通过流量和广告进行盈利，换言之，盗版内容网站利用正版网站的收费产品实现"免费内容＋广告收入"的模式，既然盗版如此有市场，正版数字出版商与其"为他人作嫁衣"，不如潜心开发自己的免费模式。

　　因此，免费的制度在当今中国，相较其他的商业模式而言，还是具有很大的竞争力。然而，由于交叉补贴免费共享模式的自身条件限制，在现有模式下推出的产品和服务可能在产品专业性和针对性上不如直接付费方式等其他有强大的资金保证的模式，但由于数字出版可行商业模式尚处于探索阶段，如今还没有一种成熟的商业模式可以唯我独尊，因此在这鱼龙混杂、泥沙俱下的过渡阶段，笔者认为，该模式在中国市场内的优势在短期内还将进一步得到发挥，采用该模式的数字出版单位数量可能还会呈现一定的上升趋势。但是，随着我国数字出版行业标准制度的日益完善和数字出版行业整体水平的不断进步，广大消费者的需求会逐渐趋向理性，对产品和服务的质量也将提出更高的要求。因此到那时，该模式可能在专业领域和特殊领域（如教育领域）出现力不从心的情况，消费者也终将逐渐适应收费模式，"免费"二字不再会有如此强大的魔力，它将走下神坛，消费者将会理性选择，寻找与其产品档次和服务水平相应的需求和市场。

---

① Rags Srinivasan：《免费商业模式已死》，http://www.bookdao.com/article/42644/，访问日期：2014年1月1日。

第四章 面向移动阅读的数字出版的可行盈利模式

二 生产：产业融合互动模式

1. 技术引发的数字出版产业变动

(1) 通信业强势拓展

当人们还在为纸书数字化而烦恼的时候，3G、4G 技术却正在悄然颠覆着数字出版的世界。第三代、第四代移动通信技术使得移动阅读终端流量拓宽，使之前关于内容融合的无数畅想成为可能。图像、音乐、视频等多媒体形式，能够使简单数字化的图书成为丰富多彩的数字文本。之前的数字出版产品是呈现在电脑屏幕上的一本本单本的电子书，当北大方正为能得到出版社的内容授权在一家家推广理念之时，技术发展已迅速地使产业更新换代，通信业强势向数字出版领域拓展。在国内，中国移动、中国联通和中国电信纷纷建立移动阅读基地。在国外，不少国家正由政府倡导，大力推广手机移动端数字阅读。2011 年，新加坡国家图书馆管理局曾推出 iPhone 应用程序 MobileRead APP 方便民众手机阅读。这项 APP 使民众可以阅读超过 300 个由四种语言叙述的短篇故事和"读吧！新加坡"活动（Read! Singapore）历年获选优秀故事，国家图书馆会员能够免费下载经典文学作品和儿童文学作品。随着苹果和安卓等智能手机的普及，新加坡资讯通信发展管理局于 2012 年把这移动阅读应用推广至上班族和青少年，推出至今电子书已被下载超过 7 万次。

当苹果推出 iPhone 时，超高分辨率、全彩显示屏、无线上网等诸多因素使美国许多观察家一致认为这种手持阅读器为数字阅读提供了一个转折点，电子书出版商的时代已经来临。[①] 经过两年的时间，在中国的实践无疑已经使其成为现实。以童年为代表的中国一些技术公司与 iPhone

---

① Calvin Reid, *Publishers Ponder Putting E-books on the iPhone*: *Has the Tipping Point Arrived?* Publishers Weekly，7/9/2007.

合作，推出面向海外读者的英文版手机漫画书。中国移动阅读基地内容频道部则主要引入起点中文网、新浪文化阅读频道等小说内容，还自行签约作者，在手机阅读频道首发图书。移动公司在中国拥有广大用户，便捷的个人终端使其在成立不到半年的时间内就强势进入数字出版领域，令诸多出版集团数字出版部门主管兴叹不已。随之而来的是捕捉到领域前沿信息的优秀人才纷至沓来。在手机阅读应用方面，长篇小说《非诚勿扰》、中文译本《贫民窟的百万富翁》等图书便走在了诸多畅销书前列。手机阅读领域继印刷书、网络在线、手持阅读器后实现了内容同步出版发行。

随着技术的发展，移动终端 APP 在数字出版领域快速发展。如 The Slient History 是一款专为 iPhone 和 iPad 提供的付费电子书软件，是一本来自 Eli Horowitz 和 Russell Quinn 的系列连载。与普通的科幻小说电子书不同的地方在于其趣味性和新奇性：读者需要通过"地理寻宝"来解锁更多的小说内容，同时必须留意周边环境里的隐藏线索，借助它们来解密更多信息。书中讲述的故事发生在 2011—2043 年，围绕一群天生失语但拥有强大能力的孩子展开。内容分为证词（Testimonials）和现场报告（Field Reports）两部分。其中，证词是由受他们本身所处环境影响的各种社会角色如父母、老师、医生、教会领导者、政府工作人员等在未预料到的相互作用下、采用统一的叙述方式，并且以口述历史的形式展现给读者的。120 份证词提供了这个故事的核心内容。作者每天都会更新证词，每一次更新都能使你更了解书中的人物，而整个故事将持续 1 年时间。证词一共有六册，每册分为 20 个章节。这一部分读者下载后可以直接进行阅读。尤其比较有特色的是第二部分现场报告，这部分内容只有在某些特定位置才能阅读，也就是说读者只有到达报告中指定的位置，所持设备的 GPS 显示地点与报告中特定位置相一致，才能够解锁相应的现场报告。读者能够在街头巷尾、高楼大厦或是绿荫丛中寻找到现场报告，报告之中也许还包含着周边环境中的其他事物。第一批现场报告的制作者是电子书的作家，而后继的现场报告则由读者来完成。这个 APP 电子书软件将读

第四章 面向移动阅读的数字出版的可行盈利模式

者的互动和内容的生成紧密结合在一起。①

（2）出版业尝试突围

其他行业在数字出版领域的发展日新月异，传统出版业似乎陷入了被通信业、电子信息业、设备制造业等行业包围的困境。早在1998年《出版商周刊》就有评论文章指出随着技术的发展，传统出版业正在衰落。②代表着数字出版风向标之一的美国，亚马逊 Kindle 阅读器的诞生更增添了出版商对于数字出版的危机感，既有恐慌又进一步认识到其中的发展机遇。当亚马逊新型阅读器欲进驻加拿大时，Anansi 出版社并没有制定出与亚马逊的具体协议，但该出版社认为电子书和电子阅读器的世界大有发展前景，是出版发展的必然。③ 自1995年成立至今20年来，亚马逊的扩张速度举世瞩目，截至2014年亚马逊全年净收益889.9亿美元，较之上年同期上涨20%。④

在其他行业以研发新产品、资本注入等多种形式进驻出版业版图时，出版商也尝试发展新兴领域。比如博客和社交网络站点 BlogTalkRadio.com，拥有互联网无线电台的功能，正在吸引大型的贸易图书出版商，如哈珀·柯林斯、阿歇特和约翰·威立出版集团。⑤ 在邻国日本，出版商经历了甚为痛苦的出版大崩溃时期，像航海者、斯泰茨等出版社尝试抓住数字出版的新契机实现突围。在我国出版业主要还是采取建立数字出版公司的形式开发新产品、与其他行业合作，力求扮演好数字内容提供商的角色。

从技术方面来说，出版业应该主动出击，做到以下几点。一是进一步

---

① http://thesilenthistory.com/what，访问时间：2014年2月1日。
② Herbert R. Lottman, "Milia: Publishers Decline", *Technology Advances*, 2/23/1998.
③ Leigh Anne Williams, "Canadian Publishers Getting on Kindle Bandwagon", *Publishers Weekly*, 11/19/2009.
④ 清辰:《亚马逊公布2014全年财报：亏了也不怕》, http://www.ithome.com/html/it/126819.htm，访问时间：2015年5月20日。
⑤ Calvin Reid, "Big Publishers Join Blog Talk Radio", *Publishers Weekly*, 8/6/2008.

开拓数字出版领域,积极与互联网公司、移动设备开发商、电信运营商合作,推动电子书、网络出版、手机出版、数据库等发展,上面提到的电子书 *The Silent History* 和苹果应用商店 APP Store 就是这方面的成功典型。二是整合数字资源,实现管理转型。如四川出版集团在成立数字出版部门的基础上,统一调配管理成员单位的电子档案、数字版权、销售渠道、法律事务等各种相关资源,寻找行之有效的大型出版集团数字化出版管理模式。三是搭建网络销售及服务平台,实现销售模式转型。利用技术平台加强销售既是经济行为,也是应对融合互动、抢夺市场的重要步骤。利用信息技术可以改造传统的业务流程和经营模式,建立起新型的图书宣传和发行渠道。

从产业发展战略来说,可以通过整合、增值内容实现"强身健体"。互联网、信息化时代背景下,出版业急需重新定位内容产品及创新,转变简单的对知识加工、传播的落后出版观念,增强核心竞争力,主要表现在整合内容资源进行全面开发,强化同其他媒体之间的信息共享,实现资源多元利用,拓展增值服务。例如社会科学文献出版社整合开发了一套具有全文搜索、下载、自动叠加等功能的 SSDB 数据库产品,大大方便了读者的使用,无疑也会推进该社产业融合互动的步伐。产业融合互动的过程就是产业梯形创新过程,系统集成创新涉及技术、产品、生产经营、组织层、产业层和制度层等。在产业融合互动的趋势下,出版产业的经济价值愈发凸显于内容的创新之中,出版业的未来也决定于此,换言之,在产业融合互动的过程中出版产业创新的核心是产业链和价值链的创新。当下的出版界需要深刻理解这一点,唯如此方能使出版产业在未来的经济转型大潮中寻得自己的立足点与利润增长点,从而助推出版产业长久发展。

2. 相关文化产业互动模式

数字出版使多种原本似乎不相关的产业逐渐实现融合,一种形式的产品会衍生出另一种形式的产品,一种产业发展会带动另一种产业的扩张。在融合进程中,与数字出版业密切相关的文化产业更是需要建立互动的密

第四章　面向移动阅读的数字出版的可行盈利模式

切联系。在大力发展文化创意产业的我国，数字出版与英语教育、旅游、影视等产业息息相关。

我国移动阅读基地已与影视结合领域有过尝试，如 2009 年贺岁影片《十月围城》与由此改编的小说《十月围城前传》。电影首映时间是当年 12 月 18 日，12 月 13 日同名小说提前在中国移动手机阅读平台无线首发。这次小说首发处于试读阶段，除了结局之外绝大部分章节为免费阅读。与此同时，在移动的网站首页上，与《十月围城》相关的新闻之后链接着论坛活动帖，读者可以作出对电影中主人公结局的判断，然后在参与活动的读者之中抽出幸运观众，可凭发送到手机终端的彩信凭证参加当地电影院《十月围城》的观影活动。在获得电影票的同时，还受赠移动阅读基地的试读卡。观看电影之后，可参加电影和小说"情节找不同"活动，幸运的参加者能够得到女主角和主创人员亲笔签名的纸质本小说。这样的系列互动活动，共同推动了手机阅读、电影、纸本的热销，一定程度上发扬了数字出版的潜力。

如图 4—2 所示，营销互动并非只限于活动促销行为，反之纸书的销售也能推动院线电影、相关 DVD 的销售，由此带来移动阅读终端的广泛使用，进而影响其他手机出版物的阅读和销售。发展数字出版并非只是在数字出版产品上实现盈利，而是通过这一举措带动整个出版产业乃至文化产业实现互动繁荣。数字出版的发展尽管在一定范围内会影响纸书的销售，但是纸书同样可以发展不同的定位，比如增加作者签名、电影海报等满足收藏读者的特定需求，从而实现多渠道的盈利。

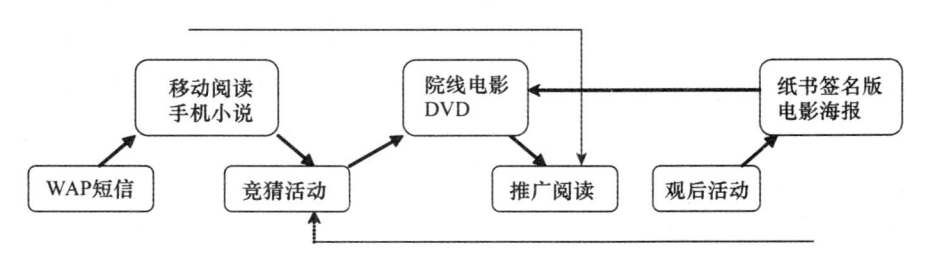

图 4—2　手机阅读、电影、纸本营销互动

近年来国内数字出版领域将数字内容与各纸质阅读、影视改编等产业的互动结合逐渐落到实处，其范围涵盖线上的在线阅读"微支付"、无线阅读，线下的纸质出版、作品改编及其他衍生品开发等，而盛大是其领军者。盛大文学拥有全球最大的网络原创文学平台，其下属的文学网站覆盖了文学的各个类别与层次，这些资源能够满足影视、游戏等不同形式的改编需要，使盛大成为强有力的文学版权运营中心。在此基础之上，盛大文学通过对版权的立体式分销，带动作品向多领域扩张，使其在整个大众传媒业内有机整合，完成作品的"一次生产，多次销售，全版权获利"。影视一直被盛大文学视作版权产业链的关键一环，为此特别设立了影视部门以增强在影视产业的发展力量，为影视制片商供应大量极具影视改编价值的原创文学文本。时至今日，我们已经在荧屏上见到过的《搜索》《步步惊心》《裸婚时代》《小儿难养》《美人心计》《和空姐同居的日子》《我是特种兵》和《盛夏晚晴天》等影视剧皆出自盛大文学。一项 CNNIC 主持的对网络文学用户的调查表明，79.2%的网络文学爱好者对改编自网络文学的影视内容持积极接受态度，这对原创文学网站和影视剧公司来说，是一个诱人的数据。盛大文学所拥有的网络平台，源源不断地制造着原创内容资源，给影视制作注入强劲的生命力，很好地填补了中国影视业的短板。

数字出版业离不开阅读和内容，网络文学是大众出版中的典型领域，与此相关的文学网站运营模式之于阅读、出版具有重要的意义。原创文学作品主要是首次发表在文学网站上的文学作品，而"原创文学网站"指的是提供原创文学作品在线阅读的网络平台，既包括如红袖添香、榕树下等独立的网络文学网站，也包括像新浪、搜狐这样大型门户网站的读书频道或文学频道。在互联网新经济时代，网络文学借助原创文学网站提供的平台空间和运营模式快速发展，其写作主体与作品受众的日益扩大又反过来提升了原创文学网站在产业中的实力地位，由此延伸出一条完整的网络文学产业链，并进一步向关联产业扩张，对传统出版形成巨大挑战。但是网络文学外在膨胀的速度超过了自身内部的有机调整，因而也出现了作品内容质量、版权保护、资源整合等亟待解决的问题。本书将原创文学网站作为当下数字出版领域的重要组成部分，由此作为考察对象研究其运作境

第四章 面向移动阅读的数字出版的可行盈利模式

况,通过综合比较与案例分析着重对原创文学网站的运营模式进行深入剖析,其中中国文学网站 Top 市场份额统计见表 4—1。

表 4—1　　　　　中国文学网站 TOP 市场份额统计

排名	网站名称	人气值(分)	市场份额(%)	上一期份额(%)	涨跌幅(%)
1	新浪读书	57.11	23.44	24.4	↓0.96
2	起点中文网	56.47	23.17	17.72	↑5.45
3	晋江原创网	14.64	6	6.61	↓0.61
4	小说阅读网	14.62	6	5.66	↑0.33
5	言情小说吧	11.64	4.77	4.62	↑0.15
6	逐浪网	10.81	4.43	5.69	↓1.27
7	红袖添香	7.71	3.16	3.14	↑0.01
8	17K 文学网	6.44	2.64	1.85	↑0.78
9	爱搜书	5.68	2.33	2.57	↓0.24
10	书灵爱书	5.51	2.26	3.61	↓1.36

原创文学网站主要在版权和广告两块基础业务上综合、交叉运营形成独特而稳定的商业模式。

(1) 以作品版权为中心的运营模式

以版权为中心运营意味着围绕版权对作品内容进行全方位开发,当下主要有在线收费阅读、纸质图书出版和相关周边衍生品开发等。在线发布是文学作品数字出版的一种形式,在线付费阅读模式在长期的发展完善后已成为当下原创文学网站的主要运营模式。起点中文网最早实现了在线付费阅读,为了吸引读者一般将作品的开头章节或是精彩部分免费开放,而后面章节或是其他部分则需付费阅读,用户在浏览了免费内容并被作品吸引试图阅读完整作品时,须注册为网站会员,并在充值账户拥有足够余额的情况下,方可继续阅读作品全文,由此产生的作品收入在网站和作者之间按照一定的比例进行分配。在手机 WAP 技术不断进步的条件下,各大网站都对这一新的领域寄予厚望,原创文学网站也不例外。

许多实力相对较强的原创文学网站都尝试将原创作品在线阅读的盈利方式延伸至移动无线领域，纷纷与移动无线运营商展开业务合作，设立专属的 WAP 站点，手机用户可以通过移动网络链接到文学网站，在手机上付费阅读作品。

纸质图书出版是将原创文学网站上已发布的文学作品以传统印刷书的方式再次出版，作为实体书发行，这种传播方式可以说贯穿于网络文学与原创文学网站的发展始末。通常选择在网上已具有超高点击量的作品，分析其实体书市场，与传统出版社合作出版为纸质印刷书，再借助一系列的营销宣传手段使其成为畅销书；或是以某个人气网络作家为核心，线下实体书出版其一系列作品。网络文学出版模式本身的不完善和传统出版业对数字出版的怀疑态度，使得原创文学网站与传统出版社一直缺少密切持久的合作关系，电子文本与实体书之间的矛盾也屡见不鲜。周边产品开发主要是指作品版权在不同主体之间进行有偿转让，将作品改编为网络游戏、电影、电视剧和其他周边衍生产品以扩大消费市场，其间产生的收益在网站、作者与产品开发者之间进行分配。将作品改编为网络游戏、影视节目，制作有声读物、自定格式电子书等。凭借优秀网络文学作品的高人气，对作品内容的多媒体出版和开发周边衍生产品能够形成一个市场潜力强大的完整产业链。而内容提供商在这条产业链中的盈利必须借助作品版权运营实现，因此如何有效地运营版权、开发版权商业价值对原创文学网站的生存壮大便显得至关重要。起点中文网的版权运作做得可圈可点，以丰富的内容资源为基础建立起全套完整的版权发行销售网络。例如，超高人气小说《九鼎记》由网络作家"我吃西红柿"创作，其网络点击量超过 5000 万次，印刷版纸质书随即出版发行并销售可观，2012 年 8 月《九鼎记》彩色电子漫画也制作完成，《九鼎记》的网页游戏亦获成功，此外还有唐家三少的《斗罗大陆》、耳根的《仙逆》、忘语的《凡人修仙传》、跳舞的《恶魔法则》等都在起点中文网热载后被开发为游戏、网络剧、漫画。起点中文网目前正在进一步探索更好的版权运营模式，将网络在线付费阅读与印刷版纸质书、电影、电视剧、游戏、周边衍生产品等相关产业良好对接。

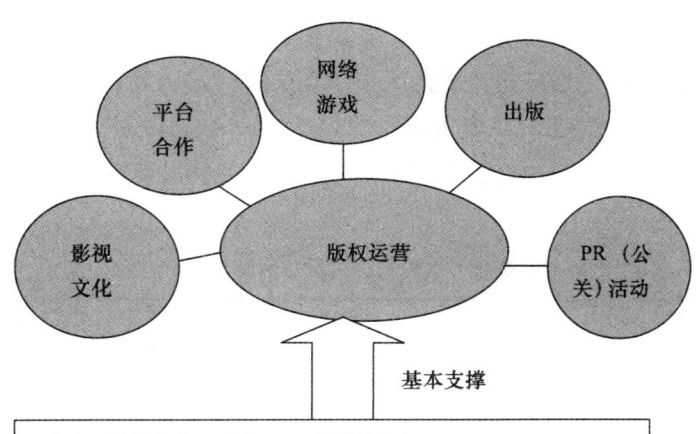

第四章　面向移动阅读的数字出版的可行盈利模式

图4—3　版权运营结构（以起点中文网为例）

作者：签约作者20万名，100位明星作者
用户：VIP用户80万名，活跃用户400万户（每日）
内容资源：2万部图书频道签约作品，25万部原创作品，1万部VIP作品

（图中要素：平台合作、网络游戏、出版、影视文化、版权运营、PR（公关）活动；基本支撑）

（2）以广告为中心的运营模式

在互联网和个人电脑日益普及的今天，人们逐渐习惯于通过网络获取海量信息并进行人机交流，庞大的网民群体既是可见的在线网络服务使用者，又是不可见线上线下产品的巨大潜在市场，吸引着商家广告的入驻。广告费对于原创网络文学网站而言也是一种利润来源，甚至支撑着整个原创文学网站的运作。原创文学网站上出现的广告主要以形象生动、针对性强、交互性佳的网横广告和文本链接为形式，又不断有所创新，对于原创文学网站来说投放广告除了能使网站获得广告费外，对于提升网站的整体形象和品牌价值也具有十分重要的意义，更是网站进行自我营销的重要手段。

艾瑞咨询公布的垂直文学网站行业数据表明，起点中文网的日均浏览量是网民日均上网浏览总量的2%，即每天有286万网络用户会进入起点中文网页面。在艾瑞数据统计的当月，网民一共花费了3287万小时在起点中文网上。盛大文学 2012 年第一季度广告业务收入 1676 万元，占季度总营收的 8.7％[①]，起点中文网总裁表示商业广告占据了起点总收入的 25％。对比分析采用广告模式的大中小型文学网站相关数据，对大中型文学网络而言，广告收入一般占总收入的 20％—40％，对于一些小型文学网站来说，各类不同的广告所带来的盈利也许是网站运营的全部成本。

表 4—2　　　　　　　垂直文学网站日均覆盖人数排名

排名	网站	日均覆盖人数（万人）	网民达到率（％）
1	起点中文网	286	2.0
2	君子堂	122	0.9
3	晋江原创网	96	0.7
4	小说阅读网	92	0.6
5	知网空间	70	0.5
6	小说 520	68	0.5
7	小说吧	60	0.4
8	小木虫	59	0.4
9	红袖添香	58	0.4
10	快眼看书	56	0.4

注：网民达到率＝该网站日均覆盖人数/所有网站日均覆盖人数；基于对 10 万多样本的长期网络行为监测，代表 2.1 亿中国家庭及工作单位（不含网吧等公共上网地点）网民的整体上网属性数据。

（3）其他模式

门户网站读者频道模式也是运作较为成功的模式之一，在提供图书业最新动态的同时也推荐纸质印刷图书，因而与传统图书出版业有着更为紧密的联系。读书频道一方面由于相比原创文学网站，缺少针对特定

[①] 周陌：《盛大文学一季度营收 1.91 亿元 净利润 306 万元》，凤凰科技，http：//tech.ifeng.com/internet/detail_2012_05/08/14384379_0.shtml，访问时间：2015 年 7 月 30 日。

第四章　面向移动阅读的数字出版的可行盈利模式

内容（如一部人气小说）的用户，用户的流动性强，因而更注重受众覆盖面的广泛性；另一方面培养作者、挖掘新作也是读书频道的一项重要使命，并日益被摆在显要地位。作者及其作品的"蹿红"往往意味着自身收入的增加及其所属文学网站实力的增长，例如纵横中文网人气作家"缘分0"，在2008年创作《天风》时收入为5元/千字，到2013年创作《仙路争锋》时已上涨到50元/千字。起点中文网以超过200元/千字价格买断其版权，读者以3分钱/千字的标准付费阅读相关作品，7年来"缘分0"的月收入从1万元以下增加到4万多元。非签约作家则只能以3分/千字的标准从读者处与文学网站提成分得。新浪读者频道设有新浪文化频道、名人博客等丰富的栏目，凭借新浪多年积累的人气，其读者频道一经上线，即占据一般文学网站所没有的优势地位，市场份额也遥遥领先。

原创文学网站初发之时，还有多少非商业性的"纯文学"网站，贯彻"为文学"的理念，试图在网络上开辟属于纯文学爱好者的空间，但在商业化浪潮之下这类网站的生存空间变得越来越狭小。

原创文学网站从作者处购得版权（作品使用权），通过各种方式传播发行作品获取收益，因而本质上是版权经营机构。中央电视台对内容资源的管理方式有值得借鉴的经验，中央电视台为了挖掘台内资源，拓展市场，特别成立了版权经营管理公司——中国国际电视总公司，全权代理中央电视台拥有版权的所有节目音像制品的出版发行。共有栏目逾400个，中国国际电视总公司开发的栏目超过100个，包括纪录片、专题片、综艺类节目等，为央视随后的电视产品开发创造了极其丰富的价值。

一部网站原创小说的版权的一般转移模式为一开始作者将其卖给文学网站，文学网站通过在线付费阅读从网络读者处获取利润，如果作品的人气颇高版权则会进一步转让给影视制片公司、游戏制作公司、有声读物唱片公司等，盛大集团就是开发游戏的，玄幻类作品无形中为他们开发游戏提供不少灵感，游戏走影视化路线又较普遍，这种一条龙售卖版权的形式即 IP（Intellectual Property）产业，正被业内人士大为看好，盛大文学目前正以此作为下一步发展的战略目标。

原创文学网站无论是作品的发布方式，还是读者的受众面积，较之传统的文学出版与阅读都具有无可比拟的优势，除了大量年轻作家将之视作发表文学作品的首选平台，连一些传统作家也对原创文学网站持乐观态度。但是网络文学出版仍存在诸多问题，例如原创文学网站版权的顺利经营，必须以有效版权的保护为基础，而互联网环境中文本的复制、拷贝极为便利导致盗版的泛滥猖獗。不过伴随数字出版法律体系和运营模式的完善，其未来前景势必是不可限量的，甚至有不少地方是值得传统出版行业借鉴的。

除了影视产业，英语教育也与数字出版发展息息相关的。在线的英语翻译工具不仅是一本网络版的英语工具书，同样可以是英语学习的网络社区。在共同的网络学习之中，用户共同创造出可在移动阅读平台上使用的数字出版品。

总体来看，虽然现在传统的出版行业和产品仍然是出版市场上的主流，但是数字出版和传统出版的关系就像"车之双轮，鸟之双翼"一般，相辅相成。即使目前数字出版无法取代传统出版，但是假以时日我们有理由相信数字出版将会成为阅读市场的主流产物。当下出版市场上的数字出版产品正逐渐向立体、多维度、多呈现形式的方向发展，越来越符合数字化出版的前景规划。

3. 自助出版模式

自助出版是一种打破"作者—编辑（出版商）—读者"模式，作者绕过编辑与出版商，借助在线数字出版服务自己直接出版作品的全新出版方式，因其全过程由作者自行主导故也叫作自主出版，其作者的文字能够直接到达读者处。这种出版方式在形式上与按需出版或自费出版相似，因对外发行销售由作者控制，因此以收藏、送礼为目的的个性化印刷和出版也被一些研究者归入自助出版的范畴之中。自助出版是互联网数字技术与图书出版概念各取其长的结晶。随着电子书的普及、网上书店（或数字内容发布平台）的成熟和长尾效应的显现，数字化的自助出版成为新的满足用

第四章　面向移动阅读的数字出版的可行盈利模式

户参与出版、个人化出版需求的稳健服务业务①。作者借助提供自助出版服务的出版商网络平台，上传作品文档制作成电子书发布于数字平台上，读者付费后可以下载电子书阅读。不同的出版商自助出版服务的费用和图书发行的收入分成标准不同，自然服务质量也不同，同时如果自助出版的是实体图书，往往与按需出版、按需印刷相配合。国外的自助出版市场已粗具规模，从而带动整个图书出版业的兴盛。在美国，亚马逊、巴诺书店、培生集团、西蒙·舒斯特等大型出版集团均在其电子平台上开设了自助出版服务业务，并且效益明显，借助数字平台实现作品自助出版的作者日渐增多，由此出现了一批新生的畅销书和畅销书作者，传统出版商由此产生了一定的危机感。在英国，近年来伦敦书展的热门话题亦离不开自助出版。在国内，网络共享平台发展而来的自助出版平台有盛大的云中书城、中文在线的番薯网、豆瓣阅读灯，传统出版社开发的自助出版平台有知识产权出版社的"出书来"和学林出版社的自出版平台。当然自助出版也受到国内新闻出版政策限制、行业成熟度、用户消费习惯、传统出版观念矛盾、产业链完整度等诸多问题的困扰。自助出版在中国独特的政策与产业环境中产生了与欧美出版商不同的产业模式。

（1）平台少，规模小，竞争格局尚未形成

出版信息服务商 Bowker 发布的数据显示，2008—2013 年美国通过自助出版服务出版的图书增长量为 436%，总数达到了 373096 种（包括电子版和纸质印刷版），以平均每年 60% 的幅度增长，其中纸质版图书占总额的 60%，但是增长速度远不及电子版图书，前者 5 年来共增长 292%，而电子版图书 5 年涨幅高达 1770%。② 当前美国有许多从事自助出版服务的数字平台，从年出版 10 本或更少的小出版社到年出版量过万的大型出

---

① 马小琪：《数字自助出版模式对我国传统出版业数字化转型的启示》，《出版发行研究》2013 年 6 月。

② Bowker, *Self Publishing Report in United States 2008 - 2013*，http：//media.bowker.com/documents/bowker_selfpublishing_report2013.pdf，访问时间：2015 年 7 月 31 日。

版集团不等。从市场占有情况来看，美国自助出版行业几乎被 Lulu、Smashwords、Createspace 和 Author Solution 四家出版商垄断，另外还有苹果的 iBook Author 电子书自助出版工具、巴诺书店的 Nook Press 平台、亚马逊的 Kindle Direct Publishing。美国各大出版商自助出版领域的激烈竞争既扩大了自助出版的整体市场，又实现了盈利。

自助出版在我国目前仍处于起步阶段，相对有知名度与人气的像盛大云中书城、番薯网、Epub360（艺派）和豆瓣阅读等提供自助出版服务的电子平台出版的大多是原创网络文学。其中盛大云中书城发展早于爱书网、豆瓣阅读，自助出版平台规模与名气最大，英国《卫报》曾介绍过盛大的在线付费阅读模式，并肯定了盛大在作者资源、低收费、快更新、广内容的运营特色。豆瓣阅读较之盛大在核心内容资源上处于弱势，因此不采用垄断扩张方略，而以人人可以出书的全民出版为理念，为有梦想和才华的草根作家（或称写手）提供发布平台。番薯网的运营重心是优质出版社资源的数字化和产品发布平台，但是因严重亏损而被百度文库收购，整合番薯网的百度阅读势必在未来对盛大文学的业务造成冲击。另外，国内做自助出版平台的传统出版社，表现出众的主要是知识产权出版社的"来出书"平台和学林出版社的"人文社科学术著作自出版平台"两家。前者2014 年 3 月正式上线，旨在"帮助许多专家学者或普通百姓实现出版梦想"，已获得 760 余万元收入；后者以学术著作出版为第一要义，已于2014 年 8 月上线运营。① 广东出版集团旗下的吸墨网、中国首家提出电子书自助出版平台口号的爱书网等都是国内新崛起的自助出版服务电子平台，伴随着数字出版产业整体的多元化发展壮大，自助出版服务平台的数量也势必越来越多。

但是中国的自助出版多集中于电子书，实体书的自助出版接近自费出版，主要由传统出版社完成，与美国自助出版的电子书与实体书比例反差巨大，这主要是因为国内的自助出版是随着出版数字化兴起的，对于自助出版的理解尚停留在"以电子书发布作品"层面。此外各个自助出版平台

---

① 李彦：《自助出版平台，你们过得还好吗》，《中国新闻出版广电报》2015 年 7 月 27 日第 8 版。

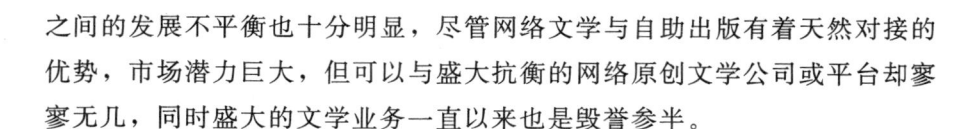

第四章　面向移动阅读的数字出版的可行盈利模式

之间的发展不平衡也十分明显，尽管网络文学与自助出版有着天然对接的优势，市场潜力巨大，但可以与盛大抗衡的网络原创文学公司或平台却寥寥无几，同时盛大的文学业务一直以来也是毁誉参半。

（2）服务意识薄弱，作者自主权欠缺

数字出版产业是文化创意产业的有机组成部分，旧的思维模式只会限制数字出版产业的范畴，其活力与优势也无从体现，必须用全新的思维方式去解读数字出版的可能与未来，互联网大数据时代固定产品的销售已无法满足用户日益增长的个性化需要，而是要求商家提供多样且优质的服务，以此实现长久稳定的盈利，服务意识也因此成为数字化时代出版商必须具备的要素之一。

自助出版过程中将作者与读者连接在一起的是提供自助出版服务的电子平台，作者通过平台发布作品，读者借由平台下载作品，若平台服务商的服务意识不强，无法提供用户满意的服务，就会被用户抛弃。除了必要的出版服务外，自助出版服务电子平台还需要解决作者上传、制作、发布、销售作品中可能遇到的各种问题，故而个性化、一体化、定制化的服务模式是自助出版服务平台得以立足的根本，也是自助出版的本质要求。Createspace 和 KDP 都是亚马逊推出的自助出版服务，Createspace 主要针对纸质图书的自助出版，收费环节在编辑、设计、营销三个方面，并免费帮助作者将纸质书内容数字化后发布于 KDP，KDP 则主要针对电子书的自助出版，两个自助出版平台相互补充。Lulu 公司以实现开放出版为目标提供自助出版服务，力求在出版流程的每一个环节做到最好，其主要业务包括：电子书、实体书两种形式出版、发行网络覆盖全球、按需印刷免费、专门的公关服务等，供作者自由择选。除了人性化的服务外，高额的出版收入也是越来越多的作者们选择自助出版的原因，因其通常对自助出版的作品拥有定价权，Smashword 上图书销售带来的收入有 60% 归作者所有，KDP 上是 70%，而在 Lulu 上则高达 80%。国内的数字出版平台一般从商业利润最大化的角度考虑出版平台和业务设置，为了争夺读者市场，进一步满足读者的需求，偏重于读者而非作者服务，用一整套作者选择、内容加工、产品营销、出版形式等面面俱到的规范与标准介入出版的过程中，忽视了作者自身的参与度和主创性，未能彰显服务的性质。目前来看，豆瓣阅读的策略与国外的自助出版模式最为相近，尽管现在编辑将对第一批上线的作者及作品进行细致审核以保证质量，但是豆瓣承诺审核的弱化会与平台的成熟同步进行，在不久的将来对内容资源的限制会降低，不管是大篇幅著作还是短小的单篇作品，只要是合法的作品都可以自助出版上架，这种布局是为了在定制化的用户体验和不确定的自助出版市场之间保持平衡，并逐步发掘自助出版市场的活力与商机。豆瓣精心培养的用户社区群体和口碑，也是其重要的优势。盛大的重心则是以海量的原创内容吸附读者，同时以提高作者收入和不遗余力打击盗版来吸引优秀作者，在个性需求和用户体验方面做得不足，雷同的页面设计、低俗的大片广告、粗劣的阅读体验等问题常常受到诟病。艺派是专业性的艺术类（画册、图集、漫画等）自助出版平台，用户可以自主定价，自由择选内容免费或付费发布，但是目前国内市场较小，且仅能在苹果的 IOS 系统上进行。"来出书"和自出版平台虽然起步较晚，网络用户基础薄弱，但凸显了传统出版社的品牌信誉和流程规范特点，作者能够感受到传统图书制作业的严谨与认真。

　　自助出版的迷人之处还在于其出版过程中作者拥有相较传统出版大得多的决定权与主导性，作者不只是内容的创作者，还需对作品的最终出版物的编辑、样式、定价、营销等环节负责。否则自助出版便只是传统出版模式"换汤不换药"的结果，因此必须增加作者在出版流程中的权利，提供作者以主导地位，激发其主动创造力。但是作者通常缺少图书编辑出版所必备的知识技能，自助出版服务平台必须在不损伤作者主导地位的情况下弥补作者的不足。尽管艺派、豆瓣小众化的经营策略也许是中国自助出版领域的亮点，然而它们毕竟规模小、服务数量有限，最后很可能成为作者"体验出版的玩物"，整体上国内自助出版服务的个性化定制、一体化服务水平依然较低。

（3）内容结构单一，影响依然有限

　　自助出版产品的内容结构单一，是中国与美国自助出版领域普遍存在的问题。互联网数字时代，自助出版服务平台的开放程度高，不管是富人

第四章 面向移动阅读的数字出版的可行盈利模式

还是平民都可以便捷地享受到自助出版服务,也正因为如此,参差不齐的作品进入自助出版中导致作品质量鱼龙混杂。在美国,文学小说是亚马逊和另一些自助出版平台的主要服务对象,诞生过阿曼达·霍金的《超能部族》、E.L. 詹姆斯的《五十度灰》、休·豪伊的《羊毛》等优秀畅销书,但其中绝大多数自助出版物是内容低俗、错字连篇的"垃圾"电子书,国内的自助出版也存在类似的境遇。一方面,中国的自助出版与网络文学的兴盛密不可分,网络文学充沛的市场为自助出版找到了合适的切入口,日益增多的网络文学读者和作者促使自助出版平台生产了大量网络出版物;同时,网络文学在娱乐消遣目的下题材、内容、形式、风格皆趋向于迎合读者的感官刺激、类型化写作泛滥,也反映在通过自助出版平台出版的作品中,使自助出版物呈现普遍的内容结构单一的特征,此外盗版横行也损害了自助出版的健康发展。另一方面,在进入门槛、受众面、商业模式等条件的制约下,非大众出版领域的自助出版往往只是浅尝辄止,难以深入。与中国网络文学电子出版物成为自助出版主力军的情况不同,美国自助出版图书中实体印刷书与电子书的比例相当甚至远超电子书。根据 Lulu 和 Createspace 的统计数据,2011 年美国通过自助出版平台出版的图书中,实体印刷书与电子书的总量分别为 30.2 万册和 15.6 万册,相差一倍之多[1],自助出版的纸质书占全美纸质出版总数的 27%。美国的自助出版产业规模较大,出版的图书种类丰富,有效地扩展了图书市场领域,从出版结构的角度来说甚至已"开始触动了出版业的生态结构"[2],因此许多出版商都认为自助出版前景广阔。

在中国,实体印刷书的自助出版主要是借助传统出版社或是出版业务代理公司完成,出版费用(书号与编排)较高且需作者承担,性质接近于按需出版,最终的出版物不面向大众市场而是满足特定人群的需求,收益和影响很小。即便是豆瓣这样初具成效的自助出版服务商,受众也仅限于

---

[1] Bowker., *Self Publishing Report in United States 2008 – 2013*,http://media.bowker.com/documents/bowker_selfpublishing_report2013.pdf,访问时间:2015 年 7 月 31 日。

[2] 刘肖:《网络自助出版模式研究——基于"长尾理论"的分析视角》,《出版发行研究》2007 年第 11 期。

小众人群；盛大则是在体裁上局限于网络文学，无法撼动整个数字出版产业的已有结构。前文提到的学林出版社的"人文社科学术著作自出版平台"，目前注册体验的用户较多，而实际进入出书流程的则很少。按照国内的法律政策，电子书必须有正规的书号才能合法发行，但是网络出版物却鲜有合乎规范的，存在着巨大的法律隐患。这就亟待政府对书籍出版相关政策的调整和对网络出版平台的引导，使在线自助出版真正合法化、规范化。市场环境建设的不完善会大大降低自助出版产业的发展动力，自助出版必须结合中国实际情况，找到契合自身条件的发展之道。

（4）与传统出版单位的竞合

在理想的自助出版流程中，作者通过自助出版服务平台实现图书的编辑校对、设计制作、定价出版和发布销售，并与平台分享利润，自助出版服务平台作为作者与读者之间唯一的桥梁就可实现对接。这样传统出版社似乎"无用武之地"，图书出版的过程中出版社变得可有可无，不能不引发传统出版商对自助出版的恐慌与敌意，自助出版对出版业的变革正是基于这种对于传统出版社的话语权争夺。但事实上即便是出版业领先的美国，传统出版商仍发挥着不可替代的作用。自助出版成功孕育的畅销书作家少之又少，大量"垃圾读物"充斥着自助出版市场，优秀的作者难以从海量的作品中脱颖而出，独立承担的发行销售工作也困扰着自助出版的作者，最后的结果是电子书无人问津，实体书销售惨淡，不过是资源的无序堆积和白白浪费。

另外，如果自助出版的电子书作品接受度高，作者也不会只停留在电子书自助出版领域，通常是与传统出版商合作，借助传统出版商专业的图书编辑技术与市场营销能力，将自助出版的电子书作品出版为更优质的实体书，进军实体书市场以实现二次盈利。优秀的自助出版作者往往也试图与传统出版商建立长期的合作关系，为接下来的作品出版与销售做好铺垫，进一步巩固作者在图书市场的地位，将专业性的技术工作交由出版商操作也有助于作者全身心地投入写作以创作出更好的文稿。阿曼达·霍金就直言不放弃传统出版，因为那里蕴藏着更大的消费潜力。也有一部分知名度很高的作家，主动选择自助出版，J.K.罗琳就自己创建网站，专门

第四章　面向移动阅读的数字出版的可行盈利模式

用于出售《哈利·波特》系列的电子版图书。

自助出版与传统出版社不只是竞争关系，数字出版产业的整体发展离不开两者的合作。盛大文学的线下出版业务是人气不俗的网络文学作品以实体印刷书的形式出版，这就保证了实体书在进入市场后不会无人问津。唐家三少、桐华、江南等人气作家的作品都既可以在网站上在线付费阅读，又有实体书供读者在书店中购买，直接增加了作家的收入，同时出版实体书也被一些网络作家当作其文学地位受到认可的标志。豆瓣为了获取正版图书资源也和传统出版社建立了合作关系，豆瓣目前专注于优质内容的数字化，期望通过培养读者付费阅读的习惯实现盈利。像"来出书"平台更是传统出版社自身数字化转型的产物。数字出版初期阶段，需要传统出版社和数字出版商通力协作方能解决实际生产中遇到的现实问题。

自助出版是互联网普及与出版数字化相遇的产物，作为一种全新的出版模式，在带来传统出版业革命的同时也意味着新的可能。尽管国内数字出版产业环境下版权保护、内容整合、出版政策等都阻滞着自助出版的发展，但是自助出版潜藏着巨大的市场与商机，若是能有效地对其进行开发，带来的效益也将超乎想象。

三　体制：终端需求带动重组模式

在探究数字出版商业模式时，经营者总是单纯地追求利润如何在产品上实现，往往忽视了发展数字出版更为重要的根基在于出版的企业体制变革。

改革开放激发了全行业的生机，20世纪八九十年代出版业体制改革更是直接促成了规模庞大、种类齐全、结构完整、影响广泛的中国出版产业体系，21世纪数字出版的发展速度惊人，目前我国已经是有目共睹的出版大国。除此以外，我国出版业借助国际书展平台，充分继承本民族文化并吸收借鉴国外有益文化资源，使我国出版业的国际化程度逐渐提高，正在逐步形成面向世界的国际化开放格局。①

随着政治、经济、文化全方位的体制改革，出版行业正经历从传统计划经济向市场经济转型、由传统事业向出版产业化方向转型的深刻变革。2003年全国文化体制改革试点工作在出版领域进展顺利，公益性出版单位建立起新的运作机制以实现企事分离，经营性出版单位通过法人治理结构与代企业制完成转企改制②。复制、印刷、发行企业也冲破行业与地域限制，逐步形成开放、统一、有序和繁荣的市场格局。③ 宏观上，出版产业发展呈现出新的态势，出版形态混合经营显著；数字出版大趋势促使出版业从传统劳动密集型、知识密集型向现代知识与资本密集型转变；为了应对全球化的机遇与挑战，出版业市场从面向国内、封闭经营向经营国内国外两个市场、开放式经营转变。微观上，出版单位从单一媒体形态向多媒体形态发展；集约化、集团化进程加快，跨区域、跨媒体、跨所有制的兼并行为频现，出现了许多大型出版集团；数字出版、在线出版、电子商务、物流配送等新型的业务形态如雨后春笋般产生，深刻改变着传统出版的生产流程、物质载体、经营方式和传播手段。与之相伴的是，我国政府管理部门的职能也积极从传统的管理型向现代化的服务型转变。④ 这些进行中的转型实际上也正是出版业体制改革在现阶段的显著成就。

近年全国各大出版集团纷纷成立数字出版公司，如中国出版集团、浙江出版联合集团、山西出版集团。这些出版公司在运行时是独立于集团的子公司，在数字出版盈利方面的考核指标十分艰巨，一般需要在度过三年集团补贴之后实现盈利。在移动阅读时代，数字出版的盈利方式有便捷之处，但归根结底还是需要配套的体制支撑。这种配套的体制既需要由上而

---

① 王关义：《中国出版业发展：现状趋势与变革》，《科技与出版》2010年第1期。
② 王关义：《中国出版业战略转型及产业素质升级的思考》，《中国出版》2010年第18期。
③ 王关义：《中国出版业发展：现状趋势与变革》，《科技与出版》2010年第1期。
④ 王关义：《中国出版业战略转型及产业素质升级的思考》，《中国出版》2010年第18期。

第四章　面向移动阅读的数字出版的可行盈利模式

下的英明决策的支持，又需要从数字出版产品的终端需求推动体制变革。在出版业转型时，出版集团发展数字出版同样需要根据市场而不是行政指令。移动阅读时代的数字出版发展离不开终端需求带动的内容商机。各类电子书阅读器、智能手机、平板电脑等生产商，在技术研发和资源整合的道路上不断推陈出新，不断推出拥有更好用户体验、阅读资源更加全面、性价比更优的终端产品。下文主要由用户体验出发，从几个方面概述当前市场对于移动阅读终端本身的需求，并试着探究在移动阅读环境下，由终端需求本身所衍生的一系列涉及终端制造商、网络运营商以及出版集团的其他需求，希望从中能挖掘出移动阅读时代数字出版产业转型重组的突破点。

1. 移动终端衍生的数字出版需求及提供商重组

移动阅读终端是指内置移动通信模块，可通过移动通信网络接入移动阅读业务平台进行移动阅读业务订购并下载电子书籍，利用电子显示屏显示规定数据格式的各种电子图书和期刊的电子设备。[①] 在信息时代，阅读终端是实现移动阅读的重要工具。通过手机、电子阅读器、平板电脑等便携式阅读终端，人们可以方便地阅读互联网上所出版、发行的文本信息、图像、声音、数据等内容，正如现代汽车的量产反过来带动了人们对汽车消费的需求，移动阅读终端的出现和生产商精益求精的技术优化同样引发了读者对移动终端上内容、类型和服务的需求。

移动阅读终端从产生至今，经历了一系列的变迁。从单调的 MP3/MP4 到只能阅读 TXT 文本的非智能手机，再到智能手机、平板电脑，阅读终端正发生着令人应接不暇的更替、变化，透过这些变化，我们可以发现，阅读终端的更新换代速度之快，前一代设备很容易被后起之秀替代甚至淘汰，其发展呈现出越来越高端、越来越便捷的趋势，同时也越来越注重和满足读者的阅读需求、优化读者的阅读体验。

---

① 落红卫：《移动阅读终端介绍及测试方法研究》，《电信网技术》2010 年 6 月 11 日。

综观近几年来阅读终端的变迁，不难看出，终端在数字出版产业中的地位可谓蒸蒸日上，并且由于数字出版内容必须通过终端设备才可被读者阅读和接收，出现了以移动终端为核心的新型数字出版产业模式，从上游的内容加工，到中下游的发行销售，到围绕着移动终端展开，例如围绕手机终端产生的手机出版目前蓬勃发展，而手机终端中仅一款苹果的iPhone又产生了独特的iOS APP＋iPhone硬件模式。因此，不同移动终端的影响也必将随着数字出版的发展而越来越广泛而深入。但是，随着技术的发展，各终端设备厂商在终端技术上的研发皆已进入瓶颈期，行业标准格式的混乱更是挤压了发展空间，因此优势越发难以显现。[①] 国内比较典型的阅读终端案例是盛大研发的Bambook（中文名"锦书"）阅读器，它与云中书城无缝对接，和盛大文学等内容形成上下游关系，将进一步整合其内容资源，打通盛大数字出版的自营产业链。此外，盛大还开发升级了手机客户端软件"盛大书童"，并与苹果、华为、诺基亚、中国移动等品牌开展战略合作。读者能够在安卓系统手机、苹果品牌下各智能终端、中国移动阅读基地、云中书城网、Bambook等终端阅读云中书城的作品。

融合是电子产品发展的趋势，同样地，笔者认为，移动阅读终端要想突破瓶颈，获得进一步的提升，也需要结合数字出版的内容与形式的发展趋势。这种结合包含两个层面的内容。首先，阅读终端技术多样化。移动阅读终端要融合更多的图像、音乐、视频、FM收音等功能，这实际上也是移动阅读终端本身的一个发展方向。其次，移动阅读终端可以采用"内容＋终端"的模式，亚马逊Kindle是终端融合内容这个模式下的最成功范例，其强大的内容支撑——亚马逊网上书店使其构建的数字内容平台相当稳固，而网上书店所积累的巨大的阅读群体也为其提供了稳定而人数庞大的阅读终端用户。当然，除了以上两个重要方面，统一行业格式标准、推进技术革新、优化产品外观等也是必不可少的。

---

① 毛文思：《数字出版：终端、内容、平台，谁为王？》，《出版参考》2012年4月下。

第四章　面向移动阅读的数字出版的可行盈利模式

（1）内容需求

移动阅读时代如汹涌之潮席卷而来，我国传统出版业并没有做好充分的应对措施，面对移动互联网这头"洪水猛兽"，许多出版单位还是犹豫不决。是否应该踏入数字出版领域？该如何将自己的优势资源数字化并同时保证收益？如何处理版权问题？这些问题困扰着我国大大小小的出版集团，以至于其在数字出版这条道路上如履薄冰。作为内容提供商的传统出版社的丰富内容，没有充分地转化为数字内容资源，这直接导致我国移动阅读面临的一大问题就是内容缺乏。"大型出版集团和专业出版发行团队的缺失，导致我国现有移动阅读资源整体水准偏低，内容同质化程度过高，多数内容是对传统媒介资源、网络媒介资源和新媒体资源的摘抄和整合，鱼龙混杂。"①

在传统阅读时代"内容为王"的媒介竞争核心因素在移动阅读产业同样如此。当下的移动阅读内容有一种泛娱乐化倾向，移动阅读资源中严重缺乏专业性和教育性的内容。从某种程度上说，出版集团的缺失多多少少导致了这样的现象，优质的阅读资源掌握在出版集团手里，而且专业的编辑、审核团队也在出版行业，在我国的移动阅读产业中，移动运营商占据了主导地位。最终，移动阅读平台内容匮乏的深坑，只能由门槛较低的网络文学填补，目前网络文学在内容导向、专业水准和格调上与传统文学存在差距，一定程度上使得人们对于移动阅读的整体印象不佳。

从使用移动阅读终端的群体中可以看到，15 至 25 岁的年轻人占 70%的比例，其中高校学生又是占比较大的一个群体。高校学生对移动阅读的内容需求无疑是巨大的，移动阅读时代，传统的图书馆服务模式已经无法涵盖高校学生读者的多元化需求，因此"高校图书馆必须想读者所想，急读者所急，为读者选购可以在各种移动终端上阅读的数字资源。另外，在移动阅读的背景下，高校图书馆要根据移动阅读设备的特点，探索如何将

---

① 白燕燕：《我国移动阅读面临的 6 大瓶颈及对策研究》，《编辑之友》2013 年第 3 期。

本馆的特色文献资源开发、建设成为适合移动平台的资源,使馆藏特色资源的内容可以在 PC、电子书阅读器、平板电脑、手机上进行移动阅读,满足读者对馆藏特色资源的移动阅读需求"[①]。

提供全面的、多样化的、优质的移动阅读资源,关键在于发挥出版集团的主导作用,联合终端制造商、移动运营商、图书馆等,建成有序的优质资源共建模式,不仅能满足不同用户的需求,也是推进移动阅读市场整体发展的关键步骤。

(2) 类型需求

这是一个多媒体的时代,移动阅读终端的出现使得"阅读"的对象不再只停留在文字上。移动阅读终端的功能渐趋完善,4G 与无线网络的建设,使得在线或者下载音频、视频资源越来越便捷。

在生活节奏越来越快的当下,书不仅可以看,亦可以"听"。"听书"不是近年才出现的新名词,而是自古有之。早在 19 世纪,古巴就有工厂主派人为不识字的工厂工人定期朗读书籍,促使工人获得进步与工作之余的乐趣。在印刷术发明以前,书籍是稀罕物,阅读是少数人的特权,于是在中世纪的世俗世界中,聚在一起聆听朗读也成了必要的日常活动。在欧洲的宫廷或贵族家庭,大声朗诵书籍给家人与朋友听,也是一种重要的娱乐方式,同时也达到了寓教于乐的目的。"聆听阅读是为了涤净肉身、为了欢娱、为了教诲,或赋予声音高过感官的优势……它同时也给予这多变的文本一个值得尊敬的身份、一种时间上的一致感和一种空间上的存在感,而这在孤独的读者那善变的双手中是鲜少出现的。"[②] 当下人们选择"听书",主要是在路途中或睡前,大多是因为缺乏完整的阅读时间,也没有合适的阅读空间,于是"听书"一定程度上弥补了缺乏阅读条件的遗憾。配合当下功能强大的智能手机,不少"听书"的手机应用出现,如

[①] 徐燕宾:《高校读者的移动阅读需求及对策》,《百色学院学报》2013 年第 3 期。

[②] [加拿大] 阿尔维托·曼谷埃尔:《阅读史》,吴昌杰译,商务印书馆 2002 年版,第 149—150 页。

第四章　面向移动阅读的数字出版的可行盈利模式

"懒人听书""窄播"等,"听书"的内容多是短小精悍的时事新闻或者短篇的散文、小说,适合在短时间内听完。

移动阅读终端的出现是一种弥补,更是一种拓展。利用 iPad 等平板电脑,在线或下载观看讲座视频,学习书中没有的东西,更有一种学习的亲临感,移动终端无疑为读者创造了更为广阔的学习空间。

整合文字、音频、视频、动画等多类型的资源,是用户的需求所在,更是移动阅读终端发展的大势所趋。

(3) 服务需求

在传统的阅读中,读者手捧一本书,安静而心无旁骛,不受旁人或外物打扰,整个过程是十分私密而安全的。大多数图书馆的阅览室都是十分安静的,墙上贴着"静"的标语,读者互不打扰,读者读书,"如人饮水,冷暖自知"。然而在移动阅读的时代,阅读不再变得如此"私密"。如果说传统的阅读只是一种单向的获取信息的过程,那么移动阅读就不只是获取信息,更是一种获取服务的过程。随着移动阅读终端的出现与发展,与之相配套的服务也渐趋完善,读者也许无法直接感受到,但这些服务与终端、阅读资源一道构成了读者流畅无碍、便利舒适的阅读体验。

那么在目前的移动阅读环境下,读者需要的是怎样的服务呢?用户对快餐式阅读的新鲜感迅速降低,读者也不会长期黏附于浅阅读内容。因此数字出版商若是期望读者能够长期稳定地依赖在自己的内容与服务上,就必须为用户提供专业领域内质量上乘的资源及个性化的服务。[①]

首先是个性化。打开移动阅读终端,连上互联网,读者所面对的就是阅读资源的汪洋,他该怎样汲取所需要的那一瓢水?针对不同的目标受众推出的个性化阅读是一个不错的选择。用户通过产品附带的偏好选择功能设定喜爱的阅读内容或是关注重点,内容提供商据此对内容产品加以整合处理,再经移动运营商将符合用户口味的内容"以定投的方式传递给客户

[①] 白燕燕:《我国移动阅读面临的 6 大瓶颈及对策研究》,《编辑之友》2013 年第 3 期。

的移动阅读终端"。①

其次是平台化。优秀的平台不只整合了丰富的资源,更为读者提供了"一条龙"式的阅读服务。从资源的检索到购买、下载、阅读和分享,甚至是社交,优质的平台化服务让读者对其产生依赖,更利于品牌的壮大。当前的移动阅读终端商非常重视平台建设,如小米手机有它的"多看阅读",亚马逊有它的 Kindle 阅读软件。

再次是互动性。在无线互联网条件下,读者的移动阅读行为已经不是私密的个人行为,而是有着强烈的表达与互动要求。如读者与读者之间的交流,读者与作者之间的交流及读者与服务商之间的交流。移动阅读时代社交化阅读趋势越来越显著,建立在组群信任之上的读者之间相互分享优秀阅读资源,是数字时代内容的重要传播方式。在微信大行其道的今天,朋友圈的"火爆"促成了碎片化分享式阅读这一新的阅读形式,微信好友在朋友圈中分享自己喜爱的阅读内容,往往是某一微信平台的一篇文章或短篇小说,通过"分享"功能一传十,十传百。

(4) 网络需求

移动阅读的实现依赖稳定而高速的网络。我国无线网络的建设,无论在网络覆盖还是在网络速率方面,都还处在比较初级的阶段,网络的瓶颈是移动阅读发展面临的最大瓶颈之一。用户手持功能强大的移动阅读终端,服务商也提供了各类完备的阅读资源与服务,但没有网络的支撑,这一切只是空谈。近年来火热的"云计算""云出版"构想就建立在高速网络的基础上,云平台对内容存储、数据处理和资源交互的服务没有全覆盖、高速率网络的支持,只能是徒有其形,华而不实。

在迅疾发展的终端应用和快速拓展的移动阅读市场带动下,出版体制也应时、应需而变。产业链上中下游的企业群体纷纷选择合作的姿态,企业个体也不断融合自身优势跨越发展,涉及终端提供商主体重组、网络运营商主体重组及平台服务商主体重组,涵盖亚马逊、方正、盛大文学等为

---

① 白燕燕:《我国移动阅读面临的 6 大瓶颈及对策研究》,《编辑之友》2013 年第 3 期。

代表的不同类型企业。

2. 移动终端需求带动内容提供商重组模式

(1) 售卖内容

当前国内各大出版集团的数字出版公司须突破传统出版管理体制,结合数字媒介的特点。在向移动通信公司、技术公司出售出版社电子版权图书时,实行项目制度和支付考核。建立以内容分类的各个编辑资源库,使数字出版公司能与出版社一线编辑之间互动,不囿于只与出版社一名技术人员联系。在单本图书的业绩考核中,可考虑将数字出版部分的盈利一起结算。

通过售卖数字内容带动出版业其他领域的发展,德国的网上图书销售额就占了8.9%的图书市场份额,发展看好。另外,出版业的开源节流措施同样离不开数字出版。施普林格在数字化方面的投资以及与移动门户网站在网上的合成的迅速进步也取得了成效。通过为互联网或移动通信提供的新媒体业务,贝塔斯曼吸取在中国失败的经验教训,也学会从数字出版提供的机会中受益。兰登书屋数字部副主席 Matt Shatz 说 2008 年电子图书销售增长率已达三位数。[①]

商务印书馆在我国出版机构中历史最为悠久。面对数字时代,商务印书馆主动迎接挑战,提出"商务百年出版资源数字化工程"。该工程在杰出的设计方针和创新型技术指导下,将商务印书馆所有内容资源分类别进行数字化处理,同时对数据内容进行详细标引,让图片、数字、表格、新概念、定义等知识元的搜索以及多语种在线翻译功能汇集,为用户对知识的多元化需要提供服务,贯彻了信息内容深层次开发、聚合性传播、增值化使用和知识服务的宗旨。

---

① *Random House to Digitize Thousands of Books*,http://www.usatoday.com/tech/news/2008_11_24_digital_random_house_N.htm,访问时间:2015 年 4 月 1 日。

"商务百年出版资源数字化工程"在商务印书馆丰富的出版资源的支持下，不仅会满足商务印书馆传统出版资源与现代出版资源的融合；还将完成不同数字出版平台和数据库之间的重构，与《东方杂志》数据库、"工具书在线"、按需印刷网、英语世界在线学习平台等已有的数字出版平台有机组合；着力构建资源检索系统、知识挖掘系统和数字学习与研究平台为一身的，最大、最权威、最专业的出版单位数字资源发布平台；全力为国际互联网用户和手机用户提供多方位、多角度的检索业务；推动数字出版产业跨越式发展，这些对商务印书馆及中国出版集团乃至中国出版业具有里程碑式的意义。

（2）技术拓展

从手机图书到手机信息服务，再到手机内容的创作，研究人员已经建立了良好的商业利益蓝图，得到了国内外相关案例的支持。例如在日本有一半登上畅销书榜的小说来源手机创作；浙江日报、杭州日报打造的手机信息服务平台仍在盈利；中国移动在奥运会期间推送奥运手机报，还与原创文学网站、文学写手等服务提供商合作创建"梦网书城"；而中文在线则和广东移动公司合作开展"一起玩吧"互联网业务。还有一些出版商也积极试图与移动合作，推送"每日一题"等移动通信服务。

尽管发展势头非常迅猛，但出版社是否应该将目光放得更为长远？当平台能够控制内容的时候，当数字内容供应链上的营销平台被垄断的时候，作为内容供应商的出版机构如何发展？也正是由于非出版业更多地控制着营销渠道，蓬勃发展的手机出版业最后收入囊中的实际收入金额并不透明。也正是因为移动掌控着更大规模的市场，致使在合作谈判时，出版社作为内容提供商即使没有陷入人为刀俎、我为鱼肉的境地，但也几乎没有太多回旋余地，对方合作便是生，不合作便是死。

为求将来的发展不受制于人，数字出版公司须尝试拓展多种渠道，充分利用传统出版的优势打造特定的数字内容发行渠道。如与纸书捆绑销售的载体、电子报栏、电子书包等。上海世纪出版集团作为出版商的代表，强力打造辞海天下＋辞海阅读器的"终端＋平台"模式，用户可以免费使用阅读器内设的资源库〔包括《辞海》（第六版）、《中华文化通志》、十种

第四章 面向移动阅读的数字出版的可行盈利模式

世博图书、两百多种精品著作和近百种双语专业工具书……],也可以登录"辞海天下"网站,付费下载阅读网上内容。

两家大型出版企业都凭借其核心的优质内容资源平台展开了在数字出版时代的竞逐,但是能否在激烈的市场中占有一席之地,关键是不仅要扩大平台内容资源,满足用户丰富多样的阅读要求,更需要思考的问题是,仅靠一家出版社的能力能达到这样的要求吗?显然是不够的,不论规模有多大,总会存在资源的片面空缺。因此,企业间的资源合作互补是必要的。

(3) 一体化研发

在发展数字出版时,需要考虑与做内容的出版社编辑一起研发数字出版新产品,不单单停留于纸书的数字化,数字内容的一体化研发是关键。约翰·威立公司近年来数字出版的发展,正验证了实现一体化研发的需要。约翰·威立公司始建于1807年,是世界第一大独立学术图书出版商和第三大学术期刊出版商,集团业务包括商业、科技、烹饪、教育、旅游、娱乐、数学和计算机等多个方面,其中专业/大众出版、STM(科学、技术和医药)出版和高教出版是其公司的三大核心业务[①]。

威立电子期刊全文数据库中不仅有 PDF 文本阅读格式,而且提供 HTML 格式文本阅读,不用安装 PDF 阅读器就能够在浏览器中方便地进行阅读。同时,Wiley InterScience 注册用户也可以获得订购电子资源、保存搜索记录、保存论文、保存论文标题、追踪我的文章、账户信息、客户支持等服务内容,同时 Wiley 还会借助电子邮件向注册用户免费介绍新刊物等相关信息。在文章尚未正式出版发布之前,读者有权进行先期的在线全文阅读,并且允许文章被引用,这是 Wiley 特有的服务。2007 年 2 月,威立公司收购布莱克维尔出版控股有限公司,对其相对较弱的人文领域进行强化,并实现威立 InterScience 期刊平台与 BlackwellSynergy 电子期刊平台的整合,以提供更具深度和广度的内容。

---

① 渠竞帆:《约翰威立总裁兼首席执行官威廉·J. 佩斯访谈:一个出版公司的两百年传奇》,《中国图书商报》2005 年 3 月 25 日。

Wileyplus 专业运用于高教领域，把传统教科书与数字化的附注工具融合，并实现 CD 和 PPT 等多媒体资源与教材的同步配套使用，丰富教学内容和方式。学生可以通过购买新课本来获得免费使用平台的优惠，如果单独购买，价钱为书价的五分之二。除此之外，约翰·威立还收购了一家专门提供 B2B 和 B2C 产品与服务的小型在线旅游图书公司，利用该公司资源和在线平台，为旅游产业带来相应服务。①

追溯数字出版的发展史，方正公司早期很难游说出版商提供电子书，不久之后出版商开始转型主动做电子书，认为电子书等于数字出版。而今不少出版人已经意识到，如何研发、营销数字内容才是发展数字出版的本义。前文中曾提及台湾大舆出版社从事地图与旅游内容出版以及 www.phsea.com.tw 的例子，后者是权威的澎湖地区旅游信息网站，包含互享的丰富旅游资料，一方面让大量旅游相关的厂商和企业驻足，另一方面还让手持电子地图导航器制造商蠢蠢欲动想要付费得到网站信息使用版权，同时该网站还将业务扩展到印刷出版物阶段。这种数字内容一体化研发的模式已逐渐被出版社所接纳和采用。浙江出版联合集团即将在"一起学"网络平台推出旅游频道，目标是从选题策划到推出多介质的内容版本。

目前，人们对数字出版的认识已经有了一个阶段性的飞跃。电子书、听书等只是数字出版终端产品的冰山一角，真正发展数字出版，需要对数字内容实现一体化的研发。唯有获得了海量信息积累的数据库，才能进行"一鱼多吃"、复合出版。问题在于，数据库的积累过程会耗费大量的精力和财力。数字内容管理系统是目前国内出版的一种，依然存在着许多不足，反倒在一定程度上，导致新技术的使用退回到"铅与火"的时代，仍以劳动密集型为主。

技术与教育应是发展数字出版的双翼。政府支持和资助，的确对传统出版业的转型有最大的帮助，但这样的补贴并不是万能的，监督和引导数字出版人才培养才是长远规划。出版商由于受到培训和引进的机制所限，跟不上新兴人才的需要。一方面，研发、产品营销、数字出版管理专业的

---

① 甘慧君：《约翰·威立出版集团的数字化运营战略》，《青年记者》2010 年第 35 期。

第四章　面向移动阅读的数字出版的可行盈利模式

人才匮乏；另一方面，由于实行全员聘任的体制，身在出版社的编辑一般不愿意到新的部门去。这就需要人才的流动，带动整个出版行业的风气。

此外，有些高校的出版类本、专科毕业生面临日渐严峻的就业形势。近日某大学出版社公开招聘数字出版编辑，这个职位是负责数字出版中心的教学资源库建设，电子书、网络期刊等数字出版业务，E-learning 产品策划，对人文、社会科学的本科及以上学历的岗位有明确规定，也要求对网络出版业务具有浓厚的兴趣等。然而这样的职位条件实则是比较泛化的，面对当前的数字出版人才市场，只能以这种模糊化的表述来提出人才的要求。

在数字出版新动向的引领下，高校的编辑出版专业纷纷尝试改革，就像十年前积极开设出版专业的热潮。"中国数字出版人才培养基地"就是由浙江大学、苏州大学、北京印刷学院等高校和中国出版科学研究所联合创建的。中国人民大学、浙江工商大学等本来就设有编辑出版专业的学校则开始考虑转型，更有学校甚至计划取消原本属于文科院系的编辑出版专业，考虑在其他理工科大类学科之下重办数字出版专业。作为一门应用学科，出版专业确实需要培养人才以应时需。开设数字出版专业的方向是非常正确的，但是如果是对出版专业采取这种连根拔起、一蹴而就的举措，那实属可悲。投身教育的老师，尤其是从事教育的管理者们，切不可忘记"十年树木，百年树人"的古训，数字出版的人才培养需要长期的孕育过程。

（4）"三跨"发展

原新闻出版总署早在 2009 年即提出"三跨"整合进程。出版业实行跨地区、跨产业、跨媒体（以下简称"三跨"）发展，是数字出版时代下出版企业必须面临的发展战略与增长方式。这三跨，可以是单向度的，也可以是一种组合，更多情形下"三跨"是以横向拓展为主兼及纵向发展的一种产业发展组合[①]。跨地区发展，是把市场从地区市场转向区域市场、全国市场乃至跨国市场；跨产业发展，就是拓展文化或非文化领域相关产

---

① 王建辉：《出版：商务与文化》，中国书籍出版社 2010 年版，第 236 页。

业的发展规模；跨媒体发展，就是突破文字资讯，跟进其他媒介，形成各种媒体互补延伸的形式。

跨地域合作方面，时代出版与黑龙江出版集团有限公司合作成立有限责任公司，跨媒体融合方面，时代出版与浙江移动联手推广手机阅读服务，在浙江移动手机平台上接收已转换为相应格式文件的作品，获得所上传作品的网络内容传播权，浙江移动按信息费收成。不仅如此，时代出版更是涉足影视剧拍摄，与安徽广电传媒产业集团、上海美月之歌签订合作协议。2014年5月，凤凰出版传媒集团对美国出版国际有限公司（简称PIL）童书业务项目实现收购。PIL是一家领先的国际儿童图书制造商，生产包括电子童书、有声童书和早期教育结合的泛文化产品，帮助凤凰传媒获得更高的国际平台支持，带来数字出版产业链的延伸和扩充。①

如今是一个需求推动消费、维护产业的时代，出版想要转型发展务必深深扎根于阅读。目前，终端需求已经为数字出版企业和传统出版企业的并购重组助力，促进了出版企业实现集团化发展模式。作为传统出版商数字化转型的关键路径，移动出版市场不仅推动了平台服务商的进一步发展，而且为网络运营商的业务增值提供内容，为终端厂商的跨越发展带来强有力的动力支持。能够主导产业赢得话语权固然重要，但是移动出版产业链上各方不能够也不应该盲目扩张。盲目扩张的结果是忽略了自身的关键优势，造成了核心竞争力的下降。成熟的、健康的和有生命力的产业必然是产业链上的各个环节协同运作、利益共赢、优势互补和资源共享，而不是上下游通吃、垄断独占。

3. 移动终端需求的产业重组模式②

移动终端需求带动技术提供商、内容提供商重组，从而推动产业重组

---

① 张贺：《实力是最好的名片：从美国书展看中国出版走出去》，《人民日报》2015年6月4日第9版。

② 陈洁、周佳：《使有声书成为数字出版的中流砥柱——我国有声书产业发展现状与策略研究》，《出版广角》2015年第4期。

第四章　面向移动阅读的数字出版的可行盈利模式

模式。在移动终端需求的带动下，围绕移动终端开展的数字出版产业模式，要求数字出版产业链上中下游的产业主体发挥各自优势，重新架构合作方式：消费者通过网络运营商提供的畅通、高速、价优的网络环境，从平台提供商提供的种类齐全、获取便利的资源平台上，得到内容提供商提供的优质内容资源，最后呈现在终端提供商提供的广受消费者喜爱的移动终端上，形成从内容到服务再到终端"一条龙"式的阅读体验，这样的产业重组必然开拓出产品领域。在产业重组中，有声书就是市场潜力巨大、符合移动终端重组模式的产品领域。有声书是一种以移动终端为基础，内容服务为核心的数字内容产品。因为其"听书"的特性打破了传统阅读方式单纯"看书"的空间限制，所以消费者开车时、步行时、奔跑时、躺卧时、乘坐交通工具时都可能会使用有声书，这就必须依靠便携式移动终端来展现作品内容，电子阅读器、MP3、手机、平板电脑、iWatch 和车载播放器皆是有声书的可行载体。例如，消费者在电子阅读器上听取有声书，除了需要内容提供商生产兼容电子阅读器格式的有声书产品，还需要终端提供商让电子阅读器具有优秀的发声功能，包括音质、音响、防震颤和有声书 APP 等多方面技术支持，符合移动终端本身技术发展的要求。近年来，我国不少出版单位制作了一系列有声书，有声书网站和 APP 也迅速发展。在数字出版浪潮中，有声书在自由发展的同时也急需建立秩序规范，完善产业链，扩大营销，创新收费方式，以促进其长远发展。有声书不仅是融合内容提供商、网络提供商、平台提供商和终端提供商的移动终端重组模式产业，发展有声书使之成为数字出版的中坚力量，有助于促进传统出版社转型升级，提升数字出版的文化内涵，丰富国民阅读的内容和形式，推进全民阅读的开展。

（1）我国有声书产业发展概览

第一，内容提供商：有声书制作出版单位。

我国目前的有声书制作商主要有综合性文化传媒公司、面向有车族的有声书制作公司、音像出版社等。其作为有声书内容提供者是有声书生产的上游。本课题组对几家出版单位、网上书店、实体书店进行了深度调研，具体内容如表 4—3、表 4—4 所示。

表4—3　　　　　　　　　综合性文化传媒公司

单位	北京鸿达以太文化发展有限公司	北京东方视角影视文化传媒有限公司
简介	成立于1996年，拥有500G以上多达50000集部的独家有声读物资源和大量优质原创有声小说资源	成立于2006年，是全国唯一一家能够大批量制作、出版、发行有声内容的高端品牌。至2012年已拥有90000小时高质量有声内容存量，月更新量高达500小时
定位	主营面向老人、少儿、车主的有声书，有"家佳听书馆""道听途说"系列	致力于成为数字化声讯内容产业领导者，以电子有声内容为核心的数字出版集团
产品分类	评书、相声、曲艺、少儿故事、睡前故事、有声绘本、儿歌、经典畅销小说、职业发展、新闻故事评论、电视电台节目	精品童话故事、凡尔纳科幻故事、青春职场、军事谍战、惊悚悬疑、都市情感、古代言情、武侠玄幻

表4—4　　　　　主要面向有车族的有声书制作公司

单位	一路听天下	卡尔博学（北京）文化有限公司
简介	创立于2005年，是北京龙杰网大文化传媒有限公司独立运营的国内最大有声书传媒品牌，拥有各类有声书达50000集	创立于2008年，专门为社会各界精英量身制作Car book产品
定位	让时间更有价值。	边开车，边"读"书 伴您一路畅通，走向成功！
产品分类	悬疑/推理、管理/职场、文艺/情感、人文/社科、国学/养生、历史/穿越、纪实/传记、武侠/玄幻、少儿/教育、有声书摘、冬吴相对论、养生堂	领导艺术、历史系列、国学系列、古典小说、经典系列、官场系列、小学生系列、人物传记、智谋系列、法律系列、管理系列、成功励志、健康讲座、英语系列、休闲系列

第四章 面向移动阅读的数字出版的可行盈利模式

表 4—5　　　　　　　　音像出版社

单位	中国广播音像出版社	广东大音音像出版社
简介	与央广之声合作，推出有声书系列	拥有高品质音质的中国古诗词、古代散文 4000 多首（篇），现当代中外文学作品 2000 多篇
定位	制作听众喜爱、时代感强的高品质文学有声书	制作内容经典、格调高雅的有声书
产品分类	名家名著系列、青春言情系列、都市情感系列、玄幻武侠系列、恐怖悬疑系列和职场商战系列	中国古代文学、中外诗歌散文、学生中文读物、儿童有声读物、英语教辅读物

第二，平台提供商：有声书网站。

有声书的发布平台为各种各样的有声书网站，并以数字化格式进行呈现。天方听书、静雅思听、酷听等都是我国比较活跃的有声书网站，其具体情况如表 4—6 所示。

表 4—6　　　　　　　　我国有声书发布平台

网站	天方听书 www.tingbook.com	静雅思听 www.justing.com.cn	酷听 www.kting.cn	搜音客 ting.soyinke.com
内容分类	有声小说 白领频道 儿童频道 杂坛	专题 人文 素养 情调 生活	小说评书 儿童青少 经管励志 教育讲座 历史军事 综艺娱乐 相声小品 外文原版 健康养生 生活两性	畅销/小说 评书/曲艺 经管/养生 儿童/文学 综艺/娱乐

续表

网站	天方听书 www.tingbook.com	静雅思听 www.justing.com.cn	酷听 www.kting.cn	搜音客 ting.soyinke.com
内容来源	盛大文学 听友作品	自行制作 版权合作	东方视角、鸿达以太等文化公司，音像出版社，听友作品等	鸿达以太文化发展有限公司
读者服务	客户端下载 排行榜推荐 热门标签搜索 天方论坛 "我要播音"	客户端下载 官方微信、 微博互动 读者来信 听友留言	客户端下载 排行榜推荐 热门标签搜索 有声书创作 出版平台	客户端下载 排行榜推荐
盈利方式	听币 听书卡 包月服务	付费增值服务 （如无广告、 查阅文稿、 个性化订阅等） 淘宝网店销售 网友捐款	酷币 听书卡（畅听 月卡、季卡、 半年卡、年卡）	听币 与电信合作包月
网站设计	相对庞杂 广告干扰	富有文艺气息 简洁清新	分区清晰 简洁	有文化气息 简洁清新

资料来源：访问上述网站，访问时间截至2014年12月19日。

第三，移动终端提供商：有声书APP。

智能手机、平板电脑等移动设备的迅猛发展为有声书开辟了广阔的市场。有声书APP作为智能机应用的一部分，能快速便捷地与用户进行实时对接。基于这些终端的应用，人们与有声书的距离不断缩小，一定程度上对有声书业的发展起到良好的推动作用。也许在不久的将来，有声书将与其他电子书一样，是可以直接在移动终端上听读的"书"，而不是某种格式的音频文件。在课题组针对杭州大学生开展的一项有关有声书消费现状、听书意愿、内容需求等方面的问卷调查中，其调查结果显示，杭州市大学生更倾向于通过有声书APP等便捷的方式获取内容。在纷繁的有声书APP中，笔者及团队主要对下列四种进行了调研考察，详见表4—7所示。

第四章　面向移动阅读的数字出版的可行盈利模式

表 4—7　　　　　　　　　4 款听书 APP 的调研

名称	懒人听书 （5.0.5 版本）	喜马拉雅听书 （2.0.45.3 版本）	善听听书 （1.1.1 版本）	氧气听书 （1.2.0 版本）
下载量	1000 万＋	500 万＋	100 万＋	10 万＋
作品分类	有声小说 文学名著 曲艺·戏曲 名家评书 百家讲坛 儿童文学 外语学习 财经·时评 纯乐·梵音 搞笑·娱乐 健康·养生 广播剧频道 职业技能 人文社科 静雅思听	有声小说 相声评书 情感生活 历史人文 外语 培训讲座 百家讲坛 广播剧 儿童 电台 商业财经 IT 科技 健康养生	精品相声 名家评书 儿童读物 历史军事 传记纪实 职场励志 刑侦推理 官场商战 文学名著 健康养生 武侠仙侠 科幻异界 搞笑娱乐 恐怖悬疑 现代言情 穿越宫斗 青春校园	文史经典 曲艺影视 幽默搞笑 资讯速递 经管励志 休闲养生 鬼故事 评书相声 少儿读物 成人课堂 浪漫言情 玄幻仙侠 惊悚悬疑 历史军事 职场官场
播放设置	自动保存播放记录，睡眠模式功能（集数睡眠模式、时间睡眠模式）	定时停止功能，保存播放记录，举报反馈。	普通、高级两种播放模式，定时、定集停止功能，内容纠错反馈	播放界面独立，定时关闭功能。
读者服务	免费收听、下载；联合账号登录，一键分享；最新、最热推荐	免费收听、下载；联合账号登录，一键分享；定制听，可评论	免费收听、下载；联合账号登录，一键分享；新上架、精选、排行榜、专题推荐；下载管理，可评论	部分免费收听、下载；联合账号登录，一键分享；排行榜推荐、多关键词搜索；个性化管理，可评论
界面设计	简洁清晰 图文结合 以文为主	首页有滚动图片 图文结合 以图为主	简洁清新 图文结合 以图为主	图文结合 绿色主题色调

资料来源：下载使用上述有声书 APP，使用时间截至 2014 年 12 月 18 日。
其中下载量数据来自百度手机助手，统计时间为 2014 年 12 月 11 日。

除上表中显示的 APP 之外，还有一款非常有特点的听书软件——听果。听果以中国风为其界面主风格，主要推送有一定文化内涵的书籍，但内容资源较为匮乏。另外，中国移动和阅读、中国电信天翼阅读、中国联通沃阅读等基于手机运营商开发的手机阅读平台也专门开设"听书"版块，庞大的手机用户群是未来的消费潜力股。

（2）当前有声书产业发展特点

第一，实体出版物制作精良，定位明确。

当前主要是文化传媒公司、音像出版社等单位从事我国的有声书事业，此外还有北京师范大学音像出版社、北京新华金典音像有限责任公司、中国科学文化音像出版社等。像北京鸿达以太文化发展有限公司没有自主出版权，就需要与其他出版社如北京科海电子出版社合作，获取有声书出版资格。

借助现有音频内容和人才资源来发展有声书业务是许多出版社进行的尝试。比如中国广播音像出版社在央广之声的资源平台帮助下，开发"坐听天下""阅读和欣赏"等有声书系列。一些文化传媒公司则积极依靠与广播台、电视台的合作扩充内容，像"一路听天下"是对中央人民广播电台经济之声的《冬吴相对论》和北京卫视的《养生堂》的内容借用。

有声书出版需要做好市场调研，明确自身内容定位，实现点对点的有效营销。例如广东大音音像出版社致力于研发面向中小学生和知识分子的中外文学有声读物，并专门邀请职业播音员朗读，十分精良。车载有声书也是目前有声书出版商正在开发的一片蓝海，内容以历史传记、经管法律和健康养生为主。鸿达以太的"道听途说"系列专门服务有车一族，一路听天下和卡尔博学则将主营业务指向车载有声书。人们生活水平的提高让汽车变得不再稀有，而大城市交通拥堵又成为常态，车载有声书让人们在开车时也能享有阅读的快乐。

第二，网络出版物种类繁多，内涵欠缺。

网络出版的有声书形形色色，目标受众十分广泛，从少年儿童到老年人都有所涵盖。就其内容而言，都市言情、仙侠玄幻、历史穿越、悬疑惊

第四章 面向移动阅读的数字出版的可行盈利模式

悚等最受读者喜爱。如酷听网总排行前五的分别是《屌丝道士》《异世散仙》《斗罗大陆2：绝世唐门》《我当阴阳先生那几年》和《天才相师》（4月11日数据）。然而，出版商不能一味依附读者兴趣、赚取经济利益而忽略自身承担的社会文化责任，只有不断提高内容资源的品质，启发读者高品位阅读兴趣的养成，才能实现可持续的健康发展。

还应该看到的一个问题是，许多网络有声书制作粗糙，比如聘请的录制人员多不是专业播音员，录制设备陈旧，后期制作投入少，导致音质效果不尽如人意，降低了听众的听觉体验，流失了很多用户，也阻碍了有声书的进一步推广。

第三，多渠道营销，盈利方式多。

实体书店、网上书店、官网营销、APP开发等多渠道协同运营是目前有声书出版的方式之一。静雅思听与酷听都是"网站＋APP"的商业模式，将网站的后台支持与生动新颖的APP推广进行连接，从而赢得广大的用户驻足收听。另一种商业模式是专业性有声书移动端开发，像北京东方视角影视文化传媒有限公司精心打造故事机礼盒套装，一路听天下研发的听书机，都是把内容资源与专门设备进行捆绑销售，将免费的内容与收费的产品结合，培养潜在用户、扩大用户群的同时也为自身带来收益。

第四，社区化营销，受众黏性大。

在听书社区中，听友间进行的相互交流、心得共享无疑会增加受众的黏性，留住用户。天方听书网的天方论坛，静雅思听的官方微博、微信，都是社区化营销的典型。许多有声书APP上专门设立留言区、共享区，让人们有渠道表达看法，并把好内容与人人、豆瓣、微信上的朋友分享，也在一定程度上为自身作了宣传推广。此外，喜马拉雅听书的"举报"和善听听书的"报错"等反馈机制，让听友的参与体验大大增强，也有助于出版商充分了解用户需求，并不断改进。

听众亲自参与有声书的制作中，属于更高层次的社区化营销方式。天方听书网的"我要播音"和酷听网的有声书创作出版平台，都是有声书爱好者自我创作的天地，大大充实了网站内容库。"社区化营销，是任何新生事物想要更大黏性吸引用户的最长久低成本的方式"[1]，既方便听友交流分享，又有利于网站分析用户的习惯和兴趣，有针对性地发展业务。

(3) 数字出版时代的有声书发展策略

第一，数字出版，要自由也要秩序。

关于有声书的相应制作准则还尚未明确，有关版权保护的法律尚不健全，导致重复率高、质量较低、规格不一、盗版泛滥等问题，不利于有声书产业的健康发展。基于目前行业现状，成立有声书行业组织是有参考价值的解决方式之一。

美国的有声书出版商协会（Audio Publishers Association）成立于1987年，是有声书制作商、发行零售商等联合组织的非营利性质的行业协会，以保护有声书出版商合法权益为其主要宗旨，呼吁政府对有声书产业的支持，并通过该产业年度统计分析以引导产业前进。

我国的有声书行业组织并不健全，中国音像与数字出版协会下属有声读物专业委员会并不是专门性质的行业组织。建立规范化的行业组织，能够在有声书产业发展起步阶段对市场进行合理指导，对行业内部管理进行有效的帮助，促进有声书产业的数字化发展和稳步前进。如由图书音像相关行业协会牵头，从标准 EPUB 格式的电子书建设过程中吸取经验，制定统一的音频书格式，增强设备的兼容性，减少资源浪费，为用户提供更好的聆听体验。

第二，借力云出版，完善有声书产业链。

"云出版通过理顺上中下游产业关系，充分激发作者、出版者、分销商的经营活力，创新出版产品和盈利方式，从而解放和发展出版生产力。"[2] 云出版为有声书运作提供了发展平台，有声书产业链各组成部分，如上游的内容提供商，中游的技术商和下游的运营商，在平台上聚集合

---

[1] 田莹：《新媒体时代有声读物的发展问题与对策分析》，硕士学位论文，河南大学，2013年。

[2] 彭绍明：《云出版：数字出版发展的整体方案》，《出版发行研究》2012年第2期。

第四章 面向移动阅读的数字出版的可行盈利模式

作,对相关内容、资金、人才等资源进行统筹管理和合理分配,增强行业透明度,保证各环节运营的公平公正,优化全行业的整体氛围。

在关于杭州市大学生对有声书喜爱程度的问卷调查中,有声书的质量(包括内容、音效等)是大学生们最为关注的。无论技术如何发展,内容依旧是不变的选择。只有高品质的内容才能提升整个产品的品质,才能在市场经济浪潮中崭露头角,生生不息。但当前我国出版领域,优质的内容多被持观望态度、不愿转让版权的传统出版单位把持,有声书商很难在内容上获得优势。在美国和其他国家,大部分的高品质的畅销书都有有声书版本,在纸书发行之后甚至同时出版有声书;而我国有声书商因为拿不到最新内容的版权,为避免版权纠纷,只能重复出版已经超出了版权保护期的作品,导致行业内容资源缺乏,创新动力不足。通过云出版平台,共享资源,集中进行版权交易,同时细分内容市场,针对不同受众开发不同产品,深度挖掘内容潜力,不失为有声书产业发展的一条路径。

第三,全媒体营销,扩大有声书影响力。

我国的有声书当下还不是大众文化产品,受众规模较小,宣传推广不够,很多人对有声书知之甚少。全媒体的环境为有声书发展提供了良好的社会文化环境,有声书经营者应利用全媒体多渠道普及、多渠道营销和多渠道发行,实现有声书的多元运作。

相较于我国,美国有声书产业的经营运作更为成熟,商业模式更加完善,如 *AudioFile* 杂志是专门推介有声书的读物。自1998年以来,美国每年六月都会开办"有声书月"(June is Audiobook Month)活动,借此机会向全社会推广有声书。我国的有声书发展一方面可以在出版类报刊上开辟专栏,详细发布有声书讯息,撰写书评,吸引读者关注;另一方面可以借助全民阅读活动,开设有声书展台,举办试听会,鼓励并奖励高质量的有声书,提高媒体曝光率。此外,在移动互联网普及,移动设备规模性覆盖和第四代通信技术投入使用的大环境下,越来越多的自媒体出现。有声书可以通过自媒体,利用微博、微信等平台实现个性、精准营销。

第四,创新收费方式,让有声书叫好又叫座。

CD、MP3光盘等实体出版物、APP广告投放等是有声书的主要发布渠道,但绝大多数网络有声书还是免费的,因其需求量本来就少,如果收费更会流失用户。在之前的问卷调查中，47%的被调查杭州市大学生表示不愿意为有声书付费，52%则表示"依情况而定"。这也是我国有声书市场的一个缩影。

有声书毕竟是产业，需要盈利。有声书市场的持续发展离不开对于收费方式的创新，这就既需要培养大众的付费收听习惯，增强全社会的版权保护观念，又需要提高有声书的产品质量，让听众感到物有所值，同时还应该综合运用多种收费方式，权衡社会效益和经济效益。

CNNIC 第 36 次《中国互联网络发展状况统计报告》显示，截至 2015 年 6 月，我国手机网民规模达 5.94 亿人，较 2014 年 12 月增加 3679 万人，网民中使用手机上网的人群占比由 2014 年 12 月的 85.8% 提升至 88.9%。[①] 移动互联网的兴起让移动通信服务商开始转向开辟手机阅读市场。中国移动和悦读、电信天翼阅读的电子书收费商业模式较为成熟，有声书 APP 与其进行合作，借鉴相关收费经营，十分值得尝试。英美等国早已发展出类似的商业模式，例如移动电话运营商 Vodafone 专门开辟有声书售卖平台，用户购买有声书之后，可以直接通过手机支付，方便快捷。[②]

（4）有声书在数字出版时代的重要意义

近年来，数字出版风生水起，2013 年行业收入为 2540.35 亿元，2014 年为 3387.7 亿元，但是其中网络广告、网络游戏、网络动漫、移动出版（包括移动音乐、游戏、阅读等）、在线音乐占总收入的 96% 左右，电子书市场份额依旧不高。传统出版社要想在数字化浪潮中保有一席之地，必须改变传统观念，积极与新型产业开展合作。传统出版社的优势在于充裕的内容，音像出版社具有专业的硬件设备和技术人才，数字出版公

[①] 中国互联网信息中心：《第 36 次中国互联网络发展状况统计报告》，http://www.cnnic.cn/hlwfzyj/hlwxzbg/hlwtjbg/201507/t20150722_52624.htm，访问时间：2015 年 8 月 2 日。

[②] Allen K.，*Vodafone*，*GoSpoken Launch M-book Store*，The Bookseller，http://www.thebookseller.com/news/vodafone-gospoken-launch-m-book-store.html，访问时间：2014 年 4 月 16 日。

第四章　面向移动阅读的数字出版的可行盈利模式

司则持有先进的理念和逐步发展成熟的商业模式。三者相互合作，彼此配合，才是推动行业进步的最有效方式。有声书业是基于移动终端发展和产业重组需求而逐步成长起来的新型内容产业，它能够融合内容提供商、平台提供商、网络运营商、终端提供商的优势，促进数字出版全产业链的协同发展和优势互补，从而带动传统出版业的转型和新型出版业的加速发展。

国民阅读风气已经悄然发展变化。一方面，生活节奏加快，人们静下心来手捧书卷的阅读时间越来越少；另一方面，科技进步，数字化智能设备的功能越来越强大，为人们获取信息提供了新途径。有声书能够帮助人们高效利用零散时间，扩大阅读面，便携式数字化音频书籍使人们可以随时随地享受阅读的乐趣，这也是"一种符合现代生活节奏和阅读媒体的需求"。

在建设文化强国、开展全民阅读等战略引导下，我国文化建设如火如荼。尽管目前出版单位、社会大众对有声书的关注度还不够高，但只要合理开发，增强推广，有声书产业一定能够实现质的飞跃，成为我国数字出版领域的重要组成部分。

第五章

中国数字出版商业模式构建建议

移动阅读时代数字出版商业模式的运营管理基础是对数字内容的生产、服务、控制和版权保护。数字出版诸多商业模式均涉及数字内容的管理问题。出版社的数字内容管理、出版行业的数字内容管理和政府的数字内容管理分别是数字出版发展新模式得以实施、运营和优化的保证。作为数字内容产业中的重要一环,图书出版业实现有效的数字内容管理,是将普遍免费的数字内容资源转换为商机、创造价值的重点。

数字内容是将图像、字节、影像、语音等资料加以数字化并整合使用的服务、产品。欧盟"Info2000 计划"中把内容产业的主体定义为那些制造、开发、包装和销售信息产品及其服务的产业。内容产业的范围包括各种媒介上所传播的印刷品内容(报纸、书籍、杂志等),音像电子出版物内容(联机数据库、音像制品、电子游戏等)、影视传播内容(电视、录像、广播和影院)等。① 对于内容管理,目前尚无统一定义。一般认为它是借助信息技术对内容进行创建、储存、分享、应用和更新等,实现原本分散的内容资源的重组、综合管理和深度开发,在企业、组织和业务等诸方面产生价值的过程,包括网站内容管理、出版(或媒体)内容管理、企

---

① 参见 European Commission, *Final Evaluation of INFO 2000 Programme*, www.cordis.lu/econtent。

业内容管理等。同时，内容管理还广泛应用于数字资产管理、电子政务、数字图书馆、企业信息门户等。内容管理系统是能够支撑内容管理的一种或一系列工具的组合。

一 出版社数字内容管理平台的架构与实施

1. 出版社数字内容管理平台的构想[①]

出版社的数字内容管理平台由内容库、数字内容管理系统和数字内容发布系统三个基本模块组成。内容库用于存储原始信息、加工信息和成品信息，是出版社所有数字内容素材的集合体。数字内容管理系统具备收集、加工、处理、储存和传输等多项功能。数字内容发布系统采用网站、智能手机和电子阅读器等终端形式向读者呈现出版社的数字内容。例如我国高等教育出版社的数字化教学资源库、数字化内容管理系统（CMS）和数字化服务平台就是典型的内容管理平台。

数字内容管理平台包含内容提供者、内容服务者和用户在内的有关创建、发布、传递和个性化等功能，能够导入和创建文档、多媒体素材，用户能以多身份级别登录系统进行管理，可以在线完成稿件的编辑加工，同时能和其他编辑人员交流与合作，数字出版全程数字化操控，制作完成的数字内容产品自动储存到内容库中，能够通过检索查到。

如图5—1所示，出版社数字内容管理平台主要包括以下几部分：数字内容库、在线内容编辑加工排版、内容拆分标注、XML格式的内容输出和使用结构化内容再创作。其中最基本的是建设数字内容库，将出版社已有的图书内容数字化并将数字文档以统一的数据格式储存。英美等西方国家的出版商早已预料到出版的未来是数字出版的天地，数十年前就已着手数字内容管理平台建设，特别是数字内容库的建设扩充。2005年年底，哈珀·柯林斯出版公司斥资百万美元把1.2万种纸版图书扫描入内容库，

---

① 陈洁：《出版社数字内容管理平台建设构想》，《科技与出版》2009年第1期。

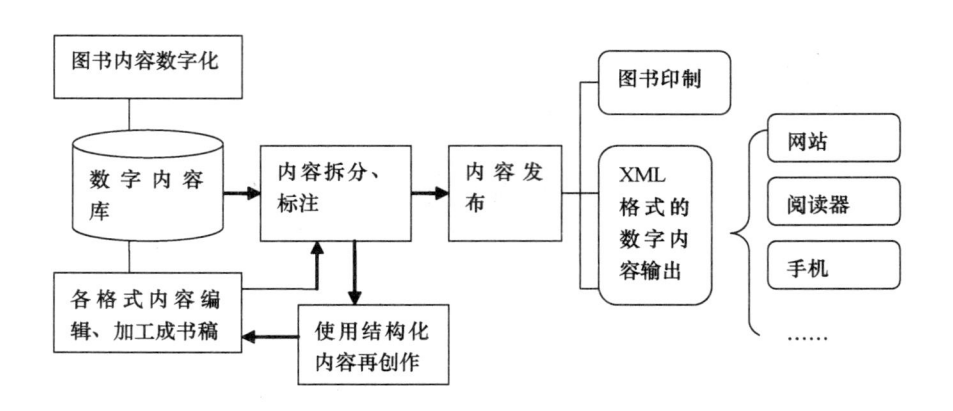

图 5—1　出版社数字内容平台基本系统

建立了全球首个出版业"数字仓库"。随后,哈珀·柯林斯创设了有声书网站 Browse Inside,将库内所有图书制作成有声书,用户可以在线试听畅销书的部分内容。① 2012 年哈珀·柯林斯 360 项目中包括的电子书已有 4 万种。② 兰登书屋致力于将图书数字化,到 2012 年兰登已有 4 万多种电子书③。丰富的库存内容保证了出版公司得以在网络销售平台自如地发行数字内容产品。西蒙·舒斯特也进行了多年的数字内容积累,其内容库含有千余种电子书,并专门将再版书数字化处理以进一步扩充。截至 2015 年 6 月 6 日,西蒙·舒斯特网站上拥有 17784 种电子图书供读者购买。④ 2015 年 4 月,西蒙·舒斯特宣布和 Playster 合作,由此成为在数字内容平台上以订阅模式提供电子书服务的第二家主流出版商。尽管在合作初期

---

　①　《哈珀·柯林斯出版集团》,大佳网:http://www.dajianet.com/world/2011/0425/154009.shtml,访问时间:2015 年 7 月 23 日。

　②　王丹丹:《大众出版商哈珀·柯林斯拓展全球出版业务》,《出版商务周报》2012 年 6 月 21 日。

　③　陈旷:《兰登书屋的全球出版和数字化进程》,《出版日报》2012 年 10 月 23 日。

　④　西蒙和舒斯特(Simon&Schuster)网站 ebook 栏目:http://www.simonandschuster.com/search/books/Format_eBook/_/N-i8f/Ne-i7h,访问时间:2015 年 6 月 5 日。

第五章　中国数字出版商业模式构建建议

西蒙·舒斯特只提供再版图书的电子书，但是今后随着合作的扩大，美国及全球畅销书都会得到无限量供应。① 另外，其他一些出版集团不满足于同亚马逊、Google 的合作，开始致力于建设自身数字内容库。Hachette 出版集团在亚马逊"可查找项目"中有数千种图书，在谷歌图书搜索项目中有 14000 种，霍兹布林克（Holtzbrinck）出版集团则有 10000 种图书为谷歌图书搜索项目所涵盖。阿歇特出版集团的 Maja Thomas 在 2007 年对外公开表示要建设自身的数字内容库，霍兹布林克出版集团的 Brian Napack 则表示要朝着兰登书屋和哈珀·柯林斯的方向努力，从建设数字内容库做起。②

出版社能够通过数字内容管理平台在线进行内容编辑加工及排版，同一份书稿可以多人协作编辑、共同处理，完全再现三审三校；过程产生的修改数据与元数据可以被系统保存，发生某一环节失败或错误修改时轻松恢复原有编辑内容。在国内高等教育出版社创建的内容管理系统（CMS）技术层面可以做到多媒体内容资源的"多元同步出版"，同时研发各种排版格式，可针对不同主题书稿一键排版。

数字内容管理平台与出版社营销网站相对接，内容管理系统会在营销网站上自动生成包括封面、版权页、摘要、目录等在内的图书基本信息。该平台能实现一次制作、多次出版，内容创建的结果符合一系列工业标准，内容产品的组装和发布以工业标准数据作为数据源。

2. 国内外数字内容管理平台实施现状

在欧美西方国家，以专业出版集团为首的大型出版集团格外注重建设以大型数据库为基础的数字内容管理平台。约翰·威立集团数字出版平台建设卓有成效，借助平台及交互工具把出版相关信息推送至读者处，人们

---

① 李慧楠：《西蒙·舒斯特在 Playster 订阅平台上提供电子书》，http：//www.bkpcn.com/Web/ArticleShow.aspx? artid = 123220&cateid = A1804，访问时间：2015 年 4 月 22 日。

② Rachel Deahl，"Publishers Join the Digital File Race：Assembling Assets for Marketing and Distribution"，*Publishers Weekly*，2007 - 3 - 29。

能够借助互联网通过电脑得到他们需要的职业和专业信息。[①] 德国 Holtzbrinck 传媒集团与美国 Ingram 数字集团开展合作,前者将使用 Ingram 的数字内容管理平台 CoreSource,能够管理文档、有声书和数字内容营销,处理数字内容的营销工作,提供数字化发行服务,是 Holtzbrinck 传媒集团出版社数字化延伸的工具。[②] 诸多数字内容管理平台可分为三类,威廉·E. 卡斯多夫在《哥伦比亚数字出版导论》一书中将其分为网络导向的内容管理系统、基于 XML 的内容管理系统和特定类型的内容管理系统。这些不同种类的内容管理系统都具有相同的特点,如图书馆服务功能、集成搜索工具和工作流程模块。

在国内,高等教育出版社在施行"高等教育百门精品课程建设计划"项目的基础上,启动了"资源库和教学内容集成方案建设项目",依照实际教学要求的不同,在数字化资源库内搜索所需的内容信息,并与教学经验相结合制订出相配套的教学内容集成方案。为有效实现数字内容服务,2013 年 10 月正式投入使用的"高等教育出版社产品信息检索系统"是一款专门便于用户了解高教社最新图书及其相关产品的应用系统,通过针对工作人员的 Mimi iPad 和针对用户的定制 U 盘两种不同终端将产品信息及时、准确、便捷地传达给用户,做到了数字化推送印刷书目的方式创新。[③] 截至 2015 年 6 月,高等教育出版社根据不同专业教学需求制作的本科院校适用的数字化产品达 88 种。

内容管理系统将数字内容素材的采集、制作及应用等多项环节集于一身。这个系统能将各类多媒体资源按照统一标准汇集,集图书内容结构化、元数据标注、入库管理和多渠道发布于一体,为内部资源共享、二次研发提供强有力的保障。另外,成功开发并投入应用的基于 XML 结构化

---

① 陈昕:《发达国家图书出版产业发展经验的借鉴及比较——中国图书出版产业增长方式转变研究(之二)》,《出版商务周报》2007 年 8 月 6 日。

② Ingram Digital Group and Holtzbrinck Publishers Announce Long Term Alliance,http://www.ingramdigital.com/index.php? option = com _ idvnews&id = 22,2010 - 3 - 1.

③ 白静:《技术一小步,营销一大步——"高等教育出版社产品信息检索系统"发布》,《出版人》2014 年第 1 期。

第五章　中国数字出版商业模式构建建议

的中文自动排版系统，与传统排版系统比较而言其优点在于：内容与版式相互分离、内容颗粒度可随意定义、支持定制出版，实现和多种格式产品输出的兼容。目前该系统第一期已经在高教社内的高职、中职、理工等分社上线试运行。第二代电子书也处于研发中，除了与第一代电子书具有相同的数字化特征外，第二代将与其他图书内容及内容管理系统中的多媒体资源相互关联，随着系统中内容的变化而变化。最终的产品形态亦是灵活多变的，可以根据用户的不同兴趣、偏好，制作载体多样的图书。最后，通过与内容管理系统相连，出版社的网上销售平台上可以直接得到基本的图书产品信息，包括编者按、目录、版权页等，为从属网站更新节省了时间和人力成本。

在此基础之上，发展以 4A 网络教学平台为代表的服务平台。这一平台具有界面定制、自我评测、互动问答等多项功能，用户可以根据自己的实际需要灵活运用，从而提高学习的效果。教育技术与出版技术研发中心张泽主任介绍说，JSP 版最大的优势便是互联兼容，它能适用 Windows、Linux 及 Unix 等操作系统、IE 或 Firefox 等浏览器，支持各种数据库，与学校教务管理共享数据。目前还需进一步研究与开发数字内容与纸质图书结合的功能。高等教育出版社委托中启智源公司研制了电子商务平台高教社网上书城，从而使数字内容的管理平台有了输出渠道，内容产品的分发有了可行的途径。通过高教社网上书城的新书上架、畅销榜、大中专教材馆、教师读物馆、外语馆、考试馆、学术著作馆展示等栏目，用户能够清楚全面地在网站上获取高教社的数字内容产品和数字化服务信息，经销商在登录平台后，可以获取订单处理状态、产品运输状态等各类信息。

电子工业出版社的数字内容管理平台规划建设，是以解决自身传统出版内容的数字化加工、存储、检索、访问等综合开发与利用问题为主。目前已经建立了低成本、多媒体的数字内容管理平台，并在 2013 年投入商业化运营。其建设的数字内容管理平台主要提供数字内容生产、内容管理、数字版权管理、编目与自动分类、搜索、内容分发、销售、付费及咨询服务。安徽教育出版社、人民军医出版社、化学工业出版社等二十多家出版单位使用由九州时讯推广的出版管理信息系统。浙江联合出版集团、新疆人民出版社等出版单位外包给九州时讯公司开发建设自身的数字内容管理系统。2014年7月，科学普及出版社自主开发的数字内容管理平台"数字出版物管理系统"全面完成，开始运作。从其初步成果看，该系统中的《学科发展数据报告》在全国40所大学和高校图书馆实现了试营销。① 方正阿帕比发布出版社数字出版系统，实则将出版社数字内容的管理与在线营销平台实现对接，使网络书店、在线翻阅、样书推送、按需印刷、多媒体数据库处理等多项功能集合在同一操作平台。

在我国台湾地区，许多出版商自主研发了不少数字出版管理系统和数字版权管理系统，还有系统厂商、DRM厂商为数字出版物设计的管理系统或数字版权管理系统。研究开发数字内容平台的技术商有凯旋、世纪、伟硕等公司。

3. 数字内容管理平台实施过程中的关键点

诸多因素都会影响传统出版社对数字内容管理平台的建设效果，其中管理层对数字出版的态度起了关键的作用，此外还有配套管理模式、资金合理配置、信息技术应用水平、技术人才储备等问题。面对这些问题，需要注意做好如下关键点。

（1）鼓励与扶持创新，积极探索商业模式

许多时候，出版社在建设数字内容管理平台的短时间内难以获得所预期的投资回报率，数字出版部管理者最为头痛的也是盈利问题。自20世纪出版制度改革之后，自负盈亏成了关乎每个出版社生存的优先条件，当下传统出版社主要通过纸质图书的生产和发行来获利，建设数字内容管理平台的资金也多是以此为源。在从事传统出版业务的人员眼中，从事数字内容管理平台建设的人员就是在用他们的辛苦经营收入打造没有结果的摆设，并没有带来实际的效力。尽管所有人都预测未来的出版是数字出版的天地，然而由于传统的图书销售或是内容增值并不能完全计算数字出版所创作的价值，眼下没有人可以准确地说出数字化投入带来的回报，尤其是

---

① 《数字出版时代服务为王》，《中国出版传媒商报》2014年9月23日第10版。

第五章　中国数字出版商业模式构建建议

具体可见的利润数据。管理者在全出版社树立对数字出版的充分信心是当务之急，此外，传统出版中用于计算产值的码洋概念和单一线性的销售模式已难以适应数字化出版中产品的衍生价值评估，因此出版社需要找到更为明确可见的理念、数据或是计算方式以证明数字化的巨大价值。

数字内容管理平台从本质上而言，连接了原先互相独立的纸书生产和数字内容发行这两种商业活动。数字化过程经常会受传统生产实践经验所限制，制约数字化所配套的组织结构建设。与此同时，还需要消除对原有数字化实践失败的恐惧心理，鼓励和支持创新。找准自身定位，结合已有优势，积极探寻适合本社数字出版发展的商业模式，是解决一切问题的根本所在。

（2）整合各部门的力量，寻求配套的管理模式

在数字内容管理平台的建设活动中，出版社的管理层会发觉许多决策皆涉及传统出版文化与新兴数字出版文化的矛盾。目前国内传统出版社通常采用设立数字出版部门的方式进行数字化建设，例如广东人民出版社于2008年成立了"新媒体内容编辑室"负责数字出版业务，南京大学出版社在2012年初创设了数字出版中心，北京师范大学出版集团成立数字出版部。新出现的数字部门主任角色在整个出版社组织系统中的地位日益提升，不再是编辑或印刷产品市场营销主任的附属，而且对印刷版本的编辑和营销起着越来越重要的作用，更是在出版一切格式内容的组织结构中起着关键作用。[1] 出版社中传统的图书生产部门或是出于对数字出版的不看好、不理解，或是出于害怕被新兴数字部门所取代，会对数字出版部门产生排斥心理。

新旧文化的冲突还表现在出版社部门之间的差异。一般而言，数字内容管理平台的管理部门是新兴部门，其外在形象是新进职员与新式办公设施。无形之中，原有负责主营业务的人员会与其产生心理隔阂，两个团队

---

[1] 参见 Martyn Daniels, *Digitisation of Content: The Opportunities for Booksellers and The Booksellers Association*, The Booksellers Association of the United Kingdom & Ireland Limited, First edition November 2006, p. 43。

之间的合作和沟通需要花费更多的精力、物力来实现。

两个团队之间的融合是数字内容管理平台实施过程中的重要方面，可往往为人所忽略。出版社的领导受到社会上数字出版"热潮"的声势影响，往往对数字出版部门的技术研发状况过分关注，一来给该部门造成巨大压力，二来可能引起其他部门的不满。笔者认为，项目制是改善这一情形的有效管理措施。例如，数字出版部要对各部的精品书实行标注时，成员均选自各个相关部门的机动项目组，既能够处理好内容与技术人员互不相识的老难题，又能保证选择的书籍实至名归。标注的目的是使资源结构化从而有助于图书资源的多次利用，然而可能出现的情况是当年度的精品图书遭遇来年计划改变，信息通常难以传至数字出版部。除此以外，数字出版员因为只获得基本工资与补贴收入，收入低下可能导致工作热情低迷，因此收入与项目直接关联也是可行的解决之法。浙江联合出版集团通过组建新的数字出版公司，协调与原有部门的关系便是值得肯定的尝试。当然为了得到原有部门的快速认可与支持，同时带动全社各部门向数字化工作方式转型，数字出版部门利用其信息优势为其他部门提供信息服务也是需要与必要的。

另外，有研究者指出，国内目前的出版社大多尚停留在寄望于社内一个部门统管数字出版的一般事业单位管理模式，工资、奖金也是原来的目标责任绩效提成，这样导致的结果是数字化进程缓慢、数字内容产品生产效率低下。因此，必须采用与 IT 企业相类似的、对于出版社来说全新的运行机制和管理模式。[①]

二　出版行业的内容整合与版权管理

出版社数字内容管理平台的建设是实现资源共享的有效方式，而行业的条块分割却使数字内容资源的整合受阻。当今开始实施的数据库建设，

---

① 张金：《关于数字出版的思考及模式盘点》，《出版商务周报》2007 年 8 月 20 日。

第五章　中国数字出版商业模式构建建议

出版社运用的系统和软件几乎自成一体，标准不一的数字内容为进一步的共享造成了困难。行业性的数字内容管理势必提上日程，这就需要发挥出版行业协会的作用。

1. 出版业数字内容亟待进一步整合

出版社意识到数字内容的发行将成为主营业务，于是纷纷开始数字内容管理平台的建设。为将数字内容牢牢控制在自己手中，每个出版社在经济和其他条件允许下都会尽力建设自身的数字内容库。然而从行业发展层面来看，数字内容管理亟待进一步整合。

第一，数字内容分散于各出版社，无法实现进一步的整合和利用。数字内容发挥作用的基础在于规模，但是每个出版社的数据库只有本社对应领域的数字内容，没能形成一定的再创造规模。

第二，数字内容版权无法得到合法保护，无法实现对数字内容的有效管理，内容收益无法计算。数字内容提供商的利益无法得到切实保障，服务提供商并没有按照规定根据流量、时效性等支付数字加密及管理分成费用。版权管理是数字内容生产和传播的需要，同时也是数字内容销售过程中的关键所在。相较印刷版本的内容，数字内容的复制拷贝更为容易，版权保护问题也就更为严重。

第三，数字内容格式标准不一，无法形成统一的市场。这对数字内容的传输和再创造都造成了一定的阻碍。另外，数字版权管理过程中也缺少公认的标准，常见的 Adobe Adept DRM、苹果 Fairplay DRM、Barnes & Noble's DRM、微软 Microsoft Reader DRM 和 Amazon DRM 技术之间往往互不兼容，例如 Kindle 用户无法在 Kindle 阅读器上打开经由 Adobe DRM 技术加密过的内容文件，造成了内容交流共享、二次开发的障碍。

面对这种需求，各国的出版行业协会纷纷采取各种措施来加强数字内容的整合。面对标准问题，美国出版商协会早在 2000 年 11 月便颁发了和 Andersen 咨询公司合作制订的"开放式电子图书标准方案"，协会联合来自哈珀·柯林斯、霍兹布林克、休顿·米夫林、麦格劳·希尔、培生教育和兰登书屋等主要出版机构的专家，共同制定了编号方式、元数据和数字版权管理需要的出版商标识等三个急缺的标准。① 继《数字出版标准体系研究报告》发布后，"十二五"期间，2012 年数字出版标准建设全面推进，正在制定且加快速度的标准体系包括电子书内容标准 12 项、数字出版标准格式 4 项和手机出版系列标准。② 2013 年 2 月，《数字阅读终端内容呈现格式》由原新闻出版总署公布。2015 年 5 月，国际标准化组织（ISO）公布了《国际标准关联标识符（ISLI）》，它是首个由中国提出的新闻出版领域国际标准，同时在香港国际信息内容产业协会（ICIA）总部创设了中国首个国际标准注册中心。目前，数字版权保护技术研发工程标准研发的 25 项标准已经通过了审查和报批，且已进行了标准培训，这些标准全部是由全国新闻出版标准技术委员会制定的。③

2. 行业性数字版权管理平台的建立设想

(1) 数字版权管理系统定义及建立的必要性

数字版权是指计算机软件、电子数据库、电脑游戏、数字文学作品、数字声音作品、数字图片、数字动画、数字电影以及其他数字视频作品等具有独创性、以数字格式存在的文学、艺术和技术作品的作者享有的权利。④ 广义的数字版权包括数字邻接权——数字内容的传播者对其加工、传播所享有的相应的权利。目前取得授权的方式是通过个别的授权合约，对需要大量使用数字内容素材的从业者而言，取得授权的过程十分烦琐，于是数字版权管理系统的研发便具有重要意义，可采用线上加密技术使授

---

① 参见 Paul Hilts，AAP Releases E-book Standards，12/4/00，Publishers Weekly，http：//www.publishersweekly.com/article/CA168870.html。
② 《数字出版标准，真的要来了》，《编辑之友》2013 年第 4 期。
③ 《魏玉山：2014 年数字出版年度报告》，中国出版网：http：//www.chuban.cc/cbsd/201507/t20150715_168554.html，访问时间：2015 年 7 月 17 日。
④ 参见熊澄宇《数字版权的适度保护及实现》，《文化产业研究战略与对策》，清华大学出版社 2006 年版，第 27 页。

第五章　中国数字出版商业模式构建建议

权方便简易。数字出版的版权问题主要表现在针对数字出版版权的完整法律体系缺失、现有的保护技术疲软、网民用户保护知识产权的意识观念薄弱，提供从立法到司法的全民法律保护、建立集体组织管理模式、提升数字版权保护技术、创新商业模式是解决上述问题的关键。① 台湾远流集团旗下的智慧藏学习科技提出"图文素材整合流通服务平台开发计划"的构想，协助出版界将长期积累的图文资料导入该系统，成为完整的素材交易平台。这项计划将分析可行的加密技术、数字版权管理系统及其与其他平台接轨的可行方案。②

美国的《数字千禧年版权法案》和欧洲的《版权指导条例》都鼓励"电子所有权管理"技术应用，以保护各方的利益，但都没有具体说明怎样应用以及由谁技术应用。数字版权管理平台通过技术手段实现对数字内容产品的保护，使数字内容的使用数量、使用方式和传播数量、传播方式得以限定和控制。DRM 技术保证了产品用户需要取得版权拥有者或内容提供商的授权许可后方可使用数字内容，即从技术层面减少对数字内容产品的非法复制。③ 其中包含了描述、识别和保护数字内容这三层要素，即了解内容是什么、如何利用、被谁使用，通过加密或其他方式保证内容的合法使用。简而言之，通过软硬件结合的技术手段使数字内容消费者的内容使用限制在一定的授权范围内，从而起到保护作用。如方正"喵喵印"便是将方正自行研发且具有知识产权的 Pattern 技术、自动排版技术、在线编辑技术和独创的 DRM 版权保护技术等结合在一起，实现印刷品在线选购、在线设计、定制出版和按需印刷。

建立行业性的数字版权管理平台具有必要性。首先，行业性的数字版权管理平台能够控制用户对数字内容的使用，让版权所有者的内容作品在被使用时实现限制、许可、条件与责任，切实保护其知识产权。目前市场

---

① 曾伟、霍思远：《数字出版版权保护存在的问题及对策研究》，《新闻界》2015 年第 3 期。

② 参见叶玟妤《数位内容照过来》，台北元照出版公司 2006 年版，第 7、228 页。

③ 参见张建华《网络电子书的数字版权管理技术》，《科技与出版》2006 年第 2 期。

上有许多 DRM 系统，方正的 Apabi Right Service 适用于电子书，苹果的 FairPlay 适用于流媒体。这些都是基于密码或密码与数字水印技术相结合的技术，由于其水印技术的不完善带来版权系统的各种问题。因此需要一个统一的完善平台，考虑到版权人、传播者等各方利益的均衡，需在各类数字版权保护技术基础上建立面向出版社、在线出版、移动出版应用等的版权保护系统，形成整体解决方案。

其次，有利于数字内容质量的提高。提供内容的出版业对用户的详细数据往往掌握不够，只能得到宏观的用户信息。面对数字内容运营商提供的一部分用户信息，内容提供商需要制作大量的内容作为补充。

缺乏用户群意味着没有独立的价值兑现渠道，数字化产品的推广数量如果不够多，收回成本就会非常困难。如何制作精良的数字内容及提高内容的利用率，是目前出版业在数字内容产业中的重要问题。

最后，以超级转发的分发方式在移动网络中传播数字内容，其速度能够达到指数级。数字版权管理系统能控制超级转发所造成的盗版，减少由此所带来的经济损失。

（2）数字版权管理系统基本概要

如图 5—2 所示，数字版权管理平台由文件加密、电子交易、认证发布模块三部分组成。平台的使用者分为普通用户、管理人以及财务人员等。对数字版权的管理包括对数字内容的存储和交易，访问、检索、存储数字内容和元数据需付费后发行许可证方能访问内容。同时还包括交易完成之后数字内容与各播放、阅读工具之间的交互以及对各用户的操作、使用情况实现跟踪管理。

数字版权管理流程包括内容压缩加密、内容发布、获取许可证、媒体文件的播放等环节。数字内容的压缩和加密实现了统一标准化，用通用的压缩标准实现了文件的最小化，在添加文件相关信息时同样采取统一的项目类别和元数据格式。压缩加密后打包的数字内容本身和播放的许可证是可分开的，因此可实现包装流通、互联网流通等多种形式。用户通过自动获得许可证获取数字内容，许可证的发布有多种计费方式，如按播放次数、时间长短等，还能先试用后购买。用户只能享有许可证中授权的使用

第五章　中国数字出版商业模式构建建议

权限，不能实现许可证授权以外的用户之间的共享。

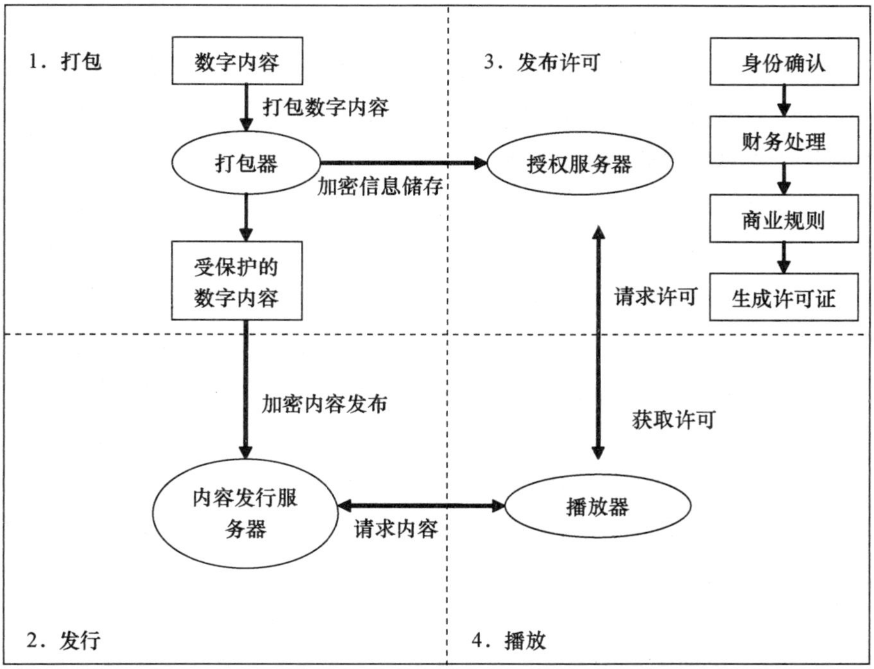

图 5—2　数字版权管理流程[①]

行业性的数字版权管理平台按对象、内容不同采取不同的版权管理措施，其管理对象主要为提供商、内容运营商、消费者。如图 5—2 所示，数字内容提供层面须实现对数字内容的压缩加密，打包后的数字内容传输给数字内容运营商，将打包加密后数字内容的加密信息导入运营系统的授权服务中心，实现许可授权监控。当前比较成熟的案例有以海峡两岸华人地区出版事业为目标市场的 Neovue 数字版权管理授权平台，"这个数字版权管理授权平台提供了数字内容上传及授权界面，B2B 数字版权授权及

[①] 张建明、文学军：《数字版权管理系统的原理与应用》，《现代图书情报技术》2004 年第 2 期。

交易管理服务，数字版权交易清算及结算服务，也同时统计了数字内容消费者资料分析"。① 此平台可与电子商务平台实现连接，实现数字化网络销售。

在数字内容运营部分需要对许可证、用户、计费、发布形式进行管理。数字内容消费者层面则要考虑播放器、阅读器等硬件终端的选择、方便有效的支付方式等因素。在数字内容运营部分根据发行渠道的不同，分为互联网流通、无线流通及包装流通。包装流通是将数字内容压缩至移动硬件终端之上通过传统发行、电子商务平台或其他物流渠道送至数字内容消费者手中，移动硬件终端包括移动硬盘、阅读器、播放器和手机等。数字内容在这些硬件发售之前便存储其中，另外，下载等服务也可通过无线网络实现传输。日本包装流通、互联网流通与手机流通这三种流通方式所占比率依次为 67.5%、16.7%、15.9%，而之前的比例远高于此数字。② 能够看出，手机和互联网流通明显增加，相对地包装流通占比则有所减少。在线发行数字内容日益增加，使得数字内容运营部分相关的数字版权管理显得日益重要。

建立行业性的数字版权管理平台，设立数字内容保护、交易的统一标准，有利于数字内容提供商、运营商之间的资源整合和统一标准。在数字内容实际运营系统中，数字内容提供商和数字内容运营商有时会出现角色模糊的情况，实力雄厚的出版社往往会建设数字内容运营系统。在现实操作中，由于没能形成一定的规范，打包加密数字内容的环节有时只能在内容运营之前匆忙完成。

以手机流通为代表的移动数字版权管理，同样需要基于数字版权管理平台，相较原有业务模式，基于数字版权管理平台的数字内容业务模式的核心特点是通过建立数字版权管理系统，实现对数字业务价值链上内容提供商、服务提供商及用户资源的监督和控制，对数字内容进行管理和整合。这种新模式可以按照流量、内容、效果等多种方法计算费用。

---

① 参见叶玟妤《数位内容照过来》，台北元照出版公司 2006 年版，第 229 页。
② 参见 *Digital Content Association of Japan*，http://www.dcaj.org/outline/english/research.html。

第五章　中国数字出版商业模式构建建议

（3）与电子商务平台的对接

首次分发，指的是内容提供商直接向用户或分销商提供内容资源或对应的版权许可的商业分发模式。二次分发，指的是内容和版权许可的拥有者把自己的权利再次转让给他人。① 二次分发商不具有数字内容的生产能力，可以是数字内容运营商，也可以是数字内容服务商。根据数字内容的分发特点，可以将数字版权分发模式归结为数字内容提供商到数字内容运营商、数字内容运营商到数字内容服务商的 B2B 批发模式、数字内容服务商到终端用户的 B2C 直接零售模式和用户之间直接进行数字版权二次用户分发的 C2C 模式，详见图 5—3。

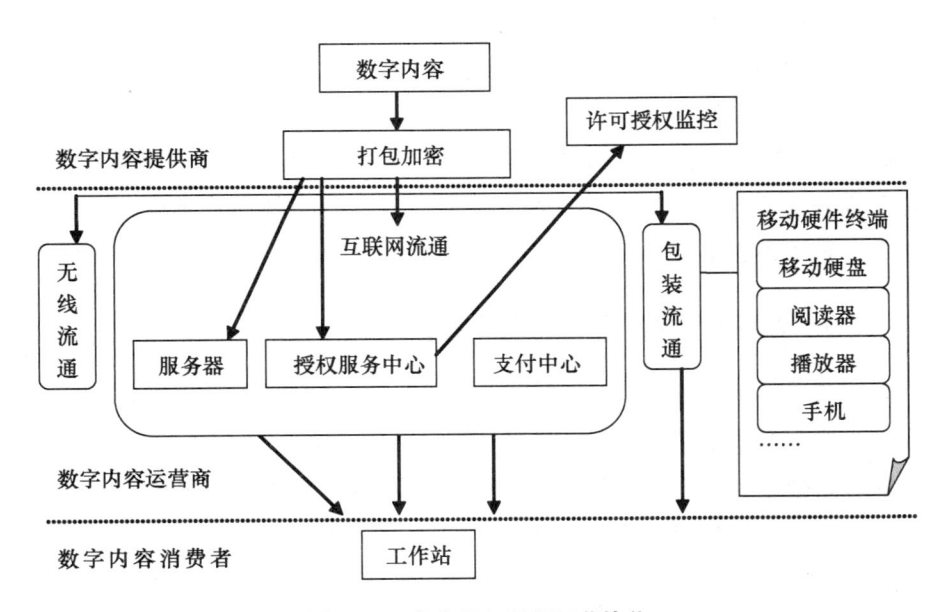

图 5—3　数字版权管理运营协作

建立行业性的数字版权管理平台，使数字内容提供商通过 B2B 的模

---

① 参见 Willem Jonker, Jean-Paul Linnartz, "Digital Rights Management in Consumer Electronics Products", *IEEE Signal Processing Manazine*，2004，21（2），pp. 82 - 91.

式将数字内容提供到运营平台,再以 B2C 的模式销售到各种移动硬件终端。电子商务一般有 B2B、B2C、C2C 等模式,B2B 电子商务模式中买卖双方均是商家,商家在同一个电子商务交易平台上发布信息,通过网上银行、在线支付和货到付款等方式进行交易。由于企业的计划、生产、销售及运营方式会随之改变,这种模式被认为是电子商务发展的重要方向。艾瑞咨询研究表明,2014 年的国内 B2B 电子商务中,阿里巴巴仍然一家独大,以 34.3% 的市场份额占据首位,但与 2013 年相比下跌 2.1 个百分点。① 中国图书出版业 B2B 电子商务中领先的有卓越和当当,主要销售网上书籍、音像以及礼品玩具等物品。C2C(Consumer to Consumer)的电子商务模式近年来发展迅速,eBay 和淘宝采用的便是这种模式。目前由用户自行运输、验货来解决未能完善的问题。

数字内容的产品形式以电子书及数据库为主,数字内容产业链中的从业者有数字内容提供商、数字内容运营商等,各自掌握不同的资源,因而实际运营过程中仍需要采用虚实结合的模式,逐渐发展至数字内容的 B2B 电子商务模式,再以 B2C 模式传至用户。建立行业性的数字版权管理平台,使数字内容得到保护,并以统一的格式实现与电子商务平台的对接。

(4) 行业数字版权建设的国外经验借鉴②

在移动阅读时代,版权问题一直严重制约着我国数字出版的进一步发展。数字化背景下孕育的海量作品对版权维护提出了新的要求和挑战。我国在保护数字版权方面虽取得了一定成就,但存在的不完善依旧不可忽视,无论是法律政策,还是管理、技术,均亟待进一步完善。基于对英国近年来版权制度建设的思考,本书以法律政策为基础,以集体管理为平台,以技术措施为保障,为推进数字版权的保护提供有益的思考和实践方式。

---

① 《艾瑞咨询:2014 年度中国互联网经济核心数据发布》,http://news.iresearch.cn/zt/246308.shtml,访问时间:2015 年 6 月 6 日。
② 陈洁、王楠:《全媒体出版时代数字版权保护的三点要义》,《中国出版》2015 年第 5 期。

第五章　中国数字出版商业模式构建建议

第一，法律政策：版权保护的基石。

良好的版权环境营造有赖于政府的法律政策支持，其在推动版权保护过程中起到的作用不可小觑。英国商业、创新和技能部（BIS）和文化媒体与体育部（DCMS）2009年联合发布《数字英国报告》，启动"数字英国"计划，内容涵盖数字网络安全及保护的可行性措施。2010年后加快实现步伐，于当年4月通过因争议而一再被延迟生效的《数字经济法案》，以解决互联网运营过程中的网络内容版权侵权问题。

英国原有法律对数字版权责任人模糊的责任认定促使其走上了版权制度改革之路，阐释了互联网服务提供商（ISPs）的初始义务：有责任向被控进行网络版权侵权的客户发送侵权报告；提供商须登记通告数量及与之对应的用户。[①]《数字经济法案》出发点是加强对网络著作权保护的责任认定，但这也成为此法案备受争议之处。2011年8月发布的《关于数字经济法案初始义务的实施》进一步明确ISPs和版权所有者分别承担25％和75％的共享成本，认定版权所有者需要负担全部必要成本。这引起版权所有者不满，因其需在侵权追踪和维护中承担更多义务。英国两家最大的互联网服务供应商英国电信（BT）和拓客公司（TalkTalk）也认为此举会大大提高它们用于设计通告系统、发送侵权报告的时间成本。

英国政府完善版权制度中的努力不可忽视，2014年6月其修订《1988年版权、设计和专利法案》[②]，就版权例外法规进行调整，重新界定版权侵权边界，放宽私人复制、个人研究学习等例外。[③] 版权例外的修订，为公众接触和使用作品提供了更多机会，充分发挥了数字技术对公共资源配置的积极效用，在维权基础上实现了社会利益平衡。除英国以外，日本政府2014年3月14日在内阁会议上提出新著作权法修正案以应对互

---

① The Publishers Association, *The Digital Economy Bill: An Overview*, http://laurencekaye.typepad.com/files/digital-economy-bill-pa-summary.pdf，访问时间：2014年12月16日。

② Intellectual Property Office and Viscount Younger of Leckie, *Changes to Copyright Law*, https://www.gov.uk/government/news，访问时间：2014年12月19日。

③ 张亚菲：《英国数字经济法案综述》，《网络法律评论》2013年第1期。

联网上盗版书籍数量不断增加的局面,该法案认定电子书籍拥有"出版权",并允许出版社对盗版电子书籍提出禁止销售的要求。①

法律为数字环境中复杂多变的版权保护提供了方向,有利于维持版权市场秩序稳定。我国目前相关数字版权法律主要有三项:一是《中华人民共和国著作权法》及实施条例;二是《著作权集体管理条例》,主要针对"著作权集体管理组织的设立条件、权职范围以及管理内容"进行界定;三是《信息网络传播权保护条例》,规范合理使用、版权管理技术,区分不同社会主体的责任和关系。②

尽管法律政策一直紧密跟随形势,但我国尚未有数字版权保护专项法律,相关概念界定不明致使执法总充当"事后诸葛",难以掌握主动权。如2006年5月发布的《信息网络传播权保护条例》第23条规定"网络服务提供者为服务对象提供搜索或者链接服务……明知或应知所链接的作品、表演、录音录像制品侵权,应承担共同侵权责任"。"明知"与"应知"所包含的主观色彩较浓,难以形成有效的法律衡量和是非判断标准。再如第22条的"合理使用"界定,"使用"一词外延和内涵宽泛,既指传统意义的复制,也包含网络拷贝、下载。

加固数字版权法律保护屏障,既要对"合理使用""个人复制"等界定进行规范,又要明晰版权相关三方的权利义务,对版权授权范围和利益分配进行有效界定。人民文学出版社与网易的贾平凹《古炉》版权纠葛,归根到底是版权授权权限模糊所导致。纷争缘于出版社认为,既然与贾平凹签订了图书出版合同,出版社便拥有该书数字版权,未经授权其他任何数字平台不得出版。作者并未授权而出版社自行再授权,此类现象并不罕见,出版社和作者签订出版合同中"使用'电子版权'、'数字化制品权'、'多媒体版权'等非法律语言,没有明确的权利种类、作品使用方式",③对数字版权的理解偏差极易滋生版权纠纷。

---

① 芝宝:《日本政府拟修改著作权法 以打击盗版电子书籍》,《中国新闻出版报》2014年3月20日第8版。
② 陈洁:《数字化时代的出版学》,北京大学出版社2014年版,第92—93页。
③ 张洪波:《数字出版产业发展亟待破解版权问题》,《中华读书报》2012年3月28日第21版。

第五章　中国数字出版商业模式构建建议

第二，集体管理：版权保护的平台。

数字版权授权难始终是困扰数字出版产业发展的瓶颈。现行著作权管理体系难以适应数字出版发展，公平合理、有效便捷的数字版权管理平台建设势在必行。2011年5月，英国伊恩·哈格里夫斯及其团队发布《数字化机遇——关于知识产权的审查报告》[①]，根据对培生教育集团、励德爱思唯尔、新闻国际公司、欧洲出版商协会等机构就版权授权缺陷的调研，指出英国数字版权交易若要实现更低成本和便捷，须依靠版权集体管理机制。在这一基础上分析了"数字版权交易平台"建设的可行度。

英国版权授权代理公司（CLA）总裁凯文认为，集体授权机制是对数字时代的有效回应。如在教育领域，网络和课堂结合的混合教育模式在英国逐步实现，教师经常在教学网站等平台上发布原创资源。获得授权的经销商或个体可通过"标题搜索"寻找或检验允许复制的作品内容。只要启动"网络转载许可"机制，经过CLA授权认证就可对会员网站作品进行复制、链接、转载。[②]

但基于会员制的版权管理框架将大量非会员的作品排除在外。除去不愿将版权交予代理机构管理的著作权人，版权市场上存在大量难以确认作者身份的"孤儿作品"。此类作品是版权管理的一大难题，无法进入以会员为核心的版权管理机制中。若是对其版权侵权行为听之任之，又不利于版权市场的良性发展。2013年英国《企业和监管改革法案》将集体管理组织的权职延伸到对非会员作品的版权授权，并规定经过"努力寻找"后依然无法确认作者身份的，可被允许授权使用，从而增加了版权管理的灵活性。[③] 凯文认为怎样的"寻找"属于"努力"范畴是比较主观和模糊的，不易考量，唯有授权简化方能催生更多更好的互联网服务。

---

① Department for Business, Innovation & Skills, *Digital Opportunity*: *A Review of Intellectual Property and Growth*, https：//www.gov.uk/government/publications，访问时间：2014年12月15日。

② Copyright Licensing Agency, CLA Annual View 2013, http：//30years.cla.co.uk，访问时间：2014年12月1日。

③ Welcome to the Copyright Hub, http：//www.worldipreview.com/article，访问时间：2014年12月3日。

目前，我国文字作品著作权的集体管理组织是中国文字著作权协会。其在进行版权集体管理时类似于英国版权授权代理公司的"会员制"，是一种自愿的管理制度。为解决作品授权难的困境，2012年3月，我国新一轮《著作权法》修订草案引入了著作权集体管理组织延伸规定，同时增加了关于"孤儿作品"授权机制的内容：其适用情形限于报纸期刊社将已经出版的报刊作品以数字化的方式复制以及其他使用者通过数字形式复制或是经由互联网向公众传播。

我国延伸性集体管理制度在推广中遇到的障碍之一是集体管理组织的责任不明和垄断倾向。根据2004年12月通过的《著作权集体管理条例》，其潜在语境是同一作品使用领域只能有一家集体管理组织。这实则为集体管理组织的权利垄断提供了方便。再加上各组织间的透明度依然不够，资源没有实现共享和交流。一旦延伸性管理全面铺开，版权所有者很难知晓其版权是被谁管理使用，容易造成版权市场混乱。

移动阅读时代不论是获取作品授权还是转移授权，都要面对庞大的版权市场，这无疑超出了权利人和使用者的控制和承受能力。版权集体管理组织对保护单一著作权人的弱势地位与维护广大著作权人和出版企业的合法权益起到了一定积极作用。2013年启动建立的英国版权集成中心（CopyrightHub），计划通过统一入口对现有版权交易和平台进行集成，对其数据库和服务进行综合，使之成为超越以往版权交易平台的真正"超级平台"，全面涵盖了"孤儿"作品、"公共领域"作品和其他权利人放弃其版权的作品。① 同时引入信任机制，提高管理平台信任系数，吸引更多著作权人加入管理系统。

第三，技术措施：数字版权保护的砝码。

实施技术措施的主体是版权人、网络服务提供商、网络内容提供商三方。技术措施进入著作权法肇始于美国，首次就技术措施征集立法意见出现于1995年美国发布的《国家信息基础设施白皮书》。英国直至2003年方着手施行欧盟《版权法指令》，进一步完善技术措施的相关法规，扩大

---

① 季芳芳、于文：《在线版权交易平台的创新趋势及评价——以英国"版权集成中心"（Copyright Hub）为例》，《编辑之友》2013年7月。

第五章　中国数字出版商业模式构建建议

技术措施及其使用范围，强调对规避技术保护措施的法律惩罚。

第一项技术是数字权限管理技术（DRM）。依托 DRM 技术可以实现对消费者数字内容阅读许可、次数、篇幅、传递的控制，对不同身份级别的用户分层管理，深刻地影响了商业模式的演变。2007 年亚马逊 Kindle 用户使用守则上明确声明不允许用户将从 Kindle 购得下载的电子书以任何形式复制给他人，同样也禁止将之拷贝至其他阅读设备；2009 年时 Amazon 对 Kindle 上电子书的使用态度发生了变化，除 Kindle 外允许用户在 Amazon 合法授权的其他服务设备上对已购得的内容无限次阅读、使用及播放；现在，Amazon 已经开放 Kindle 设备用户之间电子图书的相互借阅。表面上看，这一系列变化是亚马逊根据用户的实际使用需求调整自己的电子书营销模式，其实背后是 DRM 技术的不断进步，Amazon 从无法确保数字出版物的加密系统不被非法复制和流通，到如今 DRM 技术的内容保护措施已经达到了相当完备甚至可即时变更的程度，于是放心地允许 Kindle 之间互相借阅。[①]《数字经济法案》中引入"三振法"，主要对网络服务提供商提出技术实施要求。在 2014 年新修订的《版权法》中，尽管扩大了非商业目的的私人复制范围，但同样规定网络经销商须使用 DRM 等技术措施限制用户。进行维权或跟踪时常用到 DRM 数字版权加密保护技术。严格的技术多半会限制合法使用者使用内容的便利，因此并不受使用者欢迎，现存技术漏洞同样使网络服务提供商不满。但此技术依然是目前使用最广的版权保护平台，阿歇特图书出版集团英国分公司（Hachette Livre UK）首席执行官蒂姆·希利·哈钦森（Tim Hely Hutchinson）在 2013 年 7 月说："许多人认为 DRM 技术已经过时，但其实运用这技术为文件、电子书、音频等加密，可有效保护创作者利益和产权。"[②]

培生集团采用精简版数字权限管理技术（lite-DRM）系统，与整体

---

① 王艾：《DRM：数字出版的攻与守》，《出版广角》2012 年 7 月。
② Hachette UK Chief Exec Tells China Newspaper：We Represent Authors and Authors Deserve to Get Paid，http：//www.authorsguild.org/e-books，访问时间：2014 年 12 月 6 日。

版技术（heavy-DRM）不同，精简版放宽了下载认证权限，可一步下载，使用便捷高效。lite-DRM 的电子书，每页会有作者姓名、版权信息、水印追踪码等，以制约非法文件共享。即使用复印机、扫描仪等设备进行文本复制，也可根据标识追踪查询。其中加入数字水印，将所有内容页码特定部位打上版权标签，成为原始数据的一部分，方便发生版权纠纷时的版权确认。

我国数字出版产业融合趋势愈加显著，正以强大的兼容性和包容力使电视、广播、报纸等实现全媒体融合。如《杭州日报》创立纸媒、电脑屏、手机屏"三合一"运营方式；《解放日报》和《宁波日报》相继推出电子报纸（I-paper），成为立体、多维的新型"融"媒体。2015 年 2 月，《关于申报 2015 年度文化产业发展专项资金的通知》由财政部正式公布，国家财政重点支持内容中又增添了"推动传统媒体和新兴媒体融合发展"[①]。读者对于电子阅读的期待孕育着数字出版产业的不断更新，开发、研制国产 DRM 迫在眉睫。须有步骤、有选择覆盖 DRM，将其改良，在保证用户权限的前提下，取消对用户下载内容的设备限制，允许资源合法地在任何终端中共享。同时融入数字水印，将数字内容注册与管理技术、数字内容分段控制技术、内容交易与使用追踪技术等相兼容，不断提高 DRM 的使用弹性。

另一衍生技术是收费墙系统。在大量网络免费内容中，付费阅读以价格为门槛"筛选"出忠实读者群，虽造成传播受阻和读者流失，但也限制了电子内容转载发布权限，有效保护了版权。在英国，有近一半的电子书消费者通过全额支付获得阅读权限。[②] 随着 2009 年《卫报》率先登录苹果手机为用户提供收费阅读的新闻服务，《泰晤士报》《每日电讯报》和《太阳报》等也在网站或手机应用软件（APP）中使用收费墙系统，实现了数字报刊阅读的收费。

[①] 《魏玉山：2014 年数字出版年度报告》，中国出版网：http://www.chuban.cc/cbsd/201507/t20150715_168554.html，访问时间：2015 年 7 月 17 日。

[②] Lisa Campbell, Amazon has 79% of e-book market in UK, http://www.thebookseller.com/news，访问时间：2014 年 12 月 22 日。

第五章　中国数字出版商业模式构建建议

免费依然是我国电子阅读市场的主流,但付费阅读比例也在逐步上升。盛大云中书城、超星图书馆、淘宝电子书、京东电子刊物等平台将部分电子书标价,读者付费才可下载。全国人大常委、教科文委员主任柳斌杰表示,目前我国政府正在筹备搭建一个全功能、多合作、广领域的总平台,以强化法律层面对新闻作品知识产权的保护。① 2014年9月《使用文字作品支付报酬办法》开始生效,该规定把文字作品的付酬标准适用范围由出版扩大到数字出版,同时原创作品的基本稿酬也有所增加。同年10月,使用自媒体转发转载网络内容造成的过错行为和程度认定等问题在《利用自媒体等转载网络信息行为的过错及程度认定问题》中也有了明确的规定。② 保障创作者权利方能推动创新,才能为知识创造和传递提供良好氛围。

尽管英国国内对其版权制度改革存在各种争议,但近年的改革无疑为英国版权市场带来了信心,也为全球数字版权建设打开了亮光。全媒体时代下,我国数字版权保护急需新的制度措施对产业可持续发展予以激励,以英国为参考对象,通过法律政策、集体管理、技术措施三方面对数字版权进行建设和维护,也不失为一种有益的尝试。

3. 统一标准的数字内容管理平台建设

中科院计算所研究员惠毓明认为,数字内容资源是内容管理的具体对象,故统一的内容资源的标准体系便显得格外重要,唯此方能真正做到内容资源的共享利用。从行业的角度来看,怎样做到对数字资源的统一标识和检索,对于发展行业间的沟通和业务上的交往都非常有好处。③

第一,各出版社数据库建设标准不一,阻碍了资源的共享和再

---

① 杨学莹:《研究传播立法终结媒体管理两个尺度现象》,《大众日报》2014年11月27日第2版。
② 《魏玉山:2014年数字出版年度报告》,中国出版网:http://www.chuban.cc/cbsd/201507/t20150715_168554.html,访问时间:2015年7月17日。
③ 参见侯闯《内容+内容管理=知识资本——内容管理应用发展研讨会侧记》,《计算机世界》2003年12月1日。

度开发。

其中涉及文件格式问题，如 Adobe 系统公司的 PDF 和微软公司的 MSReader 互相争夺标准主导权。国际数字出版论坛（IDPF）Overdrive 在 2007 年 12 月宣布将 ePub（电子出版，Electronic Publication）作为新的数字出版物标准，数字发行商 Overdrive 宣布支持这种格式。新标准将允许出版商的电子图书能够为任何数字平台所阅读。不仅提高了出版商数字内容管理效率，也为消费者提高了可读性。IDPF 主席、OverDrive 的首席执行官 Steve Potash 认为，出版商开始利用新的标准格式研发交互的数字内容，能加强人们在计算机和各种移动终端上的阅读体验。Overdrive 为包括哈珀·柯林斯和哈奎企业有限公司在内的出版商提供数字下载基础服务，和微软、Adobe 系统及 Mobipocket（法国一家提供手机电子图书和移动阅读技术服务的公司）合作向大学图书馆提供电子零售方案。而且 Overdrive 相关的网络图书馆、学校和零售商都将用新的标准格式获取图书。作为 IDPF 的成员之一，VitalSource 也表示将继续与组织合作，努力扩大新标准的采用面。① 国际数字出版论坛在 2006 年召集过 Adobe 系统公司、Benetech、DAISY Consortium、电子图书技术有限公司（eBook Technologies Inc）、阿歇特书业集团、哈奎企业有限公司、iRex Technologies、Mobipocket、netLibrary、OverDrive Inc.、兰登书屋、西蒙·舒斯特和 WGBH 等 40 多家出版商、技术公司和各类组织商讨数字内容标准格式问题。

在我国各种数字内容阅读器采用的标准也是五花八门，没有形成通用的标准。如超星数字图书馆和方正阿帕比提供的阅读器只能用于各自的数字内容阅读。此外，在国内众多的 IT 技术厂商中，由于企业间缺少沟通与合作，技术资源无法得到有效整合。对标准化的要求促使我们应根据国际标准和本国标准准则，按照数字出版的专业特点，制定和完善数字出版业各项标准，以促进行业发展。在国内众多的 IT 技术厂商中，由于企业

---

① 参见 Kimberly Maul，*Overdrive Throws Support Behind .epub Format*，The Book Standstard，December 14，2007，http：//www.thebookstandard.com/bookstandard/news/author/article_display.jsp? vnu_content_id=1003685556。

第五章　中国数字出版商业模式构建建议

间缺少沟通与合作，技术资源无法得到有效整合。对标准化的要求迫使我们既要参照国际标准，又必须针对国内标准准则，结合数字出版固有的特质，制定并完善有益于我国数字出版发展的行业各项标准。[①]

第二，数字版权系统缺乏标准。

数字版权管理最明显的障碍同样在于缺少公认的标准，很多技术公司在各自的配置中加入数字版权管理软件。元数据标准是对信息交换在线网络 ONIX 的扩展，是现行的用于丰富元数据内容的国际发行标准。数字内容提供商可便捷地为数字内容运营商、数字版权管理合作伙伴提供元数据。

国际上许多标准组织和企业联盟推出的数字版权管理标准有 OMA DRM、ISMA、微软 DRM 和 Real 等标准。其中使用人数最多、影响范围最广，被公认为数字出版行业主流标准的是 OMA DRM2.2。MPEG—21 是一种多媒体结构标准，结合数字项目识别和表述，所有权数据词典、所有权表达语言标准、对内容的编码和传输有具体的标准。另一个可行的标准是 XrML（可扩展所有权标识语言，eXtensible rights Markup Lanuage），它是美国施乐公司帕拉阿图研究中心研发的一种基于 XML 语言的描述和标识语言，用途涉及数字内容的使用权利、条件、费用和电子出版形式：能凭借简洁易懂的方式定义使用权利的基本概念，提供不同环境和不同应用的信用系统的要求，标记数字内容产品（如电子书）相关信息，提供必要的元数据以及语义标签。[②] 这种语言能支持多种交易方式，能够保证数字内容在市场上的最大应用可能，并有技术上的保护机制、简单易用，被称为将来数字版权管理的行业标准。数字对象标识（DOI, Digital Object Indentifier）的编号方式系统具有很高的用户接受度，能使电子图书分章节销售。另外 ONIX、ODRL 等也是目前存在的标准格式。

第三，标准问题是行业管理的问题。

---

① 贺德方：《中外数字出版现状比较给我国出版业的启示》，《科技与出版》2006 年第 5 期。

② 参见黄晓斌、黄少宽《数字化作品版权管理与 XrML》，《图书情报知识》2003 年第 4 期。

标准问题是长期困扰数字内容产业发展的难题，实质上这已不单是技术问题，而是行业管理以及利益分割问题，需要出版业依靠自身规定加强管理、统一规范加以解决。只有标准化的数据实现共享，才能实现理论上数字内容的规模效应。元数据、作品格式等诸多技术环节需要统一标准。规范行业准则是当前数字内容产业的迫切需要。这诸多措施均需要出版行业协会来实施，或是民间的行业协会机构来协调各出版社及动员各方力量以实现。

数字出版业需要推广和实施国际化标准。要与国际同行互相了解合作，也必须遵循一系列国际化的技术规范和标准，从而进一步推进中国数字出版的国际化进程，并在此基础上培育安全信用机制，加强版权保护意识建设，为我国的数字出版国际化道路打下稳固的法制和理论基础。从行业角度要对数字出版产业的发展提供必要的技术支持和系统维护，加大信息条件下版权保护技术的投入和研发力度，不断更新技术手段，减少操作难度，降低生产成本，完善内容传播方式，提高侵权成本。利用现有的或自发成立的行业协会来实现行业的数字内容管理。像上文提及的国际数字出版论坛（IDPF）是致力于数字出版发展的商业性标准化组织。这一组织致力于提升数字出版应用和产品研发，组织成员包括出版社、杂志社、报社、书商、软件开发商、作者和其他对数字阅读感兴趣的团体。[①] 2014年12月"中国数字出版联盟"正式成立，其成员除为首的人民出版社之外，还包括人民邮电出版社、商务印书馆等共60多家出版社，在经过反复讨论、研究、统一后《图书数据库产品评价标准》正式出炉，以促进联盟内部资源整合。[②] 在发展过程中可借鉴其他行业的意见和想法，比如可借鉴图书馆界的经验，因为图书馆界的数字图书馆发展历史相对较长，积累了不少经验教训。

---

① International Digital Publishing Forum，http：//www.idpf.org/about.html.
② 高笛：《抱团，为了共同的"话语权"——60余家出版单位成立"中国数字出版联盟"》，《出版人》2015年第2期。

第五章　中国数字出版商业模式构建建议

三　政府应对内容融合的管理融合

　　散见于出版社内部的非结构化数字内容，需要用数字内容管理平台去整合包装，建立行业性的数字版权管理系统更是为数字内容的进一步整合提供了条件。政府层面对数字内容的管理，主要体现在立法、行政两大方面以及保证充分发挥行业协会的作用，另外还要针对新兴产业变化需求调整管理部门。

　　随着多个领域、多种形态的内容逐渐融合，出版业、电信业和互联网等不同产业之间不断融合，相应地便需要一个与之配套的整合的管理平台。我国目前的管理体制是在传统体制基础之上发展而来的条块式、行业性的管理，而面对新兴起的数字内容的管理还缺乏成形的经验，往往出现或是多头管理或是无人认领的极端现象。应对这种内容融合，显然需要在管理层面加强融合。

1. 内容融合引发管理融合

（1）数字内容新业态带来政府监管新难题

　　数字内容复制的低成本、传播的高速度以及阅读方式与渠道的多样化都给数字内容的监管带来了新难题。第一，数字内容管理相关法律法规滞后，数字内容的版权保护不力，已成为行业发展的瓶颈。就技术而言，未加密的数字内容能在大量用户之间精确、逼真地传输复制。另外，数字内容运营商版权保护意识淡薄，用户更是习惯了互联网的免费和共享，任意转发免费下载的数字内容。第二，数字内容的完整产业链尚未通畅，无法实现对全局的高效监督管理。产业链上游的数字内容提供商对此产业态度不一，中游的网络运营商整理供应的数据存在相似性，下游的用户未能形成自主性消费。第三，缺乏数字内容管理人才。相关管理部门缺乏既熟识产业又深谙管理之道的复合型人才。第四，数字内容的发行变得更加个性化、便捷化,阅读形式愈发多样化,这无疑对内容监管增加了挑战,原来我国以媒介的不同形态作为区分标准来构建管理主体、受管对象的行政管理体系越来越难以把控具体实践。例如,在报刊管理上有属地管理职责,而在数字报业的发展中,报纸内容也逐渐与图书出版、期刊内容融合,以地区、媒介形态来划分管理已跟不上内容的发展速度。第五,目前国内数字内容运营缺少有效的监督管理机制,尤其是没有公共信誉度高的第三方监控,唯有依赖运营方自身诚信经营,许多如包括点击率在内的销售数据无法公开透明,而它们往往直接关乎内容所产生利益的最终分配,使得很多作者对是否授权网络出版心存疑虑[1],这些都是亟待解决的问题。

(2) 政府部门数字内容管理是做好政府监管的基础

在技术日新月异之时,政府部门传统的管理模式已无法满足民众对大量信息的需求。数字化政府经过因特网或移动渠道,实现一周7天每天24小时的虚拟政府在线。这就需要在数字化政府里落实和执行新的技术和商业模式。[2] 数字内容管理系统已应用于生产与管理之中,数字化政府不仅要同样运用数字技术来提高自身效率,还要在立法、行政等方面采取切实措施,助力数字内容产业发展。

政府本身所拥有的数字内容是相当丰富的,但是散见于各部门之中,亟待加强管理。政府的数字内容是为人们提供查询使用的,在所有出版类型里,越是参考性、资料性的内容,数字化进程越快,如百科全书、年鉴、统计资料等,于是对政府数字内容的管理也逐渐提上日程。政府数字内容管理同样需要考虑哪些内容适合用数字化的形式出版,数字内容如何为民众服务,如何利用新技术手段提高管理水平等相关问题。

通过数字内容管理来带动政府的创新服务。政府部门本身数字内容管理包括提供国民信息服务网络化、服务申办自动化、信息应用全民化的创

---

[1] 魏晓薇:《开创新闻出版新业态》,《中国新闻出版报》2007年7月17日第8版。

[2] Mariemma I. Yague, "The Digital Informaiton War", *Online Information Review*, Vol. 31, No. 1, 2007. pp. 5 – 9.

第五章　中国数字出版商业模式构建建议

新服务等内容。数字化政府的转型,通过加强政府的服务功能,使政府达到服务现代化、管理知识化。

(3) 实施融合管理,加强对出版领域的数字内容创作、生产、流通等各行为体的管理

为进一步加强产业融合,标准和管理是需要重点突破的问题。曾经带来良好社会效益和经济效益的传统内容纵向一体化管理体系,在当前的实践之中显出明显的不足。赵子忠在论述数字内容产业之时曾提道:"很多行业过去依托的技术,保障了纵向一体化的可能性,但是,'融合'却打破了传统纵向一体化的技术基础,导致管理制度需要反思和调整。数字内容产业是一个大的产业集群,涉及多个细分行业,有传统的,也有新兴的。数字内容产品生产、交易、传输、技术支持、服务支持等多个环节也需要重新架构。因此,针对数字内容产业的政策及监管需要多个部门的配合与协调,在行业规范和政策制定方面,更是要打破藩篱,全面兼顾。"[①]

政府设立数字出版专业监管机构,选取有利版权保护和产业发展的技术标准加以推进,加强对数字出版产业进行监管,规范产业发展,为数字出版技术开发指引方向,制定有利于版权保护和产业发展的政策法规,营造良好氛围。在具体管理之中,可从数字内容创作、生产和流通等各行为体切入实施管理。针对数字内容创作者、数字内容的提供者和终端用户等不同主体,采取不同的管理方式。数字内容提供者分为组织和个人,如是前者可按照原有管理方式对其进入资格进行审查,采用登记准入制度申请登记准入资格,后者则须对其提供内容的工具平台实施管理,并以法律手段以辅助,通过信用机制、评价机制的建立来约束各行为体的行为。对于数字内容终端用户,除了法律制约和自律之外,还可施行分级管理制度,在技术层面上对内容进行过滤。

[①] 赵子忠:《三网融合时代数字内容产业加速崛起》,《通信信息报》2007年8月1日。

2. 管理融合在立法、行政等方面的具体实施

（1）加强数字内容管理相关的法律法规建设和执行

借鉴国际互联网"少干预、重自律"的管理思路，政府对数字内容的管理，需要强化服务者的意识，着重发挥政府的服务和协调职能，以行业自理为主，政府部门强制为辅，实现政府和行业的协同管理。政府部门主要制定相关法规及政策导向，而具体的实施细则由行业协会等组织来制定。

在数字内容研发过程中，在制作素材、制作开发、产品、入口网站、营销和应用等各环节均会涉及知识产权的保护问题。德国于1997年颁布了《信息与通信服务法》，此法案严格控制了经由互联网输出的有关宣扬种族主义及色情的内容。新加坡、韩国、法国等国家都颁布了限制互联网内容的相关法律，如新加坡的《互联网行为准则》规定禁止传播与公共利益、公共道德、公共安全等相违背的内容，与此同时，《诽谤法》《煽动法》等中也有一些规定对互联网管理同样具有效力。再如法国相关法律规定了互联网服务供应商在向用户提供网络服务时，必须同时向其介绍、推荐安全的内容过滤软件。我国针对数字出版管理和规范的主要法律法规有《出版管理条例》《音像制品管理条例》《电子出版物出版管理规定》《信息网络传播权保护条例》和《互联网出版管理暂行规定》等。2002年8月1日，《互联网出版管理暂行规定》正式生效，界定了互联网出版机构并详细说明了互联网出版机构的准入资格。该暂行规定主要从行为主体上进行管理，加大对数字内容知识产权的保护力度。2006年7月1日，国务院颁布了《信息网络传播权保护条例》，对合理使用、法定许可、避风港原则和版权管理技术等做出了规定，著作权人、网络服务商、图书馆、读者的各自权益得到了明确的划分。2013年3月国务院修订了《中华人民共和国著作权法实施条例》《信息网络传播保护条例》和《计算机软件保护条例》，加大了处罚力度。另外，数字内容传播之前需要对其定价。以往IP授权的方式是实行买断制，需要支付巨额权利金，目前对数字内容倾

第五章　中国数字出版商业模式构建建议

向于采用会员制的收费方式。对于不容易拆开计算的 webcasters 服务，美国司法委员会（Judiciary Committee）提出的网络收费法案，建议每千人串流，收取 webcasters 0.7 美分。① 关于如何定价及多样的收费方式同样需要规范。与此同时，在制定相关法律法规的同时，加大执法力度同样是至关重要的。

（2）加强数字内容的行政管理工作

数字内容有关行政管理部门应成立信用评估专职机构，定期公开数字内容提供商、运营商等各相关企业的信用记录，在公开曝光的压力下保证数字内容的制作质量和合法传播。

另外，政府部门应借鉴国外的有关做法，实施数字内容过滤和分级政策。日本总务省和 NEC 合作开发了一套用于堵截淫秽、暴力、犯罪等违法网站的过滤系统。美国华盛顿市内的全部公立中学的电脑都与本市的教育委员会联网，教育委员会通过远程网络对学生的上网内容进行监督管理。新加坡政府更是列明了必须禁止和过滤的关键词、网站，强制封堵违禁内容。欧盟则在保证网民对信息自由选择与接收权益的原则下，通过技术手段强化过滤软件的实际效果，妥善处理上网过程中可能出现的违法内容。

（3）发挥行业自律的作用

政府部门对数字内容产业进行的监管是有限的，更多的管理任务要由行业和民间组织来承担。如此一来可减少管理成本，提高管理效率。如政府联合行业力量建立数字内容版权管理平台，在为数字内容分发提供服务时实现有效监管。由于行业协会能切身代表行业的利益，在政府、其他行业及国外同行之间协调，能保证本行业的利益。行业协会还能作为政府和出版业之间的沟通平台，不断推动出版业加强自律，加强行业自身约束能力，为行业内厂商提供交流和合作的机会。

英国早在 1996 年 9 月便成立了网络观察基金会（IWF）作为行业的

---

① 叶玟妤：《数位内容照过来》，台北元照出版公司 2006 年版，第 230 页。

自律组成以实现对互联网内容的自管理,该组织具有政企参半的性质,政府方面包括英国贸工部、内政部以及城市警察,社会企业方面则主要是网络服务商,网络警察的加入是为了应对日渐增多的网络犯罪活动。英国这种政府与社会合作监管互联网内容的模式,体现了其"监督而非监控"的原则。为鼓励运营商自律,该组织在 1996 年 9 月协同两大 ISP 协会网络提供者协会、伦敦网络协会联合发布了《安全网络:分级、检举、责任》文件,简称 R3。随后 50 家 ISP 运营商组建了 ISP 运营商协会(ISPA),并起草了用于运营商自律的行业规范,主要内容涵盖对新科技使用的鼓励、辅助教师和家长认识新科技、ISP 对内容合法性的相应责任等。在亚欧大陆的另一端,日本自律性组织成员包括软件开发商、ISP 运营商和消费者代表,采用分级管理的方式,该行业自律组织起先由日本政府的媒体管理部门牵头组建,至其能够自运作后自行退出,将之交由社会力量掌控,实现民间自主自发对互联网传播内容的监督与约束。①

民间的组织一般负责数字内容开发投资业务、协调开发者、对数字内容产业实施调查研究与咨询等。例如 1998 年 3 月,日本经济产业省研究成立日本数字内容株式会社(Japan Digital Contents,INC.,JDC),营业项目是提供创意制作计划必要的资金调度、规划营销策略与有效的版权管理系统。另外成立多媒体需求部门,开展投资以及提供资源给新兴的数字内容产业。该公司在 2005 年 6 月 13 日更名为日本数字内容株式会社信托(Japan Digital Contents Trust,INC.,JDC Trust)。为了给中国台湾地区数字内容产业发展创造良好的营销环境、配套措施,2003 年 6 月,产、学、研各界努力建立了台湾数字内容发展协会(CDCA)。协会目标主要是迅速整合各方力量,为数字内容产业建立良好的经营环境,拓展数字内容产业本土与海外市场渠道,以策略联盟的方式有效增加营销能见度及实质报酬。另外,数字文化创意发展协会还致力于协助当局规划及推动文化创意与数字内容产业发展,推广数字内容版权保护

---

① 王雪飞、张一农、秦军:《国外互联网管理经验分析》,《现代电信科技》2007 年第 5 期。

第五章　中国数字出版商业模式构建建议

的观念及机制，建立数字内容的交易机制，培育数字内容发展所需人才。①

国内的行业自律性协会也已初见端倪，例如 2008 年成立的"标准出版机构自律维权发展联盟"是由包括中国标准出版社、人民邮电出版社和中国建筑工业出版社在内的共 16 家出版社自行组织完成的。此外，"中国数字出版联盟"由国内 60 多家出版社于 2014 年 12 月组建，其目标是数字化出版大时代中，通过"抱团取暖"的方式为传统出版社争取共同的话语权。② 由各自为战到团结一致，是出版行业在自律维权发展方面的新气象。

（4）推动建构数字内容管理平台

数字内容交易平台涉及数字内容交易系统架构、数字资源识别码的登记机制和数字版权管理问题。日本在东京大学安田教授的建议下，成立了 cIDf（Content ID Forum）组织，致力于数字内容流通平台机制及相关技术的研发。③ 经过日本官、商、学界各方努力，其建构的数字内容管理平台分别有系统、版权、相关权利、收费及交易和内容等层级。

根据图 5—4 所示，系统层涉及电子版权机构、数字内容存储和管理中心、数字内容处理中心以及财务处理中心；版权层主要是有关原著作者、编辑、综合运营商和发行商及消费者等各角色之间的关系；内容层包括创作、内容数字化和发行许可等要素；交易结算层则构建了原著作者、综合运营商、发行商等各角色之间的付费渠道。cIDf 尝试建立一个能使文档、音频和视频等各种数字内容流通的平台，主要由认证机关、CID（Content ID）发行中心、版权库及账务处理系统等部分组成。CID 是此流通平台中非常重要的部分，由各数字内容提供商或服务商在各自的数字内容管理平台上发出，在每一个数字内容的标题或是电子水印内建立唯一

---

① 《数位文化创意协会章程》，http：//aps.csie.ntu.edu.tw/dcca/goal.html。

② 高笛：《抱团，为了共同的"话语权"——60 余家出版单位成立"中国数字出版联盟"》，《出版人》2015 年第 2 期。

③ Content ID Forum，*cIDf Specification 2.0*，http：//www.npo-ba.org/cid/cIDfSpecV2R11E.pdf。

的 CID。CID 处理示例图显示，作者创作内容之后，到数字内容处理中心注册，建立唯一的 CID，然后授权给运营商、发行商，经过加工后由数字内容发布中心传递给消费者。与此同时，内容在数字内容处理中心注册之后，将有关发行属性和数字内容属性的信息储存至数字内容存储和管理中心。

A. 系统层

电子版权机构 ↔ 数字内容存储、管理中心 ↔ 数字内容处理中心 ↔ 财务处理中心

B. 版权层

原著作者 → 编辑 / 版权拥有者（出版商）→ 综合运营商 → 发行商 → 消费者

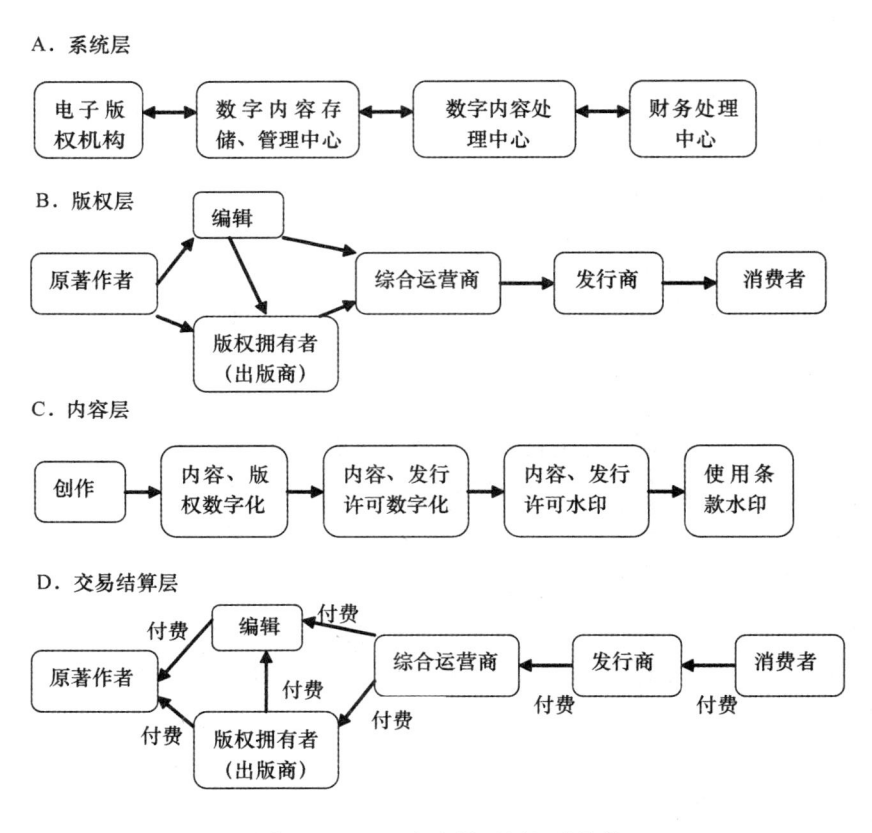

C. 内容层

创作 → 内容、版权数字化 → 内容、发行许可数字化 → 内容、发行许可水印 → 使用条款水印

D. 交易结算层

原著作者 ← 付费 ← 编辑 ← 付费 ← 综合运营商 ← 付费 ← 发行商 ← 付费 ← 消费者；版权拥有者（出版商）← 付费

图 5—4　cIDf 参考模型层级结构[①]

---

①　Content ID Forum，*cIDf Specification 2.0*，http：//www.npo-ba.org/cid/cIDfSpecV2R11E.pdf.

第五章　中国数字出版商业模式构建建议

3. 数字内容管理和服务结合模式

（1）对数字内容实行分级管理，实现有效监管

应对内容融合的管理融合是政府相关管理部门须突破的重点，与此同时，要吸取英美等国的先进管理经验，全面发展适用于我国的数字内容管理和服务结合模式。这种模式需要体现公众利益，须对数字内容实行分级管理、有效监管。政府是目前世界上最大的信息制造者和生产者，欧美国家政府并没有将出版社视作完全的盈利性组织，尽管媒体中展现的经常是大量正面的外部经济效果，但仍坚持将社会属性最大化。即使在商业气息浓厚的美国，在数字内容的管理方面仍坚持公众利益原则。因而"政府需要花费更多的时间和精力探索基于网络的技术和系统。例如，他们可以建立大型实验基金，用来支持技术研发，为数字出版做科学研究，尝试改变出版物结构和付费体系，支持公众感兴趣的议题政策，要在技术、财政和政策导向等各领域提供支持"。[①]

搭建数字出版内容服务平台，使数字出版产业链各主体在协议充分的基础上互享产品销售渠道，丰富产品种类，提供版权服务，促进版权交易密切合作，满足读者以最小的成本来不断获取新书版权的需求，为受众提供更全面丰富的服务，促进文化传播的顺畅和繁荣。数字出版平台是一个集资源、服务、信息和孵化为一体的专业而市场的全方位服务平台，与单一的内容产品相较而言更适于完整的商业模式。进而产业链上游的内容提供商，中游的技术提供商、网络运营商、平台服务商以及下游的设备供应商、产品销售商可以展开资金、技术、内容和营销等多方面的深度合作，实现优势互补，互利共赢。从而使得内容资源得以有效利用，实现"一次制作，多次使用"，全媒体、多渠道、跨行业和广受众地传播优质的数字

---

① Philip Doty, Ann P. Bishop, "The National Informaiton Infrastructure and Electonic Publishing: A Reflective Essay", *Journal of American Scociety for Informaiton Science*, 1994, 45 (10): pp. 785 - 799.

内容，有助于孵化出真正适合我国且长久稳定的数字出版产业的商业模式。例如，出版社可以选择一部分代表性出版物内容投放到平台发布，甚至优先于实体书的首发。出版社依据初步市场中用户的订阅数量和读者反馈，灵活调整纸质图书的营销策略。这种方法，不仅可以避免传统出版中经常面临的图书库存难题，而且可以获得当前市场对图书的需求信息，有针对性地调整出版计划。开展数字出版平台建设，可以支持和鼓励传统出版社及数字出版产业链条中的各环节积极整合资源，并根据已有的资源，实现基于平台的数字出版，作者、出版社、读者之间能够便捷、自由、流畅地交流互动，在此基础上摸索出最符合实际的商业模式。数字内容管理之中还有一些具有中国特色的问题，如重大选题备案、扫黄打非等。相关部门可尝试建立专家数据库，研发内容在线审读平台，通过标注疑似内容供专家判断的形式实现内容过滤，还可拓展跟踪选题进程的功能，将各重大选题纳入管理系统。高等教育出版社的中国学术前沿期刊网稿件在线处理系统采用专家通过实名注册在线完成学术稿件审评的方式，就是类似原理。

（2）大力加强数字版权的保护，增强为数字内容产业服务的意识

早在 2007 年，国家版权局便开始着手建立数字版权监管认证平台，为著作权管理部门提供有力的版权监管、联合办公和违法打击等支持，囊括了版权日常业务协作平台、版权案件管理系统以及版权盗版举报管理系统。三位一体的数字版权监管认证平台让国家版权局和各地方管理部门之间的信息得以共享，办公得以协作，还能够与社会管理与公共服务相关联，根本目的在于更好地服务于版权所有者，维护数字出版行业的法律公平正义。"作品保管"是中国版权保护中心 2014 年发布的一项线上、自助版权服务，该服务以自主研发的数字版权唯一标识（DCI）为技术支持，能够在无相反证明下具备初阶证据效力，大大简化了数字版权登记的复杂流程，构建起版权全流程、全生命周期的公共服务体系。[①]

---

① 方圆：《创版权管理服务结合新模式》，《中国新闻出版报》2007 年 12 月 10 日第 7 版。

第五章　中国数字出版商业模式构建建议

（3）数字内容管理和服务相结合的模式离不开人才的引进和培养

内容创意是数字内容产业的核心所在，内容创意离不开技术创新和管理创新，提升这些创新能力的关键在于人才。现在国内的大部分传统出版社中，通吃市场营销管理和数字出版技术的高素质人才稀缺，数字内容产品的研发缓慢，使得其与以技术见长的数字出版企业之间的差距进一步拉大。[1] 对于政府而言，需要引进以及培养既懂出版业务又懂管理和具有开阔视野的复合人才。

（4）着力于信息产业的综合研究和分析，促进实现跨媒体出版

我国数字出版重点工程中，中华字库工程旨在全面整理包括我国少数民族在内的汉字资源，国家知识资源数据库工程的目标是使检索服务能够突破各平台库的限定，做到跨平台跨资源库收集信息，针对复合出版技术标准不统一所进行的项目是国家数字复合出版系统，网络内容无序、非法复制传播的乱象则有望借数字版权保护技术研发工程项目得到改善，以通过对知识产权的尊重和保护激发创新。国家复合出版系统的研发预示着数字技术将会在出版业引发新一轮的深入使用和推广浪潮，将从根本上改变作者的创作、阅读方式及出版方式，这需要从体制层面上做出相应的配套改革，并规范新型的出版与市场形态。"十二五"期间，电子书包及配套资源数字化工程旨在以多功能电子书包、互动教学、多媒体教学推动建立数字化的教育出版体系。《中国大百科全书》数字化工程旨在建立标准一致、信息分类不同的 20 种数据库集群，建成"《中国大百科全书》数字化知识服务系统"。少数民族文化数字出版促进工程则要进一步开掘少数民族文化中的内容资源。

（5）对数字内容的管理须有整体性的规划和研究

数字出版除了设计内容产品的生产、流通外，还需要技术、服务等部分的支持，后者是整个内容产业中的有机组成部分。这是一种新型的出版

---

[1] 魏晓薇：《开创新闻出版新业态》，《中国新闻出版报》2007 年 7 月 17 日。

形态，2008年原新闻出版总署进行机构调整，专门设立新的科技与数字出版司、出版产业发展司等以管理日渐蓬勃的数字出版产业，但是一方面各管理部门都是根据自身权限制定相关的规范和政策；另一方面却在总体上缺乏对数字出版产业的整体把握。数字内容的管理涉及各个相关部门，不是新闻出版管理一个系统能够解决的。在管理融合的基础之上，需协商制定信息内容分级标准，通过立法措施来加以推广，并加大专项资金投入建设信息内容安全经费保障体系，保护知识产权，为数字内容产业发展创造良好的政策环境。

政府是数字内容产业的有力推动者。数字内容产业项目在上海市徐汇区被政府定为区域发展的重中之重，其优势在于囊括了包括徐汇软件基地、上海数字娱乐中心在内的大量高科技资源，通过打造信息资源开发利用公共服务平台等载体建设，推进数字内容制作、运行和培训等三大产业，引领数字内容产业的发展。① 此外，政府相继出台了一系列扶持政策：如国务院发布的《关于促进信息消费扩大内需的若干意见》（2013年8月）、《人民日报》刊登的《加快推动传统媒体和新兴媒体融合发展》（2014年4月）、国家新闻出版广电总局印发的《"2014年新闻出版改革发展八项工作要点"的通知》（2014年4月）、中央全面深化改革领导小组的《关于推动传统媒体和新兴媒体融合发展的指导意见》（2014年8月）。② 国外许多国家政府也十分注重对数字出版产业的培养。例如日本设立知识产权战略本部（Intellectual Property Policy Headquaters），并公布了《知识产权创造、保护及运用推进计划》，其中涉及保护版权制度，加强赔偿侵权损失制度，欲以健全对知识产权的侵权行为的刑事惩罚措施保护知识产权。③

---

① 张洁、王春：《共同打造数字内容产业》，《科技日报》2005年12月31日。
② 汤雪梅、李薇：《融合带动发展——2014年我国数字出版回望》，《出版广角》2015年1月。
③ 唐德权：《深度精耕——日本软件企业精义解读》，清华大学出版社2004年版，第314页。

第五章 中国数字出版商业模式构建建议

（6）数字内容的管理需尊重数字内容的特殊规律，相关管理部门须打破条块分割限制

喻国明曾说："内容产业的核心产品是内容，从中国传媒业的现实发展态势看，我们在作为核心产品的内容打造方面的空间已极为有限，现在的媒介产业的发展重心应该向着形式产品和延伸产品转移。"① 目前政府管理组织结构仍是按照传统的出版介质划分，事实上应按照出版流程的不同来组织结构。相关管理部门设置应按照内容生产流程管理，突破媒介形态划分，如出版业数字内容生产管理司、流通司等，而不是图书司、音像电子与网络发行司等按照介质区分来规定部门名称。

建立数字内容产业基地是政府通过整体规划管理推动区域数字出版产业整合发展的有力举措。杭州国家数字出版基地暨中国移动手机出版园区、人民书店数字出版园区和杭报数字出版园区等八个功能园区，于2012年4月开始运营，2015年3月上城园区也正式挂牌。杭州市是阿里巴巴、淘宝的发源地，浙江民营资本雄厚，并有动漫基地、中国美院、浙江大学为依托，同时还可利用聚集于此的文人墨客丰富的创意资源。杭州基地独创性地把城市作为单位，在基地带动下，电信天翼阅读基地、移动和阅读基地、华数传媒等的发展有目共睹。② 但是需要注意的是，虽然近年在各地政府的大力支持下，中国特色的数字出版基地纷纷建立，但这些基地实则是数字内容产业基地，即常见的文化创意产业基地，是一个文化产业范畴的大概念，相对于传统出版的数字出版只是其中的一隅。之所以出现这样的情况，是因为当前数字出版还没有找到真正的发展核心，或是这个领域还很小，只能通过各种产业之间的融合和推动来刺激本业的进一步成熟和完善。而今数字出版基地纷纷采用同一模式，划出几个园区、征几千亩地，将所有的文化创意产业集中安置。基地在招商引资的同时，要考虑与出版业紧密结合的实际项目，更要思考数字出版基地的本义。③ 在

---

① 喻国明：《2007年：中国传媒产业的三种转型》，《传媒观察》2007年第9期。
② 白玫：《杭州国家数字出版基地 汇集一个城市的力量》，《出版商务周报》2012年2月14日。
③ 陈洁：《2008年数字出版新趋势与新探思》，《出版参考》2009年1月上旬刊。

这方面，江苏基地的电子书包、天津的云计算服务、杭州的内容投放平台都是值得借鉴的特色化建设经验。

目前我国数字出版产业还存在一些亟待解决的问题，阻滞着传统出版向数字出版的快速转型升级，例如产业链整合、行业标准统一、技术壁垒、版权保护、可行商业模式和内容监督管理等难题。针对这些态势，政府应推动数字出版人才、内容监管等方面，加强资源整合，可采取的具体措施有：加快第三代移动通信（4G）技术和三网融合；推广数字化教育和教学管理；提升全民使用数字化产品及数字内容流通工具的能力；培养数字内容研发人才；促进电子商务平台建设；加强数字内容消费信用保障机制。

4. 守正创新构建我国数字出版产业新业态

总之，本书从我国数字出版产业面临的问题入手，从渠道、商业模式、版权和人才等方面提出了一些发展对策和建议。

（1）整合分散渠道，规范行业秩序，逐步形成健康有序可持续的数字出版发展环境

数字出版拓宽了信息传播的渠道，渠道在产业链中承担起重要角色，一个通畅的渠道意味着一条完整的产业链，上游、中游和下游数字出版商有效分工、高度协作，可以说，渠道的畅通与否决定了数字出版产业的兴衰。在中国，以京东商城、当当网、卓越亚马逊为典型代表的网络服务提供商几乎掌握了出版网络渠道的话语权，而传统出版单位在实体渠道的铺设上显得力不从心，双方经常陷入价格竞争的恶性循环中，致使图书出版形成了消费者从低价中受益而出版商却在价格战中大伤元气的两极分化现象。

数字出版行业要发挥最大效应，必然要将分散的渠道进行整合，自主或联合其他出版社研发数字内容库、全面建立和使用数字内容管理平台。随着出版业、电信业、互联网等不同产业间的融合，需要建立拥有版权管理、内容制作和财务支付等系统的管理平台。拥有强大用户流量的电信运

第五章　中国数字出版商业模式构建建议

营、掌握核心内容资源的出版商、培养用户消费习惯与忠实度的网络服务提供商以及注重技术开发和产品研制的技术商四者之间将形成一个完整的产业链，打破当前断裂和各自为政的局面，在分工明确的基础上，提高专业化程度，提供优质的数字出版资源和服务，实现共赢。目前，已有不少出版单位在积极探索渠道的整合模式，以更好地推送内容，但要真正形成气候，尚需一定的时日和更多的实践。

数字出版当前无序的竞争状态也是行业不规范的表现，近几年，国家新闻主管部门已经出台多项规定，从工程建设、标准体系建设、基地建设、产业政策等各个方面来规范市场，引导行业走上良性竞争与可持续发展的轨道。而困扰已久的恶性竞争依然存在，损害了行业整体利益，版权保护问题也尚未得到解决，盗版现象仍是国内数字出版的最大"天敌"，因此，政府和主管部门要将健全出版法制建设作为繁荣出版市场的重要举措，加快立法，加强执法，建设一个有法可依、有章可循的市场环境，是实现数字出版行业稳定持久发展的关键。

（2）引入优质出版资源，探索有效商业模式，不断提高行业水平和自主创新能力

单纯的内容制造已经不能支持出版业的持续发展，在内容之上赋予高附加值使之成为优质应用产品，乃是现今出版商业模式的关键所在。但是就当下的状况而言，国内大多数出版商的经营策略，仍是以售卖单一的内容为主，内容附加值得不到全面有效的开发，产值效益不明显，同时普遍呈现碎片化、低端化和娱乐化的特征，无法承担传承经典的重任，也让数字出版饱受诟病。因此，探索有效的商业模式，不断增强自主创新能力，提高优秀文化的传播力度，是国内数字出版产业尽快改变尴尬现状的必要途径。让更多更优质的内容进入市场，培养读者深度阅读的习惯，引领良好的阅读风气，既为数字出版正名，又创造了经济文化双重价值，这就需要掌握优质资源的传统出版社以更开放和主动的姿态进军数字出版业，发挥核心优势，积极探寻传统出版和数字出版融合的渠道，在新一轮的市场冲击之中赢得主动地位。

长久且稳定的商业模式一直是摆在中国数字出版商面前的最大难题，

也是业界人士探讨最多的话题之一，它决定着中国数字出版的现实发展和未来走向。目前图书领域较为可行的商业模式有付费阅读与下载、版权运营与衍生价值开发、数字产品和网络图书馆等，但对于大多数数字出版商而言，上述模式并不成熟，因此要形成持久稳定的盈利就有困难。豆瓣阅读、多看阅读等国内新兴数字出版平台的上线，为产业带来了新的盈利点和参照，这种以读者需求为导向、以优质内容资源为核心、以人性化用户体验为支撑的出版模式可为国内数字出版商提供新的启示。另外，借鉴国外成功的出版模式，如自助出版、云出版等，探寻和比较适合我国国情和行业现状的商业模式，增强行业自主创新能力，将有益于提升行业的整体发展水平。

（3）搭建国际化出版平台，推动数字出版基地建设，做大做强数字出版产业

数字出版在中国历经十几年的发展，已经粗具规模，产业形态逐渐明晰，从具体表征来看，各地数字出版基地的先后建立，上市出版集团的数字化探索和转型以及民营资本对数字产业的支持等，都预示着产业和效益的不断扩大。《数字出版"十二五"时期发展规划》提出"积极实施数字出版'走出去'战略"要提高中国出版企业的国际竞争力和中国文化的国际影响力。然而，与国外大型数字出版商和完整的产业格局相比，国内的数字出版还处于弱势地位，实力与规模有很大的提升空间。我国需要创造条件，实施出版走出去战略，搭建国际化的出版平台，让国内出版商在世界出版舞台上与国际一流的出版集团开展合作与竞争，增强华文出版在国际上的影响力，同时引入先进的出版理念和出版模式，在学习和共享中为自身发展注入新的生机活力。国际化的战略还意味着更多的机会与更广阔的市场空间，数字出版企业"走出去"有利于实现多元化经验和专业化发展的双重目标，也是实现做大做强行业的需要。加快数字出版战略部署，推进数字出版基地建设工作，对于已经获批的出版基地，要合理规划，提供配套设施和优惠政策，吸引不同企业入驻，善于发挥集聚化效应，完善企业之间的功能联系，从而形成高效的产业链，创造更多收益。对于有条件的地区，鼓励自主建立省、市级的数字出版基地，加大对数字出版产业

第五章 中国数字出版商业模式构建建议

的扶持力度,调动社会资源,营造出优秀的产业生态环境以促进数字出版整体进步。

(4)培育数字出版师资力量,完善人才孵化机制,建立一支高素质的复合型出版人才队伍

人才是行业发展的动力和源泉,决定着行业未来的走向,加快培养数字出版人才,充实人才队伍,将人才力、科技力转化为生产力,既是现代出版产业的必然态势,又是繁荣数字出版行业的必由之路。与数字出版市场的不断扩张形成鲜明对比的是,我国优秀的数字出版人才存在巨大缺口,人力资源匮乏是我国出版业不可忽视的短板,很大程度上制约了行业的发展速度和发展潜力。

当下急需大量既深谙传统出版业务,又具有出色的计算机应用能力,同时通晓现代市场营销的复合结构人才。这一要求实质上反映了新的出版行业对新型人才的渴求与呼唤,旧的产业人员已经难以胜任日益信息化的产业形势,唯有不断提升媒介素养,才能加强职业竞争力。一方面,国内从事数字出版教育的专职教师尤其是既具备理论修养又有丰富实践经验的高水平研究人员匮乏,许多编辑出版学教师是从其他行业、专业改行而来,不能很好地胜任编辑出版学甚至是综合性极强的数字出版教学工作。这就启示我们要放宽高校的人才引进机制,灵活办学,吸纳更多的优秀的数字出版工作者。同时,逐步改变各地区各高校的教学资源错位和不相匹配的现状,在全国范围内实现对出版教学资源的合理分配和有效流动,扩大受益面。另一方面,提高继续教育在人才培养环节中的比重,在校内优化编辑出版教学课程设置,注重学生理论与产业实践的结合,校外加大出版在职教育和在职培训的力度,让出版从业者在第一线岗位上继续学习,不断提高工作技能和业务水平,加快数字化转型的脚步。

结　语

移动阅读颠覆出版业未来

一

《今日美国报》上曾刊登了一幅漫画，内容是在消费电器展上的两个孩子。其中一个小孩儿拿着装帧精美、厚重的纸质版《劫后英雄传》，欢喜地宣告"这是祖父送给我的礼品"，而另一个小孩儿则在一边疑惑地问道："太棒了！但是该如何开机？"略微夸张的对话体现着作者的幽默气质，然而这在不久的将来也许会成为普遍情形，作者的讽刺与暗示也无不表明生活中正在酝酿发酵的关乎未来阅读的深刻变化。埃森哲调查报告显示，越来越多的人使用多功能电子设备，40%的平板设备使用者明确表示不再使用单一功能的设备。①

在至少5000年的人类阅读史上，每当伴随着技术进步而出现全新的阅读载体与读者时，阅读的形态、方式、意义都将被重新诠释、构建。用不了多久，全世界的人就会更多地接触移动终端而不是图书。

出版随着人类历史、科技发展而演变，与人类社会彼此独立又相互联系。图书、出版和阅读，这些概念是人类积累了数千年的文明承载，在当

---

①　《比操作系统更重要的是?》，《第一财经周刊》2013年第8期。

结语　移动阅读颠覆出版业未来

前技术影响之下面临着被全面颠覆的可能。图书出版的演变促使人们重新定义出版，从更广泛的复制技术层面来理解出版，出版不再和印刷有着必然的联系，无论是手抄的内容还是机械复制的内容，或是数字化的内容，本质上都是生产的要素，是需要在便捷的媒介载体上复制的内容。

不管科技如何发展，诚如《阅读史》一书告诉我们的，阅读书页上的文字只是阅读的面向之一，通过阅读自己和其所在的环境中的一切自然的、人造的信息，人们才确然地发觉自己和自己在自然中、人类社会中的位置和角色。阅读，几乎就如同呼吸一样，是人们的基本能力。数字内容的阅读，同样也是阅读的诸多面向之一。尽管斯蒂芬·金的《骑弹飞行》在网上下载量达一天40万份订单，但他仍声称至少在他有生之年印刷文字和印刷图书绝对无可能被完全替代。

另外，持非持续性未来观点的人认为，数字出版在不久的将来会取代绝大多数印刷式出版。奥德里兹科在一系列有影响的文章（Odlyzko，1995，1996，1997，1998）中提出了一些观点和预测。学术期刊的传统印刷形式将会消失，并会由电子期刊所取代，原因是数字形式和印刷出版物一样，可以提供绝大多数与以往相同的服务，但其成本相对较低。[1] 其论述只限于学术期刊领域。笔者认为印刷文字不会消亡，语言会更加丰富多彩，印刷图书或许会成为装饰品，通用的是数字内容的阅读和使用。网络和屏幕"威胁到的并不是读书的原动力而是读书的内容"[2]，阅读书本的行为不会消失，只是方式会发生一些变化。

印刷图书成为装饰品，数字内容成为阅读的主要对象的预言表明数字出版在未来将无处不在，融入人类生活之中。计算机、通信、传播、印刷与信息科学等多种科技的发展与融合的历史，同时造就了数字出版的历史。当一切都是那么自然和熟悉时，活在数字化时代的人们无须刻意去描述数字出版的存在。

---

[1] ［美］克里斯廷·L.博格曼：《从谷腾堡到全球信息基础设施：网络世界中信息的获取》，肖永英译，中信出版社2003年版，第104页。

[2] ［法］吉勒·欧雷：《读书的势头会继续下去》，黄晓玲译，《今日法国》总第69期。

关于出版业发展的未来同样有着诸多揣测和感叹。一篇最早登载于《东方早报》的文章为各大报纸及网站所转载，题为《美国图书何处话凄凉》。文中写到，2007年图书出版业只是偶闻佳绩，此起彼伏的坏消息给整个出版业罩上一片焦躁与困惑的阴霾。传统书籍的油墨印刷，实体书店的送货与销售，已经不能和日新月异、变幻莫测的计算机信息社会中的数字化出版同行比肩。不少报纸将书评版面撤去，中小型实体书店在大型书店、网上书店面前溃不成军。此文发出"出版业危矣"的感慨，继而指明希望犹在。

更有人声称出版业的重生就在于此，旧的商业模式会消失，但出版商不会消失。从纸张到数字，从实物到虚拟，形式的转变带来生产内容的变化。数字内容的制造、管理与保护，已经成为当前数字出版产业的一大要务。互联网是数字内容产品得以生产出版与销售发行的技术条件，通过网络在线支付可以完成数字内容产品贸易。数字出版产业链涉及著作权人、出版商、技术提供商、最终用户等多种主体。美国出版商协会总裁兼首席执行官派特·施洛德（Pat Schroeder）曾说"当前我们是出版行业重生的见证人"，笔者同样持乐观态度，认为出版业会在新一轮的技术浪潮之中重生。

在中国，数字出版俨然是近几年最热门的话题之一，它以时尚、便捷、开放的特征迅速吸引了用户的眼球，开启并打造了中国人的数字化生存方式。就图书领域而言，数字出版重新定义了书这一概念，从策划、组稿到发行、营销以及读者的阅读消费习惯，书已不仅仅是作为平面和单一的存在，而是越来越走向立体化、多元化与可深度加工化。数字化时代的编辑与出版，也是对传统的颠覆与创新，经过十余年的发展，中国图书领域的数字出版呈现出新的面貌，并在探索中明确了未来的发展方向。

第一，内容资源的多样化。

"内容为王"这句由维亚康姆总裁提出的口号，恰好印证了中国数字出版的发展理念。无论是通过纸本还是电子设备阅读，内容始终是传播的核心要素，是出版商和运营商占据市场的前提。大量原创文学网站的存在与繁荣是数字出版得以迅速成长的重要依托，这些网站已经形成集聚化的效应，催生一批中国最畅销的作家，同时每天更新与发布海量的图书内容，上演文学的叙事狂欢。与网络文学碎片化与休闲化阅读形成对比，传统出版社在近几年的转型过程中，正向数字出版市场开放优质的内容资源，最一般的模式是与电信运营商或者网络平台商合作发布电子版图书，在推出纸质图书的同时售卖电子书，满足读者的不同需求。值得注意的是，一些网络社交平台正致力于开发全新的出版模式，豆瓣阅读自2012年售卖电子书、推行个人作品自出版模式以来，取得了很好的口碑，但在规模上还远远不能与原创文学网站相抗衡。

教育出版一直是中国出版业最兴旺的领域，因此教辅图书的数字化转型是势在必行的，目前较为流行的有电子书包模式、网络教材模式与开发电子产品等，尚未形成自觉且规模化的转型。大众图书是数字出版最活跃的领域，尤其是管理类、养生类、文化普及类的图书占据较大的市场份额。相较而言，学术类图书就面临无人问津的尴尬。

第二，电商巨头与网上书店的活跃。

移动、电信和联通三大运营商先后开展数字出版业务，进军手机阅读领域，移动互联网市场已经成为中国数字出版的另一爆发性的增长点。中国联通沃阅读读者用户和访问量均创新高，中国移动则不断拓展数字出版基地的业务领域推出"和阅读"品牌，与盛大文学及国内外出版社深度合作，以优质的内容资源吸引读者，而中国电信的天翼数字阅读平台也已上线。与此同时，基于安卓平台和苹果操作系统的各类APP产品也在不断开发之中，不少出版社都进行尝试，但存在技术突破难等现实问题。

第三，复合出版与全媒体营销。

全媒体出版是中文在线提出的新概念，是一种倡导在任何时间、任何地点以任何方式都能进行阅读的数字出版方式，是线上与线下同步的复合出版。而从中国数字出版的现状来看，全媒体营销确实是最成熟的运作模式，它是基于媒介融合的原理，借助多样化的渠道，力图呈现丰富且多元的图书形态，此种模式孕育了一批畅销书。复合出版即是在全媒体出版之上流行起来的，是多内容、多平台、多形式的整合性开发，是从编辑制作到发行营销流程一体化的复合管理，我国政府也正在开启数字复合出版系统工程，将其列为产业发展的重要内容。目前复合出版较活跃于畅销图书的版权运营上,尤其是影视、动漫和游戏的改编,对图书进行再次开发,创造了可观的经济收益。但往往会面临盗版的威胁,在构建完整的产业链上也是一大难题。

与西方国家的全媒体营销相比较,中国的尝试更多还停留在将固定的内容资源置于不同的载体和媒介上,缺少对内容资源附加值的开发,并且缺少与读者市场的互动和交流,因而仍以单向的传播为主。

第四,产业规模大,商业尚不明晰。

新闻出版研究院最新数据显示,2014年我国的数字出版产业总收入为3387.7亿元,与上年相比增长33.36%。在新闻出版业总收入中,数字出版的比重升至17.1%（2013年为13.9%）。① 从整体规模上看,数字出版的发展一直保持着高歌猛进的势头,产值增幅明显,电子图书的收入也保持着稳定的增幅,但是与网络游戏、互联网广告等相比较,仍处于发展弱势。手机出版是数字出版图书领域最主要的盈利来源,仅次于互联网广告和网络游戏。因此,数字出版产业的扩大并不意味着图书出版的繁荣,相反地,如何在其中找到立足之地才是当务之急。与此同时,各地数字出版基地的先后建立,上市出版集团的数字化探索和转型以及民营资本对数字产业的支持等,都预示着产业的不断扩大与效益的规模化。

商业模式一直是困扰中国数字出版商的最大难题,也是业界人士探讨最多的话题之一,它决定着中国数字出版的现实发展和未来走向。目前图书领域较为可行的商业模式有付费阅读与下载、版权运营与衍生价值开发、数字产品、网络图书馆等,但对于大多数数字出版商而言,上述模式并不成熟,因此要形成持久稳定的盈利就有困难。随着越来越多的非传统出版单位进入数字出版领域,传统出版社的动作仍显得迟缓犹疑,对于它们而言,只有充分利用内容资源和人才优势,积极探索适合自己的商业模式,才能成功抢占市场。

---

① 《魏玉山：2014—2015中国数字出版产业年度报告》,中国出版网：http://cips.chinapublish.com.cn/chinapublish/cbsd/201507/t20150715_168554.html,访问时间：2015年7月24日。

结语 移动阅读颠覆出版业未来

二

崭新的数字出版时代业已拉开帷幕,现代的读者们正感受着与以往截然不同、焕然一新的阅读体验。在不久的将来,会出现如下趋势。

第一,数字内容的深度开发与读者个性需求的满足。

研究者任翔认为,出版业的核心业务将由内容生产转向应用产品,而高附加值的内容则是其基础。① 从中国目前的数字出版运作模式来看,仍是以售卖单一的内容为主,同时呈现低端化、娱乐化的特征,无法承担起传承经典的重任。因此,在短期内,中国的数字出版急需改变这一尴尬的现状,让更多更优质的内容进入市场,培养读者深度阅读的习惯,引领良好的学习风气,为数字出版正名,这就需要掌握优质资源的传统出版社以更开放和主动的姿态进军数字出版业。

另外,消费者与市场始终是行业发展的基石。在未来,数字出版必须强调社交与互动,增强与读者的联系,了解用户的需求,研发真正有市场前景的产品。而读者需求的满足又促使出版商加大对内容的开发力度,让图书从文字变成融合文字、声音、图片及互动的全方位的媒介形式,从单一内容的多渠道售卖逐渐转向立体内容的多平台投送,让内容资源本身发挥出无限的可能性与可塑性。

第二,渠道的整合与行业的规范。

渠道是另一个数字出版的关键词,渠道商是内容供应商与市场的中介环节,在中国,渠道商几乎掌握了数字出版的话语权,但却始终没有出现一家类似于亚马逊、苹果等领导性企业。因此,分散的渠道必然要进行整合,拥有强大用户流量的电信运营商、掌握核心内容资源的出版商、培养用户消费习惯与忠实度的电商以及注重技术开发和产品研发的技术商四者之间将形成一个完整的渠道,打破当前断裂和各自为政的局

---

① 任翔:《移动互联时代数字出版的商业模式创新》,《出版广角》2012 年第 2 期。

面。目前，已有不少出版单位在积极探索渠道的整合模式，以更好地推送内容。

数字出版当前无序的竞争状态也是行业不规范的表现，近几年，国家新闻主管部门已经出台多项规定，从工程建设、标准体系建设、基地建设和产业政策等各个方面来规范市场，引导产业走上良性与可持续发展的轨道。因此，建设一个有法可依、有章可循的数字出版产业环境是实现稳定持久发展的关键。

第三，云出版与开放便捷的数字体验。

云出版逐渐成为中国数字出版的焦点，对于出版商和读者而言，海量的内容、便捷的操作与人性化的体验是云出版最大的优势所在。目前，云中书城、方正集团、中国知网和中国出版集团等均涉足云出版领域，在天津市已建成国内最大云计算中心，致力于为企业和用户提供专业化的服务。

共享是云出版最显著的特征，内容存储、编辑、发布、销售和使用可以由任何云平台使用者在云端服务器上完成，它描绘了数字出版未来发展的美好蓝图，从内容、出版、渠道、产品到用户，云出版构建了一个完整的产业形态。可以说，从国家政府部门到各级出版商，都对云出版表现出浓厚的兴趣，并认为它将解决很多当前行业的弊病，例如版权保护、行业标准、利益分成等。对于读者来说，云出版的意义在于提供一种前所未有的服务，真正实现随时随地获取内容，阅读成为一种自由和开放的充满人性化的生活方式。

第四，与传统出版的博弈将继续。

自数字出版诞生之日开始，关于数字出版与传统出版的存亡之辩就一直引人关注。从目前的发展趋势来看，数字出版尽管不断地扩张自己的市场份额，但并未完全取代传统出版，电子图书与实体图书在相当长一段时间内仍将并存。传统出版可以为数字出版提供丰富的内容资源和稳定的作家队伍，而数字出版则能够凭借自身社交化、开放化的特性和强大的渠道优势为传统出版搭建一个销售的平台，同时加强与读者用户的互动。

结语　移动阅读颠覆出版业未来

三

在国内数字出版研究者和从业者眼中，数字出版尽管发展劲头十足，但在短期内仍无法取代传统出版，最好的办法便是两者融合，发挥各自的优势与所长，谋求产业共赢。

数字出版的未来发展有如下焦点。

第一，版权问题。尽管许多数字出版商竭力推出品种繁多的数字内容产品，但是习惯了"免费午餐"的国内网民却没有足够的版权意识，喜欢免费内容故而偏好盗版内容乃至传播盗版内容，出版商难以从版权处获取正当利益，严重制约了整个数字出版产业的发展。当前很多数字内容的版权保护仍是处于探讨范围，例如一些数字应用 Flipbord、Zaker 和鲜果等。这些网络公司在数字出版领域已有长时间的经营，像酷云也曾运营联通和电信数字阅读基地。但内容免费加广告运营的模式不能实现交叉补贴，其来自内容版权的成本最终需要用户埋单。版权意识、版权制度若不能齐头并进，数字出版产业的稳定发展必然难以实现。

第二，产业融合。数字出版高歌猛进、热火朝天之时，对于产业的疑惑仍然相伴相随，对此，《信息时代的出版》中有这样的叙述："出版的定义变得宽泛，被新技术扩大了范围。如果出版包括数据库、视频和音频节目，那怎样区分和广播、按次付费的卫星电视的区别呢？"[①] 或许这种混淆不清正是内容融合引发产业融合的体现，因此需要在发展数字出版之时有整合的思维，贯通产业链条，在数字内容产业的大视野中发展。

在数字内容产业发展中需要注意"内容产业被创意所左右，而不是流程。根据不断增长的内容数量和互联网提供的在线消费者和传媒公司之间的点对点直接获取方式正在成为重要的角色。在保证创意重要性的同时，

[①] Douglas M. Eisenhart, *Publishing in the Information Age: A New Management Framework for the Digital Era*, Praeger, 1996, p.4.

使消费者及时得到合适的内容同样非常重要"。① 以创意为核心，拓展跨媒体出版系统成为目前出版业创新的一大举措。

产业融合需要相关法律制度的支持。不论是技术的革新还是经济的稳步增涨，都离不开配套制度的灵活调整，美国知名经济学家 Simon Smith Kuzens 认为："先进技术是经济增长的来源之一，但它仅是潜在的必要条件，不是充分条件。"② 同样，不仅技术需要制度调整来发挥促进作用，其他资源中的创新如果要得到正确运用，也需要发挥制度调整或建设所带来的促进作用。

第三，手机与出版的紧密结合。出版机构从传统出版业发展到全方位信息提供商的转变离不开有效的商业模式，在诸多新模式之中移动终端的应用是重要的一环。显然，智能手机做到了不同移动终端多种功能的融合。正如电视不同于广播，电视可实现广播的所有功能却胜于广播，手机不同于互联网却能实现互联网所有的功能，除此之外还具有便捷性、移动性、信用性和私密性等诸多互联网无法企及的优点。或许在将来，谷歌和苹果、三星等手机制造商将有一场 PK。双方之间的较量已初见端倪，谷歌在世界移动通信及展览会上，向全球"谷粉"展示了谷歌自己的智能手机 Gphone，该手机采用安卓操作系统，其卖点是优质的网络服务，也意味着人们将能利用手机高效率地进行网络阅读。毋庸置疑，出版业与手机的结合会是一大亮点。用户可以通过手机移动网络进行数字阅读，用手机关联银行账户实现快捷支付，或是在手机上编辑文字内容上传至网络，直接生产新的内容。

这些并非天方夜谭，在邻国日本已见发展趋势。日本在以手机为代表的移动终端阅读方面积累了成功的经验，畅销小说有半数来源于手机用户的创作。起初由于移动终端介质和印刷版的不同，原有纸书直接照搬至手机屏幕并没有实质效用。后来探索出一个成功的模式，先在手机上"创作原创的新故事，用小说的概念，怀着极大的热情来创作更短的故事，通过

---

① Ashish Chawla，*Digital _ Content _ Supply _ Chain*，www.wipro.com.
② 张大伟：《技术进步与制度惯性——对中国数字出版产业发展的一种思考》，《东岳论丛》2009 年第 11 期。

结语　移动阅读颠覆出版业未来

手机首次发布——消费者就被打动了"。① 当手机上的原创内容广受读者喜爱，吸附了大量潜在消费者后，实体书、影视动漫、电视节目、网络游戏等相关产品便接踵而至。《中国图书商报》上一篇编译的文章中提到，有位评论家预言：到 2012 年，《纽约时报》的畅销书榜上会有日本畅销手机小说作家 Keitai Shousetsuk 的作品。② 这种预言或许有些保守，随着手机数据服务的日益成熟，内容产业融合日益紧密，利用手机生产、流通和销售数字内容都会成为平常之事，只要在手机屏幕上轻轻点击就能获得数字内容，就如日常生活之中去便利店购买消费品一样方便。与此同时，手机屏幕同样成为用户创造内容的绝佳介质。博客诞生之时标榜零技术、零成本、零形式、零编辑的零进入壁垒，但是未来的出版并不是这样的零度环境，而且这也不是真正的零度，或许只有在无处不在的数字化之中，在用户使用之中创造的内容，可以接近这种零度理想。

斯文·伯克茨在《读书的挽歌》之中感叹："印刷物是我们全部的主观史的集合——社会机体灵魂的编码。既往一代又一代人都以文字的方式——主要是书籍形成这种编码。印刷物是不同年代人们的生存记录，其实更是不同人群各种思想的集合。"③ 确实，纸书承载着人类数千年的文明，在将来是不可能完全消失的，但是它的功用将会发生变化，收藏意义将大于使用意义，装饰效果将大于阅读效用。借用兰登书屋合作研发部经理理查德·萨诺夫（Richard Sarnoff）的讲话："当前的主动权是将自身置于快速变化的环境之中，正在成长的新一代并没有对图书形式有发自内心的感情，他们阅读屏幕和阅读纸张一样多，我们需要将图书以不同的形式加以呈现。"④ 各式各样光彩绚丽的荧光屏幕取代了白底黑字的书页，

---

① Tomi Ahonen, *Communities Dominate Brands: Business and Marketing Challenges for the 21st Century*, http://communities-dominate.blogs.com/brands, 访问时间：2007 年 6 月 1 日。

② 《日本半数畅销小说源自手机》，《中国图书商报》2007 年 12 月 7 日。

③ ［美］斯文·伯克茨：《读书的挽歌——从纸质书到电子书》，吕世生、杨翠英、高红玲译，中国对外翻译出版公司 2001 年版，第 21 页。

④ *Random House: Digital is Our Destiny, Random House is Moving Beyond Print to Protect Itself from the Likes of Google*, http://www.businessweek.com/magazine/content/05_48/b3961106.html.

新生代的年轻人逐渐淡忘了纸质图书上印刷油墨的味道。著名符号学家、哲学家和历史学家,意大利人艾柯(Umberto Eco)在《别想摆脱书》的对话中确信:"书在未来将只吸引一小部分爱好者,他们会跑去博物馆和图书馆满足自己对过去的趣味。"① 而今模拟纸质书呈现与质感的"电纸书"阅读器成为时尚,人们期望把纸质书的优点重置于电子阅读器上,或是在电子时代体验纸本阅读的感受。希望将每一本纸书、每一个文字所承载的灵魂和灵性,通过高技术复活还原这种纸书带给人类的美好体验。这种考虑问题的思路和解决问题的技术手段的确无可厚非。但是在不远的未来,这些模拟尝试或许只是人们对纸媒介的一种怀旧表达而已。

阅读的方式以及阅读的载体始终伴随着文明的进步、技术的革新而变,从砖石、龟甲、泥板、竹简、羊皮卷和纸草,再到手抄书、纸书、个人计算机、智能手机、电子阅读器,人类对于更为出色(高效、便携、经久、健康、廉价、舒适)的阅读物质载体的探求永不会止息。但是阅读载体及其内含文本处于新旧交替而被"转移"时,陈旧的一方无法避免地会被遗失、破坏、删改,甚至是无人问津。当然,除了它在被当作"文物"的时候。阅读随时而变,关于阅读的一切也瞬息万变,不仅是作为客体的文化、知识和技术更新换代,作为主体的读者与作者,也无不神经紧张或忧心忡忡地随势而动。哲学家艾柯对此略有感触地表示,若是宅邸失火,人们恐怕会看到自己抱着移动硬盘冲出火场,那里以文档的形式装着他三十多年积累的智慧精华,继而再考虑那些笨重、易燃的私人藏书。② 从文明以及文化传承多样性的角度出发,需要在年轻一代成长过程中培养对纸书的感情,但出版界同时不能忽视瞬息万变的媒介生态环境,只有勇敢地面对挑战,将自身置于其中方能获得主动权,在人才、技术、资金等各方面拓展数字化的美好明天,相信真正的数字化生存将不再遥远。

不管是人类社会的未来,还是阅读的未来,当我们谈论它们时,总是

---

① [法]让-菲力浦·德·托纳克编:《别想摆脱书》,广西师范大学出版社2010年版,第5页。

② 同上书,第27页。

小心翼翼，不敢妄断。因为未来的优点"在于永远不确定""永远让人吃惊"。① 然而我们也应当对之抱以积极的心态，同时亘古以来的历史也使我们相信，人类有智慧与力量应对一切挑战。

---

① ［法］让-菲力浦·德·托纳克编：《别想摆脱书》，广西师范大学出版社 2010 年版，第 37 页。

附录

中国数字出版发展对策研究报告

出版产业一直是我们国家文化产业组成中的关键构成。在经济新常态的背景下，只有解放思想，以创新驱动发展，才能推动出版产业迈向新的高度，也才能为我国文化事业建设注入新的活力。数字出版作为出版领域新的时代命题，已成为行业发展的风向标，有关其商业模式的研究成为当前发展的关键问题，而对移动阅读时代商业模式的构建及转型的研究更是突破数字出版发展瓶颈的重要途径。

2015年7月，中国新闻出版研究院发布了《2014—2015中国数字出版产业年度报告》，报告指出，2014年我国数字出版产业收入达3387.7亿元，保持快速的上涨趋势，比2013年增长33.36%；数字出版用户总量也在稳定增加，据统计已达12.48亿人。在良好的政策环境和市场环境下，传统出版单位与新兴出版企业加速融合，产品形态更加丰富多元，技术支持更加稳固持续，一些新的商业模式应运而生，国际影响力日益增强，我国数字出版产业蒸蒸日上，发展潜力巨大。

研究移动阅读时代数字出版商业模式的构建及转型，有助于出版界及时调整方向、发挥特色和优势，从而构建起中国特色的数字出版商业模式。而当前该领域的研究相对较少，主要关注数字出版宏观层面的分析，大多停留在倡议阶段，较少在知识创新、阅读媒介形态变化、社会变革大背景下突破行业限制观念，从多维度视角探寻移动阅读时代数字出版的商业模式。本课题紧密结合移动阅读领域的数字出版实践，兼顾学理研究及实证分析，以期对传统出版的数字化转型提供参考和指导，同时作为媒介变革的缩影，为社会信息化提供助力。本课题还具有理论意义和学科建设意义，有助于数字出版研究进一步深入完善，同时也为传播学的媒介形态研究领域提供更为丰富的社会实践内容，对于扭转轻视媒介存在意义的价值观有所助益。

本课题以传播学的调查研究法、个案研究法为主，秉承与时俱进的研究思维，将实证分析与规范研究互补、定量研究与定性研究互补的基本原则贯穿于整个研究过程，重点解决了数字出版产业链结构、面向移动阅读的数字出版商业模式、适用于我国的数字出版商业模式构建及转型建议等问题，从而对移动阅读领域数字出版变革进行学理思辨，为相关商业模式研究提供理论前提、前瞻性探讨和可行性建议，这也是本课题的创新点所在。

一　互通、跨界、开放：数字出版的热点与变革

不同于传统出版产业链中创作、生产、流通和消费等各环节彼此的界限清晰、分工明确，在移动阅读时代，数字出版更多地表现出互通、跨界与开放的特性，不管是在消费端、生产端，还是整体的产业形态，都显示出不同程度的融合。了解数字出版的发展特点与变化情况，对于理解整个产业的动态和未来走向具有一定的意义。

（一）跨媒介数字阅读的兴起

出版与媒介的关系具有交互性与双向性。一方面，出版是基于人类对获取知识、传播文化的需求而诞生的一项社会活动，正是因为人类有保存内容、复制内容、传递内容的文化诉求，才有了从甲骨、青铜、丝帛到竹简、木牍、纸张等出版形制的演变，才促进了从中国古代雕版印刷、活字印刷到古登堡印刷技术的演变。另一方面，作为文化的物质载体，媒介技

术的革命性创新会改变文化的传播方式,因而出版产业的形态与发展会受到来自媒介的深刻影响。人类逐渐赋予出版以多元的文化内涵,使其成为带有文化印记的符号性存在。

经过前语言、前文字、前纸质、纸质等发展时期[①],出版媒介呈现出从单一到多元、从朴素到精致的变化趋势。在印刷技术的推动下,内容复制的速度越来越快,大批量信息生产成为可能,图书流传的范围越来越广。直到电子媒介的出现,书籍的复制成本几乎为零,内容唾手可得,阅读实现了普及。依托互联网的高效便捷,特别是移动互联网的快速发展,"全民阅读"浪潮的涌现可以说是时代变革之趋势。

阅读是个体发展到一定阶段后产生的一种心理期待。美国心理学家马斯洛认为,"生理需求、安全需求、社交需求、尊重需求以及自我实现需求"是人类的五大需求,且从高到低依次排序。除此之外,他认为在尊重和自我实现两种需求之间,还存在求知需求和审美需求。求知需求出现在社交需求之后,是人们为融入社交圈,并进一步实现社会认同和自我价值的前提。人类的社会属性决定了其参与社会公共生活的必然,公共领域作为社交场所,是人们交换观点、意见,表达思想、情感的空间,在这个空间里的每一个成员,需要借助各式各样、不同种类的媒介相互结识、相互交流,从最原始的真人面对面的会见,到手抄信息、印刷制品,再至今日通过互联网和电子产品,能够线上、远程就有关共同利益的事务进行讨论,从而能够就这些问题形成共识。[②] 德国学者哈贝马斯认为,资产阶级最初的公共领域是在经常阅读日报、周刊、月刊等刊物的私人之间形成的松散、开放的社交网络。阅读在社交过程中承担着重要作用,人们通过报刊获取交谈的"文化物质",并由此共同维系一定的话语空间。社交刺激了阅读,阅读带来了自我实现的基础和满足,这个过程始终伴随着出版作为文化传播介质的功能。

---

① 杨守森、孙书文、李辉等:《数字化时代的文学和艺术》,齐鲁书社2010年版,第3—5页。

② 熊光清:《网络公共领域的兴起及其影响》,《马克思主义与现实》2011年第3期。

附录　中国数字出版发展对策研究报告

从大众传播的兴起，广播、电影和电视等新媒体出现，一直到如今的数字化时代，公共领域悄然间发生了转型，过去承担文学、文化批判功能的公共领域，因为新媒体呈现出来的低智化、大众化倾向从批判转向供人消费的文化商品市场。具体来说，一方面，当中产阶级日渐增多时，大众文化走向繁荣，报刊也越来越多地涌现出为满足人们休闲娱乐需求而书写的消费性内容，阅读逐渐从"深度"走向"浅层"，公共领域的政治色彩减弱而消遣功能凸显；另一方面，私人空间与公共领域之间曾经泾渭分明的界限逐渐弱化，互联网为人们提供的社交平台，使得网民们能够在新的近似于现实社会交际的虚拟网络空间中匿名、自由地表达己见，既极大地拓展了社交网络，又让个体的私人领域无限延长，在表达公共社会舆论的同时也成为私人情感释放的场所。因为自我被隐匿在抽象的网络用户名之后，尽管处于一个和无数陌生人同在的场域里，个体的私人世界即使无所顾虑地展露出来也不会显得尴尬。公共领域的变化在一定程度上是人类需求满足感不断上升的反映，也表明公民参与文化生活的自觉性提高，社会发展的开放度、融合性与公平性日益显著。

纸质媒体不再是阅读的唯一媒介，基于电子屏幕的网络阅读成为人们日常阅读的重要方式。2014年我国成年国民图书阅读率为58.0%，其中，报纸阅读率为55.1%，期刊阅读率为40.3%，以电子阅读器线下阅读、手机阅读、网络在线阅读等为主的数字化阅读方式达到了58.1%，与其他阅读媒介相比占比最大。手机阅读和网络在线阅读比重最大，接触率分别为51.8%和41.9%。人均的书本阅读量方面，电子书为3.22本，纸质图书为4.56本，两者的差距在不断缩小。而微信阅读的人均时长又超过了电子阅读器，约为14.11分钟。[1] 2015年7月23日，CNNIC发布了第36次《中国互联网络发展状况统计报告》，报告指出：到2015年6月为止，我国网民中使用手机上网的人群占比达到88.9%。[2] 使用手机上网的

---

[1] 中国新闻出版研究院：《第十二次中国国民阅读调查数据》，http://www.199it.com/archives/341886.html，访问时间：2015年7月30日。

[2] 中国互联网络信息中心：《第36次中国互联网络发展状况统计报告》，http://www.cnnic.net.cn/hlwfzyj/hlwxzbg/hlwtjbg/，访问时间：2015年7月30日。

人越来越多,阅读的数字化、移动化趋势越来越明显。

阅读方式转变背后的实质是阅读思维的转向。从传统出版物向数字出版物过渡,不仅是阅读载体的一种演变,更是对人们阅读感受和阅读观念的改变。纸书上包含着的物质或非物质印记,如油墨香、纸张质感、翻阅书页产生的声音、独立阅读时的封闭空间、深度思考的可能等,都会在数字阅读终端上终止其生命,人们需要面对电子屏幕带来的单调、视觉疲劳、注意力容易分散等问题。与此同时,数字阅读消解了纸书所构建的权威者形象,让阅读从单向度的接受变为双向度,甚至多向度的互动,提高了读者对文本的再创造能力;阅读在时间和空间上的界限被打破,移动阅读终端的使用确保了随时随地阅读的可能;海量信息铺天盖地、瞬息万变,使深度阅读向表层化、娱乐化、消闲化的浏览式阅读转变;人们更加追求阅读的视觉体验和多媒体性,图像成为信息传播的重要工具,"读图时代"到来。

一个时代有一个时代与之相适应的阅读需求,在数字出版产业链消费端发生的种种变化,不只是个体行为变化的表现,更隐含着时代背景下文化发展之现状。数字出版的生动化、虚拟化为现代人逃离现实、宣泄不满、放松身心提供了一个渠道,也在某种层面上隐喻了整个社会文化心理的焦虑不安。应该看到,碎片化、快餐式的阅读习惯迫使人们放弃了对内容的深度挖掘,巨大的信息量阻碍了人们的理性选择与甄别,复杂的社交网络对观念的影响逐渐大于个人的独立思考能力,这些都是潜藏在数字阅读背后的暗流。互联网在鼓励个性"百花齐放"的同时,也造成了思想的趋同和盲从。尽管出版产业的发展需要以消费者为中心,但业界对于数字时代的种种变化不能一味迎合,要做到有选择地吸收和理性地引导,才能充分发挥出版在传递文化、传播文明上的积极作用。

(二) 网络写作与内容价值挖掘

出版也是一种媒介文化,如何生产内容需要契合相应的物质载体和文化环境。造纸术与印刷术发明之前,人们通常借助竹帛,以手抄的形式来生产内容,孔子读《周易》韦编三绝,从侧面反映了竹简书庞大、不易携

附录　中国数字出版发展对策研究报告

带的特点,反映了当时书籍保存与流传的不易。汉魏时期的累世公卿,往往因耕读经书传家而位居社会上层,也同样说明了彼时书籍的稀少和珍贵。因而在古代,知识分子也就是士大夫阶层,被列为"四民"之首,因为他们拥有最丰富的文化资源,也承担着最大的文化使命。传统知识分子的形象在这一阶段塑造成型。

然而在大众文化繁荣的今天,知识分子的身份却发生了某种"裂变"。过去知识分子是启蒙者、社会精英,而现在,他们被无限祛魅,成为游走在文化主流与边缘的"漂浮者",其原有的崇高地位被消解和抹杀。而那些最先接触大众文化、助推大众文化的社会中间阶层,则在上升过程中慢慢控制了话语权,不仅成了文化的主要消费者,而且还承担了文化生产者的职责。在大众文化场域中,崇高与通俗、精英与平民的界限被抹平,表现出多元文化共生、多种话语并存的场域形态。

数字技术对出版内容生产上的最大影响是写作方式的变化。如果说传统的出版方式属于"线下"出版,那么原创文学网站则提供了"线上"出版的最佳方式。文学表现方式的日益个性、开放、多元发展,很大程度上与网络媒介的数字、开放、多媒体等特性密切相关。作家的写作或出于游戏、交友,或借助网络的自由舆论环境抒情泄愤,不再是基于某个崇高的社会历史使命。在写作形式上更加自由,甚至运用多媒体技术进行"超文本"写作,如网络小说《火星之恋》,流动的文字、梦幻的音乐、美国航天器发回的火星图片等元素巧妙地融合在一起,将印刷文本扁平化的内容呈现方式变得立体多元,共同刺激着读者的视觉,调动起读者全部的感官功能,极大地提高了读者的参与度和带入感。[①]

网络媒体颠覆了传统媒体中的角色界限。网络文学的一大特点是读者对文本创作的介入:一是直接介入方式。互联网初生的时候,一度非常流行接龙小说——在各类门户网站中的BBS平台上通过跟帖共同创作小说,例如新浪网上的接龙小说《网上跑过斑点狗》由李冯、李大卫、邱华栋等合力写成,人民文学出版社的小说《风中玫瑰》是通过BBS跟帖完成的,

---

[①] 杨守森、孙书文、李辉等:《数字化时代的文学和艺术》,齐鲁书社2010年版,第14页。

发表于"榕树下"的小说《城市的绿地》也为接龙创作，这类作品的自由度高、随意性大、想象力丰富，情节走向完全靠网友们各自发挥，虽然难免存在内容不流畅、情节不连贯、细节先后矛盾等问题，但不可否认的是贯穿于其中的开放思维和共享精神，这也是其最与众不同之处。另一种是间接介入方式。读者并不直接参与文本写作，他们更像是"意见领袖"，通过评论给作者提出建议，以舆论的方式对创作产生影响。此时作者不再是作品内容走向的唯一决定者，为了吸引"粉丝"，他们需要与读者进行充分的互动，并按照读者的阅读期待重新构思情节，甚至会直接现身，在文本中加入与读者对话的场景。

　　一部网络小说能否具有长久的生命力，与作品的点击量密切相关，这也是衡量作品的热门程度与畅销潜力的最直接因素。对于那些获得超高人气的连载小说，网站会为其联系合适的传统出版单位或其他新媒体公司以进一步营销。桐华的《步步惊心》最先于2005年发表在晋江文学网站，很快浏览点击量破亿，后来分别由民族出版社和花山文艺出版社出版，电视剧上映后又由湖南文艺出版社同步推出小说最新版，其中增加了3万多字的番外。此外，盛大文学还在自营平台云中书城及时推出了《步步惊心》的客户端电子书售卖，充分实现了作品的版权分销和全媒体运作。出版的产业属性决定了其天然地具有追求商业利益的诉求，不管是传统出版还是数字出版，都需要积极应对市场竞争的压力并努力寻找合作的空间与转型的机遇。

　　数字时代引发了内容的"大爆炸"。从横向上看，网络提高了生产内容的效率，网络上作品数量的激增让出版商不必再为找不到内容而焦虑，传统出版单位不再需要投入很大的成本去寻找民间写作资源，反而可以足不出户在网络世界中挖掘有价值、有创意的内容，不断扩充资源库。从纵向上看，同一部作品被开发利用的价值链明显延长，除了纸质出版，还可以在影视剧改编、游戏开发、动漫制作、商业产品研发等方面有所兼顾，使作品版权通过在不同主体间的转让实现利用价值的最大化。数字内容产业链应以内容创意为核心，不断寻找优质的内容，借助衍生产品的开发和版权运营，一次投入，多次产出，打通横向和纵向两条发展路径，使之形成一个有机整体。

同样不能忽视的是"格雷欣法则",即低价值内容对高价值内容的排挤的悖论经常在网络世界中上演。网络作品创作的门槛之低让作品良莠不齐、泥沙俱下,大众在选择作品时并不能全然做到理性客观,这就容易埋没一些优质的而抬高一些媚俗甚至低俗的作品。文学网站的稿酬平均千字只有几分钱,让很多网络写手不由自主地陷入功利性泥潭,一味追求写作数量、忽视文本质量,导致篇幅过长、情节拖沓、思想浅薄。除此之外,由于读者"免费阅读"的思维惯性以及网络文本易复制、易扩散等特点,使得网络作品的盗版现象严重,损害了作者与数字出版商的利益,这也是不容忽视的问题。

出版与创作是一种相生相伴的关系,尽管出版作为一种产业离不开商业运作与营销,但"内容为王"始终是不变的真理。构建公平合理可持续的数字出版生产空间,需要多方面的合力。例如,政府应不断完善相关政策法规,对于盗版行为及打击力度进行明确的界定和规范;出版单位方面要加强与技术商的合作,共同推进技术保护措施,如加密技术、数字水印等的发展;培养读者从免费到付费的阅读意识,在社会观念层面树立对网络作品的版权保护意识,同时也要优化作者培养模式、优化作者群体,充分发挥编审人员"守门人"职责。只有严把数字内容的生产关,才能保证整条数字出版产业链健康有序地运行。

(三)产业协同创新与融合

所谓"互联网+"思维,并非简单的两种产业形态或内容元素的拼贴,而是基于共同利益和兴趣点的深度融合。互联网具有强大的渗透作用,从 Web1.0 到 Web3.0 时代,迅速完成了从人机对话、人人对话,到商业合作、产业共融等社会各个层次和领域的联系与交流,打通了传统产业的封闭状态,创建了一条流动的价值链。而以传授知识、传递思想、传播文化为价值理念的出版业,则借助媒介、文字和图片建立联系,在社会公众之间形成不同文化意识的对接,在主流话语之外催生多元文化思想的生成。从本质上看,互联网与出版都强调多元、连接、渗透、传递和开放,这种相似决定了两者相加的合理性和必然性,也因内在的契合能够让相加之后的价值翻番。

"创新"与"融合"是"互联网＋"的内在特征，也是数字化大潮下出版产业运营的关键词。创新决定了数字出版的深度，而融合则延伸了数字出版的宽度，两者相互关联，缺一不可。创新是出版产业发展的动力源，数字化带给人们的问题不仅仅是作者、编辑如何做好内容，还有整条出版产业链如何更好地挖掘创意内容、开发创意产品、经营作品版权；融合是实现出版产业创新的基础，当人们被越来越多的媒介包围时，单一的传播渠道既没有能力全面地展示内容，也无法满足人们多维的现实需求，"跨界"成为新的时代命题。

在《经济发展概论》一书中，美国哈佛大学的教授熊彼特提出了五种有关创新的情况："引入一种新产品，引入一种新的生产方法，开辟一个新的市场，获得原材料或半成品的一种新的供应来源以及形成新的组织形式。"[①] 对于数字出版而言，创新首先表现在内容要不断推陈出新，担当文化潮流的引领者而不是追随者。选题和组稿是出版业的基础，也是决定出版物成功与否的关键。技术和网络的发展一方面实现了传统出版业务流程的数字化，另一方面鼓励出版者综合运用多种媒体开发选题，如微博微信、文学网站和社交论坛，提高对优质内容的嗅觉灵敏度。程浩的故事在知乎上被点了三万多个赞，并在微博上获得广泛传播，无数网友感动于他面对苦难时的微笑。2013年程浩去世，广西师范大学出版社联系到他的家人，将他在生命结束前几年写下的几十万字内容出版成书——《站在两个世界的边缘》，上市便畅销并被选为"2013年中国好书"。互联网让草根作者拥有了表达自我的空间，他们的故事虽然平凡，但却与大众的生活息息相关，讲述普通人的故事、普通人的情感，深受读者欢迎，也是出版商不可错过的出版选题。

此外，数字出版应该充分发挥超文本与跨媒介特性，丰富内容出版方式，将纸质图书"立"起来。数字出版是一种全新的、与传统出版一脉相承却又截然不同的出版思维和出版理念，它并不只是简单地将印刷文字变

[①] 周红、陈丹：《数字出版产业创新体系及创新模式浅析》，《出版发行研究》2012年第1期。

为电子文档。2013年法兰克福书展上展示了有关教育出版的数字出版形态,将来的课堂将会是传统实地课堂教室的数字网络化延伸,"未来课堂"通过身临其境的氛围激发学生全方位的参与热情,向人们展示了多媒体教学在未来教育领域的重要价值,例如来自德国斯图加特的仿真视觉公司展示了最新研发的3D教学软件,观众戴上3D眼镜后就可以清晰地看到人体、动植物的细胞组织、组织构造。数字技术在出版领域的运用将加快推进人们生活方式和学习方式的变革,通过综合运用多媒体技术,满足用户的个性化需求,以声音、视频、图片、动画等多种形式弥补纸质出版物单一性和平面化的不足,最大限度地开发数字出版的价值空间。

在出版物营销方面,出版单位同样需要把握融合与创新,打开营销思维,拓展销售渠道。例如在畅销书领域,要在找准自身市场定位的基础上,选择目标读者,充分考虑读者的阅读和购买心态,构建自己的品牌。同时与新媒体合作,通过在营销环节中将以往报纸期刊广告植入、举办现场签售活动等形式和电视、微博、微信等渠道的宣传融合,实现多层面、立体式营销。利用社交平台进行网络营销是当前许多传统出版单位正在进行的尝试。2014年年底,新浪微博联手《环球时报》《南方周末》《新京报》《中国新闻周刊》和《三联生活周刊》等124家媒体发起"微博订阅季"活动,读者既可以在相关媒体的微博上直接订阅纸质出版物,也可以包月付费的形式享受在线数字阅读服务。《中国国家地理》杂志的微博负责人柳永山说,《中国国家地理》通过微博订阅创造的销售额(截至2014年年底)已经超过27万元,这一数据占到该杂志社当月互联网发行销售(除去第三方电商平台)比重的1/3,[①]可以说颇具实效。除此之外,出版单位还热衷于创建微信公众号,采用定期推送的形式为读者提供免费信息服务,如新书介绍、行业最新动态等,不断增长粉丝。有的甚至借助微信商城,打通微信购书的路径,增加新的销售平台。

社交网络出版运作的背后是粉丝群体。该理论认为"粉丝"消费者不只是从阅读中得到快感的读者,更是产生相关文化符号的主动参与者,他

[①] 李淼:《微博订阅季 媒体收成不错》,《中国新闻出版报》2015年1月13日第6版。

们能够创造出一种拥有自身特征的生产和流通系统的文化。① 粉丝不同于读者,更强调互动性、稳定性与忠实度。出版单位要开阔出版理念,构建"出版+服务"的商业模式,将出版作为一项文化服务业来做,如根据读者需求提供多层次定制化服务,将更多的读者转化为粉丝;建立出版社内部数据库,通过大数据分析为读者推荐合适的内容;延伸产业链,丰富读者获取内容的渠道。

互联网在给予传统书业打击的同时,也倒逼了出版业的转型发展和对于自身的重新审视。"互联网+"的转型理念和创新模式只是给予出版业一个发展思路,而如何转型,如何创新,则需要更多的理性思考和探索。尽管在数字化的大背景下,传统出版业受到不小的冲击和挑战,但人们在纸质书不会消亡的论断上基本达成共识,这源于对出版业的一种情怀。出版业需要坚守纸书出版所承载的文化意义,同时也应该看到,时代前进的脚步不可逆转,不创新,不融合,只会被互联网大潮淹没。

因而,数字出版产业需要坚持内容为大的理念,以内容为中心开发周围产品、延伸附加价值,不断创新内容呈现方式,构建兼顾融合与创新特质的文化娱乐产业平台,让文学、动漫、影视、游戏等产业不再彼此游离,传统出版行业与数字出版行业也不再彼此独立,使产业在走向交叉融合的同时,激发整个社会文化环境的创新与活力。这是时代赋予出版业的新的使命。

二 竞争与合作:数字出版产业链的结构变化

随着产业内部分工越来越细化,合作越来越密切,单一的产业结构已难以适应全球化的经济发展模式而逐渐形成了围绕某一中心内容展开的产业链。在出版领域,数字化时代颠覆了传统出版理念,产业链的生成以及位于产业链上游、中游、下游的各项主体的身份、地位、功能和目标等要

---

① [美]约翰·费斯克:《粉丝的文化经济》,北京大学出版社2009年版,第17页。

素都发生了明显变化和重组,传统出版产业的主要构成,即出版单位、印刷单位和发行商等之间的稳定格局被打破,电商、通信商、终端设备商、传媒影视纷纷成为新的发展主体,积极寻求新的发展机遇和合作之可能。这在一方面推动了产业结构的优化,另一方面也为我国出版业提出了新的发展命题和挑战。

(一)上游:内容资源的整合与全版权运营

数字技术的日新月异在为出版业的变化注入新的血液的同时,也令传统出版单位倍感竞争压力。数字出版不仅改变了文本的储存媒介,而且在传播速度、信息容量、编辑加工、成本节约和最终呈现等各方面都在挑战着原有的出版模式。然而应该看到,内容是传统出版单位不变的优势,即使计算机和互联网普及带来数字出版的热潮,技术商暂时掌握着更多的话语权,但脱离内容存在的数字出版必如无源之水、无本之木,仅凭技术优势很难保持永久的生命力。对于传统出版单位而言,一直处于数字出版产业链上游的内容提供商的龙头地位,始终把持着优质而丰富的内容资源,为中下游的服务商、分销商给予充足的内容供给。

数字出版带来的出版流程的简化、资源的高效利用、信息的海量输出等变化,在颠覆传统出版业的同时,也为出版单位的转型发展提出了新的要求。一方面,需要加强与中游技术服务商的合作,不断创新出版方式,在技术商的支持下开发网站、APP,让同一内容在不同渠道呈现,以满足使用不同阅读终端的读者需求。《三联生活周刊》的受众定位是中青年知识分子,它以独特的新闻视角、深度的内容评述和浓郁的人文气息吸引了一大批固定读者,在维持一定纸质发行量的同时,也在不断开辟新的销售渠道,如 2006 年利用中国移动、中国电信推送手机报,2007 年与"悦读网"合作提供电子版杂志的付费订阅服务,此外还利用 APP 上线内容,不仅完善了读者的视觉体验,而且适应了网络阅读的发展趋势,让随时随地阅读成为可能。另一方面,传统出版单位需要紧密联系下游分销商,创新营销模式,积极拓展与多媒体的沟通渠道,促进向"互联网+"方向的转变。如中信出版社与互联网自媒体《罗辑思维》合作发行独家版本图书，利用微信社群推动销售，《正义的成本》和《富兰克林传》等小众书籍也因此被推向了热销榜。

但需要警惕的是，数字化转型并不是单纯地从纸质内容向数字内容的平移（这也是当前很多出版单位的一个通病），而是贯穿于出版理念、思维、流程等各环节的数字化，是对内容资源的深度挖掘和利用。互联网让内容变得无限丰富，但也导致了内容有效期的无限缩短，常常是刚上线的内容很快就被最新的内容所覆盖，不利于内容的有效保存与深度阅读。2013年浙江出版集团数字传媒有限公司成立BookDNA（本唐）团队开发图书在线出版服务，致力于将传统出版社掌握的内容与其他出版渠道、新媒体中的资源进行整合，最大限度地为内容保鲜。与《哈佛商业评论》《第一财经周刊》和《三联生活周刊》等杂志合作，如打造专门针对Kindle用户的《三联周刊》"e-only"系列，将以往的内容用专题、专刊的形式整合呈现，如莎士比亚悲喜剧等，保证内容的品质与深度。此外还与新媒体展开业务融合，借助"知乎"网站的优质内容和良好口碑推出《知乎周刊》和《知乎"盐"系列》，将社区网站的用户资源转移到电子书读者群体之中。本唐BookDNA为传统出版单位开拓数字出版业务提供了值得借鉴的商业模式。

原创文学网站是正在崛起的内容提供商。汇聚在网络平台上的海量原创文学作品不仅从广度上让内容资源获得了补充，而且也因其独特的创作手法和通俗的叙事内容，让作品的深度开发更为便利。所谓全版权运营，简单来讲就是"一种内容，多次开发"，指以版权为核心构建品牌，通过跨媒体的方式对内容进行多次利用，并不断研发周边产品扩展产业链。盛大文学麾下拥有起点中文网和红袖添香网等六大原创文学网站，既扮演着内容提供商的角色，也承担着版权代理人的职责。网络写手入驻网站前，可以选择将作品版权授权网站全权管理，网站作为"经纪人"为作品寻找合适的出版社、游戏开发公司、影视公司等，通过版权在产业链中的不断转让挖掘内容的潜力。在对《深爱食堂》的全版权运营中，盛大文学与东方出版社合作出版实体小说，并在榕树下网站连载电子版，同名漫画也在有妖气网站上同步更新，此外还进行主题输入法皮肤、主题游戏和网络电视剧等周边产品开发，围绕IP构建品牌，实现价值增值。全版权运营让

IP 成为最有价值的资源,打通了线上与线下、产品与服务之间的沟通渠道,出版的边界得到放大。

出版与创作始终相生相伴,即使在数字时代,作者依然是出版产业链上的核心资源,一个优质的作者能够带来源源不断的创作灵感和内容,将自身的附加价值转移到出版单位。对于作者资源的维护是出版单位抓住品牌、激发内容活性的选择。唐家三少与盛大文学合作建立全版权运营工作室,在中国乃是首创,工作室将以唐家三少的作品为核心,展开从图书出版到影视、游戏等多方位的产品开发;此后不久,"曹文轩儿童文学艺术中心"也在人民文学出版社和天天出版社共同推动下成立,其定位是全国少年儿童喜爱的文学内容开发,不仅在纸书、电影电视和手游等跨媒体领域进行版权多次转让,而且将产业链延伸至玩具、服装等周边产品制造,缩短出版与日常生活的距离。

内容资源整合与全版权运营必然会推动企业间的联合或重组。2015年年初,腾讯文学收购盛大文学,成立新的阅文集团,将文学网站、图书出版及数字发行、音频听书、移动 APP 等多重平台进行有效组合以形成更完备的产业链,提升版权管理的效率和一体化服务质量。尽管我国在报业集团、出版集团的组建上已颇有成效,但总体上看,集团地域分布特征明显,资源整合力度缺乏,专业特色不够突出。出版集团化并非简单的公司合并,而是对资源的一次重新分配,是建立在完善的现代企业管理制度之上的新型企业运作模式。

反观国外,出版集团化发展格局已经成熟,从 20 世纪 90 年代开始,已逐步从单纯的规模扩张向跨媒体经营、专业化、全球化方向转变。大型的出版机构往往依托传媒或其他综合性文化集团,其下又管理各种各样的中小型出版企业,从而拉长了集团发展的维度。比如德国贝塔斯曼集团旗下容纳图书、杂志、电视和媒体等多项业务,先后接管兰登书屋、合并培生集团旗下的企鹅出版社、收购美国在线教育公司,子公司之下又管理不同的专业出版公司,通过集团化运营实现了资源的集约管理和有效配置,加强了全版权运营的内容支撑。

(二) 中游：基于受众需求的多元出版平台构建

当前数字出版市场的竞争很大程度上是各个平台之间的技术战。由于相关的出版准则，如内容、格式、技术和产品等标准规格制定尚未成熟，导致竞争狭窄化为技术商的利益争夺，技术商的话语权不断上升，评判标准以内容承载方式的优劣取代了内容本身的质量高低。上游的内容提供商不得不依赖中游的信息服务商、技术商，借助它们提供的数字出版解决方案或数字出版平台来实现数字出版管理及运营。

方正阿帕比在自我定位上一直保持低调的姿态，始终专注于对上游内容商的技术支持与对接，并于2011年4月推出国内首个云出版服务平台，其最初设想就是"为上下游快速找到合作伙伴搭建一个桥梁"[①]，实现产业链的连通互融，使出版社能够通过平台与发行渠道对接，"自主选择商业模式、安全发行和透明结算"[②]，渠道商也能够在平台上进行版权交易，为读者提供正版、舒适、多样的阅读环境。当数字化让内容的复制与传播变得更简单时，更加需要专业性的服务和集约化的管理，一方面方便于内容的整合与集成，另一方面使版权交易以公开透明的方式呈现，抑制盗版的滋长。知网、万方、维普等学术文献数据库类似于云服务平台，既是对已出版文献的规模性聚合，也通过"优先权"实现了文献的提前在线出版，还与期刊、杂志社合作，进行稿件采编的一体化管理，建立了学术不端、一稿多投等自动审查机制，有效控制了稿源。然而问题依然存在，比如数据库运营的分裂，CNKI和维普使用自主研发的阅读软件，万方则使用国际通用浏览器。不同数据库下载的文献格式不一，兼容性不强，导致需要进行跨库检索的读者不得不安装各式各样的阅读器，一定程度上阻碍了学术资源的共享与交流。"融合"是数字出

---

① 韩言铭：《数字出版最爱移动终端》，《中国经营报》2011年7月25日第C13版。

② 小竹：《共同享受云服务——方正阿帕比推出云出版服务平台略记》，《中国出版》2011年第9期。

附录　中国数字出版发展对策研究报告

版产业链上的关键词，位于产业链中游的出版平台同样需要朝融合与多元的方向前进。

相对于传统出版单位来说，互联网让出版变得更加灵活轻盈。庞大的出版机构、臃肿的人员设置、较长的出版周期一直制约着传统出版单位的转型发展，而互联网却以简单的平台运营让出版成为一件简单的事。数字自助出版起源于欧美国家，并于2011年因豆瓣自出版平台的诞生风靡我国。自助出版简化了出版流程，跳过了传统的三审三校、纸书印刷和书店分销等环节，通过与技术商或平台商的对接，将图书以数字化的形式直接呈现给读者，从而缩短了出版周期，降低了出版成本。例如在亚马逊2010年开发的KDP系统上，该平台能够实现作者自主控制的作品出版与电子书销售，并且作者能够获得的版税高达70％（甚至以上），远远高于传统出版社愿意为电子书提供的价格。Kindle World平台于2013年开放对于同人小说的自助出版，亚马逊向原作者和同人小说的作者支付版税，同人小说在原作品作者授权下进行网络发行销售。此外，2014年，亚马逊又推出了KDP Kids自助平台，致力于儿童图书的在线自助出版，插画书作者也可以通过此平台实现在线自助出版，2015年又将教科书的电子转档加入KDP EDU，在扩展出版领域的同时，通过签约作者充实了自身的作者资源和内容库，对于技术服务商而言的内容短板也一定程度上被克服。

然而仅靠技术商的支持难以保证自助出版的图书质量，或者说，尽管技术商拥有了一定数量的内容，依然难以保证数字出版的可持续发展。比如由于缺乏有效的准入机制和合格的编辑能力以及相关法律法规的不健全，导致出现盗版横生、低俗信息猖獗的现象。出版平台的自我管理与规范是目前最能快速见效的方式。面对我国数字自助出版"上游冷，下游热"的现状[①]，豆瓣阅读效仿亚马逊与作者签约的商业模式，直接引入内容资源，树立起独特的内容品牌，从2011年年底开放专栏和连载之后，目前已签约7000多名作者，并有5000多部图书在售。豆瓣阅读的自助出

---

① 马小琪：《数字自助出版模式对我国传统出版业数字化转型的启示》，《出版发行研究》2013年第6期。

版图书相对来说品质较高，这是因为在严格的受众定位基础上，豆瓣要求加入该服务的作者首先填写创作计划并上传一篇稿件，只有经过豆瓣认证的作者才有资格出版电子书。正是源于对品质的执着追求，才使得豆瓣阅读的口碑一直保持稳定增长。

　　如果说自助出版为作者身份的获取降低了门槛，那么众筹出版则让作者跨界成为"出版商"，基于个人兴趣选择合适的内容在平台上众筹资金进行出版，个体的话语权得到了充分彰显，作者从出版链上的被动者转向了主动参与者，甚至引导者。国外众筹平台众多，如针对创意产品产业众筹的 Crowdcube，面向艺术、音乐、文学、影视和游戏多个领域等的 Kickstarter，专门服务于作者的 Fan Funding 等发展得如火如荼。国内众筹业刚刚起步，最大的众筹平台是众筹网，此外还有追梦网、淘梦网，甚至京东、美团、淘宝等电商也加盟入驻。2014 年最受瞩目的出版项目莫过于《社交红利》，由腾讯公司内部员工徐志斌创作，由磨铁联盟与众筹网共同发起众筹，很快就预售 3300 本，筹集到 10 万元的出版资金，令出版界震动。但并非所有的图书都适合众筹，因为其借靠的是受众需求和阅读预期，内容需要具有覆盖广、易理解、有新意等特征，符合一般大众的审美情趣。有三种类型的书更容易众筹成功：一是明星类图书，背后有强大的粉丝群体支持，二是社交、互联网、管理和生活等大众出版类图书，三是电视电影的衍生品，如《盗墓笔记》话剧特别版、《后宫·甄嬛传》画集等。而小众化、专业性的图书很少有人问津。

　　众筹出版让出版界变得热闹非凡，但少数的业界清醒者们表示担忧：众筹出版是否会昙花一现？我国首个众筹网站"点名时间"2014 年告别众筹，转而做起了智能硬件首发平台。从 2011 年上线起，点名时间仅开展了短短三年的众筹业务便退出，其背后隐藏着对我国众筹业的深深焦虑。点名时间 CEO 及共同创始人张佑曾撰文分析为何众筹出版在中国会遭遇"水土不服"的困境，这一方面是因为进行众筹的团队质量并无太多保障，很多时候做出来的成品与客户的心理预期相差较大，导致流失了很大一部分用户；另一方面在于平台与众筹团队的利益冲突，为了减少"烂尾"发生，点名时间采用不先打款的方式来约束团队，这本身与众筹是相违背的。① Web2.0是人与人的交互性日渐凸显的时代,在众筹出版界,内容"守门人"的角色也不再是出版社一家独大,作者、众筹者和出版社共同把持着内容"关",但也难免因为彼此利益冲突而矛盾重重,比如因作者与众筹者的文化背景、审美差异而产生一些图书异常火爆,一些却悄然无声的两级现象,进而逼迫许多优秀内容退出众筹市场,造成出版内容的千篇一律和雷同,或者产生出版社因为市场效益考量而不愿出版的情况。这些都是我国众筹出版发展道路上急需突破的瓶颈。美国2012年4月颁布的《创业企业融资法案》加入了有关"众筹"的准入制度、运营机制和法律责任等详细规定,② 也为我国众筹出版市场的管理提供了借鉴,如完善法律环境、引入第三方监督机制等。因此,我国的众筹出版依然有漫长而艰辛的道路等待探索。

(三)下游:实体书店转型与移动阅读终端热潮

在传统出版语境下,阅读并不是由读者一个人来完成的,而是伴随着油墨香、纸张质感、文本排版、字体和插图等元素共同实现的,这也是许多人认为传统出版不可替代的原因。数字技术发展日新月异,对数字媒介的依赖逐渐改变了人们的阅读习惯,碎片化、移动化的电子屏幕阅读挤压了纸书阅读的空间,传统出版的优势突然变成了数字化转型的阻碍,这也为出版产业链下游带来不小的震荡。多元竞争者的加入使得市场竞争格局更加复杂,新华书店在图书分销方面的优越地位被消解,而民营书店,亚马逊、当当等网上书城,多看阅读、淘宝阅读等电子书分销平台,Kindle、汉王等阅读终端以及中国移动、联通和电信等手机运营商推出的移动阅读平台等,都积极在图书市场中分得自己的那块蛋糕。

实体书店的转型是数字时代背景下的必然命题。在产业链下游,实体

---

① 张佑:《我们为什么不做众筹了?》,http://tech.sina.com.cn/zl/post/detail/i/2014-11-19/pid_8465272.htm,访问时间:2015年7月15日。
② 徐艳、胡正荣:《众筹出版,从国际实践到国内实验》,《科技与出版》2014年第5期。

书店把持着重要的图书销售渠道。新华书店作为我国国有图书发行单位,已形成覆盖全国的图书仓储、运输、购销网络,销售总额占国内图书销售市场的一半以上。民营书店自20世纪80年代进入市场化运营轨道之后,由于管理的灵活、对市场嗅觉的敏锐和精致化的购书体验等优点,成为图书市场中最具有潜力的分销商,像风入松书店、先锋书店、晓风书屋、季风书园等都是民营书店的代表。20世纪初电子商务的兴起催生了网络购书热潮,当当、亚马逊逐渐进入人们的视野,实体书店与网上书店的竞争日益激烈。网上书店由于依附虚拟的购书空间和高效的搜索引擎,成本低、种类多、查找方便,读者可以同时享受折扣优惠和送货上门的服务,从而分流了一大批地面书店的顾客,也令实体书店变得疲惫不堪。

然而,实体书店的经营疲软并不意味着未来图书市场不再需要地面零售商。这只是书店在数字化转型过程中阶段性衰落的体现。北京开卷信息技术公司发布的数据显示,尽管2012年全国地面书店图书零售首次出现1.05%的负增长,但2014年中,实体书店的销售情况却发生了改观,正以3.26%的速度增长,民营书店也在这一年实现了超过1%的增长速度。[①] 实体书店承担着一个城市的文化生态功能,是传播文化信息、引领文化走向、构建城市文明的场所,是城市文化的重要组成部分。只有适应市场需求,不断创新书店的经营思路和商业模式,才能维持实体书店的可持续发展。

2015年7月,国务院印发《关于积极推进"互联网+"行动的指导意见》,鼓励将互联网创新成果进一步深入各行各业,从内部实现传统理念与互联网思维的融合,打造新的经济增长点。实体书店的优势在于真实立体的消费体验,应该在优化线下体验式服务的同时,积极拓展线上业务链,实现书店+互联网的新型商业模式。如利用微博、微信开展新书宣传、图书预订和在线购买等服务,推广"网订店取""网订店送"等新的商业模式,形成线上线下的有机结合。[②] 现代地面书店需要突破单一的运

[①] 杨伟:《2014年中国图书零售市场报告》,http://www.openbook.com.cn/Information/2240/3391_0.html,访问时间:2015年7月17日。

[②] 《孙寿山谈数字出版:融合引领创新 创新驱动发展》,http://tech.sina.com.cn/i/2015-07-16/doc-ifxfaswf7399933.shtml,访问时间:2015年7月17日。

营方式，强化复合发展、融合发展，采用"书店+"的思维，将书店购书与其他业务结合，如"书店+咖啡吧""书店+互动讲座"。台湾诚品书店是复合营销的典型，图书销售只是其业务之一，而文具、家具、化妆品、手工艺品和美食广场等其他销售业态成为拉动图书销售额协同增长的不可小觑的动力。

诚如麦克卢汉所言，媒介是人身体的延伸。随着媒介发展，移动终端成为与读者关系最密切的阅读工具。由于直接面向读者市场，任何一款电子阅读器莫不服务于个人感官体验，以创造最舒适的阅读环境。电子阅读器集选书、购书、读书于一体，相当于一个随身的微缩图书馆或书城，不仅打破了传统阅读消费行为的时空屏障，在对实体书店产生冲击的同时，也宣告新的阅读时代的到来。然而发展并非一帆风顺，汉王电纸书、盛大Bambook等各种各样的阅读终端曾经千帆竞发，2010年汉王电纸书阅读器销量到达巅峰，这种发展势头并没有保持太久，很快因更新速度较慢、内容资源不足等缺陷被Kindle抢占了市场。Kindle一方面能够依托亚马逊丰富的内容库，除了从传统出版单位购买的图书版权外，还有自营的内容市场；另一方面采用先进的电子墨水屏技术，它本身不靠电池来驱动，待机时间能达一个月，内容呈现方式依靠反射光，能最大限度地还原纸书的阅读感受，带来独特的阅读体验。可见，仅凭终端一头"热"无法持续推动电子书阅读市场发展，只有"内容+终端"模式才能始终保持对读者的吸引力。

手机运营商进军电子书阅读领域是不可避免的趋势，智能手机发展速度之快使其具有代替专业性阅读器的潜能。2009年，国内三大移动网络运营商中国电信、移动、联通进军电子书行业，分别组建和阅读、天翼阅读与沃阅读基地，到2015年上半年，中国移动手机阅读品牌和阅读占到了移动阅读市场份额的一半，其势头可谓猛劲。中国移动在强大的手机用户群体基础上，通过与作家、传统出版机构、数字出版公司、原创文学网站等合作引入电子版权，目前已拥有近500万本的图书、杂志和漫画等内容存储量，并推出"精品图书包"等相关业务，承担了"选书人"的职责。在网络小说领域，为了能加快内容更新速度，和阅读基地改变以往"续传"方式即依靠网站进行内容审核与手工传输,而是当小说在文学网站上首更后,通过自动抓取内容,将小说未经审核之前的"抢先版"登载到 APP 前台发布,同时由后台编辑进行内容安全信息校对,审核之后再将安全无误的内容重新覆盖原有内容,从而保证内容上线的速度和质量。手机运营商扮演着渠道商的角色,是内容的集成者而不是生产者,这个角色定位决定了其先要在内容数量上做文章,然后提高内容质量,同时不断更新技术手段,提升 APP 使用的舒适度与便捷度,将手机阅读作为手机一项重要业务进行推广宣传,培养广大忠实用户。

三 数字出版商业模式的探索与建构

20 世纪 90 年代,在市场经济的刺激下商业模式的概念开始为人所熟知并广泛应用。人们对于商业模式的探索伴随着数字技术和 IT 产业的发展降低了信息加工、传输、共享的成本,使产业运作更加灵活高效,也为企业探索多样化的经营方式提供了更大的选择空间。总体而言,商业模式是基于对企业发展的整体性考量为企业搭建的一个有关如何进行商业运作的系统,其中包含参与产业链中的各部分活动主体,最终指向是实现持续性的发展与盈利。教育出版、专业出版、大众出版是目前出版界对出版市场的主要门类划分,三种类别的出版物在图书内容、读者受众和销售策略上各不相同,所对应的商业模式也千差万别。本部分将分别对三大出版类别的商业模式进行系统概述,以此为基础实现对移动阅读领域数字出版商业模式的整体把握。

(一)教育出版:集团化资源整合与 O2O 商业模式

教育出版是三大出版领域中最为标准化、程式化,所占市场份额最大的出版类别。我国现有的教育体制、教育理念与庞大的学生群体,决定了教材教辅类图书依然是传统出版单位的利益龙头,教育出版的市场潜力十分巨大。从理论上看,教育出版应是与数字技术契合度最高的出版活动,

附录　中国数字出版发展对策研究报告

这是由教育的特性所决定的。教育是一项为满足个体身心发展需求而进行的社会行为，具有互动性、立体性和多元性。单纯地以图书为辅助的平面化授课教学模式日渐显出弊端，而一种更加个性化、专门化的服务性质的数字教育模式则显出其价值。

出版作为教育的载体，承担着教育数字化转型的重任。2010年国务院通过《国家中长期教育改革和发展规划纲要（2010—2020年）》，将建设数字化教育服务体系纳入国家信息化发展战略，也为教育出版提出了新的发展命题。在数字化时代中，教育出版的外延非常广泛，突破了传统意义上以纸张为单一媒介的图书印刷而向电子音像、互联网等多媒体内容呈现方式延伸，以"点对点"的教育服务取代了"面对点"的平面阅读，解放了载体对内容的束缚，激发了出版单位从"出版商"到"教育服务商"的过渡，"在商业模式层面，转向个性化定制、一站式解决方案等服务模式"[1]。

国外教育出版巨头在数字化商业模式的成熟度上远高于我国，一般通过集团优势整合教育资源，基于"内容＋终端"的出版理念进行相关产品开发和服务升级。作为全球领先的内容提供商与数字技术服务商，培生教育集团通过企业并购与重组，依托旗下的众多教育品牌，如朗文、Prentice Hall 和 Addison Wesley，在产业链上游掌握着优质的教育内容，并且除出版纸质教科书外，还积极推广电子教材、有声教材等数字出版业务，同时将服务链向中下游扩展，为学校或教育机构提供在线教学服务及数字化管理平台，实现了产业链的整合运营。为拓展销售渠道、创新销售方式，培生发布了"PearsonChoices"教育服务，其中包括高品质印刷和数字资源，以 MyLab 及 MyLab Xpress 为代表性产品；可选择性印刷版本；适应不同课程目标的定制化教科书与媒体资源；SafariX 电子教科书等服务板块，在满足个体需求的同时保证内容的权威和专业。[2] 其中，作

---

[1] 郑豪杰：《从产品到服务：教育出版商业模式创新》，《中国出版》2011年第13期。

[2] PearsonChoices，http：//www.aw－bc.com/newpearsonchoices/index2.html，访问时间：2015年7月25日。

为配合高校教材学习的软件包，MyLab 已覆盖全球 1100 多万人的用户群，致力于为学生提供在线学习指导，提高对教材使用的专门化和灵活度，如开设 Ciccarelli 教授的心理学课程，同时在亚马逊出售配套的《心理学》教材，时至今日依然非常畅销。① 此外，培生教育还开发了适于高校远程教学的 Pearson eCollege 学习平台、OpenClass 公开课平台，将线上教学与线下学习紧密结合，极大地增强了学习的自主选择性和自由度，节约了时间成本和价格成本。

国外教育网络平台的运营主要依靠集团化发展带来的资源整合和科技支撑，从而有能力同时抢占产业链上、下游的话语权。而我国教育出版集团化发展还只是起步的阶段。中国教育出版传媒集团作为我国首家大型出版传媒集团，由高等教育出版社、人民教育出版社和语文出版社等出版单位组建成立，隶属于教育部，主要进行教育出版物的编撰发行及相关教育产品的研究。然而其出版理念依然更多地向传统出版方面倾斜，各个出版单位依然在各自领域拓展，"集团"的优势并没能有效地发挥出来，数字化转型成果也十分有限，多是简单地将纸质文本的载体进行了更新，没有实质性地数字化创新与突破。我国的教育出版应加强内容资源整合的力度，不断创新出版商业模式，通过与技术商的合作来创建数据库、教育资源网络平台，集中优质内容，提供点对点的个性化服务，将出版升级为一项可持续的服务。我国的一些民营网络公司在教育出版的 O2O 模式探索上相比传统出版单位更加活跃，如百度和阿里巴巴分别推出的百度教育、淘宝同学，腾讯的 QQ 教育和腾讯大学等在线教育产品，将文字、图片、音频、视频等多媒体元素结合在一起，吸引了一些网络流量，但总体上因缺乏充裕内容和体系化管理而存在短板。只有掌握上游资源的出版单位与把持中下游技术和渠道的服务商进行充分的合作，才能共同推动教育出版的数字化转型与发展。

培生教育集团突破了传统的以纸质教材发行为主要业务的经营方式，转向以服务为核心的 O2O 商业模式，这也是国际教育出版的发展趋势。

---

① 刘芳芳：《培生教育出版集团发展给中国的参考》，《中国传媒科技》2014 年第 19 期。

线上至线下的 O2O，目前较多地应用于电子商务领域，通过网络平台汇集海量信息，满足不同层级用户多方面需求，将在线选择与虚拟支付变成现实的产品或服务，充分做到在线择选与线下消费的配对。在教育出版产业中，O2O 的外延更加广泛，凡是涉及线上线下交互的教育教学都能够纳入其中。像麦格劳·希尔集团的免费黑板服务，借助网络平台为教师提供免费 WebCT 系统，方便教师融合线上与线下的教学管理。基于移动互联网的发展与微信兴起，二维码的广泛使用为教育出版的 O2O 模式提供了发展之可能。例如在纸质教材中嵌入二维码，借助移动客户端，如智能手机、平板电脑等，通过特定 APP 扫描，获得相关知识点的解读及扩展。每一个二维码对应着与题目或知识点相关的视频、测试题、讨论区，从而帮助用户及时巩固知识，延伸知识面。"开课吧"是慧科教育 2013 年成立的泛 IT 在线教育平台，所研发的"跃读"产品正是通过扫描二维码的方式进行 O2O 实验。二维码中包含的不只是文字，还有视频、社交平台和书友会等多种学习资源及交流社区，超越了以往平面化的学习体验，提升了学习的交互性。

我国教育出版已走到数字化转型的关键期。据开卷《2014 年中国图书零售市场报告》显示，教材教辅类书籍占纸书销量比重的 25.5%，位于所有细分市场之首，而在网上书店则只占 7.7%，远居社科类图书之后。[1] 纸质图书依然是我国教育出版的主流，但在数字技术日新月异的今天，教育出版同样需要开辟数字领域的蓝海，为我国教育事业的繁荣发展奠定坚实的基础。

（二）大众出版：基于移动终端的平台开发与社群营销

大众出版是与人们日常阅读行为关系最为密切的一项出版活动，它与大众文化相生相伴，出版范围包括各类小说、非小说大众读物，如财经、文学、艺术和政治、健康等，主要为契合大众的普遍性审美与阅读需求。

---

[1] 《2014 年中国图书零售市场报告》，http://www.openbook.com.cn/Information/2240/3391_0.html，访问时间：2015 年 7 月 26 日。

当前的大众出版一般以畅销书运作为重心，从图书的选题策划到最后的发行营销皆围绕着读者进行，买方市场的作用愈加凸显。特别是当"80后"、"90后"这一批年轻人走向社会舞台的中心，成为社会发展的主力军，他们在心智成熟度、知识面和兴趣选择等方面显示出自身的发展特点，更容易接受新鲜事物，也是新技术、新产品的最先尝鲜者。大众出版应该敏锐地嗅到读者群体的变化，并不断调整自己的前进步伐，以适应社会发展的节奏。

大众出版的数字化转型需要基于读者需求与技术发展而在商业模式上有所创新。由于以智能手机、平板电脑为代表的移动终端的广泛使用，人们逐渐进入一个"私人媒介"掌控的时代。这些私人媒介一方面主动介入日常生活，另一方面也在不断强化个体对媒介的依赖和感觉功能的延伸[①]，通过个体私密空间的塑造，让阅读趋向私人化、轻型化。大众出版在数字化转型过程中必然要依托移动终端，在扩展数字内容资源规模的基础上，通过与技术服务商合作或者自行研发移动阅读平台系统，发展线上读者群，增加内容发行渠道。

APP是内嵌于移动客户端中的应用程序，具有成本较低、互动性强、市场投放精准度高、用户黏性大等特性。在大众出版领域，APP的开发集中了传统出版社、原创文学网站、互联网公司、通信运营商等各类数字出版产业链上的角色参与，但在百花齐放的同时也显露出质量的参差不齐。从2012年开始，越来越多的传统出版社试水APP市场，如中信出版社上线"中信尚书房"，立足于高品质正版图书的在线发行，除名家名作外还包含旅游、地图、健康等领域的大众畅销图书；"中国风""敦煌""华师少儿"是华东师范大学出版社推出的三款主要的APP产品，后两者主要面对海外市场。但这些APP并未给出版社的转型带来"春天"，多因内容缺乏特色、操作体验不佳而流失了很多读者。相反，对于一些互联网民营公司来讲，技术研发与创新方面的灵活度更高，如唐茶字节社可以说在用户阅读体验上做到了极致，界面简洁流畅，排版紧密舒适，内嵌"信

---

① 周志强：《"私人媒介"与大众文化的裂变与转型》，《文艺研究》2007年5月。

附录　中国数字出版发展对策研究报告

黑体"，充分适应中文图书的电子屏呈现。然而值得思考的是，高调打出"用户体验"旗帜的字节社却在以后的发展中频频受挫，不仅缺乏充足的图书资源，而且由于过分追求细节导致上架图书"烂尾"或新书发布周期过长。内容与技术是不可偏颇的两个端口，数字出版的价值绝不是单纯的海量内容或技术开发就能覆盖的，那种超越纸书的阅读体验需要产业链各个方面资源的整合与贯通。

尽管 APP 表面上看只是承载内容的工具，但实质上却包含着一种全新的出版理念，即利用数字技术，将扁平化的内容变为多媒体、多感官协调运作的立体呈现。这一理念对于童书及绘本的数字出版更具有参考价值。"瓢虫"和"森林"是其中做得较为成功的两款 APP 应用，它们由国内的接力出版社与法国的伽利玛少儿出版社共同制作完成。"瓢虫"是根据法国儿童科普读物"第一次发现丛书"《七星瓢虫》而改编的童书 APP 中文版，孩子们可以在其中喂瓢虫吃东西、与瓢虫玩耍，在游戏、娱乐、互动中学到相关的科普知识，让内容变得立体而生动。另外，在 2013 年的北京图书博览会上，台湾联合线上的"Udn 读书吧"与墨色国际开发几米绘本《向左走向右走》APP，将静态的绘本图片变为动态的虚拟场景，并配以原创音乐，全方面调动个人感官；读者还可以自定义场景顺序、时间轴、剧情发展，满足读者在阅读中的交互需求。① 数字出版强调数字技术在出版领域中的充分利用，增加吸引人眼球的技术环节，能够让大众出版的形式更加丰富多彩。

基于移动互联网的连接作用和聚合效应而进行社群营销体现了大众出版与时代的呼应。微博、微信等社交平台通过个人兴趣爱好对受众进行分类，让信息的传播因社群圈子中成员彼此的价值认同而实现效益最大化，受众获得信息的方式也更加直接快速。对于大众出版而言，运营微博、微信平台既能够提高读者对出版图书以及出版社的关注度，以精品、畅销图书构建出版社品牌，也能够开发新的内容资源，拓展销售渠道，甚至创新原有的出版商业模式。由博集天卷文化传媒有限公司出版的张嘉佳《从你

---

① 《几米〈向左走向右走〉电子书首发 3 种阅读模式》，http：//book.sohu.com/20130902/n385662525.shtml，访问时间：2015 年 7 月 20 日。

的全世界路过》之所以能占据 2014 年畅销书榜首，原因之一在于微博上积淀的大量粉丝，他的"睡前故事"系列转发量过百万次，阅读量超 4 亿次，出版之前就获得了极高的人气和潜在的购买人群。在这里，民营出版公司显示出对畅销内容更高的敏锐度，当"睡前故事"刚刚流传于微博时，博集天卷就抢占先机与作家签约，正式出版前通过在微博上发布预售链接进行新书预售，不断刷新人气。最后打通线上线下销售渠道，在亚马逊、当当和京东等各大电商平台进行销售，同时在地面商店进行上架宣传，6 个月热卖 200 万册，该书创造了近 10 年以来单本畅销书销售的新纪录。

  基于社交平台的开放多元，传统出版单位应该学会放低姿态，积极与产业链中下游服务商开展合作，不断扩大客户量，吸引潜在客户加入。时代华语公司在余秋雨的新版《文化苦旅》销售模式上首次试水微信售书，4000 册签名本图书仅上线 3 天就全部售罄。这一方面得益于作家的影响力，另一方面来自微信朋友圈的传播力与感染力。通过微信售书能够打通读者、作者与出版社的沟通渠道，使三者之间的互动交流可视透明。中信出版社、北京联合出版集团等多家传统出版机构加盟互联网自媒体"罗辑思维"微信商城，出售特别定制版本的图书，即对原有版权范围内的图书进行重新包装与销售，例如新书《疯狂的投资》和《爱因斯坦传》等的装订乃是羌背工艺，全部由线装手工作业完成，解放了双手。在电子书盛行的阅读环境下，纸书以一种更精品、更优质、更有收藏价值的面貌进入了竞争市场。"罗辑思维"致力于建立有效的社群连接，出版机构借助该平台社群的"东风"，迅速集合了大量的读者群。中国工人出版社推出《战天京》一书，刚出版时销量惨淡，在节目中被"罗胖"倾情推荐并独家出售后，上线仅 70 个小时 2 万册就售罄。"罗辑思维"特别设计制作的单价 499 元的图书包，其中包括如《精子战争》《神似祖先》和《中国国民性演变历程》等十分小众的图书，也在之后的销售中获得了业绩增长。

  面对新媒体带来的压力，出版产业的现实状况是"酒香也怕巷子深"，如果不能有效地开展数字出版业务，进行融媒体宣传推广，抓住社群的心理期待搭建服务平台，那么只能面临萧条甚至被淘汰的命运。紧密围绕社群进行图书经营，使社群购买者成为新的传播源，以良好的社群口碑向圈外扩散，对于大众出版而言是值得参考的商业模式。

(三)专业出版:数据库平台建设与按需印刷

专业出版以为读者提供专业知识为目标,以特定专业领域为出版对象,通常包括财经、法律、专业和医学四类,后两者也被称为 STM(科学、技术和医学)出版,即科技出版。专业出版相较教育出版和大众出版来说,受众面更为狭窄,但市场定位也更加清晰,这一方面有利于在数字化转型过程中进行角色重塑,特别是在我国专业出版专业化不足的背景下,专业出版能够借助数字平台加强对专业内容的强化和补充,提升对关联知识的整合度,形成系统性的知识结构,充分发挥数字出版可以容纳海量内容的优势;另一方面对于一些大部头专业丛书、工具书来说,内容数字化能够为读者提供便捷的查阅平台,也有利于对专业知识进行及时的维护和更新。

专业出版在数字产业链中可探寻的商业模式主要有两种:一是围绕专业内容搭建数据库,二是结合用户需求开展定制服务与纸质图书的按需印刷业务。同其他出版活动一样,专业出版的数字化转型离不开对资源的有效利用与整合,通过数据库平台开展行业互动融合,将某一领域的专业知识集中呈现,这已在国外专业出版行业实现了较为广泛的应用,如爱思维尔出版集团研发的 ScienceDirect 数据库、施普林格的 Springer 数据库和约翰·威立的 Wiley InterScience 数据库。受限于技术水平和集团化运作不成熟,我国专业数据库建设的话语权更多地向技术商方面倾斜,出版社、杂志社的独立性较差。此外,由于缺乏统一的行业标准和规范,数据库市场发展不均衡,用户体验较差,例如 CNKI 和维普数据库使用自己研发的阅读软件,万方则使用国际通用浏览器,由不同数据库下载的文献格式不一,兼容性不强,导致需要进行跨库检索的读者不得不安装各式各样的阅读器,一定程度上阻碍了学术资源的共享与交流。因而,专业出版的数据库创建既需要出版机构与技术商的合作推动,也需要依靠政府部门的行业监管与政策引导,助力科学合理的标准体系建设,保证学术交流的快捷无碍。

因为专业出版属于小众出版,从理论上讲更容易实现定制服务。自然出版集团旗下的 Nature 杂志在自建的数据库系统中，根据用户的阅读、检索历史对其提供相应的内容推荐等服务。当"多元"成为时代发展的关键词时，获取知识的途径和速度更为优化，专业知识的受众也不再局限于专业人群，越来越多的普通读者同样有了解相关知识的渴求。这就需要专业出版社进一步进行市场细分，通过对内容进行多层次开发，形成对不同层级读者群的对口内容输出，延长内容的价值链。出版产业化的实质是由单一的内容制造向多元的服务输出转变，向提供具有丰富服务内涵的产品甚至是解决方案转变。出版单位要有效挖掘产业链上的用户需求，通过网络平台进行业务升级或重组。人民军医出版社在医学专业知识出版基础上，借助自建网站开通新书快讯、畅销排行、期刊订阅等栏目，栏目之下又链接具体内容，如"中医"下设中医临床、中医理论、中医歌诀等相关图书信息，在交互性和趣味性中满足了读者的多元需求。"工具书在线"是商务印书馆开发的一款用于工具书搜索的数字产品，是具有图像、文字、声音、视频等多媒体功能的数字出版平台，利用多媒体元素有效提升了用户体验。

有些专业知识的更新周期长、变化少、受众过窄，图书出版后发行量小，一旦绝版、脱销后很难再次印刷。为了满足这类图书的出版需求，可以采用按需印刷（POD）的方式，既能减轻出版商的经济压力，又能延长图书的生命周期，满足少部分读者的购买意愿。我国的按需印刷服务方兴未艾，如成就最为突出的江苏凤凰数码公司，通过与技术商合作，采用亚洲首条连续喷墨全连线数码 POD 生产系统，具有从编辑、校对到排版、印刷各生产流程的操作功能，[①] 实现了按需印刷的专业化、流水化管理与操作，塑造了"出版＋印刷"的新型商业理念。2015 年年初，作为国内最大印刷机研发制造基地的北人集团公司与中国新闻出版研究院签署合作协议，其合作领域包括按需印刷的理论研究、设备制造和商业模式等，[②] 无疑对促进我国按需印刷市场的成熟、升级有推动作用。在

[①] 王勤：《大恒数码掀起按需印刷新浪潮》，《中国新闻出版报》2013 年 1 月 8 日第 3 版。

[②] 马莹：《按需印刷出版，迎春劲风吹来》，《中国出版传媒商报》2015 年 2 月 27 日第 1 版。

专业出版领域，学林出版社于2014年8月正式开通"人文社科学术著作自出版平台"，所上线的数百本学林图书已经没有库存，读者如果需要可以在线下单，由出版社"一本起印"、快递发货。因而，以客户为中心，面向特定人群的信息定制服务对于专业出版来说是有效的商业运作方式。

在教育出版、大众出版和专业出版领域，数字出版商业模式既有共性也存在差异。一方面，鉴于网络中的海量内容，各出版领域对于整合资源的需求增多，完整合理的内容平台或数据库创建迫在眉睫；"内容+终端"的模式成为业内的共识，传统出版和新兴数字出版、出版产业链上游与中、下游的合作更加密切。另一方面，三大出版领域在内容、读者定位、市场选择等方面各有侧重，O2O模式在教育出版市场的推广增加了教育教学的交互性和对口性，大众出版的受众面广而更倾向于利用社交平台与社群效应延伸价值，专业出版则因狭窄的读者群体更需要在定制化与专门化方面做文章。只有把握共性、凸显差异，才能保证我国数字出版各领域的协同发展。

四 交融与叠加：面向移动阅读的多元商业模式

传统图书出版业一般通过码洋等一系列概念核算其产值，移动阅读时代的数字出版产业链的产值已经不是简单传统的码洋概念可以估算，这也反映了数字出版商业模式对传统"出版社—书商—读者"线性交易流程的颠覆，不论是在线阅读收费、广告投放收益还是IP资源的多形式开发，都远远超出了码洋的范畴。成功的数字出版商业模式是阅读与消费、尊重版权与知识共享、经济效益与文化传播的统一。

厘清数字出版商业模式的类型，首先需要认识数字出版商业运作的主要过程与主体，包括数字出版内部与外部。其中内部包括作者、数字内容、数字出版加工服务、数字产品、数字阅读服务、阅读终端、读者（参考图1）。由于互联网时代不同产业的互动性增强，其他产业组成了数字出版商业模式的重要成分，特别是广告商支付的高额广告收益已经成为一些商业模式的主要利润来源。收入源、收入点、收入方式是一般商业模式

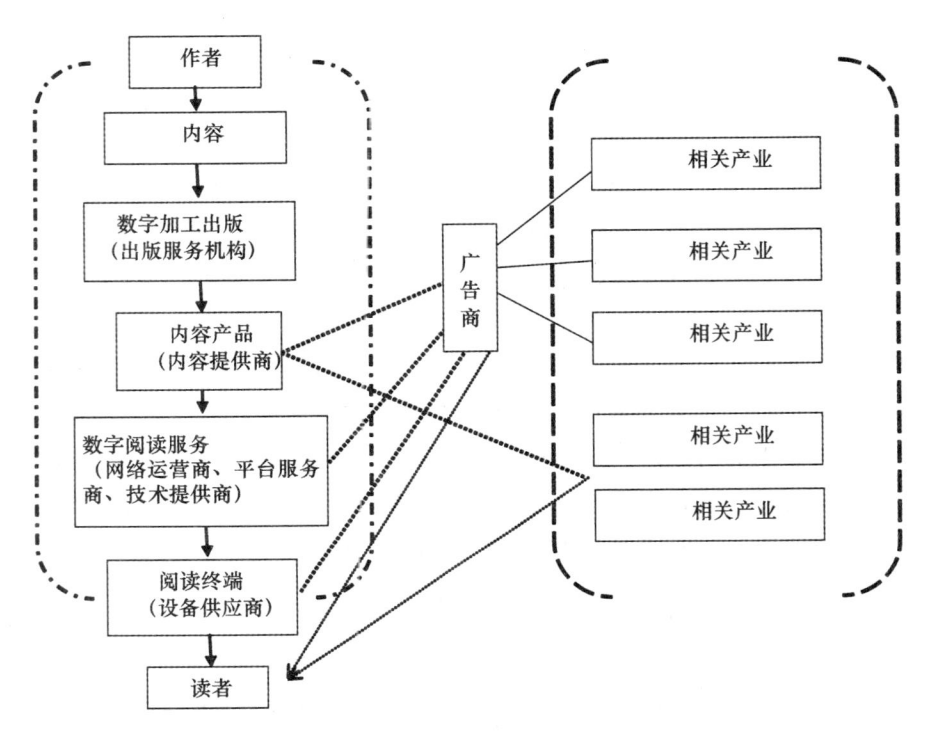

图 1　数字出版产业内外部构成

解析后得到的主要功能模块,其中收入源是商家用以获取收入利润的内容(产品或服务),收入点是为收入源内容付费的消费者,收入方式是指企业获取收入的手段,包括定价方式、付款方式、付款时间、促销策略等。[①]从图附—1中可以清晰地发现,作为商业模式最终收入点只有作者和读者,而进行数字出版加工、产出数字产品、提供数字阅读服务和阅读终端的出版企业以及与出版业相关联的广告商和相关产业,都是从整个商业模式中获取利益的。以此分类,数字出版商业模式分为数字出版内部与内外互动两大块。在内部,从数字加工出版、内容产品到数字阅读服务、阅读终端,每一项都可以是出版企业实现盈利的点,即收入源;在外部,周边

---

① 原磊:《商业模式体系重构》,《中国工业经济》2007 年第 6 期。

衍生和交叉补贴是内部出版企业和相关产业实现盈利的途径。目前国内许多实现盈利的出版企业以延伸产业链角色、跨领域合作的方式达到编辑加工、内容产品、平台服务、终端设备、广告和衍生产业等多种收入源叠加的模式来满足消费者全面的阅读体验需求，而不同的收入源叠加之下又会出现各异的小模式，因此大模式套小模式的复合结构已成为商业模式的外在呈现。

本部分以内外部为界，分析不同收入源、收入点组合的商业模式类型，包括基于作者收入点的"数字加工出版＋数字阅读服务"型，基于读者收入点的"内容产品＋数字阅读服务"型、"内容产品/数字阅读服务＋数字阅读终端"型、线上线下IP产业互动模式和广告租赁模式。"数字加工出版＋数字阅读服务"型下分开放存取期刊模式、在线网络自我出版模式，"内容产品＋数字阅读服务"型下可分数据库模式、在线付费阅读模式、在线教育模式，"内容产品/数字阅读服务＋阅读终端"型下分电子阅读器模式、移动增值服务模式、平板电脑模式。不同出版企业掌握的资源不同，导致其收入源也千差万别，这种多收入源叠加的商业模式态势也对产业链各主体相互协调合作提出了必然要求。

（一）产业内部商业模式

1. 作者收入点"数字加工出版＋数字阅读服务"型

这类模式中，作者希望自己的内容作品通过数字化的编辑加工方式成为图书或是其他形式的数字内容产品，出版企业提供在线出版、存储服务，向作者收取一定的服务费。选择这种模式的一般是学术期刊或个人著作出版。

（1）开放存取期刊模式

开放存取（Open Access）指的是学术期刊以免费的形式向公众开放，可供检索、下载、使用、复制和打印等"数字阅读服务"，著作权仍归作者所有。提供开放存取期刊服务的出版商向论文的发表作者收取论文的处理费用，通常也由论文作者的所在机构支付，即面向作者的以"数字出版加工"获利。开放存取是兴起于 20 世纪 90 年代的新型"开放""共享"的出版理念，开放存取出版在国外已是重要的数字出版形态，例如瑞典伦德大学图书馆的开放存取期刊目录 DOAJ（Directory of Open Access Journals）收录开放存取期刊 5511 多种。在国内，2011 年 3 月一项的调查显示，有 32% 的科研人员认为 500 元是在开放存取期刊上发表论文的可承受费用，40% 选择 500—800 元。① 国内首家"开放获取"网络平台便是由政府出资，按每刊 2000—3000 元的标准收费。开放存取期刊是为了学术交流而非商业目的，但也可以是一种商业模式，只是盈利有限，由于不是从读者处获取利润因而有人把这种模式形容为"受众无限，收益受限"。② 开放存取以作者付费、读者免费的信息服务方式，为学术交流、内容获取和在线出版搭建了系统性的平台，有利于学术开放和作者版权保护，将会成为我国学术期刊乃至数字出版重要的商业模式。

（2）在线自我出版模式

一些作者希望绕过烦琐的传统出版社图书出版流程，或是自我体验、控制出版活动，通过向出版企业支付一定量的费用以使用其在线出版业务完成自己的图书出版，出版企业仅仅只是提供了专业的流水线出版服务，即"数字出版加工"。作者可以自主地选择出版的方式和形态，相较将书稿交给传统出版社，在线自我出版模式更便捷自由，且作者自己成了图书的销售者，他获得的版税也将更高。这种出版方式除了适用于希望自行控制自己图书发行销售的作者，对于那些并没有强烈的获利目的，把自己的作品出版看作自我肯定和荣誉、限于小范围分享的作者，也不失为绝佳的选择。例如一些人把自己的心得经历制作成图书，但并不想大量发行，而是在家人朋友之间分享阅读；小众成功人士希望自己的奋斗历程可以成书

---

① 方东权、吴天吉、王琼：《国内开放存取研究进展及主要问题探析》，《图书馆论坛》2011 年第 4 期。

② 和岳：《中国科技期刊出版面临数字化转型》，《北京商报》2011 年 5 月 9 日第 A5 版。

出版,自行承担相关费用,视出版个人书籍为人生的自我肯定与荣誉,流程烦琐、耗时久的传统出版大大限制了他们的出书行为,而在线自我出版模式克服了这种困难。出版企业成为出版的中介人,以收取服务费实现盈利,在注重个性化、体验感的移动阅读时代,势必有越来越多的人会尝试这种出版方式。

兰登书屋的 Xlibris 主要为单个作者提供在线网络出版以及营销助理服务,其网站上提供的服务有黑白出版、全彩色出版、专业出版、编辑功能、附加服务和市场营销六种形式。作者首先需要支付 499 美元的基本服务费,另外不同版面设计、装帧设计需要支付不同的额外费用,包括版式风格、编辑和营销等全方位服务。国内知识产权出版社的"来出书"平台于 2014 年 3 月上线,该在线平台能够做到书籍的投稿、校编、发布的全程服务,秉承"既为专家学者服务,同时帮助平民、'草根'实现出书梦想"的宗旨,上线一年就带来了 760 余万元的收入。[①] 缺点是作者个人对图书负责,自然少了专业编辑团队和发行销售团队的支持,有市场潜力的内容资源难以规模化开发和重复利用。然而,不管是国外还是国内,自助出版仍不是出版产业链的主流,虽然简化了出版流程、加强了作者个人参与度,但缺少了"编辑"一环,自助出版物的品质无法保证。这就要求在自助出版环节中加入出版机构的支持,如利用外包的形式将稿件放到出版社编辑部进行审核;或者通过建立统一的自助出版集成管理平台,最大限度地优化出版物内容质量,让图书市场能够健康合理可持续地运行。

2. 读者收入点"内容产品+数字阅读服务"型

以读者为收入点,是从读者处获得经济收益,"内容产品+数字阅读服务"是读者对唯一的内容产品及平台、付费方式、互动等优质服务付费以使出版企业获利的商业模式。其特点有内容为主服务为辅,服务为主内容为辅,或是内容服务并举兼而有之。

[①] 李彦:《自助出版平台,你们过得还好吗》,《中国新闻出版广电报》2015 年 7 月 27 日第 8 版。

（1）在线付费阅读模式

读者在线阅读作品或下载到 PC 上离线阅读，数字出版商通过收费墙的形式使读者支付相关费用，出版企业以此获利，"内容产品"为主、"数字阅读服务"为辅是该模式运作的基本原理。在国内，盛大文学是这一模式的最典型代表。盛大文学如今"拥有 500 万部网络和传统畅销书，1000 余种电子期刊，100 多万名作家在线写作，每日更新超过 7800 万字"[①]，是国内最大的网络原创文学网站，内容资源丰富。小说《鬼吹灯》于 2006 年始连载于起点中文网，其网上的阅读量将近 2000 万次，《裸婚》《请你原谅我》和《后宫·甄嬛传》等红极一时的小说也均连载于盛大文学旗下网站。

与庞大的内容资源相配合的是人性而完善的付费制度。读者可以借助云中书城网站、智能手机、平板电脑和盛大 Bambook 电子阅读器等，在云中书城获得电子书、在线连载网络文学、电子期刊等内容产品。所谓"微小支付"，是指对个别读者零散阅读消费而言金额非常小，但是读者规模庞大，盛大文学的用户量约为 1.5 亿户，占全国 6.18 亿网民的 24.3%。2013 年收入 12 亿元，其中付费阅读占 60%—70%，剩下的是广告和线下版权的收入。[②] 将在线付费阅读发展到如此规模的，全世界也仅盛大文学一家，从而得以在从 2009 年法兰克福图书博览会作为数字出版商亮相。

云中书城的正式独立运营，是盛大文学在"一人一书"电子书战略上迈出的重要一步。线上注册会员制度是盛大文学的获利渠道，这些会员既是网络文学的忠实读者，也是盛大其他产品（如纸质书、电子书）的潜在消费者。从 2013 年 7 月起，云中书城进行了结构调整，全面介入移动阅读业务，将云城 APP 与起点读书 APP 整合，不仅聚合了内容与技术投

[①]《盛大文学：聚变的力量》，《新经济导刊》2011 年第 6 期。
[②] 晏文静、许悦：《从 1500 万到 50 亿，盛大文学 10 年为何这么值钱》，投资界，http://news.pedaily.cn/201411/20141125374235.shtml，访问时间：2015 年 7 月 28 日。

入，而且让两款 APP 产品的用户合流，有利于实现规模效益。数字出版是出版产业中的一种新形式而不是公益活动，必须培养读者的付费思维和习惯，同时提高自身服务质量、扩大服务范围，让读者愿意付费、自觉付费，才能维持产业的良性运作。

（2）数据库整合模式

与在线付费阅读相比，数据库整合模式最大的特点是数据库平台并非作为原始期刊的内容生产者，而是集合了大规模的内容资源向读者开放的平台服务商。尽管机构、图书馆和个人等读者用户追求的是内容资源，但是他们真正支付费用的是平台提供的资源聚合功能，使用户享受到便捷优质的阅读体验。对于数据平台的服务商来说，"内容产品"是该商业模式的支持系统，"数字阅读服务"是收入源。国内数据库整合模式规模较大、运作良好的有龙源期刊、维普资讯、同方知网和万方数据等。

目前国内 90% 的学术文献由知网整合，囊括期刊全文数据库和优秀硕士学位论文全文数据库、博士学位论文数据库、重要报纸全文数据库、重要会议论文全文等，分为 7000 多种期刊、18 万本博硕士论文、1000 种报纸、16 万册会议论文、30 万册图书，数据库中心网站每日的文献更新量达 5 万篇，为读者提供了方便快捷全面的文献网络检索和获取平台，现有读者逾 4000 万名，日访问量超 2400 万次，论文日下载量 800 万篇，主要客户群体有公共图书馆、高校图书馆、学术机构和个人用户等，付费方式分镜像网站、包年使用权限、按页计费，2009 年三项收入分别为 2.03 亿元、2.31 亿元和 1500 万元。① 这一模式需要知网与文献资料提供商合作完成，知网通过交付文献提供商版税分成获得文献来源。

同样地，龙源、维普等期刊数据库也是以聚合零散期刊内容资源的数据库平台为读者提供检索、查询、阅读和下载服务，是互联网时代应运而生的商业服务形式——资源整合。一方面是内容整合，这些期刊数据库的本质是代替读者整合了互联网海量信息中的特定内容，即学术期

---

① 魏巍：《关于推进数字出版盈利模式发展的思考》，《经济研究导刊》2012 年第 7 期。

刊，并以主题、篇名、关键词、作者、单位和摘要等标签加以归类，读者可以通过数据库在规定范围内专注查找所需内容；另一方面是版权整合，期刊数据库与国内外各大学术期刊合作，把分散在各个文献提供商手里的期刊版权整合到统一平台之下，读者一次支付即可获得该平台（该付费项目提供的）所有期刊的下载使用权。因此，读者看似为论文内容支付费用，实际上是为平台提供商的整合服务付费。这也表明互联网时代大数据环境下，海量资源整合对数字出版的要求在于内容整合与版权整合，能够为消费者提供便捷优质的整合服务的数字出版商将占据产业的制高点。

（3）在线教育模式

在线教育（e-Learning）是互联网发展下出现的新型学习方式，通过网络技术、多媒体技术完成在线听课、网上写作业、互动学习、多媒体授学、网络测试和实时监督等教学环节。对于教育出版企业，在线教育是最理想的数字出版商业模式。在线教育模式中，"内容产品"和"数字阅读服务"是同等重要的，只有有好的学习内容才能有好的学习成果，而好的学习成果必然经由好的教学服务辅助，该模式下"内容产品"和"数字阅读服务"相辅相成，都是收入源。通过把教育资源以文档、图片、视频和音频等数字形式数据化，用户经网络在 PC、平板电脑、手机等终端上获取，在没有教室、教师和书本的情况下完成学习过程。这些教育资源包括教师上课视频、电子教科书、在线题库、在线测试系统和名师网上答疑等，既可以是 MOOC 这样的"大规模网络公开课"，也可以是一对一的订制课程讲授、学业辅导，既可以是学生个人使用在线教育服务学习，也可以是在学校、任课教师安排下学生统一使用在线教育系统。在教育资源与用户之间形成"一对多""多对一""多对多"多类型模式（见图附—2），满足不同用户群体的教育需求。在国际上，培生集团、麦格劳·希尔集团已经形成了相对成熟的在线教育商业模式，在全球拥有巨大影响力。

目前国内在线教育也有着巨大的市场，艾瑞咨询提供的分析表明，中国在线教育市场规模在 2013 年已经超过了 800 亿元，而 2017 年则将逼近

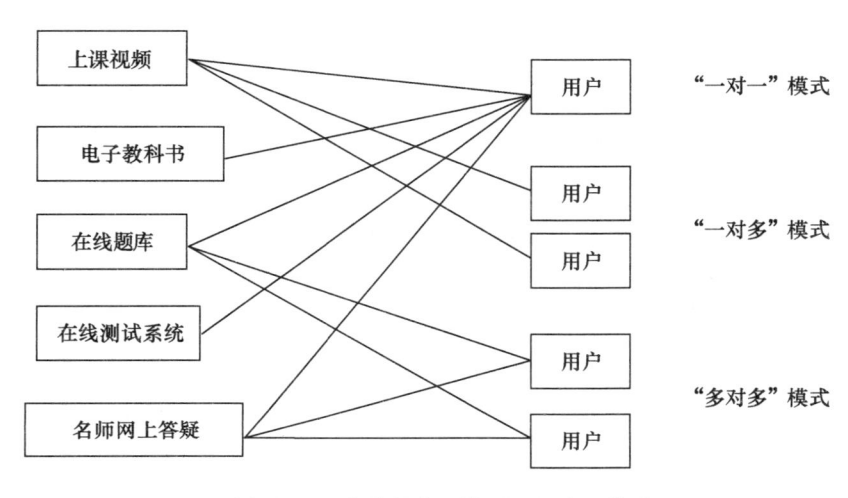

```
上课视频 ──┐
电子教科书 ─┤        用户       "一对一"模式
在线题库 ──┤        用户
在线测试系统┤        用户       "一对多"模式
名师网上答疑┤        用户
                   用户       "多对多"模式
```

图附—2 在线教育"资源—用户"模式

2000 亿元。不管是传统教育出版社还是新兴在线教育企业，纷纷来争夺这块"未来几年内数字出版领域的最大一块蛋糕"。传统教育出版社中，高等教育出版社、外研社、人民教育出版社数字化转型和在线教育模式成绩突出，高教社很早就开始了数字化教育内容资源的进程，创立了 4A 网络教学平台和"学习卡"模式，旗下中国大学生在线有 200 多万名大学生用户，爱课程网承载了包括上千门中国大学视频公开课和 5000 门国家精品资源共享课。新兴在线教育企业方面，中文在线和清华大学合建的学堂在线，截至 2014 年 7 月，总人数已经突破了 22 万人；一起作业网是目前国内最大的小学生在线作业平台，覆盖了全国 31 个省份的 3 万多所小学，小学生用户 700 多万户，小学老师用户 30 多万户。① 在线教育无疑将成为未来数字出版教育领域重要的商业模式，这也是源于信息化时代人们对高效、便捷、个性和服务的内在需求。

3. 读者收入点"内容产品/数字阅读服务＋阅读终端"型

移动阅读终端是指内置移动通信模块，可通过移动通信网络接入至数

---

① 申凤霞：《在线教育扛起数字出版大旗》，《出版人》2014 年第 8 期。

字出版企业的阅读服务平台,利用电子油墨(e-Ink)等显示技术进行图书、期刊在线阅读或是下载内容离线阅读的电子设备。[①] 时下使用面较广的阅读终端有电子阅读器、手机和平板电脑,并以此形成了三种不同的终端阅读器商业模式。以亚马逊 Kindle 为代表的电子阅读器、国内手机移动增值服务和以苹果 iPad 为代表的平板电脑,是三种以"阅读终端"为基础,分别以内容、服务、终端为收入点的同型不同类商业模式。

(1) 电子阅读器模式

亚马逊推出的电子书阅读器 Kindle,拥有无线上网、听读、浏览图像和个人图书馆等多种功能,面世第一年就售出 50 万台。消费者可以通过 Kindle 连接至亚马逊平台,支付相关电子书的费用后,电子书会在 1 分钟内发送至用户的 Kindle。国内规模较大的阅读器市场是汉王阅读器。读者下载数字内容需支付一定的费用,所获得的收益将由汉王与版权提供方以二八的比例分配。2009 年,汉王已卖出 30 万套电子书。此外,盛大也在 2011 年推出自己的电子阅读器 Bambook 锦书。但是其市场与亚马逊相比仍有极大差距,激烈的竞争必将令国内电子阅读器市场重新洗牌。

亚马逊 Kindle 的成功不仅在于 Kindle 阅读器本身的功能齐全、使用方便,也与其整体的"内容+Kindle 书店平台+Kindle 阅读器"模式密不可分。亚马逊以 Kindle 阅读器为阅读基础,并配套 Kindle 书店平台作为销售渠道,目前该平台有超过 100 万种电子书,定价在 10 美元之内。亚马逊 Kindle 模式的特殊之处还在于以赔本的低价阅读器抓住读者,再通过电子书消费进行交叉补贴,内容、平台、终端一同构成了亚马逊的运营体系,Kindle 作为特定的阅读载体,像是开启这一消费系统的"钥匙",成为亚马逊源源不断收入来源的保障。[②] 用"终端阅读"培养读者的阅读兴趣和消费对象,以优质丰富的持续"内容产品"消费实现盈利,亚马逊开辟的这种独特的商业模式在所有以阅读器为核心的商业模式中都

---

① 落红卫:《移动阅读终端介绍及测试方法研究》,《电信网技术》2010 年 6 月 11 日。

② 饶毅:《浅析美国亚马逊公司数字出版商业模式》,《编辑之友》2012 年 7 月。

是具有启发意义的。

(2) 移动增值服务模式

2014年我国手机网民规模达5.27亿人，手机上网的网民比例为83.4%，智能手机用户首超5亿人，始终保持全球第一。[1] 有了这样的用户基础，移动阅读市场的潜力可谓空前庞大。如中国移动手机阅读基地的书籍内容资源超过9万册，并且和各大出版集团签署战略合作协议，以获取更优质的图书内容。[2]

与其他商业模式不同的是，目前来说，在线付费阅读、期刊数据库、在线教育等其他以"内容产品""数字阅读服务"为收入点的商业模式事实上都可以在手机上得以实现，而网络运营商电信、移动和联通通过消费者对手机这一特定"阅读终端"的依赖收取流量服务费几乎已经是稳定成熟的商业模式。它们的收入点既不是"内容产品"（在只作为移动网络运营商的前提下），也不是"阅读终端"，围绕手机这一特定终端、为消费者提供获取内容资源的服务才是真正的收入点，也是消费者选择该模式进行数字阅读的价值所在，因此移动增值服务模式未来的发展方向也应该落在这一点上，包括廉价高速的通信网络，可以获取内容的手机平台的建设，网络资源到手机显示人性化的转换。相较一味扩大自己在产业链上的角色而失去原来的优势，只会让读者选择其他阅读方式，如果手机平台上有丰富的内容资源，却下载困难、速度缓慢或是费用昂贵，显示的内容又质量较差，手机用户自然会转向其他数字阅读方式。

(3) 平板电脑模式

平板电脑作为阅读终端的兴起，源于2010年4月苹果公司推出的新一代产品iPad系列平板电脑。消费者对iPad可谓情有独钟，在开售的80

---

[1] 《2014年中国智能手机用户首超5亿人：始终保持全球第一》，中国产业发展研究网，http://www.chinaidr.com/news/2014-12/37200.html，访问时间：2015年7月29日。

[2] 祝惠春：《商业模式探索进行时》，《经济日报》2011年11月12日第8版。

天就完成了 300 万台的交易量。iPad 甚至带来了电子纸媒复兴的"神话",短时间内每台 iPad 约下载 2.5 本。因为苹果本身是 iPhone 手机、iTouch、iPad、Mini iPad 和 Mac 电脑的设备供应商,与亚马逊 Kindle、国内移动增值服务模式相比,苹果公司通过技术优势获取卖出硬件的一次性高收益,辅之以"内容产品"和"数字阅读服务",硬件设备的收益构成了其主要收入来源。[1]

仅仅是终端设备不足以支撑数字阅读整个商业模式,除了高技术品质的硬件外,苹果还为用户搭建了音乐、应用和电子书一体的数字平台。[2] 苹果公司依托应用程序商店平台 iTunes Store 销售数字内容,延续苹果的硬件和品牌价值。可以说,苹果为硬件的使用建立起一套完整的服务体系,让消费者更好地使用设备,也更愿意购买设备。就数字出版方面而言,iPad 与期刊数字库相似,都为读者提供了广阔的平台,读者能在 iTunes Store 上在线付费购买数字阅读产品,但是 iPad 从硬件上为读者带来的触觉、视感的全新阅读体验是期刊数据库模式做不到的,这是苹果能仅靠"阅读终端"动摇数字出版市场的根本原因。国内一些人不惜在 iPad 上重装 Windows 系统进行图书阅读,也侧面反映了消费者更看重平板电脑带来的对阅读的外在体验感。但必须看到,平板电脑模式的短板依然在内容上,如何在 iTunes 平台上提供丰富的内容资源,是这一模式亟待解决的问题。因而,位于产业链下游的运营商必须和产业链上游内容提供商展开全面的版权合作,以充足的内容为高技术产品提供源源不断的活水,在两者的充分结合中产生利益的"最大公约数"。

(二) 产业内外部联动模式

产业内外部联动模式,远不是网络小说实体书发行可以涵盖的,指的

---

[1] 《解密微软、苹果和 Google 三巨头的收入构成》,CSDN:http://www.csdn.net/article/2012-02-14/311760,访问时间:2015 年 7 月 29 日。

[2] 陆臻:《数字出版盈利模式创新——以苹果和盛大文学为例》,《编辑之友》2012 年第 1 期。

附录　中国数字出版发展对策研究报告

是原本不同于数字出版、各自独立的产业,通过商业模式相互关联起来,数字出版产业内某一收入点的消费可以带动其商业模式中相关联的其他产业消费,融合图书、影视、游戏、餐饮、旅游和服装乃至其他可以衍生的轻工业。例如约翰·威立并购了一所位于伦敦的小型在线旅游图书公司,在推广品牌内容资源的同时,刊登旅行社、酒店的广告,并且提供机票、酒店预订等服务。① 广告租赁模式和线上线下 IP 产业互动模式是两种常见且具代表性的产业内外联动商业模式。

1. 线上线下 IP 产业互动模式

游戏、动漫、影视、衍生品和文学等多个领域都涉及 IP（Intellectual Property,知识产权）。从数字出版的角度来看,IP 指的就是内容,并且是优质的,有广阔市场和开发潜力的内容。好的网络小说是最常见的 IP 资源,由一部点击量超高的网络小说改编为电视剧、电影、游戏,再衍生出同款服装、主题餐厅、游乐设施和办公用品,甚至是小说原型地旅游。如百度文学把 IP 运作到各个方面,纵横中文网、91 熊猫看书、百度书城等皆是百度文学的下设品牌,同时百度文学将大举涉足游戏、动漫和影视等领域,构建网络文学产业链。②

盛大文学也以版权运营为核心,凭借拥有作者版权的优秀网络原创文学带动相关产业关联发展,创设出网络出版、手机阅读、实体图书、游戏、影视动漫全方位、一体化的产业链。网络电视剧《盗墓笔记》其原作者南派三叔于 2006 年最早在百度贴吧鬼吹灯吧撰写小说,后来转至起点中文网连载并大火,出版了实体书 9 本。根据《盗墓笔记》原著制作的网络游戏《盗墓笔记 S》荣获"2015 十大最期待原创移动网络游戏"奖项;2015 年改编自原著的网络季播剧《盗墓笔记》,于 6 月 12 日在爱奇艺开播,每集的制作投入高达 500 万元;电影《盗墓笔记》投资约 2 亿元,并

---

① 金雪涛、唐娟:《数字出版产业价值链与商业模式探究》,《中国出版》2011 年 2 月上。
② 程贺:《百度文学正式成立 将以 IP 为核心发展全产业链》,凤凰科技,http://tech.ifeng.com/a/20141127/40883341_0.shtml,访问时间:2015 年 7 月 29 日。

于 2016 年夏上映。此外还有相关话剧、手游、中文广播剧和动画以及衍生主题服装、书包、杯子和玩具等产品，围绕《盗墓笔记》IP 版权所产生的市场价值超过 200 亿元。① 除了《盗墓笔记》外，像《鬼吹灯》《花千骨》和《星辰变》等当红网络小说也得到了全方位的 IP 开发。

线上线下 IP 产业互动模式是当下"粉丝经济"的必然结果，对于掌握大量内容版权的出版企业来说，在探索商业模式时，可以跳出数字出版产业内部的思维樊篱，不囿于"一手交钱，一手交货"或是"必须从内容得到直接报酬"的观念，从更大的、网状关联的角度发现内容的可能价值。

2. 广告租赁模式

广告模式事实上是数字出版产业应用已久的一种商业模式。内容提供商、平台服务商、网络运营商等产业链主体通过内容、服务和渠道等各种资源，用低价或是免费的收入方式吸引读者流量，以此吸引广告商在内容、平台、服务过程中投放广告实现盈利。广告租赁模式之所以不属于产业内部模式，是因为广告商只是作为内部企业利润的直接来源，广告商本身并不构成产业链上、中、下游主体，也不参与数字出版产业的生产发行流程。不过要明确的是，这种模式的收入点仍是读者。也许从个体来说，对于广告产品有的读者是零消费，有的是高消费，而有的广告商会亏损，有的会盈利，但是就读者群和广告商群整体而言，只有当读者整体消费产生大于广告费的数字阅读外消费时，广告商才会愿意投放广告。若某一内容、平台的读者群体不会对任何广告产品消费，那么该内容、平台是无法以广告租赁模式盈利的。数字出版企业从广告商处获得收益的源头最终还是读者，所有广告租赁模式的收入源是读者。

谷歌图书搜索是比较典型的广告模式营销，谷歌通过其搜索功能为读者提供免费的图书搜索服务，提供图书的提要、片段或者部分页面、电子图书销售渠道的链接，其主要内容来源为出版社和其他图书馆。谷歌与出

---

① 张汉澍：《一个超级 IP 的多元商业模式：盗墓笔记探索漫威之路》，《21 世纪经济报道》2015 年 1 月 20 日。

版社以近3∶7分配广告商支付的广告费,广告一般显示在图书页面上,图书的点击量越高广告费用也越高。① 国内的百度图书搜索也采用相似的方式。广告租赁模式中的内容、服务并不一定是免费内容,中国知网在收取学术期刊内容整合的服务费的同时,刊登学术会议、学术竞赛广告,盛大文学在线付费阅读中也会在关键位置投放广告。可否施行广告模式的关键在于读者数量规模和读者对象群体,免费内容只是吸引读者流量的有效措施。

如何在海量读者信息中找到读者兴趣和消费阅读习惯,进行精准的广告投放,保证广告租赁模式在"互联网+"、大数据时代的有效运作?考虑到读者日渐增长的阅读体验要求,广告以何种形式、何种密度出现读者才能接受,也是采用广告租赁商业模式的数字出版企业必须思考的问题。

从事数字出版业务的企业,其收入点大多数不会只有一种,而是采用多种类型、不同收入点模式混合的方式,只是在业务上相对偏重于基于某一收入点的某一模式。一个数字出版商靠一个商业模式运作显然是不符合现实情况的,手中所掌握的资源以及资源的延展空间,才是商家择选模式的关键。百度凭借其技术、平台优势所推出的各种产品便体现着多种数字出版商业模式的混合。例如,百度文库文档储量达130多万篇,其中的公共文档部分接近于开放存取模式;百度阅读作为能够在线付费阅读的电子书平台,对应的是在线付费阅读模式;百度学术可以提供海量中英文文献检索,百度文库中存储的部分内容需付费下载,对应的是数据库整合模式;百度教育是课程、机构、考试和在线学习的平台,百度传课是在线互动学习工具,对应的是在线教育模式;百度业务涉及医疗、餐饮、票务、社区、金融、旅游、游戏、影视、云服务和数据分析乃至慈善公益,如果百度愿意,以"百度"为品牌的IP产业也并非一纸空谈。另外,产业分工的日益细化要求数字出版产业链上、中、下游主体加强相互协作,无论是基于作者收入点的"数字加工出版+数字阅读服务"型模式,还是基于读者收入点的"内容产品+阅读服务"型模式、"内容产品+阅读终端"

---

① 金雪涛、唐娟:《数字出版产业价值链与商业模式探究》,《中国出版》2011年2月上。

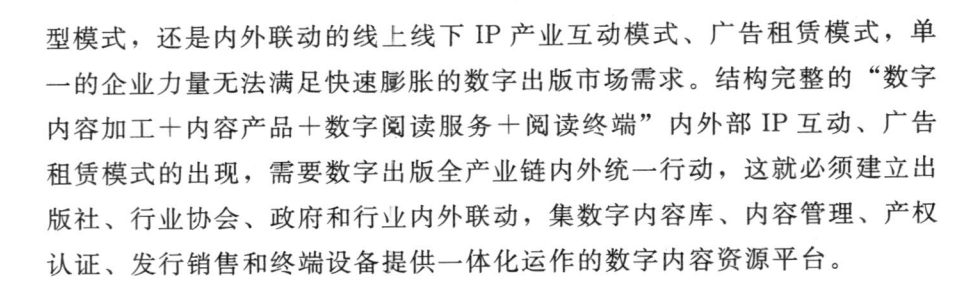

型模式，还是内外联动的线上线下IP产业互动模式、广告租赁模式，单一的企业力量无法满足快速膨胀的数字出版市场需求。结构完整的"数字内容加工＋内容产品＋数字阅读服务＋阅读终端"内外部IP互动、广告租赁模式的出现，需要数字出版全产业链内外统一行动，这就必须建立出版社、行业协会、政府和行业内外联动，集数字内容库、内容管理、产权认证、发行销售和终端设备提供一体化运作的数字内容资源平台。

五 三位一体：我国发展数字出版商业模式的对策建议

移动阅读时代的数字出版商业模式除了产业链上中下游各个企业、内容生产与读者消费外，还关系到政策调控、法律体制和行业标准等多项因素，其建立、运作到优化需要管理部门、出版行业和出版社多方共同参与。本部分从管理部门、出版行业、出版社三主体的角度，对数字出版商业模式的实现提出合理建议。

（一）管理部门：统筹出版产业发展，营造良好产业环境

管理部门是数字出版产业健康发展的有力支持者，可以从数字出版基地、复合型出版人才教育培养体系方面进行统筹，出台行政、经济优惠政策，并强力推进数字版权保护法律体制建设，为传统出版企业、新兴中小企业营造优良的发展环境。

1. 推动数字出版基地规模化、特色化建设

回溯"十二五"期间，广东、江苏、湖北、天津、湖南、杭州、陕西、福建、安徽、北京、青岛和江西等地区先后获批建立国家级数字出版基地，目前均已正式揭牌运营，2016年基地总产值有望超过2000亿元。精细化与规模化并举是我国数字出版基地实现长久稳定发展的必然要求。就数量来看，截至2015年7月，国家级数字出版基地已达12家，详见表

附录 中国数字出版发展对策研究报告

附—3，分布于华东、华南、华中、华北、东北、西北和西南等地。数字出版基地的建设是一个漫长的过程，尽管成绩斐然，依然需要继续坚持规模化建设，以集群优势带动整个产业链发展，推动量变到质变的变化。

为实现"各具特色""突出特色"的规划要求，许多数字出版基地根据各自相应的区域特点，因地制宜，采用了各不相同又切合实际的发展战略。天津国家数字出版基地以"云计算"为特色，云桌面终端、云刊、云景360和巍云平台等成为园区内企业主打的云服务。青岛国家数字出版基地借助当地海尔、海信集团的科技和人才优势，发展数字出版产业。

表1　　　　　"十二五"期间建成的国家数字出版基地

时间	基地名称	地点
2011年5月	广东国家数字出版基地	广州天河软件园
2011年7月	江苏国家数字出版基地	南京雨花经济开发区
2011年9月	华中国家数字出版基地	湖北武汉经济技术开发区
2011年10月	天津国家数字出版基地	天津空港经济区
2011年11月	中南国家数字出版基地	湖南长沙天心区解放垸
2012年4月	杭州国家数字出版基地	浙江杭州市
2012年6月	陕西西安国家数字出版基地	陕西西安高新区
2013年6月	海峡国家数字出版产业基地	福建福州、厦门、平潭
2013年10月	安徽国家数字出版基地	安徽合肥、芜湖
2014年3月	青岛国家数字出版基地	山东青岛市
2014年12月	北京国家数字出版基地	北京丰台区花乡榆树庄村
2015年6月	江西国家数字出版基地	江西南昌高新区

海峡国家数字出版基地和中国台湾隔海相望的特殊地理位置与同祖同宗的文化渊源，为海峡两岸进行数字出版创作生产交流提供了最有力的基础。海峡国家数字出版基地开展与台湾就出版领域的多项合作，吸收借鉴台湾出版在内容、科技、国际交流和产业链方面的先进经验。杭州国家数字出版基地的优势在于坐拥电信天翼阅读平台、移动手机阅读基地以及阿里巴巴等重要移动网络、计算机互联网企业，所以数字出版内容投送平台的效应显著。

但相形之下，一些地方急于建立数字出版基地，定位模糊，相互雷同，规划发展目标往往"声势浩大""面面俱到"却又难以独树一帜。重庆国家数字出版基地的"云端城市"和"1＋2＋10＋N"模式，与天津国家数字出版基地不免重复。北京国家数字出版基地"国家级、国际化的数字出版产业核心区，文化创意产业功能区，中国数字出版产业实验区，文化、金融与科技融合发展示范区"的四大定位目标也并没有鲜明的区域特征或产业特色。再如西安数字出版基地发展手机出版板块、电子书板块、传统出版数字化板块、数字动漫与网络游戏板块、网络教育板块和数据库出版板块六大业务板块，和江西国家数字出版基地围绕数字传媒、动漫出版、数字内容、手机应用和人才培训五大产业集群都离不开手机出版、游戏动漫、网络教育等大同小异的板块，更不要说"数字广东""数字湖南"这样几乎相同的定位。[①] 因此各地的数字出版基地需要仔细研究分析地缘地域特点，借鉴江苏（电子书包）、天津、杭州和青岛这些基地的发展模式，扬长避短，找到合适的发展定位、发展方向，不仅要实现规模化，也要找到基于多方面的比较优势使之特色化。

2. 扶持传统出版企业转型，鼓励新兴出版企业发展

数字出版产业本质上是计算机技术引起的产业革命，技术提供商、网络运营商对于作为内容提供商的传统出版企业而言具有紧贴现实的技术优势，通过技术垄断、渠道优势掌握了数字出版的先得市场，传统出版企业由于薄弱的技术力量、模糊的商业模式往往在数字出版面前踌躇徘徊，使得其长久积累的丰富内容资源、专业编辑人才得不到有效利用，一定程度上造成了数字出版产品内容质量低下、趣味不高的问题。产业链的中游技术提供商、网络运营商、设备供应商独大，上游内容生产提供商弱势的局面，不利于整体产业链的精细化和平衡性，故而扶持拥有庞大内容资源的传统出版企业转型升级不仅有助于产业链稳定持续发展，甚至还能全面提升阅读欣赏的水平。习惯于传统校编工作的传统出版单位数字化转型意愿

[①] 陆奕彤、杨海平：《我国国家数字出版基地发展研究》，《科技与出版》2013年第10期。

低,相对缺乏技术、资金和人才等各方面资源,政府部门应当给予充分的项目资金与扶持政策。

"十二五"期间我国管理部门多次启动项目援助计划。例如传统出版单位数字出版转型示范工作中,来自全国的136家图书出版单位、155家报纸出版单位以及139家期刊出版单位申报了第一批"数字出版转型示范单位"。同时正式启动中央文化企业数字化转型升级项目,采用国有资本经营预算的方式支持企业数字化转型,入选的中国少年儿童新闻出版总社和人民出版社等61家出版单位获得相应的项目资金支持。① 新兴中小企业能够填补大型出版企业不能面面俱到的空白,又为整个产业注入新的活力,是数字出版新旧转换、新老更替的新鲜血液。2012年8月23日,国家新闻出版广电总局发布《关于支持民间资本参与出版经营活动的实施细则》,实现了出版行业民间资本的准入,随后文化部的《关于鼓励和引导民间资本进入文化领域的实施意见》指出民营文化企业在立项审批、项目招投标、申请专项资金、投资核准和税收优惠等方面与国有文化企业享受同等待遇,民间资本在正确引导、适度引入下进入出版业将推动数字出版的快速发展②,此举将促使众多民间资本支撑的中小出版企业加入到数字出版产业大军中来。鼓励支持中小企业、出版向民间资本开放,使之与大型出版企业相互配合、优劣互补,从而形成众星拱月的多元互动格局。

与直接给予传统国有出版企业项目资金不同,对于新兴中小企业,管理部门当以经济政策加以引导,靠市场"看不见的手"实现优胜劣汰。财政部、文化部、工信部2014年发布《关于大力支持小微文化企业发展的实施意见》,明确将微小文化企业水电气的商业用价改为工业用价以减少近30%的相关花费,同时也将涉及减轻税负、市场准入、信贷支持等方面。之后具体还联合发布了《关于继续实施支持文化企业发展若干税收政策的通知》,减免数字出版产品研发和创意设计企业税收。下一阶段,需

---

① 魏玉山:《管窥2013年数字出版》,《出版广角》2013年第23期。
② 梁徐静:《我国数字出版业发展的现实困境与路径选择》,《出版广角》2014年3月上。

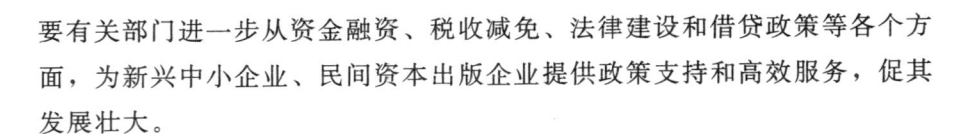

要有关部门进一步从资金融资、税收减免、法律建设和借贷政策等各个方面，为新兴中小企业、民间资本出版企业提供政策支持和高效服务，促其发展壮大。

3. 建立产学研一体、多学科复合的数字出版人才教育体系

数据化的商业管理方式和技术性的阅读方式变化是数字出版的重要特点，这要求出版从业人员既要熟悉传统出版流程，又要掌握最新数字技术，还要通晓一定的互联网和大数据背景下的市场营销知识。出版业对高层次、复合型人才的需求日益增长，中国出版科学研究所的一项调查表明，技术研发人才是出版社最渴求的（占比50.9%），其后才是营销、管理、美编、文字、版权和企划人才。[①] 人才的匮乏不是一朝一夕能够解决的，人才的培养是漫长而有计划的过程，出版人才亦复如是。国内的出版教育体系却不能满足市场、产业的需要。

当下国内设有编辑出版专业的高校有80余所，其中仅北京印刷学院、上海理工大学和武汉大学等高校开设了数字出版专业。一些学校对数字出版产业潮流盲目跟风，在不具备开设优质的编辑出版专业的条件下设立专业点，于是编辑出版专业只能挂靠在文学专业和新闻传播学专业、计算机信息技术专业等其他专业下，导致不同的学校开设的出版专业课程相互不同，文学院偏于文学教学，传媒学院则偏于传播学教学，而计算机学院偏于计算机技术的教育，专业知识难以统一，复合式数字出版教育体系也难以形成。并且由于挂靠的特征，学院往往注重院系特色专业的教育，忽视其下设的编辑出版专业的课程设置和师资力量，甚至只有"几门课程、几个老师"，最终的教学成果自然不甚理想，学生在本科阶段学习了一半挂靠的主专业知识、一半编辑出版知识，一知半解。国内编辑出版教育大多停留在本科教育阶段，研究生数量稀少，更不用说培养博士生，这也使得高水平的出版人才极其缺乏。另外，编辑出版是应用性极强的专业，从理论到理论的教与学并不能产生适用于产业实际的建树。与实践的严重脱节

---

① 聂震宁：《数字出版距离：距离成熟还有长路要走》，《出版科学》2009年第1期。

直接导致了专业毕业生无法胜任日新月异的数字出版工作,当出版企业引进最新的数字技术,创造出颠覆传统出版观念的新型理念时,学院教育还局限于课堂书本的教授。

我国编辑出版教育体制亟待从学科设置和实践接轨两方面入手,建立产学研一体、多学科复合的数字出版人才教育体系,以满足日益增长的数字出版人才需求。编辑出版学科需要建立从传统出版到数字出版的完整培养方案,紧跟数字时代设置基本的数字加工技术课程,包括PS、HTML、网络排版、数字平台应用等能力以及大数据时代的市场营销课程;同时加快相关研究生、博士生招收培育体系建设,建立本、硕、博一体的培养计划。加强与一流出版企业的合作,可邀请前线产业人员到课堂宣讲,或是为学生提供到数字出版最前沿实践实习的机会,在实践中积累必要的出版经验及应用最新技术的能力,实现学院教育与数字出版产业的对接。

4. 积极主动推动数字版权保护法律建设

数字版权是各种数字化出版物的作者权利,对数字内容进行加工和传播的权利,例如制作发行电子书、手机出版物的版权。数字版权的保护体现着国家对知识产权、著作权和个人文化创新能力的尊重,IP产业也能够创造巨大的财富,完善健全的法律制度是实现数字版权保护的基石。政府部门强大的国家财力、管理职能和社会资源,是数字版权保护法律体制得以建立的最主要途径。

《数字出版"十二五"规划》中提出"加快法制建设,完善数字出版法律制度",然而"雷声大、雨点小",落实到具体的实践中却显得进展缓慢、行动不足,英国政府以强而有力的实际行动推进数字版权保护法律制度的建设可以为我国提供积极的经验借鉴。自2010年以来英国展开了"高密度、高强度"的版权制度改革。《数字经济法》由下议院通过,强制互联网运营商对网络用户盗版进行监控;并委托数字经济学教授伊恩·哈格里夫斯领衔的课题组对英国知识产权制度进行全面审查。2011年,哈格里夫斯研究团队发布《数字化机遇——关于知识产权的审查报告》提出改革建议,随后政府各部门先后推出了4个研究报告、4个政策声明、4个征求意见稿、1个意见汇总公示集、1部修订方案、1个正式法案、1个法院裁决（参考表附—4）。2014年6月又修订了《1988年版权、设计和专利法案》。这一系列从研究、计划到征询、声明的审慎而有序的改革行动无不体现着英国政府为版权保护法律体制做出的努力。反观我国，适用于数字出版版权保护的相关规范，散见于《著作权法》《著作权法实施条例》和《信息网络传播保护条例》等法律法规中。虽然面对数字出版浪潮我国法律始终有所跟进，但明显存在界定

表2　　　　　　　　　近年英国版权制度改革进度

年份	文件	内容
2010	发布版权审查计划 《版权和合同法审查报告》 通过《数字经济法》	检视版权法是否阻碍创新与经济增长 评估版权措施与合同法、竞争法的冲突 互联网运营商监控用户网络盗版
2012	《数字化机遇——关于知识产权的审查报告》 《知识产权法改革一揽子计划》 《版权改革方案征求意见稿》	现行法律阻碍英国的创新和经济发展，针对版权许可、版权例外提出建议 接受哈格里夫斯团队报告10项建议，并确立行动方向与时间计划 "孤儿作品"使用：延伸版权集体许可；版权例外规定
2012	《"数字版权交易平台"可行性报告（第一部分）》 《征求意见摘要汇总集》 《版权学科改革政策声明》 《"数字版权交易平台"可行性报告（第二部分）》 《延伸集体许可制度政策声明书》 《版权现代化——一个现代而有力的弹性框架》 《推迟"数字经济法案"反盗版措施的裁决》	通过大量访谈与咨询验证建立DCE平台的必要性与各方态度 对各利益方的回应进行汇编和总结 明确版权许可制度的改革方向 建立数字版权交易平台的路线图，包括机构、资金和运转 计划起草新的法律，将允许成立横跨各创意产业的新的自律型ECL体制 政府答复最终版英国版权修订方案 数字经济法案中反盗版措施推迟至2014年实施

不明、难于操作等问题。日本高频率地修改版权法以适应高新技术的发展，其《著作权法》颁布至今修订了 30 次，近十年来更是达到了年修一次的频率。韩国的《著作权法》也已经修订了 21 次。① 相形之下，我国著作权法律修订过缓难以适应变化。我国政府管理部门应当更积极主动地进行数字版权法律体制的建设，制定详细的法律发展规划，采取多种行政手段并落实到实际的行动中，推动版权保护法律的提案、颁布和修订。

（二）出版行业：建立统一标准的企业、行业、政府联动数字内容资源平台

我国数字出版行业尽管取得了一定成就，但是内容亟待整合、标准不统一等问题却深刻困扰着进一步发展，为此出版行业应当联合起来，在统一标准下共同建立企业、行业、政府联动的数字内容资源平台。

1. 数字出版行业现状

我国数字出版产业在 2014 年累积收入 3387.7 亿元，同比增长 33.36%；国民数字阅读接触率相较 2013 年的 50.1% 升至 58.1%，首次超过了图书阅读率。在转型升级、产品服务和跨界合作领域都取得了新的发展。② 但是在这些光鲜亮丽的数字背后，却是数字内容缺乏整合，企业、行业、政府联动性差，产品标准不一等一系列问题，直接导致了数字产品生产混乱、内容资源的重复利用率低、用户信息获取困难影响消费积极性。目前，内容提供商例如出版社将数字内容资源牢牢控制在自己的数字内容库，阻碍了共享与交流既而导致内容利用率低下。面对移动阅读时代的海量版权交易，没有统一的版权管理平台，因而版权认证许可过程缓慢。以电商平台为主的内容发布平台常常出现无序竞争，如当当、卓越、

---

① 黄先蓉、李晶晶：《中文数字版权法律制度盘点》，《科技与出版》2013 年第 1 期。
② 《魏玉山：2014 年数字出版年度报告》，中国出版网，http://www.chuban.cc/special/26138/26147/201507/t20150714_168515.html，访问时间：2015 年 7 月 17 日。

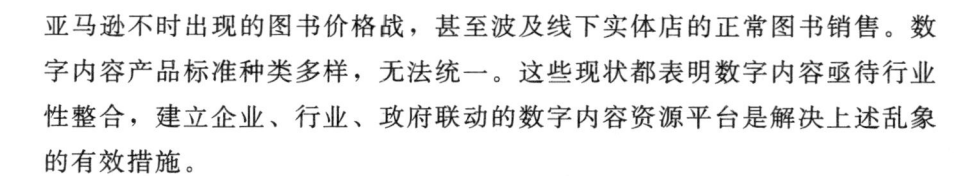

亚马逊不时出现的图书价格战,甚至波及线下实体店的正常图书销售。数字内容产品标准种类多样,无法统一。这些现状都表明数字内容亟待行业性整合,建立企业、行业、政府联动的数字内容资源平台是解决上述乱象的有效措施。

2. 建立企业、行业、政府联动的数字内容资源平台

企业、行业、政府联动的数字内容资源平台包括企业主导的数字内容资源库、内容信息管理系统和内容发布（交易）平台系统和政府主导的数字内容版权管理系统。出版行业协会统一各个类型的标准规范,包括元数据标准、编码标准和作品格式标准等各个标准的转换,并且协调企业与企业之间、企业与政府之间的相互关系,维护数字出版行业平衡稳定。

数字内容资源库、内容信息管理系统的所有者和使用者一般是内容提供加工商,例如数字化的出版社。数字内容资源库用于存储元数据、编辑加工后的数字内容文件,内容信息管理系统则用于在线化的编辑加工排版,编辑人员在该操作系统上实现"三审三校"。高等教育出版社的数字化内容管理系统（CMS）通过统一的信息化管理平台,建立了资源共享和个性化定制服务的体系,实现多媒体资源"多元同步出版";搭建起融图书内容结构化、元数据标注、入库管理、多渠道发布环节为一体的新型数字出版流程。电子工业出版社资源管理系统2012年3月起开始招标,到2013年6月全系统验收通过投入使用,现在电子工业出版社"正依托自己的资源管理系统进行数字产品的策划和设计,探索如何依托互联网开展知识服务和信息出版"。[①]

数字内容版权管理平台主要由政府维护管理,负责对数字内容产品进行统一的版权认证、唯一标记存档、版权许可证分发、使用追踪和版权在线交易,能够有效地简化烦琐的版权授权过程,便于对移动阅读时代海量作品版权的有效使用和管理,既可以方便使用数字内容的从业者,又可以对内容在网络中的非法传播加以控制。内容发布系统的功能是数字内容产品的网络展示和交易,可以是出版社网站的网上销售板块,但较多的是与

---

① 李宏:《如何建设数字资源管理系统》,《出版参考》2014年第10期。

内容提供加工商合作的电商平台,如国内的阿里巴巴、当当、卓越,也可以是网络平台服务商所提供的在线阅读频道,这些平台在与版权管理联动的情况下完成在线产品交易。出版行业制定的全行业性的数字内容统一标准格式,是各个系统得以实现相互对接的保证,尤其是产品的输出格式。技术提供商和网络运营商则为出版社内部系统、整个交易平台提供技术支持和网络服务。

内容创作者将原稿交予签约出版社,原稿文档或手稿数字化文档存储到内容资源库,出版社编辑人员在内容资源管理平台上在线进行编辑加工、审稿、排版工作,完成的定稿再次存储到内容资源库。另一边内容作品的定稿在政府部门的版权管理系统中实现版权认证,系统对内容统一标记编码,生成唯一对应产权ID并进行备案,由此内容书稿成为具有政府管理部门认证的版权作品。随后版权作品在以电商平台为主的内容发布系统上生成产品交易信息,消费者通过在线支付、VIP支付等方式取得版权管理系统的版权许可证,最终在阅读器终端上阅读到自己购买的书籍作品。内容开发商可直接在版权管理系统中完成加工销售层面的版权交易,交易信息记录在系统中由政府管理部门监管,内容使用者从原内容库中调取原始文档,进行内容的二次利用和深度开发。

3. 行业性统一的数字内容生产、产品标准格式

元数据标准、编码标准、作品格式等各个生产产品标准的统一是数字内容资源平台得以实现的关键因素,统一的标准才能完成不同企业、政府网络平台之间的相互对接。以作品格式为例就有方正的CEB、Adobe的PDF、知网的CAJ等,而不同阅读器的互不通融都增加了用户的阅读成本。

回溯"十二五"期间,多项数字出版物应用标准已出版发布,4项数字出版格式标准、12项电子书内容标准、手机出版系列标准等制定工作加速推进,数字出版内容质量的检测规范制定工作也已展开,[①] 2013年2月,国家新闻出版广电总局公布了《数字阅读终端内容呈现格式》行业标

---

① 《数字出版标准,真的要来了》,《编辑之友》2013年第4期。

准。出版行业协会必须充分发挥其协调能力，集结数字出版行业从行业巨鳄到新兴小企业、政府管理部门，共同商定编制各方认可的标准。美国出版商协会曾在 2000 年 11 月联合哈珀·柯林斯、霍兹布林克、休顿·米夫林、麦格劳·希尔、培生教育、兰登书屋等主要出版机构，联合拟定编号样式、元数据和出版商标识等急需解决的难题。[①] 研发不同格式标准的转换中心也不失为一项可行的措施，能够保护不同出版企业相关数字技术的技术专利和知识产权，但是同样需要全行业的共同配合。

（三）出版企业：坚持内容资源，创新商业模式

出版社是位于数字出版产业链上游的内容提供者，尽管目前许多出版社正面临各种问题，但是出版业是"内容为王"的产业，坚持内容资源的创造是不变的金科玉律。面对数字化浪潮，分析各项影响阅读的因素，创设面向未来的数字出版商业模式，是每个出版社必须面对的趋势。

1. 坚持创造品质优秀、种类丰富的数字内容资源

数字出版产业本质上是由计算机技术进步引起的全方面产业革命，"技术为王"很好地概括了传统出版业在初期受到来自新兴技术的剧烈影响，主要表现在编辑活动、印刷环节、发行方式方面，包括计算机在线编辑排版、多媒体内容呈现、移动存储、网上销售、广告模式和付费阅读。不只是出版业，传统商务模式都在受到巨大的冲击而变得电子化、网络化，然而出版业与一般产业不同，换言之使出版业成为出版业的，正因为它是内容产业，数字出版是以计算机互联网、多媒体形式表达思想文化的产业。故国外多称之为"数字内容产业"或"数字内容管理"。过分注重用新技术吸引读者，忽视产品内容的种类与质量，一定程度上导致了目前"浅阅读"的泛滥。作为内容提供商的出版社，特别是正在数字化转型的传统出版社，应当充分发挥自身在内容方面的优势，例如长期合作的作者

---

① 参见 Paul Hilts, AAP Releases E-book Standards, 12/4/00, Publishers Weekly, http://www.publishersweekly.com/article/CA168870.html。

资源、良好的读者口碑、经验丰富的编辑人员、多年积累的已有图书数量等,坚持创造品质优秀、种类丰富的数字内容资源,以达到数字出版的真正价值归宿。

首先,要把数量巨大的已有纸质图书资源转化为数字内容资源,引导和鼓励传统出版企业将存量资源进行数字化。国外一些出版商格外重视传统图书资源的数字化,哈珀·柯林斯率先建立全球首个出版"数字仓库",700万本书籍已被开始已久的"谷歌图书搜索计划"数字化。

其次,要积极创造量多质优的数字内容产品,为读者提供更全面多样的阅读选择空间。国外许多大型出版公司都非常重视数字图书的生产,施普林格以每年5000种科技图书和1800多种科技期刊的速度增添数字内容资源。兰登书屋的战略则是每本新实体书和电子书同时发售。2015年6月6日西蒙·舒斯特的电子书库存量也达到17784种。规模及数量庞大的数字内容产品是出版企业能够通过数字内容发布系统在线销售数字内容的物质基础。而国内对于数字内容产品的生产则冷淡许多。当"亚马逊美国网站的电子书品种已达300万种,80%的纸质版新书和电子书同步上市"时,亚马逊中国网站上新书的电子书版本只有8000余种,仅占新书总量的3%。[①] 集作者、编辑、品牌优势于一身的出版社应该更加积极地制作数字内容产品,满足读者日益增长的数字内容阅读需求。

2. 创新出版营销理念,创设面向未来的数字出版商业模式

我国传统出版社掌握了大量图书资源,然而它们对已出版的图书数字化、制作电子书表现冷淡,这背后仍暴露出数字出版盈利困难,所以问题的核心仍是数字出版商业模式,粗糙的商业模式使得许多出版企业在数字化转型上投入与回报的不对等,在企业内外引发一系列质疑。出版社需要找准自身的定位,从而创设出稳定持久、面向未来的数字出版商业模式。所谓面向未来,就是要站在移动阅读时代的至高点上,放眼数字出版的未来趋势,使商业模式适合未来10年、20年乃至更长远时代里人们阅读的

---

① 小智:《掌阅中信大家谈电子书如何走向大众》,IT之家网站:http://www.ithome.com/html/it/161498.htm,访问时间:2015年7月22日。

方式与需求。有的传统出版单位，斥巨资购买国外的数字出版平台，然而尚未投入使用就已被日新月异的技术更新所淘汰，白白浪费了资金和人力。

2015年，李克强总理在政府工作报告中提出政府的工作重点涉及"互联网＋"行动计划、"大众创业，万众创新"等引导助推产业转型升级、融合发展。7月，第六届数字出版博览会以"融合、创新、发展"为主题在北京召开。"互联网＋""大数据"和"云计算"等一些名词越来越成为关注的重点。互联网大数据意味着对读者需求的精准定位、准确投放，意味着电子消费模式的不可逆，意味着信息的网状分布。"云计算"对应的"云出版"，其根本意义在于服务资源的共享。一些人认为未来人们的版权意识增强，内容有偿使用将得到普遍认可；也有的人认为，在信息共享极度发达的未来内容将成为免费资源，而服务才是利润点。其实这并不矛盾，在充分尊重版权的基础上以优质服务为增长点并非不可能，例如读者在终端上阅读免费小说，但他有版权意识，既不会复制更不会私自传播，商家通过服务而非内容收费盈利。"90后"逐渐成为阅读的绝对主力，"床上"成国人阅读最爱场景，阅读的目的主要是"打发时间"，其次才是"精神食粮"，这些都是值得关注的变化。①

面向未来的商业模式受困于何以获利，不能忽视那些真正深刻影响阅读的因素，就像平板电脑引发人们对纸媒阅读的重新希望，阅读的未来有太多不可估算的因素，但是我们也能够基于现有的趋势对未来数字出版商业模式产生一些构想。随着全民文化水平的提高，对于阅读的需要将会不断增大和深化，立足于种类多样、内涵丰富的内容产品是所有商业模式的基础。而这些需求将会像每年数字出版年度报告上快速增长的数字一样以数字化的方式实现，不管是"烧钱期过长"还是"回报微薄"，出版社数字化转型都是必然的。"云出版"带来的资源服务共享，信息存储处理交由公共云端服务器，将使出版社把更多的精力投入个性化、特色化的内容

---

① 徐红：《掌阅发布2015上半年国人阅读数据报告》，中国经济网：http://www.ce.cn/xwzx/gnsz/gdxw/201507/17/t20150717_5968534.shtml，访问时间：2015年7月22日。

服务建设中。互联网信息开放自由和点对点的获取方式，推动出版社重新考虑商业模式中对内容的技术壁垒，并添加纵向索引。大数据分析模式下对读者的精准投放，对数字内容资源的多样种类、详细分类提出了更高的要求。"90后"阅读结构、阅读地点、阅读目的的变化推动着商业模式对象的调整。不同的出版社需要依据自己的实际状况，找到合适的产业定位，联系数字出版未来的潮流趋势，创设适应发展，具有长远意义的商业模式。

参考文献

著作类

［加拿大］阿尔维托·曼古埃尔：《阅读史》，吴昌杰译，商务印书馆2002年版。

［加拿大］埃里克·麦克卢汉、弗兰克·秦格龙等编：《麦克卢汉精粹》，何道宽译，南京大学出版社2000年版。

［美］埃弗雷特·M.罗杰斯：《创新的扩散》，辛欣译，中央编译出版社2002年版。

［美］埃瑟·戴森：《2.0版数字化时代的生活设计》，胡泳、范海燕译，海南出版社1998年版。

［美］安德烈·希夫林：《出版业》，白希峰译，机械工业出版社2005年版。

［美］保罗·莱文森著：《思想无羁：技术时代的认知论》，何道宽译，南京大学出版社2003年版。

［美］保罗·莱文森：《软边缘：信息革命的历史与未来》，熊澄宇等译，清华大学出版社2002年版。

［美］比尔·盖茨：《未来之路》，辜正坤译，北京大学出版社1996年版。

［日］长冈义幸：《出版大冒险》，甄西译，国际文化出版公司2006年版。

蔡翔：《大学出版发展战略研究》，中国传媒大学出版社2007年版。

参考文献

传播 90'研究集团编：《传播媒体的变貌》，东正德译，台北远流出版事业股份有限公司 1991 年版。

陈昕：《中国出版产业论稿》，复旦大学出版社 2006 年版。

陈颖青：《数字出版与长尾理论》，华夏出版社 2013 年版。

蔡翔：《大学出版发展战略研究》，中国传媒大学出版社 2008 年版。

蔡翔、陆颖：《我们出版的方向：深化出版体制改革问题研究》，中国传媒大学出版社 2014 年版。

崔保国：《信息社会的理论与模式》，高等教育出版社 1999 年版。

崔保国：《媒介变革和社会发展》，南京师范大学出版社 1999 年版。

［日］大前研一：《数字化商业模式》，王小燕译，中信出版社 2006 年版。

［美］戴维·弗里德曼：《弗里德曼的生活经济学》，赵学凯、王建南、施丽中译，中信出版社 2006 年版。

［英］丹尼斯·麦奎尔、［瑞典］斯文·温德尔：《大众传播模式论》，祝建华、武伟译，上海译文出版社 1997 年版。

［美］E. M. 罗杰斯：《传播学史——一种传记式的方法》，殷晓蓉译，上海译文出版社 2002 年版。

范印哲编著：《教材设计与编写》，高等教育出版社 1997 年版。

冯和平、文丹枫：《移动营销》，广东经济出版社 2007 年版。

［法］费夫贺、马尔坦：《印刷书的诞生》，李鸿志译，广西师范大学出版社 2006 年版。

［法］弗雷德里克·巴比耶：《书籍的历史》，刘阳等译，广西师范大学出版社 2005 年版。

［美］弗里茨·马克卢普：《美国的知识生产与分配》，孙耀君译，中国人民大学出版社 2007 年版。

［日］桂敬一：《多媒体时代与大众传播》，新华出版社 2000 年版。

郝振省主编：《2005—2006 中国数字出版产业报告》，中国书籍出版社 2007 年版。

郝振省主编：《中国出版业发展报告》，中国书籍出版社 2005 年版。

黄升民、周艳主编：《中国传媒市场大变局》，中信出版社 2003 年版。

黄孝丹、张志林、陈丹：《数字出版产业发展模式研究》，知识产权出版社2012年版。

金兼斌：《技术传播——创新扩散的观点》，黑龙江人民出版社2000年版。

［日］鹫尾贤也：《编辑力——从创意、策划到人际关系》，陈宝莲译，中国人民大学出版社2007年版。

［美］克里斯·安德森：《免费》，中信出版社2009年版。

［美］克里斯廷·L.博格曼：《从谷腾堡到全球信息基础设施：网络世界中信息的获取》，肖永英译，中信出版社2003年版。

赖德胜：《教育与收入分配》，北京师范大学出版社2000年版。

李国亭等：《信息社会：数字化生存的地球村》，军事科学出版社2003年版。

李军鹏：《公共服务型政府》，北京大学出版社2004年版。

李家强、蔡鸿程主编：《多出精品 多出人才：中国编辑学会第八届年会论文集》，清华大学出版社2004年版。

［美］罗伯特·K.默顿：《社会理论和社会结构》，唐少杰、齐心等译，译林出版社2006年版。

［美］罗杰·菲德勒：《媒介形态变化》，明安香译，华夏出版社2000年版。

刘锦宏：《数字出版理论、技术和实践：数字出版案例研究》，电子工业出版社2013年版。

刘仁庆：《纸的发明、发展和外传》，中国青年出版社1986年版。

柳斌杰：《文化力论》，巴蜀书社2002年版。

柳斌杰、邬书林、阎晓宏：《中国图书年鉴》（2006），湖北人民出版社2006年版。

李振勇：《商业模式——企业竞争的最高形态》，新华出版社2006年版。

鲁耀斌、邓朝华、陈致豫：《移动商务应用模式与采纳研究》，科学出版社2008年版。

［美］玛格丽特·米德：《文化与承诺》，周晓虹、周怡译，河北人民出版社1987年版。

〔加拿大〕马歇尔·麦克卢汉：《理解媒介——论人的延伸》，商务印书馆2000年版。

梅绍祖、〔美〕James T. C. Teng：《流程再造——理论、方法和技术》，清华大学出版社2006年版。

闵大洪：《数字传媒概要》，复旦大学出版社2003年版。

南帆：《双重视域——当代电子文化分析》，江苏人民出版社2001年版。

〔美〕尼尔·波兹曼：《娱乐至死》，章艳译，广西师范大学出版社2004年版。

〔美〕尼葛洛庞蒂：《数字化生存》，胡泳等译，海南出版社1997年版。

钱存训：《书于竹帛》增订本，上海书店出版社2002年版。

钱存训：《中国纸和印刷文化史》，广西师范大学出版社2004年版。

〔日〕清水英夫：《现代出版学》，沈洵澧、乐惟清译，中国书籍出版社1991年版。

〔美〕史蒂文·瓦戈：《社会变迁》，王晓黎等译，北京大学出版社2007年版。

〔美〕斯文·伯克茨：《读书的挽歌——从纸质书到电子书》，吕世生、杨翠英、高红玲译，中国对外翻译出版公司2001年版。

〔美〕斯蒂文·小约翰：《传播理论》，中国社会科学出版社1999年版。

（台湾）数字内容产业办公室：《2004台湾数字内容产业白皮书》，2004年版。

唐德权：《深度精耕——日本软件企业精义解读》，清华大学出版社2004年版。

唐真成：《电子书》，扬智文化事业股份有限公司2003年版。

田志毅、张小琴：《手机：个人移动多媒体》，清华大学出版社2009年版。

〔美〕托马斯·鲍德温、史蒂文森·麦克沃依、查尔斯·斯坦菲尔德：《大汇流：整合媒介、信息与传播》，龙耘、官希明译，华夏出版社2000年版。

〔美〕托马斯·弗里德曼：《世界是平的：21世纪简史》，湖南科学技术出版社2006年版。

王菲：《媒介大融合——数字新媒体时代下的媒介融合论》，南方日报出版社 2007 年版。

王俊秀：《知本力：信息社会的动力学分析》，北京大学出版社 2004 年版。

王武录：《王武录自选集》，北京广播学院出版社 2004 年版。

王武录：《党的执政能力建设与党报》，中国传媒大学出版社 2008 年版。

［德］卫浩世：《法兰克福书展 600 年风华》，欧阳雯雯、蔡嘉颖、天寒译，中国人民大学出版社 2007 年版。

吴平：《图书学新论》，山西经济出版社 1998 年版。

吴廷俊主编：《科技发展与传播革命》，华中科技大学出版社 2001 年版。

［美］小郝伯特·S. 贝利：《图书出版的艺术和科学》，王益译，中国书籍出版社 1995 年版。

肖东发：《中国图书出版印刷史论》，北京大学出版社 2001 年版。

徐丽芳、刘锦宏、丛挺：《数字出版理论、技术和实践：数字出版概论》，电子工业出版社 2013 年版。

谢新洲：《数字出版技术》，北京大学出版社 2003 年版。

新闻出版总署对外交流与合作司编：《北京国际出版论坛演讲录》（2004 年卷、2005 年卷），山东友谊出版社 2006 年版。

熊澄宇等：《文化产业研究战略与对策》，清华大学出版社 2006 年版。

［美］休·休伊特：《博客：信息革命最前沿的定位》，杨竹山、潘浩译，中国铁道出版社 2006 年版。

薛涌：《中国文化的边界》，云南人民出版社 2006 年版。

姚福申：《中国编辑史》，复旦大学出版社 1990 年版。

［日］盐泽实信：《日本的出版界》，林真美译，台湾东贩 1990 年版。

叶玟妤：《数位内容照过来》，元照出版公司 2006 年版。

于友先：《现代出版产业发展论》，苏州大学出版社 2003 年版。

余正建、齐年、孙乐传主编：《构筑新世纪的教育平台》，武汉工业大学出版社 2000 年版。

殷晓蓉：《网络传播文化历史与未来》，清华大学出版社 2005 年版。

参考文献

［美］约翰·巴特利：《搜》，张岩、魏平译，中信出版社2006年版。

［美］约翰·帕夫利克：《新媒体技术——文化与商业前景》，周勇、张平峰、景刚译，清华大学出版社2005年版。

［英］约翰·霍金斯：《创意经济——如何点石成金》，洪庆福、孙薇薇、刘茂玲译，上海三联书店2006年版。

［美］约翰·希利·布朗、保罗·杜奎德：《信息的社会层面》，王铁生、葛立成译，商务印书馆2003年版。

［美］约瑟夫·斯特劳巴哈、罗伯特·拉罗斯：《今日媒介——信息时代的传播媒介》，熊澄宇等译，清华大学出版社2002年版。

［美］约书亚·梅罗维茨：《消失的地域：电子媒介对社会行为的影响》，肖志军译，清华大学出版社2002年版。

赵子忠：《内容产业论——数字新媒体的核心》，中国传媒大学出版社2005年版。

［美］詹姆斯·罗尔：《媒介、传播、文化——一个全球化的途径》，董洪川译，商务印书馆2005年版。

［美］詹姆斯·凯瑞：《作为文化的传播——"媒介与社会"论文集》，丁未译，华夏出版社2005年版。

张立：《2013—2014中国数字出版产业年度报告》，中国书籍出版社2014年版。

张涵、苗遂奇：《现代出版学导论》，中国书籍出版社2009年版。

张咏华：《媒介分析：传播技术神话的解读》，复旦大学出版社2002年版。

张志强主编：《现代出版学》，苏州大学出版社2003年版。

郑鸣萱：《多向文本》，扬智文化事业股份有限公司1997年版。

钟义信：《信息科学原理》（第三版），北京邮电大学出版社2002年版。

钟瑛、余红编著：《传播科技与社会》，华中科技大学出版社2006年版。

周荣庭：《网络出版》，科学出版社2004年版。

周蔚华：《出版产业研究》，中国人民大学出版社2005年版。

周蔚华等：《数字传播与出版转型》，北京大学出版社2011年版。

[日]佐藤卓己:《媒介与社会变迁》,诸葛蔚东译,北京大学出版社2006年版。

　　中国传媒大学党报党刊研究中心、天津师范大学新闻传播学院、中国传媒大学编辑出版研究中心编:《人民共和国党报论坛》(2006年卷),中国传媒大学出版社2007年版。

　　中宣部文化体制改革和发展办公室、文化部对外文化联络局编:《国际文化发展报告》,商务印书馆2005年版。

　　Berthold Hass, Gianfranco Walsh, Thomas Kilian, *Web 2.0: Neue Perspektiven für Marketing und Medien*, Springer Berlin Heidelberg, 2008.

　　Brian Kahin, Hal R. Varian, *Internet Publishing and Beyond: The Economics of Digital Information and Intellectual Property*, The MIT Press, 2000.

　　Charles Van Doren, *A History of Knowledge: The Pivotal Events, People, and Achievements of World History*, New York: Ballantine, 1991.

　　Douglas M. Eisenhart, *Publishing in the Information Age: A New Management Framework for the Digital Era*, Praeger, 1996.

　　Feldman, Tony, *An Introduction to Digital Media*, London: Blueprint, 1997.

　　Heather Inwood, *Verse Going Viral: China's New Media Scenes*, University of Washington Press, 2014.

　　Joan Van Tassel, Lisa Poe-Howfield, *Managing Electronic Media: Making, Marketing, and Moving Digital Content*, Focal Press, 2010.

　　John B. Thompson, *Books in the Digital Age*, Politiy Press, 2005.

　　Merchants of Culture: The Publishing Business in the Twenty-First Century, Plume Books; Revised ed. edition, 2012.

　　Leonard Shatzkin, *In Cold Type: Overcoming the Book Crisis*, Houghton Mifflin, M. A., 1982.

　　Lewis A. Coser, Charles Kadushin, Walter W. Powell, *Books: The*

Culture and Commerce of Publishing, Basic Books, New York, 1982.

Morris Rosenthal, *Print-On-Demand Book Publishing: A New Approach to Pring and Marketing*, Foner Books, 2004.

Peter A. Bruck, *Understanding the European Content Industries: A Reader on the Economic and Cultural Contexts of Multimedia*, Ios Pr Inc., 2002.

Richard Curtis, William Thomas Quick, *How to Get Your E-Book Published: An Insider's Guide to the World of Electronic Publishing*, Cincinnati: F&W Publications, 2002.

Richard E. Caves, *Creative Industries: Contracts between Art and Commerce Creative Industry*, Harvard University Press, 2002.

William Kasdorf, *The Columbia Guide to Digital Publishing*, Columbia University Press, 2003.

Barbara A. Misztal, *Theories of Social Remembering*, Open University Press, 2003.

论文类

安卓：《中文在线：用数字出版传承中华文明》，《中关村》2012年第6期。

敖然：《2013年度国内数字出版产业观察》，《出版参考》2014年第3期。

白宸蜚：《数字出版产业链创新途径探索》，《新闻研究导刊》2014年第15期。

毕建伟：《让数字出版"轻而美"——磨铁数盟数字出版和移动阅读心得》，《科技与出版》2013年第4期。

曹海涛：《论数字出版时代的"传受关系"与媒体责任》，《编辑之友》2012年第2期。

蔡翔：《论大学出版的目标和价值观》，《现代传播》2007年第4期。

蔡翔、陈洁：《大学社：为内容优势插技术之翼》，《中国新闻出版报》2006年11月1日。

陈洁：《数字出版盈利模式研究报告》，《求索》2009年第7期，《新华文摘》2009年第21期（全文转载）。

陈洁：《印刷媒介数字化与社会文化传递模式的变迁》，《浙江大学学报》（人文社科版）2009年第6期。

陈洁：《数字出版人才培育的多维探思》，《中国出版》2009年第3期。

陈洁：《出版社数字内容管理平台的构架与实施》，《科技与出版》2009年第1期。

陈洁：《打造文化与商业结合的中国动漫》，《人民共和国党报论坛（2009年卷）》，中国传媒大学出版社2009年版。

陈洁：《新形势下报业集团的创新发展》，《新闻之友》2009年第1期。

陈洁：《2008年数字出版新趋势与新思考》，《出版参考》2009年1月上旬刊。

陈洁：《重返精神家园：经济危机与德国出版业》，《出版广角》2009年第1期。

陈洁：《人性、法律与世界的未来》，《法制日报》2009年7月29日第11版。

陈洁：《编辑出版学高等教育的冷思考》，《出版广角》2008年10月，《中国编辑研究》（2009）全文转载。

陈洁：《教育出版数字化探索》，《中国出版》2008年第5期。

陈洁：《新形势下美国大学出版生存策略》，人大复印资料《出版工作》2006年第11期。

陈洁：《好好利用电影》，《出版广角》2005年第2期。

陈洁：《新元素 新策略》，《出版广角》2004年第11期。

陈洁：《美国儿童听书市场暑期走俏》，《出版参考》2004年7月下旬刊。

陈洁：《有声读物销售方略》，《出版广角》2004年第7期。

陈明莉：《台湾学术场域的知识生产、传播与消费：人文社会科学的学术出版分析》，《教育与社会研究》2003年2月。

陈熙涵：《漫动作创刊投石问路打造原创动漫产业链》，《文汇报》2004年4月28日。

参考文献

陈昕：《发达国家图书出版产业发展经验的借鉴及比较——中国图书出版产业增长方式转变研究（之二）》，《出版商务周报》2007年8月6日。

陈昕：《中国图书出版产业增长方式转变的思路、内容和途径——中国图书出版产业增长方式转变研究（之三）》，《出版商务周报》2007年8月13日。

陈昕：《培生教育 内容优化与附加服务》，《出版商务周报》2008年3月23日。

陈昕：《牛津大学出版社 内容提供商将更强大》，《出版商务周报》2008年4月6日。

陈香：《教育出版的二次掘金路》，《中华读书报》2007年5月23日。

陈晓鸥：《下一波出版技术浪潮对传媒的挑战》，《中国传媒科技》2005年第1期。

程晓龙：《2012：真实与幻象之中国数字出版脉络》，《出版广角》2013年第1期。

崔恒勇：《亚马逊模式对我国数字出版发展的启示》，《出版发行研究》2013年第7期。

崔元和：《数字出版：出版革命的第三次浪潮》，《中国图书出版商报》2008年1月4日。

邓佳佳：《产业链视角下的数字出版产业发展》，《南昌大学学报》（人文社会科学版）2014年第6期。

丁俊杰：《对文化创意产业发展的观察与思考（一）》，《大市场·广告导报》2006年第9期。

窦林卿：《记录2011中国数字出版》，《出版参考》2012年第1期。

窦林卿：《我看2012年中国数字出版》，《出版参考》2013年第1期。

方敏、杨晓军：《我国动漫出版的现状及趋向》，《出版发行研究》2005年第2期。

方圆：《创版权管理服务结合新模式》，《中国新闻出版报》2007年12月10日。

付明：《影、视、书立体开发 拼抢大众出版第一宝座》，《中国图书商报》2007年1月5日。

郝振省、段桂鉴等：《我国数字版权保护》，《出版发行研究》2007年第1期。

郝振省、段桂鉴等：《数字印刷与按需出版状况》，《出版发行研究》2007年第1期。

郝振省、段桂鉴等：《我国数字出版产业发展规模》，《出版发行研究》2006年第12期。

侯闯：《内容＋内容管理＝知识资本——内容管理应用发展研讨会侧记》，《计算机世界》2003年12月1日。

何璐：《英国图书馆危机四伏》，《出版商务周报》2006年5月13日。

贺德方：《中外数字出版现状比较给我国出版业的启示》，《科技与出版》2006年第5期。

贺秋白：《数位内容产业范畴与出版产业之范畴比较》，《艺术学报》2004年第9期。

黄健：《网络时代文化传播的潜伏危机》，《新闻与传播研究》2000年4月。

黄健、王东莉：《论网络文化传播的失范与规则重建的基本原则》，《自然辩证法研究》2001年2月。

黄鸣奋：《超写作：数码时代的文本变革》，《广东社会科学》2002年第5期。

黄晓斌、黄少宽：《数字化作品版权管理与 XrML》，《图书情报知识》2003年第4期。

黄先蓉、李魏娟：《美国数字出版法律制度的现状与趋势》，《中国出版》2012年第17期。

［法］吉勒·欧雷：《读书的势头会继续下去》，黄晓玲译，《今日法国》总第69期。

姜海霞：《如何做好数字出版的网络营销》，《黑龙江科技信息》2013年第8期。

赖德胜：《树立科学的出版发展观》，《出版参考》2004年7月上旬刊。

参考文献

赖德胜：《教育与科技生产力转化》，《教育与经济》1998 年第 1 期。

乐雯：《让世界阅读起来》，《出版广角》2005 年第 2 期。

乐雯：《浪漫离我们有多远》，《出版广角》2006 年第 9 期。

郦锁林：《论原创出版物的生成环境及动力》，《出版发行研究》2005 年 1 月。

李弘：《2014 年度数字出版产业回望》，《出版参考》2015 年第 3 期。

李林海：《二维码在数字出版转型中的应用》，《出版参考》2013 年第 24 期。

李丽：《靠规模增长和技术革新　培生领跑教育出版》，《中国图书商报》2007 年 7 月 24 日。

李国霖：《大众出版结构与阅读的异化》，《出版科学》2006 年第 5 期。

李庆西：《超文本：编纂方式也是一种读法》，《中国新闻出版报》2001 年 4 月 6 日。

李晓琪：《国内大众阅读类数字出版平台对比研究》，《编辑之友》2013 年第 3 期。

连斌：《我国数字出版产业发展现状及策略分析》，《传播与版权》2015 年第 3 期。

廉同辉、李春雷、袁勤俭、周晓宏：《文化"走出去"视角下数字出版内容创新研究》，《学术论坛》2015 年第 2 期。

梁朝云、张文山：《专业数位媒体涉设计主管的实务运作与决策行为》，《教育资料与图书馆学》2004 年 6 月。

梁威：《一席已经发出邀请的盛宴——2013 中国数字出版扫描》，《出版广角》2014 年第 3 期。

刘昶：《大众出版市场十年风云回眸》，《中国图书商报》2005 年 1 月 7 日。

刘慧：《实践与探索：社会化阅读视域下数字出版的发展态势研究》，《传播与版权》2014 年第 9 期。

刘吉波、姜佳龙、崔倩：《从电子书的发展看数字出版营销》，《科技与出版》2012 年第 9 期。

刘开运：《试论传统出版向数字出版的成功转型》，《新闻传播》2013

年第 10 期。

刘欣:《我国数字出版发展趋势及运营模式》,《环渤海经济瞭望》2013 年第 8 期。

龙玲:《网络时代期刊数字出版的现状及对策》,《科技传播》2013 年第 9 期。

刘武辉:《图书的信息传播特征》,《出版发行研究》2005 年第 12 期。

刘肖:《网络自助出版模式研究——基于长尾理论的分析视角》,《出版发行研究》2007 年 11 月。

刘德寰:《上网、读书时间与催化剂》,《北京论坛》2007 年 11 月 4 日。

柳斌杰:《用数字化带动我国出版业的现代化》,《出版发行研究》2006 年第 11 期。

柳斌杰:《引导阅读新趋势 推动出版大发展》,《编辑之友》2007 年第 5 期。

柳斌杰:《推动全民阅读 共建和谐文化》,《中国出版》2007 年第 5 期。

柳斌杰:《阅读趋势与出版业发展》,2007 年北京国际出版论坛,2007 年 8 月 31 日。

柳斌杰:《新媒体发展的现状与趋势》,《传媒》2006 年第 12 期。

柳斌杰:《多管齐下推进文化创新》,《中国图书商报》2006 年 5 月 23 日。

柳斌杰:《不尚阅读的民族是没有希望的民族》,《中国新闻出版报》2008 年 4 月 8 日。

柳斌杰:《以和谐出版促进和谐文化建设》,《中国编辑》2007 年第 2 期。

柳斌杰:《文化产业的经济价值及其他》,《中国编辑》2006 年第 3 期。

柳斌杰:《探索文化产业的理论与实践问题》,《大学出版》2003 年第 4 期。

柳斌杰:《创新文化呼唤文化创新》,《出版发行研究》2006 年第 6 期。

柳斌杰:《日本出版业的崩溃与启示》,《大学出版》2004 年第 2 期。

参考文献

柳斌杰：《中国新闻出版业的六大转变》，《人民日报》2007年9月13日。

柳斌杰：《动漫产业是创意文化产业的核心》，《艺术与设计》（理论）2006年第12期。

柳斌杰：《文化产业是中国经济的新增长点》，《中国报业》2006年第5期。

柳斌杰：《不断加大版权保护力度 推进互联网产业健康发展》，《中国新闻出版报》2007年7月19日。

柳斌杰：《携手共迎印刷新时代》，《中国新闻出版报》2007年5月21日。

柳斌杰：《只有高起点 才能大发展》，《大学出版》2007年第4期。

陆臻：《数字出版盈利模式创新——以苹果和盛大文学为例》，《编辑学刊》2012年第1期。

［法］娜迪娅·库利—达戈：《出版业：一个充满变数的行业》，《今日法国》总第69期。

马锐：《我国数字出版产业持续发展的现状、问题与对策》，《新闻知识》2014年第1期。

聂扬飞：《移动终端在数字出版中的应用与前景》，《新闻世界》2014年第7期。

聂震宁：《出版业的责任与发展——十七大精神学习札记》，《人民日报》2007年11月11日。

欧阳崇荣：《从电子出版与电子商务看学术出版的发展》，《教育资料与图书馆学》2003年12月。

庞远燕、叶新：《美国定制出版模式解析》，《中国出版》2007年第10期。

戚雪：《数字出版产业发展中传统出版社在移动阅读方面的尝试及探索》，《出版广角》2014年第18期。

邱炯友：《资讯价值体系中的电子出版》，《资讯传播与图书馆学报》第3卷第2期。

邱炯友：《电子出版的历史与未来》，电子出版与图书馆学术研讨会，玄奘人文社会学院图书馆暨图资系主办，2000年3月9日。

渠竞帆：《教育出版抛购暗流涌动》，《中国图书商报》2007年8月3日。

渠竞帆：《欧美大牌社占领数字出版市场》，《中国图书商报》2007年7月6日。

任殿顺：《2011数字出版：纷乱中的格局调整》，《编辑之友》2012年第2期。

任翔：《2014年欧美数字出版的创新与变局》，《出版广角》2014年第23期。

任翔：《移动互联时代数字出版的商业模式创新》，《出版广角》2012年第2期。

戎骞、刘宇阳：《微信的数字出版发展研究》，《出版参考》2014年第36期。

宋锐：《浅析数字出版与数字阅读》，《今媒体》2011年第11期。

沈建缘：《高群耀：不是改行而是行业变化了》，《经济观察报》2008年1月19日。

沈兰：《新媒体改变教育出版》，《中国新闻出版报》2007年1月24日。

孙寿山：《数字出版产业的新业绩、新挑战、新举措》，《现代出版》2012年第5期。

汤李梁：《对传媒盈利模式的反思》，《中华新闻报》2005年10月26日。

汤雪梅：《2011—2012年数字出版动态问题及对策》，《出版参考》2012年第21期。

万建民：《延伸创意 拉长链条——加快创意产业发展系列评论之六》《经济日报》2007年7月19日。

王翠娟：《浅析数字出版之手机出版》，《出版质量与标准化》2014年第6期。

王谦：《数字出版是一场马拉松——关于数字出版的五个观察》，《出版广角》2011年第10期。

王宇明：《社会化阅读与数字出版的变革趋势》，《出版发行研究》

2013年第10期。

王钟雄：《微信或将推动数字出版新革命》，《出版广角》2013年第15期。

王京山：《网络出版机制创新研究》，博士学位论文，北京大学，2003年。

王岚：《信息技术对出版业商业模式和流程的影响》，硕士学位论文，北京大学光华管理学院，2003年。

王明华、钮心忻、杨义先：《移动网络数字内容分发的版权管理研究》，《电信科学》2005年第21卷第11期。

王武录：《知识经济与新闻工作》，《当代传播》1998年第3期。

王雪飞、张一农、秦军：《国外互联网管理经验分析》，《现代电信科技》2007年第5期。

王一方：《品牌读者的组合营销和价值链管理》，《编辑之友》2005年第3期。

魏玉山：《管窥2013年数字出版》，《出版广角》2013年第23期。

魏玉山：《理想很丰满，现实很骨感——当前的数字出版》，《出版参考》2012年第6期。

魏晓薇：《开创新闻出版新业态》，《中国新闻出版报》2007年7月17日。

温辉：《传统出版社在数字出版产业下的盈利模式探寻》，《出版广角》2014年第18期。

武赫：《数字出版产业链分析》，《科技传播》2015年第4期。

韦英平：《韩国出版界关注"泛在图书"》，《出版人》2005年第16期。

吴秀明、陈力君：《从狼图腾看当代生态文学的发展》，《文艺研究》2009年第4期。

吴小君、刘小霞：《移动阅读时代数字出版发展的新态势》，《出版发行研究》2011年第8期。

吴永贵：《陆费逵，人格力量辅佐出版管理》，《光明日报》2007年11月24日。

向安全：《中国STM出版离数字在线出版还有多远》，《出版发行研究》2007年第7期。

欣欣:《移动阅读,开创数字出版新空间》,《出版参考》2011年第36期。

徐丽芳:《内容产业的价值链与技术模式——一项欧盟的项目研究成果》,《出版参考》2001年第16期。

许潞:《童书数字化时代何时到来?》,《中国图书商报》2007年5月25日。

阎列、邓宇丰:《图书盈利能力与出版社盈利模式分析》,《科技与出版》2005年第2期。

阳阳:《掌阅科技:淘金数字出版》,《出版参考》2013年第25期。

杨晓芳、王玉梅:《出版业正面临数字化竞争》,《中国新闻出版报》2006年8月29日第1版。

杨曙:《大数据时代下的数字出版营销策略》,《晋中学院学报》2015年第2期。

杨贵山:《美国电子出版现状》,《出版发行研究》1995年第2期。

叶成林、徐福荫、许骏:《移动学习研究综述》,《电化教育研究》2004年3月。

喻国明:《2007年:中国传媒产业的三种转型》,《传媒观察》2007年第9期。

喻国明:《影响力经济——对于传媒产业本质的一种诠释》,《新闻与传播》2003年第2期。

于涉:《我国数字出版发展研究》,《西部广播电视》2015年第3期。

曾红颖:《数字内容产业亟待解决三大问题》,《中国经济时报》2007年4月2日。

詹恂、康梅花:《社会化阅读社区对数字出版的影响研究》,《现代出版》2013年第1期。

张含晶、王岚、李耘:《浅谈数字出版营销策略》,《科技与企业》2015年第4期。

张金:《2011年数字出版热点聚焦》,《出版参考》2011年第36期。

张金:《我看2014年数字出版》,《出版参考》2014年第36期。

张静和:《数字出版背景下出版社创新经营思维》,《戏剧之家》2014

年第 9 期。

张立宪：《中国数字出版现状及未来展望》，《科技传播》2011 年第 18 期。

张立：《数字内容管理与出版流程再造》，《出版参考》2007 年第 5 期。

中国出版科学研究所课题组：《2006 年全国国民阅读与购买倾向抽样调查六大发现》，《出版发行研究》2006 年第 5 期。

郑伟：《2007 方正数字出版产业峰会报告》，数字出版产业峰会，2007 年 5 月 30 日。

张涵：《现代出版产业与现代出版人》，《中国出版》1996 年第 1 期。

张洁、王春：《共同打造数字内容产业》，《科技日报》2005 年 12 月 31 日。

张丽华：《知网节和知识网络》，《现代图书情报技术》2006 年第 9 期。

张建华：《网络电子书的数字版权管理技术》，《科技与出版》2006 年第 2 期。

张建明、文学军：《数字版权管理系统的原理与应用》，《现代图书情报技术》2004 年第 2 期。

张巧玲：《数字出版业亟待科技创新》，《科学时报》2007 年 6 月 4 日。

张增顺：《高教社：从自由王国到必然王国》，《软件世界》2007 年 7 月。

张增顺：《出版精品教材　接轨国际市场》，《中国出版》2001 年第 1 期。

张增顺：《脚踏实地　水到渠成》，《中国出版》1999 年第 11 期。

赵河铭：《传承文明留住根》，《人民日报》2006 年 4 月 14 日。

赵立新、谢慧铃：《试析数字出版的图书产业链转型》，《出版发行研究》2012 年第 8 期。

赵子忠：《三网融合时代数字内容产业加速崛起》，《通信信息报》2007 年 8 月 1 日。

赵玉山、田园：《麦格劳·希尔：教育产业的蛋糕是这样做大的》，《科技与出版》2004 年 1 月。

曾伟、霍思远：《数字出版版权保护存在的问题及对策研究》，《新闻界》2015年第3期。

周海忠:《呼吁图书勘误表登场》,《出版参考》2007年第19期。

周春:《从豆瓣阅读看数字出版应提供哪些服务》,《出版参考》2014年第27期。

周明:《数字出版新模式:从网络原创到按需印刷》,《数码印刷》2014年第6期。

周云龙:《我国传统出版社数字出版盈利模式的思考》,《企业导报》2012年第9期。

祝兴平:《我国数字出版跨越式发展的瓶颈与短板》,《中国出版》2011年第4期。

周晓虹:《文化反哺:变迁社会中的亲子传承》,《社会学研究》2000年第2期。

周莹:《默多克媒体帝国进化史》,《新财富》2008年1月。

中国数字出版产业年度报告课题组:《〈2014—2015中国数字出版产业年度报告〉分析》,《中国新闻出版广电报》2015年7月15日第1版。

Baker, J. F., "CD-ROM sales hit $202 million", *Publishers Weekly*, 11 April 1994.

Calvin Reid, "Tobin Offers Online Project Tracking", *Publishers Weekly*, 6/24/2002, http://www.publishersweekly.com/article.

Charles W. Bailey, Jr., "Scholarly Electronic Publishing Bibliography", http://epress.lib.ub.edu/sepb/sepb.pdf.

Charles Kadushin, "The Future of the Book/Scholarly Publishing: The Electronic Frontier", *Contemporary Sociology*, Sep. 1997.

"Centre for International Economics", *Australian Digital Content Industry Futures*, 11 May 2005, http://www.dbcde.gov.au/__data/assets/pdf_file.

Content ID Forum, *cIDf Specification 2.0*, http://www.npoba.org/cid/cIDfSpecV2R11E.pdf.

Dan Shaver, Mary Alice Shaver, "Books and Digital Technology: A New Industry Model", *Journal of Media Economics*, Volume 16, Number 2, 2003.

Davenport, T. & Short, J., "The New Industrial Engineering: Informaiton Technology and Business Process Redesign", *Sloan Managenet Review*, 31 (4), 1990.

European Commission, *Final Evaluation of INFO 2000 programme*, www. cordis. lu/econtent.

Interwoven Announces Third Quarter Financial Results, http://www. interwoven. com/components/

Garbara Quint, "Digital Books: More Value-Added, Please", *Information Today*, Jan. 2005.

Gretchen A. Peck, "Content Be Nimble, Content Be Quick", *Book Business*, August 1, 2006, http://www. bookbusinessmag. com/story.

Gretel Going, "Custom Publishing Continues Growth Spurt", *Leading Brands Publishing*, http://leadingbrandspublishing. com/.

Hal R. Varian, *The Future of Electronic Journals*, http://www. arl. org/scomm/scat/varian. html.

Henke, H., "Survey on Electronic Book Features", Sponsored by the Open eBook Forum, March 20, 2002.

Ingram Digital Group and Holtzbrinck Publishers Announce Long Term Alliance, 6/1/2007, http://www. ingramdigital. com.

James Lichtenberg, "Elsevier's Digital Strategy Looks to Meet Customer Demands", *Publishers Weekly*, May 7, 2001.

Jon D. Gold, "An Electronic Publishing Model for Academic Publishers", *Journal of The American Society for Information Science*, 45 (10), 1994.

Julia Gelfand, "Text and Image: From Book History to the Book is History", *Library Hi Tech News*, Number 2, 2007.

Kimberly Maul, "Overdrive Throws Support Behind . epub Format", *The Book Standstard*, December 14, 2007, http://www. thebookstandard. com/bookstandard/news/author/article.

Mariemma I. Yague, "The Digital Informaiton War", *Online Information Review*, Vol. 31, No. 1, 2007.

Martyn Daniels, "Digitisation of Content: The Opportunities for Booksellers and The Booksellers Association", *The Booksellers Association of the United Kingdom & Ireland Limited*, First edition November 2006.

Miriam Schocolnik, "A Study of Reading with Dedicated E-Readers", *Doctor Degree Dissertation of Nova Southeastern University*, 2001.

Online Publishers Association, *18 to 34 Year-Olds: Behavioral Analysis*, www.online-publishers.org.

Online Publishers Association, *Online Paid Content U.S. Market Spending Report*, March 2006, http://www.online-publishers.org/media/153_W_opa_paid_content_report_fullyear05.pdf.

Paul Hilts, *AAP Releases E-book Standards*, 12/4/00, Publishers Weekly, http://www.publishersweekly.com/article.

Philip Doty, Ann P. Bishop, "The National Information Infrastructure and Electronic Publishing: A Reflective Essay", *Journal of the American Society for Information Science*, 45 (10), 1994.

Publishers Report Continued Increases in eBook Revenue for 2005, http://www.idpf.org/doc_library/statistics/2005.html.

Rachel Deahl, "Publishers Join the Digital File Race: Assembling Assets for Marketing and Distribution", *Publishers Weekly*, 3/19/2007.

Randall Boone, "Digital Publishing: Message from the Associate Editors", *Teaching Exceptional Children*, May/Jun. 1998.

Report: Japan Bought 331% More Books on Phones in 2006, posted on 2007-08-08 08:36 EDT.

Renee Gotcher, "E-publishing Challenges the Gatekeeper Model", *Info World*, Nov. 8, 1999.

Richard HILL, "Remunerating Authors and Publishers in a Digital World", *The Journal of World Intellectual Property*, 2005, 2

(1): 35-46.

Rosenblatt W., Trippe W., Mooney S., "Digital Rights Management: Business and Technology", *Hungry Minds Inc*, New York, November 2001.

Tomi Ahonen, *Communities Dominate Brands: Business and Marketing Challenges for the 21st Century*, http://communities-dominate.blogs.com/brands/2007/05/yesterday_today.html.

United Nations Educational, Scientific and Cultural Organization, *Towards Knowledge Societies*, UNESCO, Paris, 2005.

Willem Jonker, Jean-Paul Linnartz, "Digital Rights Management in Consumer Electronics Products", *IEEE Signal Processing Manazine*, 2004, 21 (2).

Wind, J., Rangaswany, A., "Customerization: The Second Revolution in Mass Customization", *Journal of Interactive Marketing*, 2001, 15 (1).

Yahoo takes on rival Google with conversial digital library plan, http://news.yahoo.com/s/afp/20051003/tc_afp/usityhoomedia.

The SERRE GroupTriples Its Web Traffic As Google Book Search Increases the Visbility of its Niche Titles, http://books.google.co.uk/intl/en/googlebooks/serre.html.

网站

International Digital Publishing Forum	www.idpf.org
Publisher Weekly	www.publisherweekly.com
The Chronicle of Higher Education	www.chronicle.com
Marketing Week	www.marketingweek.co.uk
Book Seller	www.bookseller.com
Pearson	www.pearson.com
News Corporation	www.newscorp.com
Bertelsmann AG	www.bertelsmann.com
Elsevier	www.elsevier.com

Disney	home. disney. go. com/guestservices/international
HarperCollins	www. harpercollins. com
McGraw-Hill	www. mcgraw-hill. com
Random House	www. randomhouse. com
Houghton Mifflin Company	www. hmco. com/indexf. html
John Wiley & Sons，Inc.	as. wiley. com
法国出版协会	www. sne. fr
法国国际出版局	www. bief. org
中国广告教育频道	dingjunjie. zhan. cn. yahoo. com
中国互联网络信息中心	www. cnnic. net. cn/
中国出版网	www. chuban. cc/
中国新闻网	www. chinanews. com/

后　记

十二年前导师柳斌杰教授跟我说，如果想探索和国际同步接轨的选题，那就研究数字出版吧。可那时数字出版的定义尚不明晰，鉴于学术研究的严谨性和前人研究成果的积累水平，我当时只选择了关于图书数字化的领域。在浙江大学任教期间，吴秀明老师鼓励我在原来基础上结合数字出版发展新动向对移动阅读领域的数字出版进行进一步的探索，在这过程中发现日新月异的产业发展状况和研究领域的迷茫困惑形成鲜明的对比。感谢国家社科基金等项目对此项研究的支持，感谢剑桥大学 John Thompson 教授、Susan Daruvala 老师对此项研究的支持和鼓励，望求在此方向上贡献一份力量。

选择数字出版为研究对象，从最初如在冰天雪地之中孤独蹒跚前行到近年研究热潮中花团锦簇，伴随这两极研究境遇的是彷徨和疑惑。幸运的是，各方恩泽同样指引我坚持至今。感谢柳斌杰教授、吴秀明教授、张涵教授、John Thompson 教授、Susan Daruvala、Heather Inwood 老师等多位良师益友，领我进入求知的圣殿，导引参悟为人之道、问学之理。回想从北国归故里，尤其是人生境遇转变，难免有些落寞和无助。而导师、好友，尤其是学生们始终激励我、支持我，使我坚定了在求知道路上继续前行的决心。

在此书临近付梓之时，承蒙包氏留学基金资助得以再次访问剑桥大学，着手拟就下一部姊妹篇《数字时代的大众文学出版与传播》。再别康桥、感慨万千。五年前初访剑桥，古堡晚霞、康河柔波、绿草如茵，人们在此情境之中的阅读百态，散发出浓浓的印刷时代不可磨灭的深刻印象。而今再次访问剑桥，代替的是散落在书店、图书馆、街道上的各种数字阅读场景，再访英伦相关出版社时，面对相同的数字化问题，五年前后截然不同的态度和业绩事实，使我不觉对数字出版探寻路上的迷失找回了一些信心。

感谢浙江大学人文学院的老师以及同门师友们，在工作生活中多有点拨、团结互助，营造良好的学术氛围；感谢父母和家人，总是激励我不忘初心，用童心和梦想化解人生困境。此书的顺利完成，还要感谢同行高校老师和业界诸多编辑们的支持和帮助，特别感谢中国社会科学出版社的郭晓鸿老师和相关老师，他们的激励和支持，使我不断自我超越，望学界前辈和同仁们批评指正（恳请赐邮：purechenjie@zju.edu.cn）。朱熹曾说：君子之心，常怀敬畏。同样，对于数字出版，待之以敬重，处之以虔诚，施之以力行，或许方能愈行愈远且始终不离阅读这一原点。

陈　洁

2016 年 9 月 1 日

于康河之畔